28.12.89

(49.80)

Joachim Siegerist

Verbrecher und andere Deutsche

Kommentiert von

Joachim Siegerist

Verbrecher und andere Deutsche

Das Skandal-Buch Willy Brandts

Herausgeber:
Wirtschafts- und Verbands PR (WPR) GmbH,

Adresse der Wirtschafts- und Verbands PR (WPR):
2000 Hamburg 76, Hamburger Straße 3 · Telefon 0 40 / 22 44 58
Telefax: 0 40 / 2 27 75 92

Fotos: Ullstein, BURDA, Uwe Hempen u.a.

Druck: Moritz Deter GmbH, Bremen

1. Auflage November 1989

Verlag Moritz Deter GmbH · Bremen · ISBN 3-980-1563-6-2

Inhaltsverzeichnis

Seite

Inhaltsverzeichnis

Seite

Der Autor Joachim Siegerist

Um in Ruhe Akten studieren zu können, Brandts Reden und Schriften zu lesen, um sich ganz auf sein neues Buch zu konzentrieren, war Joachim Siegerist für einige Wochen bei politischen Freunden in Italien auf »Tauchstation« gegangen. In einer Dachwohnung - direkt am schiefen Turm von Pisa (siehe Foto nächste Seite) - entstand dieses Buch. Von dort aus erlebte Joachim Siegerist die Vorbereitungen eines Papst-Besuches in Pisa mit, eines polnischen Papstes. Das führte zu knallharten »Reflexionen« über das deutsch-polnische Verhältnis in diesem Buch - und wieder einmal zu Kommentaren über Brandts Kniefall in Warschau. Seinen treuen Lesern muß Joachim Siegerist nicht mehr vorgestellt werden. Obwohl seine Bücher von den linken Medien verschwiegen oder »zerfetzt« werden, erreicht Joachim Siegerist mit ihnen Traumauflagen. Jedes neue Buch wird ihm geradezu aus der Hand gerissen. Siegerist, der die Bezeichnung »Schriftsteller« strikt ablehnt (»Ich bin einfacher Journalist und hatte nur das Glück, eine gute Ausbildung bei Peter Boenisch, Günther Prinz, Peter Bachér und Vollrath von Heintze zu bekommen«) ist auch Vorsitzender der Vereinigung DIE DEUTSCHEN KONSERVATIVEN. In politischen Grundsatzfragen absolut kompromißlos und unerschrocken. Einige bezeichnen ihn als »Draufgänger« - für andere ist er der einzige, der dazu in der Lage wäre, Deutschlands zersplitterte Rechte zu einigen. Mit dem kommentierten »Verbrecher und andere Deutsche« (dem Skandal-Titel Willy Brandts) bringt Siegerist sein fünftes Buch heraus. Zwei weitere hat er in Vorbereitung: „Zauberwort Asyl" und „Bischof Tutu - Priester der Gewalt". Siegerist hat in der Vergangenheit immer wieder politische Mandate abgelehnt, die ihm angeboten worden waren. Das hat vermutlich zwei Gründe: Joachim Siegerist würde sich niemals von einer vorgeschriebenen »Partei-Disziplin« einengen lassen, und zum anderen behauptet er immer wieder: „Mit meinen Büchern und Schriften bewege ich mehr, als wenn ich in einem Parlament sitzen würde". Wer seine Bücher gelesen hat, kann das nicht bestreiten.

Joachim Siegerist (42) beim Schreiben dieses Buches im Spätsommer 1989 in Pisa bei seinem Freund Dr. Antonio Friani, dessen Ehefrau Patricia und der kleinen Victoria, dem Patenkind des Autoren.

Widmung

Ich widme dieses Buch der Deutschen Wiedervereinigung, an die ich fest glaube und für die ich arbeite.

Ich widme dieses Buch meinen deutschen Landsleuten, die in kommunistischer Unfreiheit leben.

Und schließlich widme ich dieses Buch meinem guten alten Freund Chlodwig Prinz zur Lippe, dem Ehrenpräsidenten der Deutschen Konservativen, der einen großen Teil seines Lebens unserer gemeinsamen Idee gewidmet hat. Nie vergesse ich, wie er in schweren Zeiten treu zu mir stand.

Joachim Siegerist

Chlodwig Prinz zur Lippe wurde 1989 80 Jahre alt.

Vorwort

Wenn alle Deutschen schon vor 1933 »Mein Kampf« gelesen hätten - vermutlich wäre Adolf Hitler niemals deutscher Reichskanzler geworden. Wenn alle Deutschen nach dem Kriege Willy Brandts »Verbrecher und andere Deutsche« gelesen hätten - er wäre mit Sicherheit kein Bundeskanzler geworden, noch nicht einmal Regierender Bürgermeister von Berlin. Da gab es nur eine Schwierigkeit: »Mein Kampf« war als Massenauflage überall zu kaufen.

Hitlers Buch und Brandts Buch

»Verbrecher und andere Deutsche« - dieses unglaubliche Buch Willy Brandts wurde niemals in die deutsche Sprache übersetzt. Die in norwegischer Sprache gedruckten Exemplare waren - nachdem Brandt in Deutschland interessant wurde - wie vom Winde verweht, verschwunden. Willy Brandt und der zuständige Verlag lehnten eine Übersetzung in die deutsche Sprache ab, obwohl Hunderttausende wissen wollten, wieso Brandt als Norweger für einen Buchtitel die Verantwortung übernahm, der so völlig unmißverständlich das deutsche Volk schlechthin als eine einzige Verbrecherbande abqualifizierte.

»Verbrecher und andere Deutsche« - nur so lautet die Originalübersetzung des norwegischen Titels »Forbrytere og andre tyskere«. Willy Brandt hat das immer wieder bestritten. Offenbar auf die Dummheit der Öffentlichkeit spekulierend, bestreitet er das noch heute. Auf Seite 145 seiner im Herbst 1989 erschienenen »Erinnerungen« lügt

er munter drauflos. Die Übersetzung bedeute »Verbrecher und die anderen Deutschen«. Das hört sich natürlich weniger böse an als »Verbrecher und andere Deutsche«. Die neue - aber unwahre - Version von ihm könnte den Eindruck vermitteln, als wenn er lediglich die schlimmsten Nationalsozialisten als »Verbrecher« bezeichnet hätte, um damit - wie er selber schreibt - »die Mehrheit der Deutschen gegen die Minderheit der Verbrecher in Schutz zu nehmen«. Wie so häufig bei Brandt gehen aber Dichtung und Wahrheit wieder einmal durcheinander. Als er von der Illustrierten QUICK nach diesem Buch gefragt wurde, antwortete er in der Ausgabe vom 1. Januar 1961, daß dieses Buch richtig übersetzt heiße: »Verbrecher und das andere Deutschland«. Natürlich war auch diese Übersetzung falsch. Erstaunlich eigentlich, denn Brandts norwegisch war gut genug, um als Norweger getarnt in Deutschland eingeschleust zu werden, ohne daß ihn jemand überführte. Genau wie 1961 in der QUICK - auch die neue Übersetzung in seinen »Erinnerungen« ist falsch.
Es gibt wohl kaum ein Thema - vom Kapitel seiner vielen »Väter« abgesehen - das Brandt peinlicher wäre als »Verbrecher und andere Deutsche«. Aber wie immer in seinem Leben: Brandt entschuldigt sich nicht dafür, sondern redet sich heraus, lügt. Den einzigen »Entschuldigungs«-Satz, den er dazu über die Lippen bringt: »...Der Titel hat schreckliche Verwirrung gestiftet«. Es hat Jahre gedauert, bis ich - in Zusammenarbeit mit Deutschlands besten Presserechts-Anwälten - einen Weg gefunden hatte, der es mir erlaubte, zumindest die entscheidenden Passagen von »Verbrecher und andere Deutsche« von norwegisch

in deutsch zu übersetzen. Trotzdem bin ich sicher, daß Brandt alles unternehmen wird, um das jetzt vorliegende Buch verbieten zu lassen. Allerdings wäre das mit so vielen juristischen Stolpersteinen für ihn verbunden, daß er mir mit einem Prozeß nur einen Gefallen erweisen würde. Auf alles werde ich jetzt noch nicht eingehen. Warum sollte ich im voraus alle Pfeile verschießen, die ich noch im Köcher habe? Politisch käme mir ein Gerichtsverfahren vor allem deswegen sehr gelegen, weil dann Millionen von Deutschen erfahren würden, was es mit Brandts Skandal-Buch Nummer 1 (»Verbrecher und andere Deutsche«) auf sich hat. Es tut mir leid, daß ich in diesem Buch noch nicht das Recht hatte, den norwegischen Originaltitel von der ersten bis zur letzten Seite voll zu übersetzen. Das wird mir den - allerdings unberechtigten - Vorwurf eintragen, ich habe durch Weglassen von Texten manipuliert.

Aber ich muß mich an das Presserecht halten. Und das habe ich bei der Übersetzung bis an die Grenze des Erlaubten ausgeschöpft. Immer wieder höre ich auch das Argument »Brandt ist ein alter Mann. Der bewegt doch nichts mehr«. Eine naive Fehleinschätzung. Brandt ist erst vor wenigen Wochen wieder einmal zum Chef der übermächtigen Sozialistischen Internationale gewählt worden. Auch als SPD-Ehrenvorsitzender hat er größten Einfluß auf die deutsche und internationale Politik. Ich bin davon überzeugt, daß Brandt die letzten Jahre seines Lebens nutzen will, um sein Lebensziel zu verwirklichen: Eine links-sozialistische Regierung in Bonn und schließlich in ganz Deutschland. Noch einmal: Adolf Hitler wäre durch sein eigenes Buch »Mein Kampf« zu stoppen gewesen. Brandt ist mit seinem »Verbrecher und andere Deutsche« zu stoppen. Keiner weiß das besser als er selbst. Bitte, helfen Sie mir deswegen bei der Verbreitung dieses Buches. Vor allem junge Leute müssen es gelesen haben.

Joachim Siegerist

Hamburg/Pisa, im September 1989

Der Warschauer Kniefall

Da ist sie wieder - diese unwürdige, Deutschland entehrende Szene, die uns mindestens 100 Jahre erhalten bleiben wird: 7. Dezember 1970 um 10.43 Uhr in Warschau. Das Ehrenmal für den Ghettoaufstand von 1943. Sieben brennende Arme eines jüdischen Leuchters an der Stirnseite. Vor dem 20 Meter langen Relief der Schicksals-Karawane mit gebeugten, geächteten und geschundenen Juden hat er einen Kranz niedergelegt. Willy Brandt - vierter Kanzler der Bundesrepublik Deutschland. Dann das Bild, bei dem Millionen von Menschen den Atem anhalten. Die einen in ohnmächtigem Zorn, die anderen aus tiefer emotionsgeladener Ergriffenheit, fast wie bei einem Gottesdienst. Willy Brandt geht in die Knie, legt die Hände zusammen - so als ob er betet - blickt auf den Boden. Nach 30 Sekunden sieht man, wie sich in seinen Kiefermuskeln alle Energie konzentriert, um ohne Hilfe der Hände von den Knien wieder auf die Füße hochzukommen - damit alles »würdig« bleibt. Mit Schwung springt er auf. Ein wenig mehr und er wäre gefallen, hätte das Gleichgewicht verloren. Ganz hinten, am Ende des Aufgebots der Bonner Deutschen, fängt Brandts Freund und Unterhändler Egon Bahr zu weinen an: »Was dieser Mensch noch alles machen muß für sein Volk.« Sein Nachbar, Krupps Berthold Beitz, Geschäftemacher Nr. 1 mit den Kommunisten, tröstet: »Das ist schon schlimm, daß einer hier als Liquidator auftreten muß und dann zu Hause auch noch beschimpft wird.« Bundesaußenminister Walter Scheel, in dieser Zeit als »Bonner Leichtfuß« sattsam bekannt, bleibt stumm. Aber er ist weiß wie eine gekalkte Wand.

Brandts unwürdiger Kniefall in Warschau. Ein eingeübtes Schauspiel - keinesfalls »spontan«, wie immer behauptet wurde.

Ich selber sehe am 7. Dezember 1970 in der »Tagesschau« das erste Mal diese Bilder. Während des Abendessens habe ich das Fernsehgerät eingeschaltet, wollte das Unglaubliche mit eigenen Augen sehen, das ich mit knapp 24 Jahren nicht fassen konnte. »Heuchler«, entfährt es mir wütend.

Dieser Mann, der die christliche Religion nur allzu oft geschmäht hat, der seine Hände vermutlich nie zu einem echten Gebet falten würde - dieser Mann fällt nieder vor einem steinernen Monument, geht in die Knie. Vor Gott, dort wo wir Menschen es machen sollen - und nur dort - hat er seine Knie nie gebeugt, hat stattdessen gehetzt und gekämpft gegen die christliche Kirche. Doch vor dem steinernen Götzen gegen Deutschland - da werden ihm die Beine weich. Vor einem Denkmal, das in Wirklichkeit nicht zur Erinnerung des furchtbaren jüdischen Schicksals gebaut wurde. Das noch heute stark antijüdische Polen hat in diesem Denkmal nie etwas anderes gesehen als ein Mittel, mit dem man das schlechte Gewissen der Deutschen wachhalten muß, um neue Forderungen anzumelden.

Von seinen Hofberichterstattern ließ Brandt sich wegen des Kniefalls feiern. Nur allzu gern hörte er folgende Version: »Es war an der Stelle der Welt, wo Zehntausende von Juden, Frauen und Kinder dabei, von Deutschen, von den Todeskommandos der SS, in ihren Zufluchtswinkeln unter der Erde mit Flammenwerfern verbrannt, mit Wasser ertränkt worden sind. Willy Brandt wollte in Demut eine Vergebung für diese Deutschen erflehen, was er da tat. Keiner von denen, mit denen er zum Kranzgedenken für die ermordeten Juden kam, war da-

Amateur-Diplomat Bahr. Handelte schlampige Verträge aus und vergoß Tränen für Willy, aber nicht für Deutschland.

rauf vorbereitet oder ahnte auch nur den bevorstehenden Kniefall... Er kam spontan aus dem Einfall der Sekunde.« Wunderbar liest sie sich - diese Version. Aber ihr Wahrheitsgehalt stinkt zum Himmel. Da ist zunächst das angeblich »mutige und ehrliche Gedenken an die Juden«. In dieser Frage unterschieden sich die Lippenbekenntnisse Brandts schon immer stark von der Realität. In seinem Skandal-Buch »Verbrecher und andere Deutsche« schrieb er über das Warschauer Ghetto und böse Antisemiten folgendes:

»Etwas von dem Unglaublichsten, was im Gericht in Nürnberg vorgelegt wurde, war ein schön eingebundener offizieller Gestaporapport mit dem Titel ›Warschaus Ghetto existiert nicht mehr‹. Dort wurde in allen Details geschildert, wie die letzten 60.000 Warschauer Juden niedergeschossen wurden oder zur Liquidierung im April 1943 geschickt wurden. Gleichzeitig bekam man einen Schmalfilm zu sehen, der bei SS-Leuten gefunden worden war. Es waren 78 grauenhafte Szenen mit Frauen, die von SS-Leuten gejagt wurden, Leichen, die durch die Straßen gezogen wurden, Gewehrsalven, die Junge und Alte tot umfallen ließen. Es gab auch einen Rapport von einem Gruppenführer Katzmann. Er war datiert Juni 1943 und teilte in Text, Bildern und Statistiken mit, daß Galizien von einer halben Million Juden, die dort lebten, ›gereinigt‹ worden war. Die Mordkommandos im Baltikum legten auch eine detaillierte Berichterstattung von der Liquidierung von 120.000 Juden vor. In den Berichten unterstrich man besonders die Hilfe, die man von ›eingeborenen‹ Antisemiten erhalten hatte, die beauftragt worden waren, Pogrome einzuleiten. Es wurden andere Rap-

Warschauer Ghetto 1943: Dieses Bild erschütterte die zivilisierte Welt. Deportation von Juden vor Beginn des Aufstandes. Stalin betrachtete die Deportation mit Wohlgefallen.

porte vorgelegt. Einige von denen, die die Verantwortung für die S-Wagen (die mobilen Gaskammern) hatten, schrieben über ihre ›Arbeit‹ in Worten, die man bei der Behandlung von technischen Problemen benutzt.«

»Die Dokumentationen wurden auch in diesem Punkt von Schilderungen von Augenzeugen aus den Konzentrationslagern ergänzt. Madame V. Couturier erzählte von der Musik, die spielte, wenn jüdische Transporte in Auschwitz ankamen. Von einem Transport mit 1.200 Franzosen jüdischer Herkunft waren es nur 125, die ins eigentliche Lager kamen. Die anderen wurden gleich weggeführt und vergast. Im Laufe eines Monats waren auch die restlichen den gleichen Weg gegangen. Die SS behielt gern eine bestimmte Anzahl junger Frauen und Männer zurück, um sie zu Experimenten zu benutzen. Als 1944 die großen Transporte aus Ungarn kamen, suchte man Zwillinge aller Altersklassen heraus, um sie als Versuchstiere zu benutzen. Schwangere Frauen wurden zur Abtreibung gezwungen. Wenn trotzdem lebende jüdische Kinder geboren wurden, wurden sie ertränkt. Es geschah auch, daß Kinder lebend in die Gräber geworfen wurden, wo man Leute verbrannte, wenn die Gaskammern überlastet waren. Die Zeugin schilderte auch, wie jüdische Frauen in Ravensbrück vernichtet wurden. Der französische Arzt Vicor Dupont berichtete von dem Grauen in Buchenwald. Von dort aus gingen besondere Kindertransporte nach Auschwitz, und die Kinder wußten, was sie erwartete. Maurice Lomb sagte über Mauthausen, daß es dort bis im Dezember 1943 nicht vorkam, daß Juden länger als drei Monate lebten. Der SS-Chef Ziereis war am Sterben, als das Lager befreit wurde. Francois Ploit war dort gewesen und hatte Geständnisse gehört, die er auf dem Todeslager machte. Im April 1941 kamen die ersten Transporte mit holländischen Juden. Ziereis erhielt Befehl, sie so schnell wie möglich zu liquidieren. Es waren auch nicht viele, die länger als 14 Tage lebten. Die Krematorien brachen zusammen, weil sie die Belastung nicht ertrugen. Als die Deutschen anfangen mußten, sich vom Balkan zurückzuziehen, gab Himmler den Befehl, daß man 180.000 ungarische Juden mit Familien entgegennehmen mußte. Der Lagerchef wandte ein, daß er keinen Platz habe, aber Himmler sagte, das spiele keine Rolle. Es wären sowieso nicht viele, die ankommen würden. Vom ersten Transport mit 4.500 kamen auch nur 148 an, sie wurden sofort in die Gaskammer geschickt. Es wurde außerdem ein Bericht von Professor Hirts Experimenten mit jungen jüdischen Frauen und Männern in Natzweiler vorgelegt. Dort wurde eine genaue Beschreibung dessen gegeben, was in Magiansk am 3. November 1943 vorging. Vier Tage zuvor waren alle Juden im Lager damit beschäftigt, Gräber hinter ›Feld 5‹ zu graben, ganz in der Nähe des Krematoriums. Als der Tag kam, wurden alle jüdischen Männer, Frauen und Kinder und außerdem sogenannte ›Halbjuden‹ zu ›Feld 5‹ geführt, bewacht von zwei Reihen mit Polizisten. So ging es den ganzen Tag. Nach und nach, als die Opfer zum ›Feld 5‹ kamen, mußten sie sich entkleiden. Dann wurden sie in die Gräber gezwungen, wo sie nebeneinander liegen mußten. SD- und Gestapo-Leute töteten sie mit ihren automatischen Pistolen. Eine neue Schicht mußte sich auf die Getöteten legen. Wenn ein Massengrab voll war, fing man mit den nächsten an.

Um den Laut der automatischen Waffen zu dämpfen, wurde die Musik aus den Lautsprechern mit voller Lautstärke gespielt.«

»So könnte man ins Unendliche weitermachen. Man könnte auch erzählen, wie die Habe der Opfer eingesammelt, sortiert und ins ›Vaterland‹ geschickt wurde, wie Goldplomben herausgebrochen wurden und Frauenhaar abgeschnitten wurde. Derjenige, der den Auschwitzfilm gesehen hat, wird auch nie das Lager mit Spielzeug vergessen, das die Kinder bei sich hatten, als sie an diesen Ort kamen, von dem sie niemals zurückkehren sollten. Die Amerikaner, Franzosen und Russen hatten alle zusammen ein kolossales Anklagematerial. Das hieß schlaflose Nächte. Aber es läßt sich nicht ändern. Niemand darf vor der Wirklichkeit flüchten. Niemand darf sagen, ›daran denken wir nicht mehr‹. Wir müssen das wiederbeleben, was geschah, so daß wir gerüstet stehen, um zu verhindern, daß es wieder geschehen kann. Der französische Ankläger nannte Frank, Rosenberg, Streicher, Sauckel, Frick und Heß als Hauptverantwortliche für die Vernichtung der Juden. Kaltenbrunners Tätigkeit war so offenkundig, daß sie nicht einmal erwähnt werden brauchte. Das gleiche galt für Bormann. Er forderte übrigens in einer internen Parteiverordnung vom Oktober 1942 die Parteimitglieder dazu auf, einer jeglichen Legendenbildung im Zusammenhang mit der Stellung der Juden in den Ostgebieten entgegenzuwirken. Er beklagte, daß nicht alle Deutschen in der Lage waren, die Notwendigkeit der ›sehr strengen Maßnahmen‹ zu begreifen. Aber der Kreis der Hauptverantwortlichen ist größer. Ich lasse die Lagerchefs und Handlanger außer

Julius Streicher - einer der widerwärtigsten und ekelhaftesten NSDAP-Führer. Hart von Brandt kritisiert. Aber Brandt benutzt in »Verbrecher und andere Deutsche« Formulierungen, die »Stürmer«-Chefredakteur Streicher auch gut zu Gesicht gestanden hätten: »Ausmerzen - unwertes Leben« usw.

acht, die die Grobarbeit leisteten. Die Reichsregierung, die Parteiführer und Wehrmachtsführung wußten, was vor sich ging. Sie unterstützten die Massenmorde jeder auf seine Weise. So wie Schirach die Hauptverantwortung als ›Reichsstatthalter‹ in Wien hatte und Frick als Reichsprotektor in Prag, so hatte Seyss-Inquardt die Verantwortung für das, was in Holland passierte. Er sagte in einer Rede: ›Wir werden die Juden niederschlagen, wo wir sie treffen, und die, die sich ihnen anschließen, müssen die Konsequenzen tragen‹. Und dann wollte er nachher es so haben, daß es nicht seine Schuld war, wenn 117.000 von 140.000 holländischen Juden nach Auschwitz deportiert und vergast wurden. Aber die Verantwortung geht weiter als bis zu den Polizeichefs und den politischen Führern. Im Osten waren es die Chefs der Wehrmacht, die mit den ›Einsatz‹-Gruppen zusammenarbeiteten. Und, um nur ein ›kleines‹ Beispiel zu nehmen, als die Deportation von den dänischen Juden auf der Tagesordnung stand im Herbst 1943, wurde sie ausdrücklich von Jodl akzeptiert. Er unterschrieb Hitlers Befehl angehend diese Sache - eine der vielen Unterschriften, die nachher nichts bedeuten sollten. Im Telegramm, das auf den 22. September datiert war, und u.a. an den Chef der Wehrmacht in Dänemark gerichtet war, stand es: ›Die Deportation der Juden soll vom Reichsführer SS durchgeführt werden, der zu diesem Zweck zwei Polizei-Bataillone nach Dänemark überführt‹. Die Hauptverantwortung liegt selbstverständlich bei Hitler und der Gestapo. Aber die ganze nationalsozialistische Führung muß die Schuldenlast tragen. Niemand soll sagen können, daß sie nicht gewarnt wurden. Im Dezember 1942 veröffentlichte die alliierte Regierung eine sehr ausdrückliche Warnung. Sie stoppte nicht die Führer des Dritten Reiches. Sie machten nur weiter, sie hatten viel zu viele Werkzeuge, SS-Banditen und andere. Es kostete viel, ihre Verwüstung zu stoppen. Für Millionen gab es keine Befreiung mehr. Jetzt sollen die Schuldigen gestraft werden. **Und der Antisemitismus sollte in allen Ländern kriminalisiert werden, die sich zu den zivilisierten Ländern rechnen.«**

So weit Willy Brandt in seinem in Deutschland verheimlichten Skandal-Buch »Verbrecher und andere Deutsche«, für dessen Übersetzung in die deutsche Sprache er - weswegen wohl? - die Genehmigung verweigert. In dem zitierten Kapitel unter der Überschrift »Das größte Verbrechen« berichtet er über den Nürnberger Prozeß, an dem er in norwegischer Uniform teilnahm und über den er bewußt als Ausländer, nicht als Deutscher, schrieb. Nur allzu gut erinnere ich mich noch daran, wie mir sein Halbbruder Günther Kuhlmann aus Lübeck eine Postkarte zeigte, auf deren Vorderseite die später meist zum Tode verurteilten Naziführer abgebildet waren. Auf die Rückseite dieser Postkarte hatte Brandt, der inzwischen seinen richtigen Namen Frahm abgelegt hatte, lustige Kartengrüße an die Mama (Martha Frahm) und den kleinen Bruder geschrieben... Welch ein fröhlicher Anlaß...

Doch zurück zum Ausgangspunkt - dem Kniefall in Warschau. 1. Brandt wußte zweifelsfrei, daß die Ausrottung der Juden - auch in Polen - große Unterstützung bei breiten Kreisen der Bevölkerung fand. Konkret schreibt er in »Verbrecher und andere Deutsche« zwar nur etwas von der Unterstützung im Baltikum, aber schon lange vor dem Nürnberger Tribunal - das ich übrigens völkerrechtlich, juristisch und auch moralisch für eine Farce halte - war der starke Antisemitismus und die Judenverfolgung in Polen durch Polen geradezu eine Binsenweisheit.

2. Aber noch wichtiger: Brandt schrieb in »Verbrecher und andere Deutsche« den Satz - ich wiederhole - **»Und der Antisemitismus sollte in allen Ländern kriminalisiert werden, die sich zu den zivilisierten Ländern rechnen«.** Die Ungeheuerlichkeit des letzten Satzes, die verlogene Erbärmlichkeit und Scheinheiligkeit Willy Brandts bei seinem Kniefall wird erst deutlich, wenn man das Tauziehen kennt, das sich 1970 hinter den Kulissen abspielte, bevor Brandt nach Polen fuhr. 1970 hatte der Antisemitismus in Polen wieder einen Höhepunkt erreicht. KP-Chef Gomulka griff die Juden öffentlich an, Juden wurden von Behörden schikaniert, aus dem öffentlichen Dienst entfernt, aus leitenden Stellungen in der Armee. Adolf Hitler und Heinrich Himmler hätten ihre wahre Freude gehabt. Und vor allem: Das Ehrenmal, vor dem Brandt kniete, war von den polnischen Kommunisten - und nicht nur von denen - längst »umfunktioniert« worden. In der polnischen Geschichtsschreibung - bis heute übrigens - ist nicht mehr davon die Rede, daß in dem Ghetto Juden umgebracht wurden, man spricht nur noch von Polen. Juden im Ghetto umzubringen - das ist für die polnische KP nicht so schlimm... Das heißt: Der von Brandt schon 1946 beklagte Antisemitismus in Polen ist noch heute vorhanden. Aber Brandt war zu feige, bei seinem Besuch in Polen - oder gar bei seinem Kniefall - davon auch nur

ein Wort zu erwähnen. Ohne die geringsten Hemmungen schob der damalige Norweger Brandt die Alleinschuld an der schrecklichen Juden-Verfolgung in Polen ausschließlich den Deutschen zu. Eine böse Geschichts-Verfälschung zu Lasten des gesamten deutschen Volkes durch einen deutschen Regierungschef. Noch durchsichtiger und verlogener wird das ganze Kniefall-Theater in Warschau aber erst dann, wenn man weiß, daß die polnische Regierung 1970 Brandt strikt untersagte, in seiner Reise-Delegation einen deutschen Juden mitzubringen. Brandt nahm das hin, ließ sich von einer ausländischen, kommunistischen Zwangsregierung, die nur Jahre später hinweggefegt werden sollte, vorschreiben, wen er in seine Delegation aufnehmen durfte und wen nicht. Wie hieß es in »Verbrecher und andere Deutsche« noch einmal?: **Und der Antisemitismus sollte in allen Ländern kriminalisiert werden, die sich zu den zivilisierten Ländern rechnen«.**

Was blieb von diesen großen Sprüchen? In Polen hofierte Brandt 1970 - um ihn selber zu zitieren - »kriminelle Antisemiten«. Denn die kommunistische Regierung in Warschau machte nicht die geringsten Anstalten, ihren offenen Antisemitismus zu verleugnen.

Mit dem Kniefall in Warschau ließ Brandt die im Ghetto umgebrachten Juden noch einmal sterben - durch Verrat seiner eigenen Ideen und durch die stille Bejahung des neuen polnischen Antisemitismus, den Nachfolge-Judenhaß Hitlers.

Franz Josef Strauß war es, der den Kniefall von Warschau mit den Worten geißelte: »Als ich vom Warschauer Kniefall Bundeskanzler Brandts vor dem Denkmal eines jüdischen Ghettos erfuhr, fragte ich mich, ob er sich der Tatsache bewußt war, daß es in den kommunistisch regierten Ländern, besonders auch in Polen, heute noch eine echte Judenverfolgung gibt und wie sich Bundeskanzler Adenauer in einer derartigen Situation verhalten haben würde.«

Völliges Unverständnis rief der Kniefall Brandts auch bei den polnischen Katholiken hervor. Ich selber hörte die Kommentare von wutentbrannten katholischen Priestern, die öffentlich sagten: »Wie kann solch ein unchristlicher Mensch Gott verhöhnen, indem er vor einem Denkmal aus Stein auf die Knie fällt, das nicht zu Ehren Gottes gebaut wurde?«

Geradezu erbost schrieb Alfred Wolfmann, Bonner Korrespondent der israelischen Zeitung »Yedioth Achronoth« in der WELT am SONNTAG: »Ich muß ehrlich sagen, daß mein persönlicher Eindruck beim Anblick dieses Kniefalls nicht gerade überwältigend war. Nachdem der deutsche Bundeskanzler nicht einen Juden nach Warschau mitgenommen hatte - die Polen wünschten nicht, daß ein Jude mitkommt - vermag ich leider nicht, bei einem Kniefall vor dem Mahnmal des früheren jüdischen Ghettos in Warschau - das übrigens von den antisemitischen Machthabern in Polen inzwischen als polnisches Ghetto umgefälscht wurde - Ergriffenheit zu empfinden... Hinzu kommt, daß mir als Juden ein Kniefall vor einem jüdischen Mahnmal nicht besonders taktvoll vorkam, da der Kniefall kein jüdischer Brauch ist. Ich nehme ja auch den Hut ab, wenn ich eine Kirche betrete und ein Christ pflegt ja auch nicht ohne Kopfbedeckung eine Synagoge zu betreten.« Und Friedrich Walter, Vizepräsident des

Franz Josef Strauß: Kritisiert Brandts Kniefall und fragte: „Wie hätte sich wohl Konrad Adenauer in Warschau verhalten?"

Bundes der Vertriebenen, warf Brandt vor: »Das Bild von dem knienden Bundeskanzler hat mich außerordentlich unangenehm berührt. Ein solcher Kniefall in einem fremden Land widerspricht allen internationalen Gepflogenheiten. Nach christlich-abendländischen Vorstellungen kniet der Mensch nur vor Gott. Da ich den Grenzvertrag mit Polen als eine durch keinerlei Notwendigkeit oder gar Zwang veranlaßte politische Unterwerfung betrachtete, habe ich diesen Kniefall als zusätzlichen Akt der Demütigung empfunden. Dies um so mehr, als ich mich erinnerte, daß der polnische Ministerpräsident im Jahre 1959 verlangt hat, Bundeskanzler Adenauer solle im Büßerhemd um Vergebung bitten. Daher stellt sich die Frage, ob diese Demütigung von polnischer Seite gefordert worden ist. Im übrigen sollte künftig deutlich herausgestellt werden, daß zu den Opfern des Nazismus nicht nur Polen, sondern auch Juden und Deutsche gehören. Ich bezweifle, daß der Kniefall bei dem nationalbewußten polnischen Volk auf Verständnis gestoßen ist.«
Die schärfsten Kritiker Brandts waren 1970 in den Zeitungen Axel Springers anzutreffen. Es ist mehr als nur bittere Ironie, daß ausgerechnet in diesem Verlag Brandt heute gefeiert wird und seine politisch wie schriftstellerisch nur äußerst dünnen Lebens-»Erinnerungen« herausgebracht werden. Einzelne Manager des Springer-Verlages, die heute die Ideen ihres toten Verlegers verraten und sein Werk wirtschaftlich wie politisch ruinieren werden (daran habe ich nicht den geringsten Zweifel), können noch heute in ihrem Archiv einen hochinteressanten Artikel William Schlamms vom 27. Dezember 1970 nachlesen. Schlamm stellt Brandt darin indirekt in eine Reihe mit

Der tote Verleger Axel Springer würde sich im Grab herumdrehen, wenn er von den Geschäften seiner „Nachfolger" mit Brandt wüßte. Bei Springer heißt es jetzt: Hasse statt Gesinnung.

Adolf Hitler - und zwar als »Mystiker«, der anstelle echter religiöser Handlungen mystischen Hokuspokus betreibt, wie es die Nazis in ihren Kultveranstaltungen nur allzu gern machten. William Schlamm: »Das eine unvergeßliche Bild des vergehenden Jahres bleibt der Kniefall des deutschen Kanzlers in Warschau; und ich bin nicht der einzige, den dieses Bild bis ins Mark erschreckt hat. In die Knie darf ein Kanzler nur vor Gott - und das Erschrekkende war ja gerade die gläubige Inbrunst, mit der Willy Brandt in die Knie ging. Gerade weil man angesichts dieser tiefen Gläubigkeit erst gar nicht auf die zynische Idee kommen konnte, der Kanzler habe sich ein agitatorisches Mätzchen einfallen lassen, gerade deshalb fuhr einem der Schrecken in die Knochen: Ist es möglich, daß Deutschlands Außenpolitik wieder einmal von einem Mystiker gemacht wird? Seit dem Kniefall von Warschau ist an der mystischen Motivation des gläubigen und ergriffenen Kanzlers nicht mehr zu zweifeln: Er tut, was er tut, mit dem Sendungsbewußtsein eines religiös bewegten Mannes. Hier ist ein Kanzler, der den Auftrag verspürt, endlich eine moralische Kollektivschuld zu bezahlen - demütig, unbekümmert um weltliche ›Interessen‹; an nichts gebunden als an sein gestörtes Gewissen. Erst jetzt, erst nach dem improvisierten Kniefall von Warschau, versteht man, in ergriffener Bestürztheit, den Kanzler Brandt. Aber nun versteht man erst recht nicht die Deutschen. Fällt ihnen denn gar nicht auf, daß Willy Brandt, wenn ihn wirklich die Ehrfurcht vor den gemarterten Juden Polens in die Knie und nach Warschau trieb, von Gomulka ein Ende seiner antisemitischen Hetze hätte fordern müssen? Fällt den Deutschen nicht auf, daß die

religiöse Manie, genau die grauenhaften Urkräfte wieder entfesseln muß, die vor dreißig Jahren den Frieden in der Welt gemordet haben? Denn die Außenpolitik des Kanzlers muß den Frieden der Welt von neuem morden - und es ist die neue, nein, die alte Schuld der Deutschen, daß sie wieder einmal nichts merken wollen.«
Den wohl treffendsten Kommentar schrieb die BILD am SONNTAG: »Niemand - auch nicht Brandt - kann die Verbrechen der Nazis wegknien. Und: Zu groß ist der Widerspruch zwischen der brutal-radikalen Politik Brandts, wenn keine Kameras dabei sind, und der reuevoll-religiösen Demut, wenn alle Augen und alle Objektive auf ihn gerichtet sind. Oder ist es etwa nicht radikal-brutal, eine neue Politik gegenüber den Nachbarn im Osten zu beginnen, ohne auch nur den Versuch der Verständigung mit den eigenen Landsleuten, die anderer Meinung sind, gemacht zu haben? Selbst der Erfinder der Demokratur, Konrad Adenauer, pflegte stundenlang mit Interessengruppen zu diskutieren und um ihre Unterstützung zu ringen. Doch der »Mehr-Demokratie-Versprecher« Brandt tut nichts dergleichen. Er versucht, sich mit den anderen zu versöhnen, indem er die eigenen Leute nicht einmal anhört. Oder hat irgend jemand von Dauerkonferenzen zwischen Brandt und den Vertriebenen gehört?... Willy regiert, und wir müssen folgen. Und bei soviel machtpolitischer Arroganz soll ich an die Demut glauben?...«
Ich selber bin fest davon überzeugt, daß der Kniefall von Warschau keine spontane Handlung war, sondern von Brandt bewußt geplant und regelrecht geprobt wurde. Selbst der linke SPIEGEL vermutet in seiner Ausgabe

vom 14.12.1970 gleiches und druckte folgende Zeilen: »Der Ruck, mit dem Willy Brandt aufsteht, wirft ihn fast wieder um. Auch jetzt nimmt er die Hände nicht als Stütze, kommt nicht in Etappen auf, sondern eben mit diesem Ruck, der so heftig ist, als wären da Fesseln zu zerreißen. Die Anstrengung läßt der Maske, in die Brandt sein Gesicht bei solchen Anlässen zwingt, keine Chance. Die Miene, die darunter sekundenlang sichtbar wird, wirkt nach dieser Maske wie eine bewußte Provokation. Es ist die Miene eines Bekenners. Ein Bekenntnis also, womöglich ein genau überlegtes? Ein Schuldbekenntnis?«
Tatsache ist folgendes: Brandt war bei seinem Kniefall genau 57 Jahre alt. Seine ursprünglich robuste Gesundheit hatte er als jahrelanger Alkoholiker und Raucher eingebüßt. Ich möchte den Mann sehen, der in diesem Alter und in solch körperlicher Verfassung - ohne vorherige Übung - ohne weiteres in die Knie gehen und (vor allem) so abrupt wieder aufstehen kann, ohne die Hände benutzt zu haben. Ist es wirklich nur ein Zufall, daß sich Brandt vor dem Kniefall zweimal - ohne ersichtlichen Grund und zum Erstaunen seiner Begleiter - in Zimmer zurückzog, in denen er nicht beobachtet werden konnte? Hat er hier seinen »spontanen« Kniefall vorher gut einstudiert? Ich bin davon überzeugt.
Es bleibt unverzeihlich, daß Brandt aus Feigheit und Unterwürfigkeit gegenüber den Kommunisten, die er Zeit seines Lebens entweder bewundert oder falsch eingeschätzt hat, durch seinen Warschauer Kniefall die polnischen Juden erneut »sterben« und - auf Druck der Polen - keinen deutschen Juden in seiner Delegation mitreisen ließ. Ich bin wahrhaftig kein Freund und Bewunderer von

Herrn Galinski aus Berlin. Doch anstelle von Willy Brandt hätte ich mir 1970 auf gar keinen Fall Herrn Galinski aus meiner Besucher-Delegation streichen lassen. Tiefer Respekt vor dem Leiden des jüdischen Volkes in der Nazizeit hätten mich davon abgehalten, unmittelbare Hilfe für die noch heute verfolgten Juden in Polen durch bewußte und eigentlich selbstverständliche Demonstration. Die Tatsache, daß Brandt mit seinem Kniefall angeblich der geschundenen Juden gedenken wollte, aber nicht einmal die »Courage« aufbrachte, einen deutschen Juden mit nach Polen zu nehmen, entlarvt sein »reuevolles« Verhalten vor dem Ehrenmal zu einem billigen und unwürdigen Jahrmarkts-Spektakel dritter Klasse.

Hinzu kommt: Zu einer völlig unangebrachten Zeit wertete Brandt mit seiner damaligen Reise ein System auf, das längst bankrott war. Mit dem inzwischen gegebenen zeitlichen Abstand kann man eines sagen: Brandt verlängerte mit seiner Warschauer Reise 1970 die Leidenszeit der polnischen Opposition. Er genierte sich noch nicht einmal - aus Liebesdienerei den Kommunisten gegenüber - später seinem »Kollegen als Friedensnobelpreisträger«, Lech Walesa, aus dem Weg zu gehen.

Von diesen gravierenden Punkten abgesehen: Am schlimmsten an dem Kniefall Brandts war für mich die Tatsache, daß durch diesen öffentlichen Akt der Unterwerfung und der Demütigung erneut Wasser auf die Mühlen derjenigen floß, die seitdem ununterbrochen und ausschließlich von den Verbrechen der Deutschen sprechen, die während des Zweiten Weltkrieges in Polen begangen worden sind. Wer auch nur ein wenig Ahnung von deutsch-polnischer Geschichte hat, der wird zur Kennt-

Die antisemitischen Polen strichen den jüdischen Heinz Galinski aus Brandts Delegation. Und Brandt parierte. In »Verbrecher und andere Deutsche« forderte er noch die »Kriminalisierung« von Antisemitismus. In Polen kuschte er vor »Antisimiten«.

nis nehmen müssen, daß auch die Polen eine ungeheure Last zu tragen haben, die Last der polnischen Verbrechen an unschuldigen Deutschen, die sich in Zahl und Grausamkeit kaum von deutschem Unrecht an Polen unterscheidet.

In seinem »Verbrecher und andere Deutsche« erwähnt Brandt nicht einmal die große Schuld, die Polen nach dem Ersten Weltkrieg, vor dem Zweiten Weltkrieg und vor allem nach dem Zweiten Weltkrieg auf sich geladen hatte. Kaum ein Volk hat schlimmere Verbrechen an Deutschen begangen als Polen. Für Brandt aber waren es ausschließlich die Deutschen. Sein Buch »Verbrecher und andere Deutsche« läßt er bezeichnenderweise mit dem Kapitel beginnen »Herrenvolk oder Verbrecherbande«. In der Übersetzung - von norwegisch auf deutsch - liest sich das so:

»Auf Deutschlands bedingungslose Kapitulation folgte seine totale Besetzung. Die Wehrmacht war zerschlagen, und ihre Reste wurden entwaffnet. Die nationalsozialistischen Organisationen hatten sich aufgelöst - Hitler hatte sowohl Göring als auch Himmler exkludiert, bevor er Selbstmord beging. Eine deutsche Regierung gab es nicht länger, nachdem der tragikomische Epilog in Flensburg abgewickelt war. Der deutsche Staat hatte aufgehört zu existieren. Verwaltung, Verkehrsmittel und Versorgungsdienst waren zerschlagen. Die Naziführer hinterließen Trümmerhaufen, ein bankrottes Wirtschaftsleben, wurzellose und apathische Menschen. Der Zusammenbruch war wirklich »einmalig«, ohne Beispiel in der modernen Geschichte. Es wäre am schlimmsten für Deutschland geworden, wenn sie es unterlassen hätten.

Dann wäre es zu einem Kampf aller gegen alle gekommen. Die Auflösung hätte ihre äußerste Konsequenz erreicht.
Die Besetzung nahm in erster Linie die Aufgabe wahr, eine Pestquelle (Pestbeule) zu isolieren. Aber damit war das Problem noch nicht gelöst. In den von den Alliierten besetzten Gebieten mitten in Europa wohnten immer noch über 60 Millionen Deutsche. Gestern »Herrenvolk«, heute Bettler. **Hitler - und andere vor ihm - hatten versucht, den Deutschen einzureden, daß sie dazu berufen wären, die Herren Europas und der Welt zu sein. Er schaffte es, die größte und gefährlichste Verbrecherbande der Geschichte zu rekrutieren. Als er verschwand, waren die Herrenvolk-Anwärter Gefangene, Bettler oder - im besten Fall - Bewohner eines großen Armenhauses geworden.**«
Spätestens nach diesen Zeilen muß selbst dem Naivsten klar geworden sein, daß Brandt sich als Norweger - keinesfalls als Deutscher - gefühlt haben muß. Doch weiter Originalton Willy Brandt:
»Die Behauptungen des Nationalsozialismus waren ad absurdum geführt worden. Die wahnsinnigen Ambitionen endeten mit einem gewaltsamen Fall. Die, die ausgezogen waren, um die Welt zu erobern, führten ihr eigenes Land und Volk in eine Krise, die der nationalen Existenz selbst gilt. Der deutsche Name war mit Blut beschmutzt worden. **Er riecht nach Leichen und führt die Gedanken hin zur Plünderung, Mißhandlung, Betrug.** Die einzigartige Herausforderung hat starke Reaktionen ausgelöst. Die Deutschen werden die Wirkungen noch lange spüren, auch nachdem der letzte Naziführer seine gerecht-

fertigte Strafe bekommen hat. Der Traum vom Herrenvolk wird nicht noch einmal geträumt werden. Deutschland ist weder ›der Nabel der Welt‹ noch ›Europas Herz‹. Die Deutschen haben bis auf weiteres nichts mehr in der internationalen Politik zu sagen. Diejenigen, die diese bestimmen, tun allerdings klug daran, wenn sie sich vor allzu großer Vereinfachung hüten. Es war Wahnsinn, die Deutschen dazu aufzuhetzen, eine Rolle als Weltherr zu spielen. Sie marschierten - solange bis sie ihr eigenes Land verloren hatten. Aber das braucht noch lange nicht das gleiche zu bedeuten, als daß sie alle - und zwar für immer - Verbrecher sind.

Die Wirklichkeit ist bedeutend komplizierter und nuancierter als die Nazionalsozialisten und andere rassistische Politiker zugeben wollen. Der Nationalsozialismus hat mit teuflischer Systematik die niedrigsten Instinke und die verbrecherischen Eigenschaften gezüchtet. Der Hitlerismus war ein wohlorganisiertes Verbrecherreich global gesehen. Die Verbrecher entwickelten eine bisher einzigartige Fähigkeit, die Macht der Organisationen, der Propaganda und der Gewalt auszunutzen. **Sie organisierten den Abschaum der Gesellschaft und produzierten Menschenschlächter am laufenden Meter.** Und sie taten alles, um sich so viele Mitschuldige zu schaffen wie möglich. Aber das ist nicht das gleiche, als daß die Deutschen dazu bestimmt wären, eine Nation von Verbrechern zu sein. Sie sind auf vielerei Weise ein unreifes Volk. **Aber sie sind nicht als SS-Männer geboren. Ihre Kinder sind ungefähr so wie die Kinder in anderen Ländern, wenn sie auf die Welt kommen.** Wenn sie aufwachsen, werden sie von den gesellschaftlichen Ver-

Brandt über Hitler: „Er schaffte es, die größte und gefährlichste Verbrecherbande zu rekrutieren". Über die NSDAP: „Sie organisierten den Abschaum der Gesellschaft und produzierten Menschenschlächter am laufenden Meter".

hältnissen und der damit verbundenen Erziehung geformt. Sie gleiten hinein in eine Gemeinschaft, die von sozialen und geschichtlichen Faktoren bestimmt ist. Ein geschichtliches Erbe kann eine schwere Belastung sein. Aber sie kann überwunden werden. Soziale Verhältnisse können geändert werden. Auch nicht unter gegebenen gesellschaftlichen Bedingungen ist es so einfach, daß man nur einen beschreitbaren Weg gehen könnte. Nicht nur der Art und Weise des Seins und Lebens von Einzelmenschen, sondern auch der eines ganzen Volkes kann eine neue Richtung gegeben werden, die Ideale können verändert werden.

Es wäre entsetzlich, aber einfach, wenn die Deutschen als solche Verbrecher wären. So einfach ist es nicht und auch nicht so schrecklich. Besondere Verhältnisse haben sie zu Werkzeugen - und Opfern - des Nationalsozialismus werden lassen. Aber sie haben auch einen anderen Hindergrund, als gewöhnliche Menschen, im Guten und Bösen. Sie waren dafür bekannt, daß sie fleißig und gewissenhaft sind, sehr gewissenhaft. Fleiß und Pflichtgefühl sind keine schlechten Eigenschaften an und für sich. Es kommt nur darauf an, wofür man arbeitet und wem man sich verpflichtet fühlt. Die Fähigkeiten, die dem deutschen Handwerk und der Technik - früher auch der deutschen Organisation - einen guten Namen in der Welt verschafften, konnten auf eine falsche Spur geleitet werden. Verschwunden sind sie nicht. Die Deutschen sind nicht mehr zerstört, als daß sie sich wieder heraufarbeiten können, wenn es ihnen erlaubt wird, wenn soziale Sicherheiten geschaffen werden gegen den nationalen Rückfall

und wenn es gelingt, eine einigermaßen stabile demokratische Führung zu schaffen.
Die Deutschen haben es nicht gerade gemütlich nach dem Zweiten Weltkrieg.«
Diesen schrecklichen Satz Willy Brandts muß man mehrfach gelesen haben, um den blanken Zynismus, ja fast haßerfüllten Hintergrund gegen Deutschland zu begreifen. »Die Deutschen haben es nicht gerade gemütlich nach dem Zweiten Weltkrieg«. Mit diesen verharmlosenden Sätzen umschreibt der damals im Wohlstand lebende norwegische Uniformträger Brandt die Tatsache, daß nach 1945 mindestens 15,5 Millionen Deutsche aus ihrer Heimat flüchten mußten, rund 3,5 Millionen Deutsche bestialisch umgebracht wurden, verhungerten, erfroren, in Kellerlöchern dahinvegetierten, in Gefangenenlagern krepierten oder von Polen und Tschechen wie Freiwild gejagt wurden.
»Die Deutschen haben es nicht gerade gemütlich nach dem Zweiten Weltkrieg«. Vielleicht einer der bösesten Sätze, die der Ex-Norweger Brandt je geschrieben hat. Bei diesen Zeilen muß ich an die Erzählungen meiner eigenen Eltern aus der Nachkriegszeit denken. Mein Vater war vor der Roten Armee aus dem Baltikum (Lettland) nach Schleswig-Holstein geflohen. Vorher hatte er machtlos mit ansehen müssen, wie Stalins Schergen seinen Hof niederbrannten. Erst Jahre später erfuhr er, daß man seine erste Familie nach Sibirien verschleppt und dort grauenvoll umgebracht hatte. Die erste Nacht in Deutschland verbrachte er auf einem Kirchturm am Friedhof von Niebüll. Als ich ihn fragte, warum er gerade da geschlafen habe, gab er mir die Antwort: »Vor den

Toten hatte ich keine Angst, aber vor den Lebenden. Ich hatte mit eigenen Augen gesehen, wozu sie fähig waren.«
Nie werde ich die Erinnerungen meiner Mutter vergessen, die nach dem Krieg Tag und Nacht für uns Kinder arbeiten mußte, die von den Stacheldrahtzäunen der Schafskoppeln meiner Heimat in Südtondern die Wolle »abpflückte«, um sie zu waschen und spinnen, um dann daraus Strümpfe und Pullover und die von uns Kindern so gehaßten, ständig kratzenden »Leibchen« (eine Art Unterhemd) zu stricken. Aber es gab Deutsche, denen ging es bedeutend schlechter als uns. »Die Deutschen haben es nicht gerade gemütlich nach dem Zweiten Weltkrieg« schrieb Willy Brandt in »Verbrecher und andere Deutsche«. Doch zitieren wir weiter Willy Brandt:
»Viele von ihnen klagen über ein Schicksal, das sie als unberechtigt empfinden. Noch sind viele von ihnen sich nicht über die große Chance im klaren, die sie bekommen haben. Sie können nicht fortsetzen mit dem, was war. Sie kommen nicht weiter mit Flickwerk. Was sie tun müssen, ist ein ganz neues nationales und gesellschaftliches Dasein aufzubauen, wieder ganz von vorne beginnen. Das ist die große Chance. Der Weg, den sie gehen müssen, ist noch nicht klar. Aber die Besetzung wird nicht in alle Ewigkeit währen. Die Trümmerhaufen der zerbombten Häuser und Fabriken werden nach und nach weggeräumt werden. Es wird bedeutend schwieriger werden, die Gehirne vom ideologischen Schutt zu reinigen. Aber die Schwierigkeiten müssen nicht das Wesentliche durcheinander bringen. Deutschland hat neue Möglichkeiten, gerade in der Eigenschaft einer gründlich besiegten Nation. Der Machtkampf und die Konkurrenz

auf der ehemaligen Ebene kommt nicht länger in Frage. Wie auch immer es mit den Deutschen bestellt ist - sie sind auf jeden Fall nicht dazu berufen, andere Völker zu beherrschen. Sie haben genug damit zu tun, sich selbst zu lenken. Aber gerade weil es ihnen erspart bleibt, den Militarismus und andere Verpflichtungen, die zu einer Großmacht gehören, mitzuschleppen, haben die Deutschen beide Hände frei zum Wiederaufbau und dazu, sich in der friedlichen Zusammenarbeit der Nationen geltend zu machen. Gerade weil das militaristische Zwangsmittel wegfällt, wird es möglich, daß sie zu einer echten Einheit zusammenwachsen. Die Gemeinschaft in der Not ist nicht der schlechteste Boden für einen neuen Patriotismus. Vielleicht hat sogar die deutsche Kultur noch eine Aufgabe zu erfüllen. Ich bin mir darüber im klaren, daß das eine gewagte Hoffnung ist, so kurze Zeit nach Majdanek, Belsen und Auschwitz...«

»Ich habe mich davon überzeugt, daß Deutschland trotz allem, was geschehen ist, über Kräfte verfügt, die dem Land eine friedliche und demokratische Zukunft sichern können. Es hängt nicht nur von deutschen Faktoren ab, ob diese Kräfte die Oberhand gewinnen. Die geschichtliche Hauptentwicklungslinie wird immer noch vielmals von widersprechenden Tendenzen gekreuzt. Der endgültige Ausgang steht vielleicht in den Sternen geschrieben, jedenfalls nicht in diesem Buch. Alle Deutschen waren nicht in der Verbrecherbande, ›der Deutsche‹ als solcher ist kein Verbrecher.«

Jeder Leser hält wohl unwillkürlich den Atem an, wenn er solche Zeilen liest, die ein Mann geschrieben hatte, der später deutscher Bundeskanzler werden sollte: »Der

Deutsche als solcher ist kein Verbrecher«. Diese Formulierung, mit der er offenbar den Buchtitel »Verbrecher und andere Deutsche« aufgebaut hatte, gibt einen Einblick in das politische und moralische Denken dieses Mannes. Wen wundert es da, daß er später den skandalösen Buchtitel in einem Interview mit der QUICK frech bestritt, ja andere Sozialdemokraten sogar die Existenz des gesamten Buches in Abrede stellten. Ich kann nicht die Behauptung beweisen, daß Brandt und die SPD sämtliche Originaltitel des Buches vom Markt aufkauften. Tatsache ist aber, daß das Buch vom deutschen Markt verschwunden ist. Als bekannt wurde, daß es mir gelungen ist, ein solches Buch für rund 3.000 Mark von norwegischen Sozialdemokraten aufzukaufen, da dauerte es nur wenige Wochen, und es wurde - unter fadenscheinigen Vorwänden - von den als links bekannten Hamburger Justizbehörden beschlagnahmt. Doch hören wir uns weiter Willy Brandt an:
»Aber ich meine gleichzeitig, daß der deutsche Wiederaufbau niemals ein Neubeginn wird, wenn man Verantwortung und schonungslose Offenheit unterläßt. Der Wiederaufbau kann nicht mit Wunschdenken und Lügen beginnen. Eine Lüge wäre es allerdings, wenn man behaupten würde, daß die nationalsozialistischen Angreifer und Torturisten nicht einen großen Teil des Volkes hinter sich gehabt hätten. Es würde der Wahrheit widersprechen, wenn jemand versuchte zu bestreiten, daß 12 Jahre nationalsozialistisches Propagandamonopol starke Spuren in dem Bewußtsein der Deutschen hinterlassen haben. Wunschdenken wäre es, zu behaupten, daß eine bestimmte Gruppe oder eine Klasse gegenüber dem na-

tionalsozialistischen Gift immun gewesen wäre. Es ist richtig, daß die Kirchen eine gewisse Unabhängigkeit und Opposition gegenüber dem Totalitätsanspruch an den Tag legten. Aber es gab auch sehr viele Priester, die sowohl den Angriffskrieg als auch die Hakenkreuzfahnen segneten. Es ist wahr, daß die Arbeiter eine größere Immunität zeigten als andere Schichten. Aber der Nationalsozialismus gewann Anhänger und opportunistische Mitläufer auch unter den Vertrauensleuten der Arbeiterbewegung. Mehr als einer von denen, von denen man geschworen haben könnte, daß sie immun bleiben würden, ging einen Kompromiß mit seinem Gewissen ein, indem er sich ein nationalsozialistisches Mitgliedsbuch verschaffte - in der Zeit von 1940 bis 1942. Und viele sind es, die mehr wußten als sie heute einräumen wollen. Ich bin nicht sicher, daß sie mit ihrem Wissen hätten viel ausrichten können. Aber in einer Existenzkrise, wie sie die Deutschen durchleben, braucht es vor allem Aufrichtigkeit und Verantwortung.
Die Zeit nach verlorenen Kriegen ist früher eine Zeit des Wachstums für die deutsche Kultur gewesen. Die Jahre nach dem Ersten Weltkrieg bildeten dabei keine Ausnahme von dieser Regel. Die Niederlage rief sowohl progressive als auch reaktionäre Kräfte hervor. Der Fehler war, daß die Reaktion viel zu billig von der Niederlage davonkam. Man kann auch andere Parallelen benutzen. Die imponierende Arbeit des ›roten Wiens‹ wurde ausgeführt in einem Land, das kaum lebenstüchtig war, das aus seinem wirtschaftlichen Zusammenhang herausgerissen war. **Die Russen haben nach der Niederlage 1917 und trotz des Bürgerkrieges, der Intervention und der Hun-**

gersnot einen ganz neuen Staat geschaffen. Norwegen war nie größer als zu dem Zeitpunkt, als seine kämpfende Demokratie Rechtsansprüche, Freiheit und Gewissen gegenüber der deutschen Besatzungsmacht behauptete. Gleich nach Dünkirchen wehten sehr frische Winde durch den britischen Staat. Es ist nicht nur schade um die, deren nationale Existenz vom Untergang bedroht zu sein scheint.«

So weit zunächst Willy Brandt selber. Ich weiß nicht, ob es mir so geht. Aber allein dieses Kapitel des Brandt-Buches würde ausreichen, um ganze Bände von Entgegnungen zu füllen. Konzentrieren möchte ich mich aber auf das, was direkt oder indirekt mit Brandts Kniefall in Warschau zu tun hat. Da ist zum Beispiel der Satz, daß »die Reaktion nach dem Ersten Weltkrieg viel zu billig von der Niederlage davonkam«. Wie vieles in den geistig nicht sehr anspruchsvoll geschriebenen Schriften Brandts ist auch dieser Satz zweideutig. Forderte er eine Bestrafung der kaiserlichen Führung wegen des Ersten Weltkriegs, an dem Deutschlands Gegner zumindest die gleiche Schuld trugen, oder meinte Brandt - was ich für wahrscheinlicher halte - daß das Versailler Diktat für Deutschland immer noch nicht hart genug war? Die Wiege des Nationalsozialismus war in Versailles. Dort - und nicht in Polen - begann bereits der Zweite Weltkrieg. Adolf Hitler und die NSDAP - der gesamte Zweite Weltkrieg - wäre ohne das Schand-Diktat von Versailles undenkbar gewesen. Ich habe deswegen auch nicht die geringste Scheu, deutlich und offen zu sagen, daß Deutschland am Zweiten Weltkrieg nicht die Alleinschuld trägt, ohne dabei die klar auf Krieg abzielende Politik

Hitlers verharmlosen zu wollen. Aber jede Medaille hat zwei Seiten. Zunächst müssen folgende geschichtliche Fakten festgehalten werden, die das Verhältnis Deutschland - Polen maßgeblich geprägt haben: Am 5. November 1916 wurde der polnische Staat nach über 100jähriger russischer Zwangsherrschaft durch das Deutsche Reich und das Königreich Österreich-Ungarn neu gegründet. Der deutsche General von Beseler proklamierte dieses neue Polen. Eine deutsche Militärkapelle spielte dazu die polnische Nationalhymne. Aber das neue Polen - das ohne Hilfe der Deutschen - 1916 nicht entstanden wäre, lohnte dem Deutschen Reich die Wiederherstellung seiner staatlichen Selbständigkeit schlecht. Als Deutschland 1918 besiegt am Boden lag, raubten die Polen im Jahre 1919 die deutsche Provinz Posen (1,9 Millionen Einwohner), danach weitere Teile Ostdeutschlands: Westpreußen (1,3 Millionen Einwohner) und Ostoberschlesien mit einer Million Einwohnern und den größten Kohlevorkommen Europas. Über vier Millionen Deutsche kamen gegen ihren Willen unter polnische Zwangsherrschaft. Für diese Deutschen - und davon sagt Brandt kein Wort - begann eine lange und furchtbare Leidenszeit.

Am 20. November 1920 protestierte die Weimarer Regierung in Warschau gegen Unterdrückung, Enteignungen und Ermordungen Deutscher in den von Polen geraubten deutschen Gebieten. Von 1919 bis 1921 wurden über 4.000 deutsche Bauernfamilien durch Polen von Haus und Hof vertrieben, rund 400.000 Deutsche von 1919 bis 1921 aus ihrer deutschen Heimat verjagt. Die Zahl der Deutschen, die von den Polen umgebracht wurden, war sehr hoch, konnte aber nie genau beziffert werden. Ich möchte nur Dinge schreiben, die ich beweisen kann. Deswegen nenne ich nicht die schon damals kursierende vierstelligen Spekulations-Zahlen. Am 10. September 1923 verurteilte der Internationale Gerichtshof in Den Haag das polnische Vorgehen als »rechtswidrig«. Die Polen scherte das einen Dreck. Im Gegenteil. Die Verfolgungen und Schikanen gegen die Deutschen wurden immer schlimmer. Bis zum Sommer 1939 (also von 1919 an) wurden rund 1,5 Millionen Deutsche aus ihrer polnisch besetzten Heimat verjagt, davon nachweislich allein 70.000 in den Sommermonaten 1939 bis zum 21. 8. 1939.

Beim Völkerbund in Genf waren bis dahin 15.000 Minderheitsbeschwerden von verfolgten, schikanierten und gequälten Deutschen eingegangen. Keine einzige wurde bearbeitet. Bei folgenden Fakten wird die vereinigte Links-Mafia aufschreien, weil sie absolut nicht in das Bild des »alleinschuldigen Deutschland« passen. Trotzdem werde ich sie nennen und warte auf den, der sie widerlegen kann: Am 24.8.1939 (also vor Hitlers Einmarsch) beschossen polnische Batterien zwei zivile deutsche Verkehrsflugzeuge mit Diplomaten an Bord von der Hela-Halbinsel aus. Am 31.8.1939 sprengten die Polen die Weichselbrücke bei Dirschau, obwohl deren Ortszugang auf deutschem Gebiet lag. Ebenfalls am 31.8.1939 besetzte Polen Danziger Anlagen und lieferte den Danzigern, annähernd 100 Prozent Deutsche, die ersten Gefechte des Zweiten Weltkrieges.

Selbst in der angeblich »objektiven« und »konservativen« Geschichtsschreibung werden polnische Auswüchse im-

mer mit dem »brutalen Druck« Hitlers auf Polen entschuldigt. Nur muß man dazu zwei Dinge feststellen: 1. Bei Beginn der polnischen Schikanen - also bereits 1919 - dachte in Deutschland noch kein Mensch an Adolf Hitler. Er hatte die Bühne der Politik überhaupt noch nicht betreten. Dazu verhalf ihm erst viel später der Versailler Vertrag und auch das polnische Vorgehen gegen die Deutschen. 2. Anti-deutscher Haß in Polen war 1919 nicht neu. Es gibt erschreckende geschichtliche Parallelen zur heutigen Zeit. Mit der einen Hand nimmt man, mit der anderen Hand wird geprügelt. Bereits 1848 sangen die Polen ein berüchtigtes Kampflied gegen die Deutschen. Der schreckliche Text: »Brüder, Sensen in die Hände! Auf zum Kampfe laßt uns eilen! Polens Knechtschaft hat ein Ende, länger wollen wir nicht weilen. Sammelt Scharen um Euch alle; unser Feind, der Deutsche falle! Plündert, raubet, senget, brennt! Laßt die Feinde qualvoll sterben! Wer die deutschen Hunde hängt, wird sich Gottes Lohn erwerben. Ich, der Probst, verspreche Euch fest dafür das Himmelreich. Jede Sünd wird Euch vergeben, selbst der wohlbedachte Mord, der der Polen freies Leben unterstützt von Ort zu Ort! Aber Fluch dem Bösewicht, der von uns für Deutschland spricht! Polen soll und muß bestehen! Papst und Gott versprich es mir. Rußland, Preußen muß vergehn. Heil dem polnischen Panier!«
Es ist furchtbar, wie sich schon damals das - ach so christliche Polen - bei seinen Mordbrenner-Haßtiraden auf Gott berief und damit die christliche Religion in den Staub trat. Ich werde in einem späteren Kapitel darauf eingehen, welch unselige Rolle große Teile der polnischen katholischen Kirche noch heute bei der Unterdrük-

kung Deutscher spielen - an der Spitze Kardinal Glemp, den man beinahe als Deutschenhasser bezeichnen kann, obwohl gerade er am meisten von uns Deutschen profitiert. Tatsache ist jedenfalls, daß man sich als gläubiger Christ dafür schämen muß, wie polnische Glaubensbrüder unsere deutschen Landsleute unterdrücken und damit das Christentum allgemein verspotten.
In seinem »Verbrecher und andere Deutsche« verbreitet Brandt über deutsche Geistliche während der Zeit des Dritten Reiches folgende Version: »Aber es gab auch sehr viele Priester, die sowohl den Angriffskrieg als auch die Hakenkreuzfahnen segneten. Es ist wahr, daß die Arbeiter eine größere Immunität zeigten als ander Schichten«. Die geschichtliche Version von der »Immunität der Arbeiter gegenüber den Nationalsozialisten« ist schlicht und einfach unwahr. Brandt will offensichtlich verleugnen, daß die NSDAP ihre größten Erfolge in den früheren roten Hochburgen erreichte. In Berlin zum Beispiel feierte Goebbels einen nahezu gigantischen Wahlsieg im als »knallrot« verschrieenen Wedding. In Brandts Heimatstadt Lübeck war das nicht anders. Die konkreten Beweise und Zahlen dazu habe ich bereits sehr detailliert in meinem ersten Buch über Brandt (»Willy Brandt - das Ende einer Legende«) veröffentlicht. Immun gegen die NSDAP waren in erster Linie die deutschen Katholiken und die wirklich Konservativen, die Hitler zutiefst verachteten. Wenn es Geistliche gab, die Krieg und Gewalt segneten, dann waren es polnische Geistliche, die nahezu in ihrer Gesamtheit noch heute dagegen sind, daß Deutsche in der Sprache ihres Herzens zu Gott beten können und deswegen deutschsprachige Gottesdienste

ablehnen. Ein besonders krasses Beispiel für polnischen Haß durch Priester ist folgender Text, den der polnische Geistliche Mieszko Uszerski als Gebets-Postkarte verbreiten ließ:
»Oh Herr, verleihe unseren Händen Kraft, Vortrefflichkeit der Kanonen, Ausdauer den Tanks, Unsichtbarkeit den Flugzeugen, Flüchtigkeit und Allgegenwart den Gasen, verleihe ihnen die Zeichen, die Deiner heiligen Liebe gleich sind. Im Namen dieser Liebe, mit der Du uns liebst, möge der Feind dahinsinken wie das Gras, das von der Sense Deiner Gerechtigkeit berührt wird. Mögen ihre Frauen und ihr Land unfruchtbar werden, mögen ihre Kinder betteln gehen und ihre Töchter der Schändung anheimfallen. Mögen ihre Kugeln und Geschosse ins Gras fallen wie ein Lämmchen und mögen die unsrigen wie die Tiger das Herz herausreißen und mögen sie (die Feinde) endlich erblinden. Unsere Seele ist dieselbe wie vor tausend Jahren, sie haßt den Feind und verzeiht ihm nicht, so verzeihe auch Du nicht den Gottlosen, sondern strafe sie, auf daß sie aufhören uns zu schaden, und hindere uns gnädigst nicht daran, wenn wir sie unschädlich machen. Für jetzt, für immer und in alle Ewigkeit. Amen!«

Dieses unfaßbare propagandistische Vorspiel war erst der Anfang von bis dahin nur in der Sowjetunion bekannten Blut-Orgien unter Stalins Befehl. Bevor ich einige Seiten weiter auf den typischen polnischen Größenwahn vor Beginn des Zweiten Weltkrieges eingehe, gegen den Hitler beinahe ein Waisenknabe war (Marschall Rydz-Smigly ließ sich bereit im Sommer 1939 als Sieger unter dem Brandenburger Tor abbilden), hier einige Fakten, die so furchtbar sind, daß man sie nur stückchenweise lesen kann. Nur am Rande sei vermerkt, wie unglaublich es ist, daß diese Dinge in der deutschen Öffentlichkeit praktisch unbekannt sind und nirgendwo erwähnt werden.

Der Bromberger Blutsonntag

Es war am 3. September 1939, zwei Tage nachdem - mit Einverständnis Stalins - Hitler die Deutsche Wehrmacht in Polen einmarschieren ließ. In einer grausamen Lynchjustiz ermordeten polnische Soldaten, wüste Banden und wilde Horden mindestens 5.800 Deutsche in Posen, Pommerellen und vor allem in Bromberg. Alle im Bundestag vertretenen Parteien ignorieren diese polnischen Schandtaten bis heute. Bereitwillig übernehmen sie die polnische Version, daß es sich bei den Getöteten lediglich um »Saboteure«, »Heckenschützen« und »Diversanten« gehandelt habe. Selbst die gelynchten Frauen und Kinder werden da einbezogen. Bereits 1923 hatte der polnische Politiker Sikorski die nach Hitler riechende Parole veröffentlicht »Der Stärkere hat immer recht«. Ähnlich wie ein Jahr zuvor bei der »Reichskristallnacht« in Deutschland gegen die Juden wurde in Polen das Stichwort von der »5. Kolonne« ausgegeben. Ein Startsignal für den entmenschten polnischen Pöbel, der - meist betrunken - in einer unvorstellbaren Menschenjagd gipfelte. Nach langem Suchen gelang es mir schließlich, Original-Dokumente aufzutreiben, in denen das Schicksal dieser bedauernswerten Deutschen im polnischen Machtbereich geschildert wurde. In etlichen Augenzeugen-Ge-

sprächen wurde mir alles bestätigt. Dinge, von denen Brandt bei seinem Kniefall in Warschau kein Wort sagte.
Hier Original-Texte aus den grauenvollen Dokumenten:
Das nachstehend im Wortlaut abgedruckte gerichtliche Protokoll gibt den erschütternden Bericht eines Marsches von Tausenden von Volksdeutschen, die nicht nur aus Bromberg, sondern aus den verschiedensten Teilen Polens zusammengetrieben wurden und unter furchtbaren Umständen in etwa sieben Tagen 240 km zurücklegen mußten. Ein großer Teil Volksdeutscher - Männer, Frauen und Kinder - wurde unterwegs erschossen, starb an Entkräftung oder wurde durch die dauernden Drohungen und furchtbaren Strapazen geisteskrank. Die Rettung für den Rest der Teilnehmer an dem Marsch kam schließlich durch den überraschenden Vorstoß der deutschen Truppen.
Vom Feldgericht des Luftgaus Bromberg wurde durch Kriegsgerichtsrat Dr. Waltzog der 43jährige Hauptschriftleiter der Deutschen Rundschau aus Bromberg, Gotthold Starke, vernommen:
Zur Sache: Am 1. September 1939, abends 19.30 Uhr, wurde ich in meiner Wohnung durch einen polnischen Polizeibeamten verhaftet. Er sprach die Verhaftung sofort aus, als er die Wohnung betreten hatte, und führte dann eine Haussuchung durch, die ergebnislos verlief. Er überreichte mir darauf einen roten Verhaftungsbescheid, auf dem ich zu quittieren hatte, daß eine Haussuchung bei mir durchgeführt worden sei, und daß diese Revision kein Ergebnis gehabt habe. Ich wurde dann im Kraftwagen in das frühere Reichskriegerwaisenhaus in Bromberg gebracht, in dem ich bereits viele Volksdeutsche und

Reichsdeutsche antraf, die gleichfalls im Laufe des 1. September verhaftet worden waren. **Dazu war, wie ich später erfuhr, durch den polnischen Rundfunk ein Generalbefehl für das ganze Land verbreitet worden. Die Arrestantenlisten müssen schon Ende April oder Anfang Mai fertiggestellt worden sein.** Personen, die später nach Bromberg zugezogen waren und die genau so oder noch mit größerem Recht als wir anderen als politisch verdächtig erscheinen konnten, wurden nämlich nicht verhaftet. Dagegen forschte man auch nach Leuten, die in den letzten Monaten verzogen waren...
Offenbar hatte man die Absicht, uns alle in ein Lager zu verschleppen, in dem wir auch verpflegt werden sollten. Einem Teil von uns wurde bei der Verhaftung gesagt, daß wir uns für vier Tage zu verpflegen hätten, aber nur die wenigsten konnten diese Lebensmittel noch beschaffen. Am 2. September wurden noch weitere Verhaftete zu uns gebracht, darunter der Vorsitzende der Deutschen Vereinigung, Dr. Hans Kohnert, gleichfalls mit rotem Zettel. Als wir vom Fenster aus Einschläge deutscher Fliegerbomben beobachteten und ebenso Zeuge waren, wie deutsche Bauern so stark geschlagen wurden, daß ein Kolben zersplitterte (Zeugin Frl. Müller von der Deutschen Paßstelle, noch in Lodz), machte man die erste Einschüchterungsmethode. Unsere Wächter, die sich aus Polizisten, Hilfspolizisten und Mitgliedern halbmilitärischer Verbände zusammensetzten, zwangen uns mit aufgepflanztem Bajonett zum Niederlegen auf den Boden und drohten jedem mit Erschießen, der sich erheben wollte. Am 2. September, nachmittags gegen 5 Uhr, wurden wir in zwei Reihen aufgestellt und auf den Hof

geführt. Vorher wurden durch einen Haller-Soldaten einige Paare herausgesucht, deren Hände aneinandergefesselt wurden. Dann bildeten wir auf dem Hof ein großes Karree, man lud in unserer Gegenwart Karabiner und Maschinenpistolen und setzte uns in Marsch. Zuerst durch die uns laut beschimpfende polnische Bevölkerung Brombergs. Vor dem Polizeigefängnis, in dem wir Rast machen konnten, drohte man uns zu lynchen. Als es ganz dunkel geworden war, marschierten wir zunächst über Langenau und Schulitz nach Thorn, ein Gewaltmarsch von rund 58 km, ganz unerträglich für die Greise und Kinder, die bei uns waren. Die Strapazen wurden verschärft durch den Mangel an Nahrung und durch den immer wiederkehrenden Befehl, in den Straßengraben zu gehen, wenn deutsche Flieger angriffen. Schon bei Langenau blieb als Sterbende das 81jährige Frl. Martha Schnee liegen, eine Nichte des bekannten Gouverneurs aus Deutsch-Ostafrika, die ihr Leben dem Dienst der Armen gewidmet hatte, zuletzt als Leiterin der Deutschen Volkswohlfahrt.

In Thorn wurden wir nachts in einem schmutzigen Saal eines Vororts untergebracht. Die ersten Geisteserkrankungen machten sich bemerkbar. Frauen und Männer schrien durcheinander, dazwischen gab es antideutsche Kundgebungen von polnischen Sträflingen, die man uns zugegeben hatte. Am 4. September marschierten wir von Thorn bis zu dem polnischen Solbad Ciechoczinek. Unsere Wachmannschaften waren stark damit beschäftigt, polnische Deserteure aufzugreifen. Nach den Kampfhandlungen zu schließen, glaubten wir alle, daß uns deutsche Truppen noch befreien könnten. Kurz vor

dem Badeort schnitt sich einer unserer Kameraden, der junge Gerhard Schreiber aus Bromberg, die Halsschlagader durch. Der mit uns marschierende Chirurg Dr. Staemmler aus Bromberg schloß die Wunde. Der Verletzte wurde nach Ciechoczinek gebracht, ist dort aber verstorben. Dr. Staemmler sagte mir persönlich, bei einer normalen Behandlung hätte er gerettet werden müssen. Während der junge Kamerad mit seinen Nerven zusammengebrochen war, in seinem Blute lag, wurde er von dem den Zug anführenden letzten polnischen Polizeikommandanten von Bromberg mit Füßen getreten. Uns anderen aber wurden sämtliche Taschenmesser und Rasierklingen abgenommen. In Ciechoczinek wurden wir in einem Jugendlager untergebracht, nach Geschlechtern getrennt. An eine Nachtruhe war wieder nicht zu denken, da es neue Ausbrüche von Geisteskrankheiten gab und die hysterischen Schreie nicht aufhörten. Zu essen gab es nichts.
Am 5. September marschierten wir in großer Hitze von Ciechoczinek bis Wloclawek. Die Fußkrankheiten griffen immer weiter um sich, der Hunger wurde größer. Vorräte, die einige mitgenommen hatten, waren verteilt. Man hatte uns das Geld abgenommen, trotzdem konnten in Nieszawa die Gefangenen noch eine Sammlung veranstalten, so daß gemeinsam Brot gekauft wurde. Der Kommandant gab Dr. Staemmler den Auftrag zum Ankauf und zur Verteilung. Leider hat er später eine ähnlich milde Regung nicht verspürt. In Nieszawa lagerten wir mittags bei sengender Glut auf einem großen Müllabladeplatz. Hier kam ein großer Trupp Gefangener aus Pommerellen hinzu, der uns angeschlossen wurde. Auch Frauen und

Greise dabei, lauter gehetzte, schon bis aufs letzte ausgemergelte Gestalten. Wir zogen dann hart am Weichselufer entlang in das stark zerschossene Wloclawek, wo wir in eine Turnhalle eingepfercht und eingeschlossen wurden. Die ganze Nacht über gab es kein Wasser, trotzdem wir nahe am Verdursten waren. Als ich im Dunkeln nach einem Ausgang suchte, um an einen Brunnen zu kommen, traf ich einen deutschen Landwirt Vorweyer, den man mit seinem 14jährigen Sohn verhaftet hatte. Später nahm man ihm den blonden Jungen wieder ab, über dessen Schicksal man nichts weiß. Am anderen Morgen wurden wir weitergetrieben. Ein Teil der alten Leute, die nicht mehr weiter konnten, und auch einige Frauen wurden auf Wagen geladen. Als die beiden über 70jährigen Bromberger, Superintendent Assmann und Dr. von Behrens, das gleiche Verlangen stellten, wurden sie als »besonders gefährliche politische Banditen« zurückgewiesen. Junge Kameraden nahmen sie wieder auf ihre Arme und schleppten sie auch diesen Tag weiter. Der Weg ging an diesem 6. September von Wloclawek zur Zuckerfabrik Chodsen bei Chodecz, **wo wir mit mehreren anderen Kolonnen aus Pommerellen vereinigt wurden und die Gesamtzahl von Verschleppten wohl die Zahl 4.000 erreichte, davon aus Bromberg etwa 600 bis 800 Personen...**

Andere deutsche Trupps hatten in der Zuckerfabrik Chodsen, die einem Militärkommandanten unterstand, üble Erfahrungen gemacht. Sie waren mit Gummiknüppeln geschlagen, an die Wand gestellt, geängstigt und auf andere Weise malträtiert worden. Auch hat es verschiedene Erschießungen gegeben. Wir wurden für die

Nacht auf einen engen Platz zwischen zwei Mauern gejagt, auf dem der einzelne kaum Raum zum Sitzen hatte, und dann saß er noch auf Koks und flüssigem Teer. Dazwischen gingen polnische Zivilisten mit Armbinden, deren Befehlen wir zu gehorchen hatten. Wer sich dem Stacheldraht näherte, sollte erschossen werden. Auf dem Dach der Zuckerfabrik standen Maschinengewehre. Trotzdem man uns am Abend Baracken mit Stroh versprochen hatte - offensichtlich war diese Zuckerfabrik als Sammellager gedacht - wurden wir am anderen Morgen über Chodecz, einem Städtchen, in dem wir uns auf dem Markt verpflegen konnten, nach Kutno getrieben. Auf dem Wege wurden wir unaufhörlich als Mörder, Banditen und »Hurensöhne« beschimpft, besonders von den Frauen und - von den Offizieren. Unseren Weg begleiteten Flüchtlingskolonnen, militärische und zivile, die immer wieder Gelegenheit nahmen, über uns herzufallen. **Wer nicht weiter kam, wurde manchmal auf den Wagen gebracht, in der Regel aber am Schluß des Zuges erschossen.** Wir marschierten vom Morgen des 7. September die ganze Nacht hindurch mit wenig Ruhepausen im Straßengraben oder im Mist der Landstraße bis zum Morgen des 8. September um 9 Uhr, bis wir auf ein Gut Starawieś, etwa drei Kilometer hinter Kutno, kamen, wo wir vier Stunden haltmachten. Hier brachen mehrere Kameraden aus Erschöpfung zusammen. Nur ein Teil der Kolonne erhielt Brot, alle aber Wasser zum Trinken, was für uns die höchste Seligkeit bedeutete. Hatten wir uns doch schon bei der ersten Dämmerung auf das Gras des Straßenrandes geworfen, um Lippen und Zunge an dem Tau zu erfrischen. Auch konnten wir uns hier und

da vom Felde eine Futterrübe besorgen, um das furchtbare Hungergefühl einzudämmen.
Von Starawieś marschierten wir mittags weiter, wieder eine Nacht hindurch, taumelnd, schlafend, durch unsere Geisteskranken ständig beunruhigt, durch die Schüsse in unserem Zuge erschüttert - einer meiner Kameraden hat allein 44 erschossene Deutsche in dieser Nacht gezählt - und belästigt durch die vielen zurückflutenden Militärkolonnen. Wer nicht in Reih und Glied marschierte, wurde von der Begleitmannschaft, die besser ernährt war als wir, die teilweise auf Rädern fahren konnte, teilweise auch schon abgelöst war, mit Keulenschlägen und Bajonettstichen wieder ins Glied zurückgetrieben. Selbst unser Arzt Dr. Staemmler wurde davon nicht verschont, wenn er in der endlosen Kolonne vor- oder zurückblieb, um einen Unglücklichen mit irgendeinem Stärkungsmedikament zu helfen. Sein Instrumentarium hat er nicht mitnehmen dürfen. In dieser Nacht fing er selbst an zu phantasieren. Dr. Kohnert und zwei neben ihm marschierende Kameraden wurden von vorbeimarschierenden Soldaten geschlagen. Immer wieder mußten wir aufrükken, weil die Reihen sich lichteten. Ein 70jähriger Bauer Körner, der es vor Durst nicht aushalten konnte, sprang von einer 7 m hohen Brücke in die Bzura, wo er beschossen, aber nicht verletzt wurde. Er trank dort aus seinem Hut Wasser und konnte sich dann wieder dem Schluß des Zuges anordnen.
Am 9. September um 9 Uhr trafen wir in Lowicz ein, und zwar an einem Punkt zwischen Pulvermagazin und Kasernen, bei heftigster deutscher Artilleriebeschießung. Die polnischen Wachmannschaften verließen uns bis auf

ganz wenige, der Kommandant war nicht zu sehen. Wir verzogen uns aus der gefährlichen Gegend in ein oberhalb der Stadt gelegenes Wäldchen, unterwegs konnten wir an mehreren Brunnen den Durst stillen und waschen...
Andere trafen noch immer in Lowicz truppweise ein. Von den letzten 2.000, die zusammengeblieben waren, sind rund 1.200 bei den Kasernen auseinandergegangen und in einzelnen Kolonnen, zum Teil unter Gefangennahme der Begleitmannschaft, von denen zuletzt 30 inhaftiert waren, den deutschen Truppen entgegengegangen. Der letzte Rest von 800, bei dem sich u.a. Dr. Kohnert, Dr. Staemmler, Freiherr Gero von Gersdorff, der Landbundvorsitzende Modrow und auch ich selbst befanden, wurde in das vorher erwähnte Wäldchen geführt, wo uns Strzelce (halbmilitärische Schützen) erwarteten, junge bewaffnete Banditen von 17 bis 18 Jahren, die uns dann noch 9 km nordöstlich Lowicz in Richtung Warschau abdrängten, in ein langgestrecktes Dorf, in dem es wieder Wasser gab. Der größte Teil dieser 800 waren Deutsche aus Kongreßpolen, die kaum noch zusammenzuhalten waren, besonders als wir wieder einen Berg hinan auf eine sogenannte Gromada-Wiese (Gemeindeplatz) getrieben wurden, die von allen Seiten gut beschossen werden konnte. Pastor Krusche als Führer der kongreßpolnischen Deutschen und wir Bromberger beratschlagten, was nun zu tun sei. Dr. Kohnert und Dr. Staemmler wurden beauftragt, mit dem letzten uns noch begleitenden Bromberger Polizisten zu verhandeln. Er sollte seine Kameraden herbeiziehen, damit uns die zurückflutende Soldateska und auch die jungen Strzelce, die offensicht-

lich in einen Hinterhalt gegangen waren, nicht abknallten. Dafür wollten wir den Begleitmannschaften Leben und Stellung garantieren, falls wir in deutsche Hand fielen. Als sich Dr. Kohnert und Dr. Staemmler dem Polizisten näherten, verstand er dies falsch und wurde aggressiv. Dr. Staemmler versuchte, ihm die Waffe zu entwinden, der Polizist trat einige Schritte zurück und erschoß ihn. Mit lauten Rufen nach Rache und nach Polizei verschwand er im oberen Dorf. Wir nahmen jetzt an, daß man auf die wehrlosen 800 von allen Seiten schießen würde. Überall wurden regulär und irregulär bewaffnete Polen sichtbar.

Da erschien am Fuß des Berges plötzlich ein Tank. Allgemein herrschte die Annahme, daß er unseren Fluchtweg nach Lowicz abriegeln sollte. Mit einem weißen Taschentuch an einem Stock gingen ihm Dr. Kohnert und Pastor Krusche entgegen. Wir hofften, durch die Unterwerfung unter polnisches Militär gegen die Heimtücke der Polizei und der Strzelce gesichert zu sein. Die 800 strömten den beiden Parlamentären nach. Auf halbem Wege entdeckten wir, daß es sich um einen deutschen Tank handelte, der uns befreite. Ein junger deutscher Offizier fuhr durch unsere Mitte auf diesem Tank, der den Namen »Ziethen« trug, bis in das obere Dorf den ganzen Gromada-Hügel hinauf. Dort fielen die polnischen Bauern auf die Knie und küßten dem Offizier Hand und Uniform. Uns aber gab er die Marschrichtung nach Lowicz zurück. Wir nahmen die Leiche von Dr. Staemmler und zogen unter Seitensicherung quer durch Kartoffel- und Stoppelfelder in die von deutschen Truppen eroberte Stadt.

Der Marsch nach Lowicz, der mit Umwegen etwa 240 km lang gewesen war, hatte ein Ende. Die Verfassung der Teilnehmer war zum größten Teil erschütternd elend. Als ich auf der Kommandantur, wo der blaugeschlagene Landarzt Dr. Studzinski (ein Deutscher) aus Waldau, Kr. Schwetz, bis zum Umfallen die zum großen Teil eiternden Fußwunden verband, die Schwerkranken besuchte, entdeckte ich auf einem Strohlager u.a. den 68jährigen Senator Dr. Busse-Tupadly. Er rief mich an und umarmte mich weinend. Trotzdem er der Patenonkel meines Sohnes ist, hätte ich ihn nie wiedererkannt. Durch Steinwürfe und Kolbenschläge war sein Kopf eine blauschwarze, unförmige Masse geworden, aus der nur die bluttriefenden roten Lippen hervortraten. Dr. Busse ist einer der ersten europäischen Viehzüchter. Er war auch bei den Polen besonders geachtet und auf allen internationalen Viehbewertungen als Preisrichter bekannt. Neben ihm lag im Zustand völliger Erschöpfung der 82jährige Gärtnereibesitzer Bohrmann aus Schönsee. Im Hof der Kommandantur aber häuften sich die Leichen derjenigen Kameraden, die jetzt noch an Erschöpfung gestorben waren, und der anderen die von der Hauptkolonne vor Lowicz abgesprengt und von der zurückflutenden Soldateska ermordet worden waren. Allein in der Nähe des Gromada-Hügels hatte man 26 gezählt. Die meisten von ihnen waren mit Gewehrkolben erschlagen.

Bewegt dankten wir unseren Befreiern. An der Bzura, wo wir unser erstes Bad nahmen, sangen wir die deutschen Hymnen. In der Nacht wurden wir im Gefängnis verpflegt, und zwar durch Landsleute aus Pommerellen, die unter Spionageverdacht bis in das Lowiczer Gefängnis verschleppt und jetzt auch von den deutschen Truppen befreit worden waren. Mit Rücksicht auf die Kampfhandlungen wurden die geretteten 2.000 einen Tag später, am Sonntag, dem 10. September, nachmittags, auf 800 requirierten Fahrrädern und auf Panjewagen über Glowno, wo es noch eine nächtliche Rast im Freien gab, nach Lodz gebracht.

Selbst diktiert, genehmigt und unterschrieben

Gotthold Starke

Der Zeuge wurde beeidigt

Geschlossen

Dr. Waltzog«

Lesen Sie auf den nächsten Seiten die dokumentarisch erfaßten Einzelaussagen von geschundenen Deutschen. Ausnahmslos verschwiegene Begebenheiten.

Wortlaut des Protokolls

»Der Todesmarsch ca. 150 Volksdeutscher nach Piecki bei Brzoza und Bericht über den Fund des Massengrabes der letzten...«

»Am Blutsonntag, dem 3.9.39, am 10.30 Uhr, wurde ich mit meinen 13- und 14jährigen Söhnen aus unserm Luftschutzraum in meiner Fabrik durch vier mit Äxten bewaffneten jungen Banditen herausgeschlagen. Wir wurden auf dem Hofe sofort von zwei Soldaten mit Bajonetten in Empfang genommen und mußten mit hocherhobenen Händen zur Hauptwache laufen. Unterwegs johlte das Volk, Frauen und Mädchen waren Furien gleich. Man bespuckte und schlug uns, die Soldaten verhinderten es nicht. In der Hauptwache mußten wir eine Gasse von ca. acht Meter Länge unter Kolbenschlägen passieren. Mit hocherhobenen Händen standen wir ca. eine Stunde an einer Wand, nachdem unsere Taschen durchsucht waren. Nun wurde ein Trupp von ca. 100 Personen meist bekannter Bürger der Stadt auf die Straße gestoßen, und unter Bedeckung mußten wir, immer mit hocherhobenen Händen, durch die Danziger-, Elisabethstraße zur Kaserne am Bahnhof gehen. Unterwegs drohten die Bestien mit Säbeln, Dolchen, Äxten, sie spuckten und schlugen - die armen Jungen konnten fast nicht weiter. - Es waren noch mehrere darunter. Im Reitstall war ein Podium errichtet. »Kommando herauf!« - wir waren die Ersten. Es kamen immer mehr - viele Väter mit ihren Söhnen, zuletzt, als es dunkel wurde, waren wir ca. 400.

Alle waren gefaßt, still, aber mit Mut in den Augen. Eine plötzliche Lähmung trat nur ein, als ein ca. 20jähriger intelligenter Mann sich sechs Schritte von uns entfernte.

- Er wurde mit dem Bajonett zurückgestoßen, rief »Heil Hit...«, es knallte, und er lag, in den Leib getroffen, an dem Boden. Man schnallte seine Beine, die er noch bewegte, fest auf eine Bahre, trug ihn unter wüsten Beschimpfungen heraus. »Melden, wer Militärpapiere bei sich hat«, hieß es plötzlich. Die Papiere wurden abgenommen - »ihr könnt sie euch morgen beim Kommissariat abholen.«
Ein Teil von uns wurde zum Laden von Munition herausgeholt - das waren die wenigen Glücklichen, weil der größte Teil von diesen heute lebt. Wir anderen wurden zusammengestellt und mußten die Kujawaer Straße nach Brzoza herausmarschieren. Schon unterwegs wurden die alten Herren, denen die Luft fortblieb, mit Bajonetten gestochen und einige ermordet. Kurz hinter der Stadt wurde »Halt« geboten; wir mußten ein »Hoch« auf Polen ausbringen und sollten nach Hause gehen. Der Trupp kam nur bis zur Kujawaer Straße Nr. 40 bis 60, da knallte es von vorn und hinten in uns hinein. Viele wurden nun bestialisch ermordet.
Zusammengetrieben waren wir jetzt nur noch ca. 150 und wurden von einer Trainkolonne weitergeschleppt. Ich deckte meine Jungens und erhielt einen Bajonettstich in den rechten Oberschenkel. Wer nicht laufen konnte und sich hinsetzte, wurde mit dem Kolben niedergeschlagen - denn nach ca. zwei Stunden verbot der Oberleutnant das Niederschießen, weil es knallte. Hinter Kilometerstein 10 mußten wir links drei Kilometer in den Wald und wurden in einen niedrigen, elenden, offenen Kuhhokken (Kuhstall) eingepfercht -, es war Montag, morgens 5 Uhr. Zum Entsetzen aller waren wir nur noch 44, furcht-

barer Durst und Hunger quälte alle. Mein Sohn Heinz wurde jede Stunde, fünf Schritt vor uns, neu verhört, ob ich oder andere auf politisches Militär geschossen haben. Er verteidigte uns alle, unter meiner Anleitung, die ich ihm zeitweise zuflüstern konnte, weil er uns besuchen durfte, in polnischer Sprache sehr geschickt und erreichte es, durch seine anziehende Wesensart, daß er zuletzt die brutale Soldateska weich machte. Ein Schrecken nur lähmte alle, als Heinz uns zuflüsterte - sie schicken nach Benzin und wollen und verbrennen -, aber die Kinder dürfen nach Hause. - Benzin fanden sie aber nicht. Wir mußten plötzlich heraus und erhielten Kaffee und ein Stückchen Zwieback. Wir bleiben am Leben, so hofften nun alle, nur der Dreher Döring flüsterte mir ins Ohr: das ist die Henkersmahlzeit. Er behielt recht. Um 7.30 Uhr kamen Soldaten wild schreiend angelaufen. »Immer drei heraus!« hieß es.

Stumm gingen die ersten drei, es knallte. Sechsmal dasselbe. - Heinz ging mutig an das Loch und bat, mit Bruder Horst geschont zu werden - erhielt einen Bajonettdurchstich durch die rechte Schulter. »Wieder drei heraus«. - Ich zählte die Schritte, es waren zehn bis zwölf; dann waren sie gemordet. Jetzt teilte uns Heinz mit: der Korporal sagt, die Kugeln sind zu schade, man soll den Rest erdolchen. »Äääh - mein Gott« - war nun nur noch zu hören. Wer dann nicht stumm war, erhielt die dumpfen tödlichen Kolbenschläge. Die Reihe war jetzt an uns dreien; es waren noch fünf hinter uns, die wollten nicht heraus und krallten sich fest. Wir gingen nun Hand in Hand heraus, wurden aber links zur Seite gestoßen. Zwei Soldaten, Korporale, packten uns, schoben uns ein paar

Schritte fort - es waren die beiden Räuber, denen Heinz am Tage klug erzählt hatte, wir haben große Kostbarkeiten und viel Geld bei uns. Wir gaben nun alles, was wir besaßen, den beiden, und es begann ein Streit zwischen diesen wegen der Teilung. Diesen Augenblick benutzten wir und liefen fort.

Die Nacht, stets vor polnischen Maschinengewehren, war kein Schlaf zu finden. Das Umherirren nahm kein Ende -, es war Montag nachts. Heinz war mit einem Stück aus meinem Hemd verbunden. Wir waren nur in Oberhemden, und die Halbschuhe waren uns auf dem Lauf in Bromberg heruntergetreten worden. Zu Mittwoch nachts wurde es schlimm - wir sahen neben uns viel Militär, liefen auf zwei Batteriestellungen, wichen immer wieder aus. »Wollen wir lieber sterben?« sagte Horst. Die Zungen waren dick und ganz weiß, die Lippen dick und verkrustet. Eine Rettung kam: starker Tau lag auf den niedrigen Nadelbäumen - wir haben ihn gierig geleckt und einen Frosch dazu verzehrt. - Köstlicher als Wein, sagte Heinz, und wir hatten Horst, der mit dem Leben abgeschlossen hatte, wieder auf den Beinen. Die Nacht zum Donnerstag war ganz trocken, nun kam auch noch der Todeshunger. - Ein Stückchen Brot habe ich noch verwahrt, sagte plötzlich Heinz, das essen wir aber erst fünf Minuten vor dem Tode - dann leben wir aber noch ein paar Stunden. Es kam auch so. Donnerstag vormittag stießen wir immer wieder auf Militär. Wir konnten es, aus Schwäche, nicht erkennen. Um 2 Uhr waren wir sicher, unsere deutschen Soldaten vor uns zu sehen und liefen einem Hauptmann in die Arme. Kaffee und etwas Kognak belebte uns, und herrliche Erbsensuppe mit Speck gab die alte Lebenskraft wieder. Zwei Stunden später fuhren wir mit dem Stabe, mit einem herrlichen Gefühl, in das erlöste Bromberg ein und waren bald in den Armen meiner Frau und unserer Mutti, die es immer nicht fassen konnte, daß es solch ein Wunder des Wiedersehens gibt.«

Recherchen einer Feldabteilung

»Der inzwischen weltbekannte Todesmarsch der Bromberger Volksdeutschen nach Piecki - früher Grunewalda - bei Brzoza (Hopfengarten) im Bezirk Bromberg weckte in mir und meinen Kindern den sehnlichsten Wunsch, wenigstens einen Teil der bestialisch ermordeten Kameraden festzustellen und ihren Angehörigen die Möglichkeit zu geben, ihre Familienmitglieder in der Heimatstadt zur Ruhe betten zu können. Auf besondere Veranlassung wurde die Feldabteilung 580, geführt durch Oberst von der Sode, mit mehreren Offizieren, einem Führerwagen, einem Lastauto mit acht Mannschaften, drei Krafträdern mit je zwei Jägern, in Marsch gesetzt. Um 2 Uhr, am 11. ds. Mts., fuhren wir nun (meine beiden Söhne durften teilnehmen) nach Piecki, um die bestialischen Morde authentisch festzusellen und photographische Aufnahmen zu machen. Das Resultat warmehr als erschütternd. Aufnahmen waren unmöglich, weil die gefundenen Toten schwarz waren, Würmer krochen zu Hunderten aus den Augen. Wir waren am Orte der Metzelei und fanden das Massengrab, das noch nicht ganz zugeschüttet war. Die von den Mannschaften herbeigerufenen Zivilisten meldeten Herrn Oberst, daß die Toten mit Stricken in das Massengrab geschleift worden waren. Mehrere Kinder waren auch dabei. Die Namen fehlen leider. Es war nur wenig Sand herübergestreut, so daß die Oberschenkel und andere Körperteile der Obenliegenden sichtbar waren. Herr Oberst gab auf meinen Wunsch den Befehl, nur noch wenig Sand aufzuschütten, damit die Angehörigen schneller ihre Toten zu Gesicht bekommen, weil an der Kleidung letzten Endes jeder zu erkennen sein wird. Zehn Meter vom Todesstall lag das kleine Haus. In demselben waren drei unserer Todeskandidaten gänzlich nackt ausgezogen worden - den Körper restlos durch Bajonettstiche zerfleischt und die Schädel zertrümmert - lagen zwei in einem Zimmer, einer in dem nebenliegenden. Die Tatsachen bestätigten mehrere Leute Herrn Oberst. Das viele Blut in den Betten war der beste Zeuge...

Bromberg, den 12.9.1939

Herbert Matthes
Möbelfabrikant«

Marine-Oberkriegsgerichtsrat Dr. Schattenberg führte umfangreiche Untersuchungen über die Ermordungen der Volksdeutschen durch

Aus dem Bericht Dr. Schattenberg:

»...Insgesamt sind von mir über 40 Volksdeutsche eidlich als Zeugen vernommen worden über die Ermordung ihrer Angehörigen. Jeder Zeuge bekundete die Ermordung von wenigstens zwei oder drei seiner Angehörigen, z.T. wurden ganze Familien ausgerottet. Die Untersuchung hat im einzelnen folgendes Bild ergeben:

Am Tage vor dem Einmarsch der deutschen Truppen in Bromberg, der am Montag, dem 4. September, früh, stattfand - also am 3. September 1939 - wurden in der Zeit zwischen 12 Uhr vormittags und etwa 15 Uhr nachmittags die Wohnungen der Volksdeutschen von polnischem Militär durchsucht. Als Grund der Durchsuchung wurde stets angegeben: Es sei aus dem Hause auf polnische Soldaten geschossen worden oder das Haus müsse nach Waffen durchsucht werden. In sehr vielen Fällen fand die Durchsuchung ausschließlich durch polnische Soldaten statt, in anderen Fällen beteiligten sich neben den Soldaten auch polnische Eisenbahner der französischen Bahn, halbwüchsige Bengels und sonstiges übles Volk.

Bei den Hausdurchsuchungen wurden zunächst von den Soldaten und dem Mob sämtliches Geld und Wertsachen gestohlen, die Wohnungen auch sonst ausgeplündert und völlig verwüstet. Die Männer der Familien, und zwar ohne Rücksicht auf Alter, vom 13jährigen oder gar 10jährigen Jungen bis zum 70- oder 80jährigen Greis, wurden in fast allen Fällen in viehischer Weise umgebracht. Nur in wenigen Fällen begnügte man sich mit dem einfachen Abschießen. Zumeist wurden die Ermordeten mit Brechstangen, Seitengewehren, Gewehrkolben, Knüppeln derart zusammengeschlagen, daß ihre Gesichter bis zur Unkenntlichkeit verstümmelt wurden. Es wurden Leichen vorgefunden, denen die obere Schädeldecke und das Gehirn fehlten, denen das Gesicht gänzlich nach innen geschlagen war, denen die Augen mit dem Seitengewehr ausgestochen waren, denen mit Seitengewehren der Leib aufgestochen worden war, denen die Zunge abgeschnitten oder teilweise herausgerissen war, denen Herz und in einem Falle auch die Lunge herausgenommen

worden waren. Ich vernahm Zeugen, die bekundeten, daß sie ein Mädchen mit gespaltetem Schädel und abgeschnittenen Fingern gesehen hätten.
Ich sah selbst angekohlte, z.T. verbrannte Leichen ermordeter Volksdeutscher. In vielen Fällen mußten die Volksdeutschen die Ermordung ihrer Väter, Brüder oder Kinder mitansehen, ohne ihnen, wenn die Verletzten noch nicht gleich tot waren, Hilfe bringen zu dürfen. Dabei wurden sie noch von den Soldaten und vom Pöbel verhöhnt. In anderen Fällen mußten sie die Ermordung der Angehörigen ansehen, um dann selbst als nächstes Opfer erschlagen oder erschossen zu werden...
Es handelt sich nach dem Ergebnis der Ermittlungen offensichtlich um ein systematisches Vorgehen des polnischen Militärs mit dem Ziele, sämtliche volksdeutschen Männer zu beseitigen.«

Dr. Schattenberg
Marineoberkriegsgerichtsrat

Irma Ristau, 25 Jahre alt, wohnhaft Bromberg, Kartuzka 10
Aus dem amtlichen Protokoll der Untersuchung durch Kriegsgerichtsrat Dr. Waltzog:
»Zur Sache: Mein Mann war Arbeiter bei dem Gärtner Schmiede in Bromberg. Am Sonnabend, dem 2. September, fragte mein Mann bei seinem Arbeitgeber fernmündlich an, ob er noch zur Arbeit kommen solle. Herr Schmiede sagte ihm, daß er von einem Kriege noch nichts wisse und er ruhig zur Arbeit kommen solle. Mein Mann begab sich daraufhin in die Gärtnerei. Ich begleitete ihn, da unser polnischer Nachbar Pińczewski, Kartuzka

8, uns angedroht hatte, er werde uns beiden Hitlern - so nannte er uns beide - sobald es zum Krieg käme, die Beine auseinanderreißen und die Flecken (Eingeweide) auf die Straße werfen. An meine Arbeitsstelle konnte ich auch nicht mehr gehen, da ich am Vortage dort bereits geschlagen und mit einer Eisenstange bedroht wurde. Bei der gespannten Lage bin ich daher nicht von der Seite meines Mannes gewichen.

Von Sonnabend zum Sonntag blieben wir über Nacht bei dem Gärtner Schmiede. Die Gärtnerei liegt bei der Stadt in einem Vorort. Es waren dort auch mehrere Polen. Nach dem Mittagessen flüchteten die Polen und schickten uns polnische Soldaten. Als die Soldaten kamen, forderten sie einen Dolmetscher, da Herr Schmiede zu aufgeregt war, um sich polnisch mit ihnen verständigen zu können. Sie fragten ihn: »Hast Du Hurensohn Waffen?« Schmiede verneinte und sagte, sie sollen Haussuchung machen. Die Polen sagten daraufhin: »Drei Schritt zurück« und erschossen ihn. Frau Schmiede, die sich neben ihren erschossenen Mann legte, um von ihm Abschied zu nehmen, wurden von den Polen ebenfalls beschossen, ohne jedoch getroffen zu werden. Sie flüchtete daraufhin und rief uns zu: »Kinder, kommt in den Keller, die Polen erschießen uns alle.« Wir flüchteten in den Keller. Die Polen umstellten das Haus und schossen auf die Kellertüren und durch die Kellerfenster von allen Seiten. Schließlich steckten sie das Haus an. Da wir nicht bei lebendigem Leibe verbrennen wollten, versuchten wir, aus dem Keller zu entkommen. Durch die Tür konnten wir nicht mehr, da der Flur bereits in hellen Flammen stand und außerdem die polnischen Soldaten schossen, sobald sich einer zeigte. Wir versuchten daher, durch das Kellerfenster zu entkommen. Zuerst kletterte ein Gärtnerlehrling durch das Fenster. Diesen fanden wir später im Garten erschossen. Dann flüchtete ich mit meinem Mann. Wir kamen bis auf die Straße. Auf der Straße erhoben wir unsere Hände und riefen, die Polen sollen nicht schießen, wir ergeben uns. Die umherstehende polnische Zivilbevölkerung jedoch schrie: »Auf diese müßt Ihr schießen, das sind Hitlers, das sind Spione.« Daraufhin erschoß ein polnischer Soldat meinen neben mir gehenden Mann durch Kopfschuß. Ich selbst fiel von dem Knall und Schrecken um und wurde besinnungslos. Als ich zu mir kam, stand ein polnischer Soldat mit aufgepflanztem Gewehr neben mir. Dieser Soldat nahm dann meinem Mann seinen Trauring, eine Uhr und 45 Zloty fort. Die Schuhe, die mein Mann zu unserer Trauung getragen und nur fünfmal anhatte, zog er ihm aus und gab sie dem polnischen Zivilvolk. Ich selbst wurde an den Haaren hochgerissen, fiel aber wieder zu meinem Mann hin. Als ich den Soldaten darum bat, mir wenigstens den Trauring als Andenken mitzugeben, stieß er mit dem Gewehrkolben auf mich an Hals und Rücken, so daß ich noch heute - nach fast acht Tagen - meinen Rücken kaum bewegen kann. Ich wurde dann zwei Soldaten mit aufgepflanztem Seitengewehr zum Abtransport zur Wache übergeben. Da ich mich von meinem Mann nicht trennen wollte, klopften sie mir solange auf die Hände, bis ich loslassen mußte. Sodann mußte ich mit erhobenen Armen, blutüberströmt von dem Blute meines Mannes und zerzausten Haaren laufen. Das polnische Zivilvolk schrie den Soldaten zu, sie sollten doch den deutschen Spion nicht laufen lassen, sondern auf der Stelle erschießen. Sobald mir vor Schwäche die Hände herunterfielen, stießen sie mit ihren Gewehren unter meine Arme und traten mich mit Füßen. Auf der Kommandantur wurde ich von einem Offizier vernommen. Es stellte sich heraus, daß ich nichts verbrochen hatte. Ich bat zwei Soldaten, die bei der Vernehmung dabei waren, mich doch zu erschießen, da mir das Leben leid geworden war. Der eine der Soldaten antwortete: »Eine Kugel ist für Dich, häßliche Hitler, zu schade, scher Dich zum Teufel.« Die Polen stießen und schlugen mich noch und ließen mich laufen. In einem Graben wusch ich mir Hände und Gesicht ab und ging zu der Leiche meines Mannes. Dort sah ich, wie Soldaten und Zivilvolk die Leiche meines Mannes schändeten. Da mein Mann den Mund so verzerrt hatte, daß er zu lächeln schien, schmissen sie ihm Abfälle auf den Mund und sagten: »Du verfluchter Hitler lachst noch.« Auch dem erschossenen Gärtner Schmiede hatten sie einen Schlüsselbund und einen Hammer auf den Leib gelegt. Ich nahm meinem Mann die Papiere ab. Dabei wurde ich vom polnischen Militär geschlagen und fortgejagt. Ich blieb bis 8 Uhr in der Umgegend im Freien. Gegen 8 Uhr erschien ein deutscher Flieger...«

Friedrich Schulz, 52 Jahre alt, wohnhaft Bromberg, Oranienstr. 15

Aus dem amtlichen Protokoll der Untersuchung durch Oberkriegsgerichtsrat Dr. Schattenberg:

»Am Sonntag, dem 3. September 1939, ungefähr gegen 14 Uhr nachm., kamen mehrere Horden Soldaten, Zivilpersonen und Eisenbahner zu uns und sagten: »Das

Haus wird in die Luft gesprengt. Da werden die Niemece (Deutsche) schon rauskommen.« Wir flohen. Ich selbst sprang auf den Hof in die Dunggrube. Mein Sohn Hans, 20 Jahre alt, ledig, und mein Schwiegersohn Helmut Knopf, der zwei Kinder im Alter von 4 Monaten und 1 ½ Jahren hat, flüchteten über den Gartenzaun, um sich im Kartoffelkraut und im Schilf zu verstecken. Am Gartenzaun wurden sie aber in Empfang genommen. Aus der Grube heraus erkannte ich die Stimme unseres Nachbars, des Eisenbahners Przybyl, der rief: »Hände hoch!« Mein Sohn und mein Schwiegersohn wurden noch etwa 500 m weiter in einen anderen Garten geführt. Dies entnehme ich aus der Fundstelle der Leichen. Dem Schwiegersohn war das goldene Gebiß, das er im Munde trug, eingestoßen und gestohlen. Außerdem war die Zunge abgeschnitten. Die »internationale Kommission« hat meinen Schwiegersohn fotografiert. Er war im übrigen so voller Blut, daß wir ihn sonst nicht weiter untersucht haben. Mein Sohn hatte am Hinterkopf ein großes Loch, aus dem das Gehirn ausgetreten war. Beide sind nicht erschossen worden, sie haben sie erschlagen. Sie hatten keine Schußverletzungen. Ich selbst bin lediglich deshalb mit dem Leben davongekommen, weil sie mich in der Grube nicht gefunden haben.«

Dora Kutzer geb. Bruck, 33 Jahre alt, Witwe des Pfarrers Richard Kutzer, wohnhaft in Bromberg, Kronerstraße 14
Aus dem amtlichen Protokoll der Untersuchung durch Oberkriegsgerichtsrat Dr. Schattenberg:

»Meinen Mann habe ich am Mittwoch abend gefunden, nachdem ich ihn ein paar Tage gesucht hatte. Ich fand ihn an der einen gesprengten Brücke am Eingang der Stadt gleich vorn rechts. Er war 1,50 m etwa tief in die Erde eingegraben, zusammen mit drei anderen Männern. Der Kopf war völlig eingeschlagen, ein Auge ausgestochen, das andere stand ganz heraus. Die Lippen ganz dick, die Zunge hing ein Stück heraus. Ich hatte den Eindruck, daß er noch erwürgt worden ist. Die Leiche war schon in Verwesung übergegangen. Meine Schwiegermutter ist der festen Überzeugung, daß meinem Mann die Haut von den Händen abgezogen worden sei... Herr Lüneberg wurde weggebracht, er lebte nicht mehr. Die Leiche habe ich nicht gesehen. Herr Tetzlaff ist tot. Wie er ausgesehen hat, weiß ich nicht. Hans Milbitz ist tot. Er ist 16 Jahre alt. Ich habe ihn in der Leichenhalle gesehen. Ich hatte den Eindruck, daß er einen Schuß in den Mund erhalten hat. Der 15jährige Schollenberg bot etwa den gleichen Anblick wie Milbitz. Mein Schwiegervater hatte einen Schuß in den Mund. In der Leichenhalle sah ich noch den Leichnam des Hans Rowolski. Das Gesicht war fürchterlich zugerichtet. Mir erzählten verschiedene, daß er himmelhoch gebeten hätte, man solle ihn leben lassen, er hätte Frau und ein kleines Kind. Sie hätten aber immer weiter auf ihn eingeschlagen, bis er tot war. In unserer evangelischen Gemeinde ist meines Wissens kaum ein Haus, wo nicht ein, zwei oder gar drei Volksdeutsche gemordet worden sind. Auf unserem evangelischen Friedhof liegen bis jetzt 59. Man hat noch längst nicht alle Toten gefunden.«

Anna Boelitz, 41 Jahre alt, aus Bromberg, Jägerhof, Kronerstr. 46:
»Mein Mann mußte die Hände hochheben, sie versetzten ihm Tritte und Kolbenschläge. Sie führten ihn ab. Anschließend haben sie bei mir Haussuchung gehalten. Kurze Zeit danach holten sie den kleinen Jungen Paul Berg und führten ihn auch ab. Paul Berg war 15 Jahre alt. Am Mittwoch abend habe ich meinen Mann an der gleichen Stelle gefunden, an der Brücke, an der der Pfarrer Kutzer lag. Mein Mann war gräßlich verstümmelt. Die ganze Schädeldecke war weg, das Gehirn war raus, die Augen fehlten. Auch Paul Berg lag an derselben Stelle. Seine Verletzungen habe ich mir nicht angesehen, weil er mit dem Gesicht auf der Erde lag.«

Elisabeth Gutknecht, 36 Jahre alt, aus Bromberg, Jägerhof, Kronerstr. 55:
»Am Mittwoch früh bin ich mit einem Nachbarn als erste in den Wald gegangen, um meinen Mann zu suchen. Er war in dem Wald vergraben, zusammen mit 5 anderen. Es waren dieselben, die ich gesehen hatte, als man sie abführte.
Mein Mann wies nur eine Schußverletzung in der rechten Seite auf. Die anderen Leichen waren alle zertrümmert. Redel, der auch mit in der Grube lag, war nicht zu erkennen. Das Gesicht von Blümke Otte war ganz schief. Der 13jährige kleine Gehrke hatte noch den Arm schützend vor seinem Gesicht.

Elli Koebke, 27 Jahre alt, Haustochter in Jägerhof bei Bromberg:
»Wir sind dann einer nach dem anderen aus dem Keller geflüchtet. Beim Herauslaufen merkte ich, daß ich an der rechten Hüfte durch Handgranatensplitter verwundet war. Ich warf mich sofort in den Sand und blieb liegen. Danach hörte ich noch viele Schüsse. Es waren die Schüsse, mit denen Bruno Schroedter, sein Sohn Hans Schroedter, der Lehrling Gerhard Funkert, der Fleischermeister Emil Koebke, sein Sohn Arthur Koebke und ein polnisches Dienstmädchen von Schroedters erschossen wurden. Ich hörte noch, wie verschiedene Personen riefen, sie sollten auch mich erschießen. Das Militär hielt die Zivilpersonen zurück und sagte, Frauen sollten nicht erschossen werden. Ich sah meinen Vater neben mir liegen. Er hatte einen Schuß in der Schläfe. Später sah ich, daß Hans Schroedter keinen Daumen mehr an der einen Hand hatte.«

Gertrud Gehnke, 25 Jahre alt, aus Bromberg, Jägerhof, Kronerstr. 26:
»Am Sonntag, dem 3.9.39, sah ich mittags aus dem Fenster und bemerkte, wie polnische Schüler die Straße entlang gingen und die deutschen Häuser ansahen. Es dauerte auch nicht lange, bis Militär kam, um Haussuchung zu machen. Sie fanden bei uns nichts.

Mein Bruder, Erwin Redel, und mein Mann mußten mit hocherhobenen Händen aus dem Haus kommen und wurden dann abgeführt. Mein Mann wurde zur Stadt geführt und der Bruder nach dem Walde zu. Mein Bruder

wurde dabei derart geschlagen, daß das Gesicht stark blutete.
Mittwoch früh haben wir im Walde nach meinem Bruder gesucht. Wir haben ihn mit einem Spaten ausgegraben. Er lag mit noch 5 anderen zusammen in der Grube. Das Gesicht war bis zur Unkenntlichkeit zerschlagen und zerstochen. Meinen Mann habe ich in der Leichenhalle wiedergefunden. Er hatte einen Mundschuß.«

Vera Gannot, 19 Jahre alt, aus Bromberg, Thorner Str. 125

»Ich habe die Polen gefragt, was wir ihnen angetan hätten und für meinen Vater gebeten. Die Polen riefen jedoch: »Herunter mit den deutschen Schweinen!« - Mein Vater erhielt mehrere Kolbenhiebe ins Gesicht und an den Körper, sodann wurde er mit dem Seitengewehr gestochen. Daraufhin fiel mein Vater zu Boden und erhielt im Liegen noch 6 Schüsse. Die Horde zog sodann ab, nachdem sie der Zivilbevölkerung gesagt hatte, sie könnte das Haus plündern, sonst würden sie es in Brand stecken...«

Anna Krüger, 48 Jahre alt, aus Bromberg, Jägerhof, Brahestr. 62

»Am Mittwoch habe ich alle drei im Walde wiedergefunden. Frau Gutknecht hat sie zuerst gefunden. Mein Mann war ganz verstümmelt, das ganze Gesicht war eingeschlagen, es war nur ein großes Loch. Mein Mann war nicht erschossen, sondern erschlagen worden. Mein Sohn hatte eine klaffende Wunde, so, als hätten sie ihm das ganze Gesicht aufgerissen. Mein Sohn war auch nicht erschossen worden. Meinem Schwiegersohn fehlte die ganze obere Kopfhälfte. Er war auch nicht erschossen worden.«

Walli Hammermeister, 22 Jahre alt, Dienstmädchen bei Erich Jahnke in Langenau bei Bromberg

»...Als sie feststellten, daß Herr Fritz nicht polnisch sprechen konnte, hielt ein Soldat ihm vor, daß er selbst als junger Mensch deutsch und polnisch sprechen könne. Er wäre jetzt 20 Jahre in Polen, und er könne noch nicht polnisch sprechen. Herr Fritz erklärte, daß er 75 Jahre alt sei und daher in diesem Alter nicht mehr polnisch hätte lernen können. Daraufhin sagte ein anderer polnischer Soldat: »Gib ihm eine Kugel in den Kopf!« Der erste Soldat schoß jetzt dem Herrn Fritz eine Kugel rechts in den Kopf. Dies geschah vor meinen Augen. Ich flüchtete in den Strohstall.«

Charlotte Korth, 41 Jahre alt, aus Bromberg, Hippelstraße 3

»...Sie schleiften meinen Mann auf unser Grundstück, stießen ihm das Bajonett in die linke Schläfe, als er auf der Erde lag. Als er nach 20 Minuten noch nicht tot war, haben sie ihn mit Gewehrkolben erschlagen. Sie schleiften ihn wieder auf die Straße zurück, wo ich ihn am Dienstag mittag fand. Mein Mann hatte eine drei Finger breite Stichwunde in der linken Schläfenseite. Der Schädel war an der linken Seite von Kolbenhieben eingeschlagen, so daß das Gehirn freilag.«

Johanna Giese, 51 Jahre alt, aus Bromberg, Konopnieckiej 9

»Am Sonntag, dem 3.9.39, zwischen 11 und 12 Uhr, befanden wir uns in dem Keller unserer Wohnung. Polnische Soldaten und Zivilpersonen kamen auf unser Grundstück. Sie verlangten, daß wir aus dem Keller hervorkämen. Als wir aus dem Keller herauskamen, behauptete ein Soldat, aus unserem Hause sei geschossen worden. Wir hatten überhaupt keine Waffe im Hause. Mein Schwiegersohn verließ zuerst den Keller. In diesem Augenblick rief eine Zivilperson: »Die Schwaben müssen alle erschossen werden!« Mein Schwiegersohn bekam von einem Soldaten gleich einen Schuß. Sie durchschossen ihm die Schlagader; außerdem hatte er noch 3 andere Schüsse in der Brust und am Hals. Trotzdem war er nicht sofort tot, sondern lebte noch, als wir am Sonntag abend fliehen mußten. Wir konnten ihn nicht mitnehmen und legten ihn in der Wohnung auf ein Chaiselongue. Als das deutsche Militär am Dienstag in Bromberg einmarschierte, nahm ich mir einen Unteroffizier mit nach meinem Gehöft, weil ich sehen wollte, wie es dort aussah. Es bot sich mir ein fürchterlicher Anblick. Meinen Schwiegersohn hatten sie vom Chaiselongue heruntergenommen. Sie hatten ihn in die Küche geschleppt bis unter den Küchentisch. Der Kopf war gespalten, die Schädeldecke fehlte vollkommen, das Gehirn war nicht mehr im Kopf. Gehirnteile und Blut klebten an der Küchenwand. Die Leiche ist nachher auch von einer Kommission fotografiert worden. Mein Sohn Reinhard Giese war ebenfalls mit unten im Keller gewesen. Mein Sohn war 19 Jahre alt. Als er sah, daß mein Schwiegersohn erschossen wurde, wollte er fliehen. Es gelang ihm auch, über den Zaun in das Nachbargrundstück zu entkommen. Sie lie-

fen ihm nach, fingen ihn und erschossen ihn. Ich holte die Leiche meines Sohnes am Abend in die Waschküche. Er hatte einen Brustschuß.
Ein anderer Sohn von mir, Friedrich Giese, 25 Jahre alt, soll in Hopfengarten erschossen worden sein zusammen mit der ganzen Familie, zu der er sich geflüchtet hatte.«

Herbert Schlicht, 31 Jahre alt, wohnhaft Bromberg, Berliner Straße 197
Aus dem amtlichen Protokoll der Untersuchung durch Oberkriegsgerichtsrat Dr. Schattenberg:
»...Ich bin dann mit dem Spaten nach meinem Vater suchen gegangen. Auf dem Petersonschen Felde spürte ich dann bald eine weiche Stelle im Boden, die wie Gummi federte. Schon nach ein paar Stichen fand ich die Leiche meines Vaters. Mit dem Bajonett war das rechte Auge herausgeholt worden und die rechte Seite des Gehirns aufgerissen. Sonst wies der Körper lauter grüne und blaue Stellen auf. Mein Vater war 58 Jahre alt... Unter meinem Vater lagen noch sechs Mann verscharrt. Drei von diesen habe ich noch ausgegraben. Bei einem fehlte die ganze Schädeldecke und das Gehirn. Ein anderer hatte einen Bajonettstich im Unterleib, daß die Gedärme heraushingen. Der dritte hatte ein eingeschlagenes Gesicht, er hatte keine Nase mehr.«

Anton Dombek, Garteninspektor, 42 Jahre alt, wohnhaft Bromberg, Goethestr. 20
Aus dem amtlichen Protokoll der Untersuchung durch Kriegsgerichtsrat Dr. Waltzog:
»Am Dienstag, dem 5. September 1939, zog die polni-

sche Bürgerwehr, die mit Soldaten vermischt war, ab. Etwa eine halbe Stunde später zogen die deutschen Truppen in die Stadt ein. Mit der Säuberung des Stadtbildes haben wir am Mittwoch früh begonnen. Der Anblick, der sich uns bot, war schrecklich. Die älteren Leute waren ohne nennenswerte Verstümmelung erschossen. Dagegen fanden wir in einem Massengrab am Bülowplatz 8 bis zur Unkenntlichkeit verstümmelte Leichen. Die Leichen waren mit Stroh bedeckt, darüber war Sand geworfen. Bei den Toten waren zum Teil die Hinterköpfe völlig abgeschlagen, die Augen ausgestochen, die Arme und Beine waren gebrochen, sogar die einzelnen Finger... Bis jetzt sind etwa 182 Leichen von meinen Leuten beerdigt.«

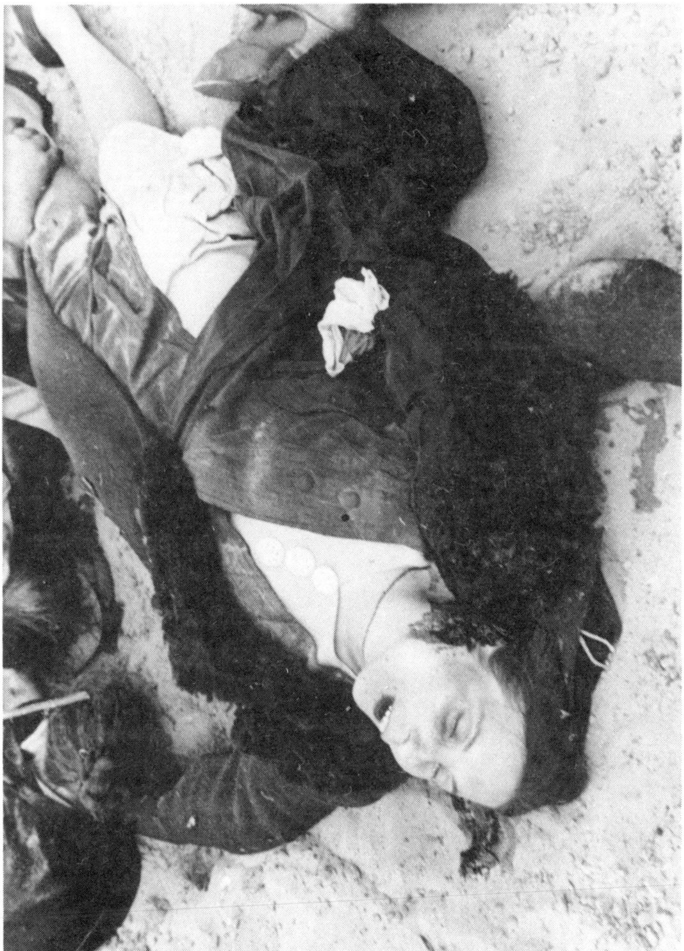

Diese schrecklichen Bilder wurden in Deutschland verschwiegen. Es sind Dokumentarfotos von Deutschen. Sie wurden von Polen am „Bromberger Blutsonntag" auf schreckliche Weise umgebracht. Davon erwähnte Brandt bei seinem Warschauer Kniefall kein einziges Wort. Da ist - bis zum Erbrechen - immer nur von „deutscher Schuld" die Rede.

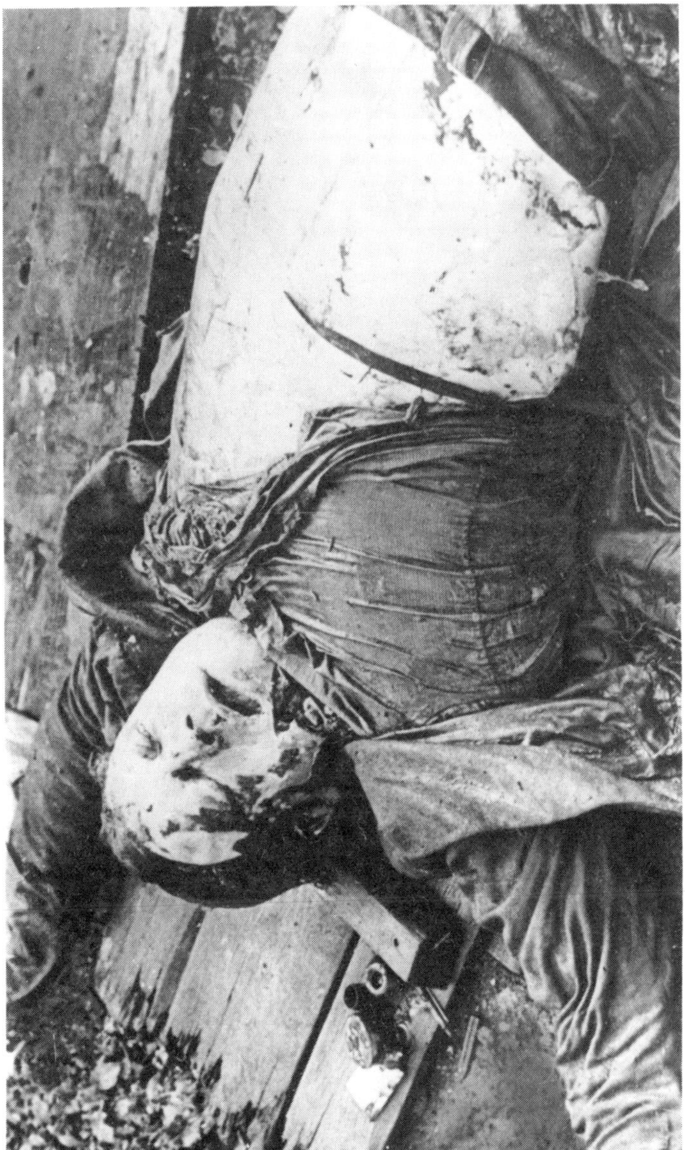

War Deutschland allein schuld?

Dutzende von Buchbänden könnten zum Bromberger Blutsonntag gedruckt werden, voll mit Dokumenten und Zeugenaussagen, an deren Echtheit überhaupt nicht gezweifelt werden kann. Aber in geradezu perverser Selbstgeißelung stellen deutsche Politiker sogar hier die These auf: »Das alles war nur die Reaktion auf den deutschen Einmarsch nach Polen«. Sie verschweigen die Tatsache, daß die Polen es waren, die durch vorher begangenes Unrecht und erschreckende Haßtiraden mit maßloser Selbstüberschätzung Hitler das Spiel ziemlich leicht machten und ihm damit sogar eine Teil-Legitmation für seinen Einmarsch lieferten. Jedenfalls ist dokumentarisch nachzuweisen, daß Polen und die Alliierten nach 1945 alles unternahmen, um die Schuld ausschließlich Deutschland zuzuschieben und wichtige Schuldfakten und entlastende Dokumente verschwinden ließen. Ich erinnere mich an meine langen Gespräche mit Dr. Seidl, dem früheren Bayerischen Innenminister und ehemaligen Heß-Verteidiger in Nürnberg. Er berichtete mir von seinen Bemühungen, in Nürnberg den 1939 zwischen Hitler und Stalin geschlossenen Pakt (mit dem geheimen Zusatzabkommen) auf den Tisch zu legen. Genau durch diesen Pakt konnte schon damals bewiesen werden, daß die Schuld am Angriff auf Polen wahrhaftig nicht nur bei Hitler allein lag. Und auch das darf nicht vergessen werden: Frankreich und England waren es, die Deutschland - wegen Polen - den Krieg erklärten, nicht umgekehrt. Und nach 50 Jahren wird auch die Frage erlaubt sein: War es richtig, für die »Freiheit« Polens in einen Krieg zu ziehen und nach dem Sieg den »Kriegsgrund« (nämlich Polen) und halb Europa der kommunistischen Bestie Stalin und damit der totalen Versklavung auszuliefern? Haben 40 Jahre Umerziehung unsere Gehirne denn derart vernebelt, daß sich niemand mehr wagt, diese Frage zu stellen?

Für mich jedenfalls ist die »Logik« nicht nachvollziehbar, daß man für die »Freiheit« Polens eine Kriegserklärung an Deutschland abgegeben hat, es auf einen Krieg ankommen läßt, der in seiner Schrecklichkeit keine Parallelen in der Menschheits-Geschichte findet - und dann schließlich nach sechs Jahren Gemetzel die »Freiheit« des »Kriegsgrundes« (nämlich Polen) einfach verschenkt - und obendrein gleich reihenweise die Freiheit anderer Länder, die vor dem Krieg wirklich frei waren. Für jeden Menschen, der nur ein wenig logisch denken kann, drängt sich doch hier geradezu die Frage auf: »Ging es wirklich um Polen, war in Wahrheit nicht Deutschland gemeint?« Zumindest gibt es eine ganze Reihe von Schriftstücken und Zitaten (besonders von Churchill), mit denen man diese Theorie sehr wohl untermauern könnte.

Schon im Februar 1915 erklärte Winston Churchill einem Vertreter des Pariser »Matin«: »Ich werde Deutschland an der Kehle würgen, bis sein Herz aussetzt. Wir werden die Umschnürung nicht eher lockern, bis es sich auf Gnade oder Ungnade ergeben hat.« Oder: »Die Hungerblockade ist unwirksam geworden, und ich sehe nur einen Ausweg, den Gegner niederzuwerfen; daß ist ein alles vernichtender und alles ausrottender Luftkrieg mit ganz schweren Bombern von England aus...«

Im Frühjahr 1941 schickte Churchill an den jugoslawischen Ministerpräsidenten ein Telegramm mit folgendem

Text: »Das deutsche Volk besteht aus 60 Millionen Verbrechern und Banditen.« Am 21. September 1943 sagte er vor dem englischen Unterhaus die entlarvenden Sätze: »Es gibt kein Ausmaß des Schreckens, dessen wir uns nicht bedienen werden.« Und schließlich: »Machen Sie sich keine Sorgen über diese 5 oder mehr Millionen Deutsche... Stalin wird sich darum kümmern. Sie werden zu existieren aufhören.«
»Hocherfreut« - so frühere Mitarbeiter Churchills - zeigte sich der alte Deutschenhasser, der erst im hohen Alter seine Meinung änderte, über eine Schlagzeile am 24.3.1933 im »Daily Express«, der mir als Kopie der gesamten Originalzeitung vorliegt. »JUDEA DECLARES WAR ON GERMANY«, was so viel heißt wie »Judäa erklärt Deutschland den Krieg«. Dann der Text: »Das israelische Volk der ganzen Welt erklärt Deutschland wirtschaftlich und finanziell den Krieg... Vierzehn Millionen Juden stehen wie ein Mann zusammen, um Deutschland den Krieg zu erklären... Der jüdische Großhändler wird sein Haus verlassen, der Bankier seine Börse, der Kauf-

Winston Churchill 1941: »Das deutsche Volk besteht aus 60 Millionen Verbrechern und Banditen«.

mann sein Geschäft und der Bettler seine Elendshütte, um sich zu einem heiligen Krieg gegen die Leute Hitlers zusammenzuschließen«.

Ein weiterer Punkt sei gesagt: Der schamvoll verschwiegene Hitler-Stalin-Pakt wird - wenn er überhaupt im Westen erwähnt wird - immer nur als ein unmoralischer Pakt zwischen »blutsaufenden Diktatoren« dargestellt. Aber bemühten sich England und Frankreich z.B. 1939 nicht selber darum, mit dem einen dieser »Blutsäufer« - nämlich mit Stalin - selber einen Pakt abzuschließen, der im Prinzip die Einkreisung Deutschlands zur Folge hatte? War man nicht selber unmoralisch genug, um mit Stalin einen jahrelangen Krieg zu führen, und danach Aber-Millionen von Menschen und ganze Völker und Staaten in barbarische Zwangsherrschaft zu treiben? Man paktierte schamlos mit dem Stalin, der nach dem Einmarsch deutscher und sowjetischer Truppen in Polen und nach der englischen und französischen Kriegserklärung folgendes erklärt hatte:

»1. Nicht Deutschland hat Frankreich und England angegriffen, sondern Frankreich und England haben Deutschland angegriffen und damit die Verantwortung für den gegenwärtigen Krieg auf sich genommen.

2. Nach dem Ausbruch der Feindseligkeiten hat Deutschland Frankreich und England Friedensvorschläge gemacht, und die Sowjetunion hat die Friedensvorschläge Deutschlands öffentlich unterstützt, weil sie dachte und immer noch denkt, ein rasches Ende des Krieges würde die Lage aller Länder und Völker radikal erleichtern.

3. Die herrschenden Kreise Frankreichs und Englands haben beide Deutschlands Friedensvorschläge und die

Bemühungen der Sowjetunion nach rascher Beendigung des Krieges in verletzender Weise zurückgewiesen. Das sind Tatsachen.
Josef Stalin am 29. November 1939 gegenüber dem Hauptschriftleiter der »Prawda«.
Um keine Mißverständnisse aufkommen zu lassen: Genau wie das erwähnte Unrecht der Polen an Deutschen nach dem Versailler Diktat: Der Einmarsch deutscher Truppen nach Polen war Unrecht. Aber ich wehre mich mit aller Entschiedenheit dagegen, daß die Wurzel dieses Unrechts allein bei den Deutschen gesucht wird und durch eine kaum noch zu überbietende Geschichts-Verfälschung in die Köpfe aller Deutschen gepflanzt werden soll. Es ist unglaublich, daß unsere manipulierte Geschichtsschreibung widerstandslos hingenommen wird und daß selbst ich als politisch interessierter Journalist nur unter großen Mühen an bestimmte Dokumente kommen kann, die eigentlich in jedem Geschichtsbuch abgedruckt sein müßten. Durch seinen Kniefall in Warschau hat Brandt diesen einseitigen Kampf gegen Deutschland politisch wie moralisch legitimiert.
Am 31. August 1939 um 21.15 Uhr veröffentlichte die deutsche Reichsregierung »zur Beseitigung der deutsch-polnischen Spannungen« einen 16-Punkte-Vorschlag. Es besteht kein Zweifel daran, daß Hitler es mit diesem Vorschlag nicht ernst meinte und der deutsche Einmarsch längst beschlossene Sache war. Trotzdem stelle ich mir die Frage: Weswegen kennt eigentlich kaum einer in Deutschland dieses Dokument, und weswegen ist es in keinem Schulbuch zu finden - selbst wenn es nur dem Zweck einer Diskussion über die propagandistische Ar-

beit der Hitler-Regierung dienen würde? In diesem hochinteressanten Dokument heißt es nämlich wörtlich - ich zitiere:
»1. Die Freie Stadt Danzig kehrt aufgrund ihres rein deutschen Charakters sowie des einmütigen Willens ihrer Bevölkerung sofort in das Deutsche Reich zurück.«
»2. Das Gebiet des sogenannten Korridors, das von der Ostsee bis zu der Linie Marienwerder-Graudenz-Kulm-Bromberg (diese Städte einschließlich) und dann etwa westlich nach Schönlanke reicht, wird über seine Zugehörigkeit zu Deutschland oder zu Polen selbst entscheiden.«
»3. Zu diesem Zweck wird dieses Gebiet eine Abstimmung vornehmen. Abstimmungsberechtigt sind alle Deutschen, die am 1. Januar 1918 in diesem Gebiete wohnhaft waren oder bis zu diesem Tage dort geboren wurden, und desgleichen alle an diesem Tage in diesem Gebiet wohnhaft gewesenen oder bis zu diesem Tage dort geborenen Polen, Kaschuben usw. Die aus diesem Gebiet vertriebenen Deutschen kehren zur Erfüllung ihrer Abstimmung zurück.«

»Zur Sicherung einer objektiven Abstimmung sowie zur Gewährleistung der dafür notwendigen umfangreichen Vorarbeiten wird dieses erwähnte Gebiet ähnlich dem Saargebiet einer sofort zu bildenden internationalen Kommission unterstellt, die von den vier Großmächten Italien, Sowjetunion, Frankreich, England gebildet wird. Diese Kommision übt alle Hoheitsrechte in diesem Gebiet aus. Zu dem Zweck ist dieses Gebiet in einer zu vereinbarenden kürzesten Frist von den polnischen Militärs, der polnischen Polizei und den polnischen Behörden zu räumen.«

»4. Von diesem Gebiet bleibt ausgenommen der polnische Hafen Gdingen, der grundsätzlich polnisches Hoheitsgebiet ist, insoweit er sich territorial auf die polnische Siedlung beschränkt.«

»Die näheren Grenzen dieser polnischen Hafenstadt wären zwischen Deutschland und Polen festzulegen und nötigenfalls durch ein internationales Schiedsgericht festzusetzen.«

»5. Um die notwendige Zeit für die erforderlichen umfangreichen Arbeiten zur Durchführung einer gerechten Abstimmung sicherzustellen, wird diese Abstimmung nicht vor Ablauf von 12 Monaten stattfinden.«

»6. Um während dieser Zeit Deutschland seine Verbindung mit Ostpreußen und Polen seine Verbindung mit dem Meere unbeschränkt zu garantieren, werden Straßen- und Eisenbahnen festgelegt, die einen freien Transitverkehr ermöglichen. Hierbei dürfen nur jene Abgaben erhoben werden, die für die Erhaltung der Verkehrswege bzw. für die Durchführung der Transporte erforderlich sind.«

»7. Über die Zugehörigkeit des Gebietes entscheidet die einfache Mehrheit der abgegebenen Stimmen.«

»8. Um nach erfolgter Abstimmung - ganz gleich, wie diese ausgehen möge - die Sicherheit des freien Verkehrs Deutschlands mit seiner Provinz Danzig-Ostpreußen und Polen seine Verbindung mit dem Meere zu garantieren, wird, falls das Abstimmungsgebiet an Polen fällt, Deutschland eine exterritoriale Verkehrszone, etwa in Richtung von Bütow-Danzig bzw. Dirschau, gegeben zur

Anlage einer Reichsautobahn sowie einer viergleisigen Eisenbahnlinie. Der Bau der Straße und der Eisenbahn wird so durchgeführt, daß die polnischen Kommunikationswege dadurch nicht berührt, d.h. entweder über- oder unterfahren werden. Die Breite dieser Zone wird auf einen Kilometer festgesetzt und ist deutsches Hoheitsgebiet.»

»Fällt die Abstimmung zugunsten Deutschlands aus, erhält Polen zum freien und uneingeschränkten Verkehr nach seinem Hafen Gdingen die gleichen Rechte einer ebenso exterritorialen Straßen- bzw. Bahnverbindung, wie sie Deutschland zustehen würden.«

»9. Im Falle des Zurückfallens des Korridors an das Deutsche Reich erklärt sich dieses bereit, einen Bevölkerungsaustausch mit Polen in dem Ausmaß vorzunehmen, als der Korridor hierfür geeignet ist.«

»10. Die etwa von Polen gewünschten Sonderrechte im Hafen von Danzig würden paritätisch ausgehandelt werden mit gleichen Rechten Deutschlands im Hafen von Gdingen.«

»11. Um in diesem Gebiet jedes Gefühl einer Bedrohung auf beiden Seiten zu beseitigen, würden Danzig und Gdingen den Charakter einer Handelsstätte erhalten, d.h. ohne militärische Anlagen und militärische Befestigungen.«

»12. Die Halbinsel Hela, die entsprechend der Abstimmung entweder zu Polen oder zu Deutschland käme, würde in jedem Fall ebenfalls zu demilitarisieren sein.«

»13. Da die Deutsche Reichsregierung heftigste Beschwerden gegen die polnische Minderheitenbehandlung vorzubringen hat, die Polnische Regierung ihrerseits glaubt, auch Beschwerden gegen Deutschland vorbringen zu müssen, erklären sich beide Parteien damit einverstanden, daß diese Beschwerden einer international zusammengesetzten Untersuchungskommission unterbreitet werden, die die Aufgabe hat, alle Beschwerden über wirtschaftliche und physische Schädigungen sowie sonstige terroristische Akte zu untersuchen.«

»Deutschland und Polen verpflichten sich, alle seit dem Jahre 1918 etwa vorgekommenen wirtschaftlichen und sonstigen Schädigungen der beiderseitigen Minoritäten wieder gutzumachen, bzw. alle Enteignungen aufzuheben oder für diese und sonstige Eingriffe in das wirtschaftliche Leben eine vollständige Entschädigung den Betroffenen zu leisten.«

»14. Um den in Polen verbleibenden Deutschen sowie den in Deutschland verbleibenden Polen das Gefühl der internationalen Rechtlosigkeit zu nehmen und ihnen vor allem die Sicherheit zu gewähren, nicht zu Handlungen bzw. zu Diensten herangezogen werden zu können, die mit ihrem nationalen Gefühl unvereinbar sind, kommen Deutschland und Polen überein, die Rechte der beiderseitigen Minderheiten durch umfassendste und bindende Vereinbarungen zu sichern, um diesen Minderheiten die Erhaltung, freie Entwicklung und Betätigung ihres Volkstums zu gewährleisten, ihnen insbesondere zu diesem Zweck die von ihnen für erforderlich gehaltene Organisierung zu gestatten. Beide Teile verpflichten sich, die Angehörigen der Minderheit nicht zum Wehrdienst heranzuziehen.«

»15. Im Falle einer Vereinbarung auf der Grundlage dieser Vorschläge erklären sich Deutschland und Polen bereit, die sofortige Demobilmachung ihrer Streitkräfte anzuordnen und durchzuführen.«

»16. Die zur Beschleunigung der obigen Abmachungen erforderlichen weiteren Maßnahmen werden zwischen Deutschland und Polen gemeinsam vereinbart.«

(Quelle: Sir Nevile Henderson, Fehlschlag einer Mission, Berlin 1937 bis 1939. Zürich, S. 370-374)

Wenn man den Zeitpunkt der Veröffentlichung dieses »Friedens-Papieres« liest (31. August 1939 um 21.15 Uhr) und den Zeitpunkt des Einmarsches deutscher Truppen in Polen kennt (1. September 1939 - »seit 5.45 Uhr wird zurückgeschossen«) - dann wird deutlich, daß Hitler es mit diesem Vorschlag überhaupt nicht ernst gemeint haben konnte. Trotzdem stellt sich die Frage, weswegen wir bereit sind, jede noch so durchsichtige Geschichts-Fälschung der ehemaligen Gegner zu übernehmen, ohne selber alle Papiere auf den Tisch zu legen, die zu einer Versachlichung bei der Diskussion um die deutsche »Alleinschuld« führen könnten. Es ist das gute Recht und die Pflicht eines jeden Anwalts, seinen Mandanten mit allen denkbar legalen Mitteln zu verteidigen. Brandt hat das bei seinem Warschauer Kniefall nicht getan. Als deutscher Bundeskanzler hat er sich dort noch nicht einmal wie ein Anwalt für das deutsche Volk benommen. Er hat in Polen die Rolle des polnischen Staatsanwaltes gegen Deutschland übernommen. Auch das macht seinen Kniefall unverzeihlich.

Ernstzunehmende Historiker - wie zum Beispiel Professor Golo Mann - sehen die Hauptursache der deutsch-polnischen Katastrophe im Versailler Vertrag. Damals wurden - wie schon erwähnt - große deutsche Gebiete den Polen

zugesprochen. Das geschah unter gröbster Mißachtung des Selbstbestimmungsrechtes. 93 Prozent der Westpreußen und 98 Prozent der Ostpreußen hatten sich klar für ein Verbleiben im Deutschen Reich entschieden. Im geraubten Land wurden sie dann »polnische Staatsbürger deutscher Nationalität«. Aber selbst die richtige Erkenntnis Golo Manns ist nur unvollständig. Die Polen warteten nämlich nicht einmal die Unterschrift unter dem Versailler Schanddiktat ab. Schon vorher hatten sie Besatzungs-Soldaten in deutsches Land geschickt.
Wie hatte Willy Brandt in »Verbrecher und andere Deutsche« in seiner üblichen Scheinheiligkeit und doppelbödigen Moral geschrieben? Wörtlich: »Niemand darf vor der Wirklichkeit flüchten. Niemand darf sagen, ›daran denken wir nicht mehr‹. Wir müssen das wiederbeleben, was geschah, so daß wir gerüstet stehen, um zu verhindern, daß es wieder geschehen kann«.
Gelten diese Sätze nur für von Deutschen begangenes Unrecht? Ist das die »moralische« Grundlage, auf der Brandt in Warschau die Vergangenheit bewältigen wollte? Ich kann mich nur teilweise in die Gefühle der Menschen versetzen, deren Angehörige beim Blutsonntag von Bromberg von entmenschten Polen erschlagen worden waren - und die dann Brandt in Warschau »für deutsches Unrecht« knien sahen. Was mag in deutschen Müttern vorgegangen sein, deren Babys nach 1945 von Polen an die Wände geknallt und ins Feuer geworfen wurden? Auch dazu werde ich in diesem Buch unfaßbare Dokumente veröffentlichen, die in Deutschland verschwiegen werden...
Doch gehen wir zunächst zurück zu Brandts »Verbrecher

und andere Deutsche«. Ich bin davon überzeugt, daß man Adolf Hitler und die Ziele seiner Politik schon vor 1933 im voraus erkannt hätte - wenn man (was leider nicht der Fall war) »Mein Kampf« gelesen und sich damit auseinandergesetzt hätte. Ähnlich ist es mit Willy Brandt. Vieles von dem, was er später als Bundeskanzler praktizierte, wie er sich menschlich und politisch verhielt, war schon 1946 in »Verbrecher und andere Deutsche« zu lesen. Dieses Buch ist ein Schlüssel zum politischen Handeln und Seelenlebens des Politiker Willy Brandt. Verräterisch, anklagend, hin- und hergerissen zwischen tumbem Deutschenhaß einerseits und Verteidigung der Deutschen andererseits. Wer »Verbrecher und andere Deutsche« nicht kennt - der kennt auch nicht Willy Brandt. Zum Verständnis dieses Mannes hier eine sehr breit angelegte Übersetzung aus seinem 1946 in Oslo erschienenen Buch. Mögen die Gerichte - die Brandt vermutlich anruft - darüber entscheiden, ob ich mit meinem Versuch, den Hintergrund der Persönlichkeit Brandts aufzuhellen, gegen Presserecht verstoße oder nicht. Ich bin sicher, daß ich dazu berechtigt bin.
Sollten linke Richter anders entscheiden, werde ich über meine Anwälte den gesamten Text von »Verbrecher und andere Deutsche« als Beweisantrag in einem möglichen Verfahren vorlegen lassen. Spätestens dann könnte ich - innerhalb einer Prozeß-Berichterstattung - den gesamten Text seines Skandal-Buches in vollem Umfang veröffentlichen. Einer solchen juristischen Auseinandersetzung, die mit großer Publizität verbunden wäre, würde ich gewiß nicht aus dem Wege gehen. Im Gegenteil. Ich wünsche sie mir geradezu, weil dann noch mehr Men-

schen den wahren Brandt erkennen würden.

Unter der Überschrift »Das deutsche Problem ist nicht nur deutsch« schreibt Brandt in »Verbrecher und andere Deutsche«:

»Die Frage nach der sogen. Kollektivschuld beschäftigt die Deutschen in hohem Maße. Die allermeisten weisen sie zurück. Ich finde es berechtigt, daß deutsche Gegner des Nationalsozialismus sich nicht schuldig erklären wollen für die Verbrechen, die sie nicht begangen haben. Ich finde es auch verständlich, daß einige sich verteidigen, indem sie angreifen, verständlich, aber nicht sehr klug. Der Versuch, die Schuld auf das Ausland abzuwälzen, kann der Keim für eine neue nationalistische Verdrehung der faktischen Verhältnisse sein. Ich habe gehört, daß ehrenwerte Leute, die im Gefängnis oder im Konzentrationslager gesessen haben, die These von der Kollektivschuld mit der Frage ausländischer Regierungen beantworten, warum sie Hitler diplomatisch anerkannten und ihm erlaubten, einen Vertrag nach dem anderen zu brechen. Sie haben ein sehr wesentliches Glied dieser Argumentationskette übersprungen: Wie und warum kamen die Nationalsozialisten an die Macht, warum erreichten sie eine so große Anhängerschaft unter den Deutschen, warum war der Widerstand so schwach? Das sind Fragen, die eine ehrliche Antwort verlangen.« (Hinweis von Joachim Siegerist: Sie kamen unter anderem auch durch die fanatischen Sozialisten zur Macht, die die Weimarer Demokratie haßten und der SPD bei ihrem Kampf gegen die Diktatur in den Rücken fielen - so wie der junge Herbert Frahm (Willy Brandt), als er vor 1933 die SPD verließ, sie wütend bekämpfte und sich der halbkommunistischen SAP anschloß. Warum gibt Brandt hier nicht die von ihm geforderte »ehrliche Antwort«?)

»Ansonsten haben die deutschen Sprecher natürlich recht, wenn sie behaupten, daß man es nicht nur mit einem rein isolierten deutschen, sondern auch mit einem europäischen und internationalen Problem zu tun hatte. Die Verantwortung läßt sich nicht auf Deutschland begrenzen. Die Auswirkungen haben bei Gott nicht nur die Deutschen getroffen. Nach dem Krieg gibt es immer noch 70 Mio. von ihnen. Auf eine oder andere Art und Weise müssen sie in die Weltgemeinschaft eingeordnet werden. Als der Krieg zu Ende war, gab es ganz verschiedene Auffassungen davon, wie diese Aufgabe gelöst werden sollte. Einige wollten den Deutschen eine ›gerechte‹ Strafe und einen ›gerechten‹ Frieden geben. Das war ein wenig geeigneter Ausgangspunkt. Nach all dem, was die unterdrückten Völker durchgemacht hatten, war es verständlich, daß viele eine ›gerechte‹ Vergeltung verlangten. Aber es gab auch die, die verstanden, daß der Zauberkreis der Vergeltung gebrochen werden mußte. Die Sache mußte notwendigerweise etwas anders wirken für die Opfer des nationalsozialisten Terrors in den ehemaligen deutsch-besetzten Ländern, die ihre Wiedergutmachungsforderungen und Sicherheitsansprüche stellten, als für die deutschen Gegner des Nationalsozialismus, die sich vor allem mit ihrem inneren Wiederaufbau und Sicherheitsproblem beschäftigten. Es gibt einen Ausgangspunkt, der nützlichere Resultate mit sich bringt als alles Philosophieren darüber, was ›gerecht‹ sein würde. Man muß fragen, was vernünftig ist. Die Politik gegenüber Deutschland muß bestimmt werden, von dem was vernünftig ist unter Berücksichtigung des Wiederaufbaus von Europa und unter Berücksichtigung der internationalen Zusammenarbeit. Für die, die es wünschen, kann ich gerne hinzufügen: Unabhängig davon, ob ein größerer oder kleinerer Teil des deutschen Volkes zunächst die Forderungen begreift oder akzeptiert, die aus den europäischen Wiederaufbauinteressen erwachsen.«

»Niemand kann daran ein Interesse haben, daß Deutschland zu einem Zentrum für wirtschaftliche Not, Bandenwesen und anderen gefährlichen Krankheitserregern wird. Es ist offenbar notwendig, daß das Gebiet pazifiziert wird und daß die Krankheitserreger entfernt werden. Die alliierte Besatzungspolitik soll dafür sorgen, daß dies geschieht. Aber eine dauerhafte Lösung ist die Besatzung nicht, mit den Belastungen, die sie nicht nur für die Besetzten mit sich bringt, sondern auch für die Besetzer und für das Verhältnis zwischen den verschiedenen Besatzungsmächten untereinander. Ich lasse im Augenblick außer acht, was im Interesse der Deutschen sein sollte. Offenkundig ist jedenfalls, daß die Vereinten Nationen - die Völker rundherum in der Welt - daran interessiert sind, daß Deutschland geheilt wird, und zwar so, daß es auf eigenen Beinen stehen kann, ohne eine Belastung für andere, noch eine Gefahr für sie zu sein. Nach all dem, was ich in den letzten Monaten gesehen und gehört habe, weiß ich, daß die Deutschen arbeiten wollen. Ist es nicht in aller Interesse, daß sie ihr Wirtschaftsleben innerhalb tragbarer Sicherheitsgrenzen wieder aufbauen können, so daß die Bevölkerung sich ernähren kann, daß sie zu dem europäischen Wiederaufbau beitragen und an dem internationalen Warenaustausch teilhaben kann?«

Brandt in »Verbrecher und andere Deutsche«: »Ich lasse im Augenblick außer acht, was im Interesse der Deutschen sein sollte.« Ein unfaßbarer Satz - für einen späteren Bundeskanzler.

»Einige werden einwenden: Dies bringt die Gefahr mit sich, daß Deutschland wieder zur dominierenden Macht auf dem Kontinent wird, danach vielleicht eine neue Gefahr für die Nachbarländer und den Frieden. Aber diese Gefahr können die Vereinten Nationen verhindern, ohne daß sie die Deutschen unter ständiger Besatzung halten müssen und sie unvernünftigen wirtschaftlichen Beschränkungen unterwerfen. Die Vereinten Nationen brauchen nur zusammenzuhalten. Das ist genug, um den Frieden zu sichern.« (Hinweis von Joachim Siegerist: Über einen solchen Schwachsinn kann man noch nicht einmal mit dem Kopf schütteln.)

»Die deutsche Gefahr war eine unheilvolle Realität. Die Gefahr ist abgewehrt. Unter den neuen Voraussetzungen kann Deutschland wieder wirtschaftlich, politisch und moralisch, aber nicht militärisch, erstehen. Jetzt steht die ›deutsche Gefahr‹ im Begriff, eines der Schlagwörter zu werden, die das Verständnis der Wirklichkeit und der Zusammenhänge erschweren. Ich hoffe, daß es gelingen wird, ein Deutschland zu schaffen, das in positiver Meinung pazifistisch ist. Aber unabhängig davon, wie die Entwicklung in Deutschland sich gestalten wird - die Vereinten Nationen haben die deutsche Kriegsmacht zerschlagen, sie haben deren Waffen vernichtet und die Rüstungsfabriken beschlagnahmt. Sie können sich keinen besseren Ausgangspunkt wünschen, um das Wiederaufleben des deutschen Militarismus zu verhindern.«

»Die alliierten Mächte haben alle Karten in der Hand. Sie können sich auch Garantien verschaffen dafür, daß die Grundlage, die jetzt gelegt wird, die Grundlage für einen deutschen Rechtsstaat und eine deutsche Demokratie wird. Ich glaube nicht - wie Lord Vansittart - daß ein Volk umgeschult werden kann und ›gelehrt werden kann, glücklich zu sein‹ unter Zuhilfenahme äußerer Macht. Ich glaube - trotz all dem was geschehen ist - an die moralischen, wiederaufbauenden Kräfte einer deutschen Minorität, die nach und nach in der Lage sein muß, zu einer stabilen Majorität zu werden und die ganze Gesellschaft zu prägen. Die Besatzungsbehörden können viel tun. Aber Deutschlands neue - und wie ich hoffe - demokratische und friedliche Existenz muß dennoch von inneren Kräften geformt werden.«

»Es war eine große Revolution, die in Deutschland an der Tagesordnung war. Der Anfang hat sich allerdings ganz anders gestaltet, als die geschichtlichen Revolutionsschemen es vorsehen. Der Zustand der Besetzung läßt keinen Platz für eine Volkserhebung. Die Besatzungsmächte repräsentieren auch ungleiche gesellschaftliche Verhältnisse und Interessen. Nichtsdestoweniger wurde im Mai 1945 ein tiefgehender Umwälzungsprozeß der deutschen Gesellschaft eingeleitet. Die Grenzen für diesen Umformungsprozeß werden bis auf weiteres im wesentlichen Grad von äußeren Machtverhältnissen bestimmt. Es sind allerdings nicht nur alliierte Verordnungen, sondern auch - und zu guter Letzt gerade - deutsche Kräfte, die diesem Rahmen einen Inhalt geben müssen. Wir haben es nicht mit einem isolierten deutschen Problem zu tun. Das Problem Deutschland kann nicht allein von den Deutschen gelöst werden, aber auch nicht nur von den Besatzungsmächten. Die Deutschen, die sich daran beteiligen wollten, eine neue Gesellschaft aufzubauen, haben ihre Begrenzung einse-

In »Verbrecher und andere Deutsche« bezieht sich Brandt immer wieder auf einen der schlimmsten Deutschenhasser: Sir Robert Gilbert Vansittart, Unterstaatssekretär im Auswärtigen Amt Londons. Hier ein Foto dieses haßerfüllten Mannes.

hen müssen. Sie haben sich über Deutschlands neue - sehr bescheidene - Rolle in der internationalen Politik klar werden müssen. Die Alliierten haben sich allerdings auch auf eine Begrenzung dessen, was sie übernehmen wollten, einlassen müssen. Für sie lautete die Frage, welchen Kräften und welcher Politik sie ihre Unterstützung geben sollten. Ihnen war nicht damit gedient, dem Rat derer zu folgen, die die Auffassung vertraten, daß die Deutschen nur eine formlose Masse seien. Man mußte sich für eine nuanciertere Beurteilung und Handlungsweise entscheiden. Diese Auffassung war übrigens vorherrschend, als der Krieg anfing.«
»1939 hatten die Proklamationen der Allierten das Ziel, den Nationalsozialismus zu zerstören, nicht das deutsche Volk zunichte zu machen.« (Hinweis von Joachim Siegerist: Anfang September 1939 erklärte Churchill im englischen Rundfunk: »Dieser Krieg ist ein englischer Krieg, und sein Ziel ist die Vernichtung Deutschlands.« Duff Cooper, Erster Lord der Admiralität und britischer Minister für wirtschaftliche Kriegsführung am 25.4.1940: »Der kommende Friedensvertrag muß weit härter und mitleidsloser werden als Versailles. Wir dürfen keinen Unterschied machen zwischen Hitler und dem deutschen Volk!«) Es gab andere Auffassungen. Dominierend - sowohl in den gewöhnlichen Wortwechseln als auch in den offiziellen Erklärungen - war allerdings die Auffassung, daß man zwischen Nationalsozialisten und anderen Deutschen unterscheiden müsse, und daß einem demokratischen Deutschland ein Platz in der neuen Friedensordnung gesichert werden müsse. Aber da hatte der Krieg noch nicht ernsthaft angefangen. Noch herrschten

verhängnisvolle Illusionen vor. Wenige waren sich über die fürchterliche Macht der hitlerschen Kriegsmaschine und die entsetzliche Effektivität von Hitlers Terrorapparat im klaren. Einige glaubten ernsthaft, daß sie eine deutsche Revolution auslösen könnten, indem sie einige Stöße mit Flugblättern herunterwarfen.«

»Die Haltung gegenüber den Deutschen war am Anfang sehr moderat. Aber man konnte im vorhinein damit rechnen, daß die Stimmung sich nach und nach verändern würde. Die nationalsozialistische Kriegsführung gegenüber der Zivilbevölkerung und der Terror in den besetzten Ländern schafften Nährboden für einen soliden Haß. Mehrere und mehrere setzten ein Gleichheitszeichen zwischen Nationalsozialisten und Deutsche. Immer öfter hörte man die Forderung, daß dieser Krieg nicht mit einem Versailles, sondern mit einem Karthago abgeschlossen werden müsse. Die ursprüngliche Differenzierung und Zielsetzung ging allerdings nicht ganz verloren. Die demokratischen Wortwechsel über die Friedensziele hörten nie ganz auf.«

»Die Führer der Vereinten Nationen unterstrichen immer wieder, daß der Krieg sich gegen das nationalsozialistische System und den deutschen Militarismus richtete. Diese Haltung zeigte sich auch in der Atlantikcharta. Diese lief darauf hinaus, daß Deutschland entwaffnet werden sollte, aber nicht dem wirtschaftlichen Ruin ausgesetzt werden sollte.« (Hinweis von Joachim Siegerist: Hatte Brandt nichts vom Morgenthau-Plan gehört?) »Churchill unterstrich, daß England den Krieg gegen die Gewaltherrschaft führe. Roosevelt versicherte der Bevölkerung in den Achsenländern, daß sie nicht zu befürchten brauche, das Elend gegen Knechtschaft austauschen zu müssen. Stalin äußerte sich im November 1942 sehr entschieden. Er bezeichnete es u.a. als Idiotie, das deutsche Volk vernichten zu wollen und Deutschland als Staat auszuradieren. Er verwies auf die geschichtliche Erfahrung und stellte fest, daß ›Männer wie Hitler kommen und gehen, aber das deutsche Volk, der deutsche Staat besteht‹.«

»Diese Tonart war dabei, im weiteren Verlauf des Krieges zu verschwinden. Schuld daran waren selbstverständlich vor allem die grenzenlosen Verbrechen, die das nationalsozialistische Deutschland sich zuschulden kommen ließ. Diese riefen starke Reaktionen gegenüber allem, was deutsch war, hervor. Aber es gab auch andere Ursachen. Eine davon war der Bedarf der Vereinfachung in der Kriegspropaganda. Der Krieg mußte gewonnen werden. Die Deutschen sollten ausgeschaltet werden. Es war nicht so wichtig mit der Begründung. Der vulgäre ›Vansittartismus‹ breitete sich in den angelsächsischen Ländern aus. In der Sowjetunion betrieb Ilja Ehrenburg eine Agitation, die chemisch gereinigt war von den Auffassungen, die Stalin geäußert hatte. Deutschland erntete einen Teil des Rassenhasses, den seine Nationalsozialisten gesät hatten.«

»Ein anderer Faktor besteht darin, daß überall in den alliierten Ländern Leute saßen, die am Deutschtum als Glied der Vorbereitung für eine reaktionäre Nachkriegspolitik interessiert waren. Dies waren Kräfte, die desto früher desto lieber von der antifaschistischen Zielsetzung des Krieges wegkommen wollten. Eine solche Zielsetzung lief darauf hinaus, die gesellschaftlichen und zwi-

Brandt zitiert Stalin in »Verbrecher und andere Deutsche« als eine Art Garanten für Deutschland. Die bolschewistische Revolution von 1917 wurde von Brandt eindeutig bewundert.

schen den Völkern bestehenden Wurzeln des Faschismus und Nationalsozialismus aufzureißen. Dies brachte die Gefahr bedeutender Verschiebungen mit sich. Die Sprecher der verschiedenen Schichten agitierten für eine so isolierte antideutsche Lösung wie möglich, weil sie damit die Hoffnung verbanden, den Krieg als eine ›altmodische‹ Abrechnung beenden zu können. Dieses Verhältnis wurde etwas verschleiert dadurch, daß Völker, die sich auf nationalem Plan für eine progressive und demokratische Politik einsetzten, auf dem internationalen Plan reaktionären Tendenzen unterlagen.«

»Noch wichtiger ist allerdings das Verhältnis, daß die deutsche Frage in steigendem Maße zu einem Hauptelement im Tauziehen zwischen den wichtigsten Teilnehmern in der Koalition gegen den Nationalsozialismus wurde. Dies offenbarte sich mehr und mehr, je mehr man sich dem Ende des Krieges näherte. Die prinzipielle Einigkeit, die die alliierten Großmächte früher erzielt hatten, wog nicht immer so ausgesprochen schwer. Man fragte nicht immer danach, was aus Rücksicht auf die gemeinsamen Interessen am vernünftigsten wäre. In dem labilen Zustand, der nach und nach zwischen den alliierten Großmächten herrschte, wurde die Deutschlandpolitik des einzelnen Partners in hohem Maße davon bestimmt, was die Regierungen als den eigenen Interessen dienlich betrachteten.«

»Die Führer der Großmächte formulierten allerdings im August 1945 auf der Konferenz von Potsdam gewisse gemeinsame Richtlinien für ihre Politik. Sie wiederholten die Versicherung, daß Deutschland nicht zerstört werden sollte. Es sollten dahingegen solche Bedingungen geschaffen werden, daß es in den Kreis der zivilisierten Nationen zurückwenden könne. Die praktischen Maßnahmen, auf die man sich einigte, setzten eine aktive Zusammenarbeit mit und eine Unterstützung der demokratischen Deutschen, die gegen den Nationalsozialismus waren, voraus. Man ging davon aus, daß es sie gab. Die unsinnige These, daß alle Deutschen Nationalsozialisten sein sollten, bildete nicht die Grundlage für die alliierte Politik. Aber sie hatte im Verlauf des Krieges ihren Einfluß verstärkt und spielte auch nach dem Waffenstillstand eine ganz große Rolle bei der Beurteilung und Behandlung des deutschen Problems.«

Dann folgt die geradezu unfaßbar formulierte Überschrift »Töten oder heilen«. Eigentlich ist sie noch skandalöser als die Formulierung des Buchtitels »Verbrecher und andere Deutsche«. »Töten oder heilen« - ein solches Vokabular erhellt in krassestem Licht die politische Einstellung Willy Brandts den Deutschen gegenüber - in der damaligen Zeit. »Töten« - und er fordert ja in diesem Buch auch, daß man ohne weiteres »unwertes nationalsozialistisches Leben ausmerzen« kann - das können zivilisierte Menschen vielleicht mit Bestien machen, denen die Natur versehentlich einen menschlichen Körper gegeben hat. Ich selber bin und bleibe ein Gegner der Todesstrafe. Gott hat uns Menschen das Leben gegeben, und nur er hat das Recht, es uns auch wieder zu nehmen. Allein die Übernahme einer solchen Formulierung für eine Buch-Überschrift ist - in meinen Augen - furchtbar und entlarvend für die Persönlichkeitsstruktur eines Menschen, selbst dann, wenn man sich nicht mit ihr identifiziert. Gleiches gilt für das Wort »heilen«. Er gebraucht beide Worte ja nicht für einen Menschen allein, sondern für das gesamte deutsche Volk. »Heilen« - das kann man einen körperlich, vielleicht auch geistig Kranken. Aber wer hat überhaupt das Recht, davon zu sprechen, daß ein ganzes Volk »geheilt« werden muß? Stellen Sie sich einmal vor, die Deutschen würden nach dem Zusammenbruch des Kommunismus, den ich langfristig für unabwendbar halte, davon sprechen, daß wir das russische Volk »töten oder heilen« würden - oder auch nur eine solche übernommene Formulierung in Anführungszeichen benutzen würden.

Wenn man länger über solche Formulierungen nachdenkt, ist es nur allzu verständlich, daß Brandt die Übersetzung von »Verbrecher und andere Deutsche« von der norwegischen in die deutsche Sprache fürchtet wie der Teufel das Weihwasser. Sie entlarvt ihn. Bemerkenswert ist bei der Formulierung dieser Überschrift eines: Wie so häufig - er benutzt brutale und schockierende Worte nur allzu gern, weist aber gleich darauf hin, daß sie nicht von ihm stammen, daß er sie nur von anderen übernommen hat. Wie ein roter Faden zieht sich diese anklagende aber zugleich nach allen Seiten absichernde »Schreibe« Brandts durch das ganze Buch. Auch das ist besonders charakteristisch für ihn. Besonders deutlich wird diese Charaktereigenschaft Brandts im folgenden Text, der - wie gesagt - die Überschrift trägt »Töten oder heilen«. Lesen Sie selber Originalton Willy Brandt:

»Nach dem Sieg standen die alliierten Großmächte vor der Frage, ›entweder sie zu töten oder sie zu heilen‹, wie ein englischer Korrespondent es ausgedrückt hat. Im Prinzip entschied man sich für die Heilung. Man distanzierte sich damit von der extremen Auffassung, daß die Deutschen Nationalsozialisten geworden waren aufgrund von rassenmäßigen - angeborenen und damit im großen und ganzen unveränderlichen - Eigenschaften. ›Ein Deutscher ist ein Deutscher‹. Ich lasse die leicht begreiflichen Übertreibungen außer acht und die Vereinfachung, die sich unter dem direkten Eindruck der nationalsozialistischen Grausamkeiten und der deutschen Gleichförmigkeit geltend machte. Das, was hier interessiert, ist die scheinbar nüchterne - einige sagen sogar ›wissenschaftliche‹ - Auffassung, die in Wirklichkeit nicht anderes ist, als das Rassengeschwätz der Nationalsozialisten mit entgegengesetzter Adresse. Diejenigen, die ganz ›konsequent‹ waren, setzten sich dafür ein, daß die Deutschen vernichtet werden sollten. So weit wollen nicht viele gehen. Es sind auch nicht so viele, die noch länger Rassisten sein wollen. Es ist nichtsdestoweniger ein Faktum, daß man in den Ansichten, die während des Krieges die gemeinsame Bezeichnung ›Vansittartismus‹ erhielten, eine Menge rassistischer Vorurteile findet. Lord Vansittart äußerte bald Vorbehalte. Er erklärte ausdrücklich, daß er seinerseits kein Anhänger irgendeiner Rassenlehre sei. Aber er benutzte Begriffe wie ›Volkscharakter‹, »Volksseele‹ und andere unklare Begriffe, als ob es feststehende Kategorien wären. Er versuchte auch, eine sehr seltsame Deutung der Geschichte vorzunehmen. Von der Schlacht im Teutoburger Wald mit Hermann dem Cherusker, ›dem ersten deutschen Nationalhelden, der sich einen Namen als Verräter schaffte‹, führte laut Vansittart eine ›klare Linie‹ über Karl den Großen, Friedrich Barbarossa, die Hanse, Friedrich den Großen und

Bismarck - bis zu einem neuen Hermann. Das, was bewiesen werden sollte, war, daß die Deutschen - oder, wie man wohl eigentlich sagen sollte, die Germanen in dem Ausmaße, in dem sie zu dem deutschen Völkergemisch beitrugen - durch ihre ganze Geschichte hindurch Angreifer und Gesetzesbrecher gewesen wären. Sie sind immer grausam gewesen. Sie sind von Natur aus schlecht.«

»Die mehr ernstzunehmenden Anhänger der Geschichtsdeutung nach Lord Vansittart haben sich mit einem kürzeren Zeitabschnitt zufriedengegeben. Man unterstreicht, daß das preußische Deutschland seit 1816 an fünf Angriffskriegen teilgenommen hat und daß die Ideologie des Herrenvolkes und die Angriffsmentalität tief sitzt. Aber statt geschichtliche und soziale Analysen vorzunehmen, die zeigen, wie verschiedene Tendenzen in Deutschland wie in anderen Ländern sich gegenübergestanden haben und warum es die aggressive, nationalsozialistische Tendenz war, die die Überhand gewann, vereinfacht man das ganze Problem oft bis ins Karikaturhafte.«

»Die Anhänger von Lord Vansittart (Vansittartisten) haben es als ihre große Aufgabe angesehen, den ›Mythos von einem anderen Deutschland‹ zu töten. Von den ›angeblichen‹ deutschen Demokraten sagt man, daß sie genauso schlimm waren wie die anderen. Die Sozialdemokraten werden als die ›Nationalsozialisten des ersten Weltkriegs‹ dargestellt. Aus der Zeit der Weimarer Republik will man sich nur an die zerstörerischen Elemente erinnern und an die Kräfte, die die ganze Zeit damit beschäftigt waren, wieder aufzurüsten. Deutsche Dichter und Philosophen werden so zitiert, daß sie alle zusammen als Anhänger des Nationalsozialismus und Kriegsverbrecher dastehen. Die Vansittartisten wollten nicht akzeptieren, daß es zwei Arten von Deutschland gab, nicht einmal als Arbeitshypothese. Für sie gab es kein ›anderes‹ Deutschland. Um ihre These durchzusetzen, richteten sie gerne den Hauptangriff gegen den deutschen linken Flügel. Die Arbeiterbewegung bekam die Hauptschuld für den Hitlerismus. Deutsche Flüchtlinge wurden nicht nur verdächtigt - 1940 waren es sogar einige, die sie für den Zusammenbruch in Frankreich verantwortlich machen wollten. Man warf ihnen vor, daß sie falsche Informationen über die Stärke Deutschlands gegeben hätten. Was man vergaß, war, daß die anti-nationalsozialistisch eingestellten Flüchtlinge trotz der Drohung der Ausweisung und polizeilicher Schikanen versucht hatten, Freunden und Kameraden draußen verständlich zu machen, daß es etwas gab, was Konzentrationslager und Judenverfolgung hieß und daß Hitler Krieg bedeutete.«

»Womit man zu tun hatte, war eine systematische und energische Kampagne, um zu verhindern, daß deutsche demokratische Kräfte einen einigermaßen günstigen Start nach Hitlers Niederlage erhielten. Der frühere Parlamentspräsident Hambro behauptete in einem Buch über Nachkriegsprobleme, daß die Regierung Hitlers in Deutschland repräsentativer gewesen sei, als die Regierung in irgendeinem anderen Land. Leopold Schwarzschild beschließt seine Übersicht über die politische Entwicklung in der Zwischenkriegszeit damit, daß er behauptet, daß alle demokratischen Experimente in Deutschland dazu verurteilt waren zu mißglücken. Besonders stark waren die Warnungen vor einem evtl. sozialistischen Deutschland. Insofern tritt der Zweck und die Absicht des Anti-Deutschtums klar an den Tag. Vansittart war allerdings gewillt einzuräumen, daß es so viele wie 25 Prozent ›gute‹ Deutsche geben könne. Der Fehler mit ihnen sei nur, daß sie unfähig seien. Die radikalen Schüler aus der Schule des Lords sagten ganz einfach: Ein guter Deutscher ist ein toter Deutscher. Ich habe bereits die Vereinfachung des Problems durch die Kriegspropaganda unterstrichen. Diese Vereinfachung war vielleicht nicht zu umgehen. Aber es war ein zweischneidiges Schwert, das geschmiedet wurde. Ich bin nicht naiv genug um zu glauben, daß die alliierte Propaganda Hitler gestürzt haben könnte. Aber ich weiß, daß der vulgäre Vansittartismus Goebbels Wasser auf die Mühle gegeben hat. Die Schilderungen davon, was die Alliierten angeblich vorhatten mit dem deutschen Volk zu tun, und nicht zuletzt die Tatsache, daß man ständig unterstrich, daß auch die Opposition keine Chance bekommen sollte, trug dazu bei, die Deutschen zusammenzuschweißen. Goebbels war ein Erzschurke, aber dumm war er nicht. Er wiederholte immer und immer wieder, daß alle Deutschen im gleichen Boot säßen. Selbstverständlich verfälschte Goebbels auch die Aussagen von Vansittart. Tatsächlich war nämlich Vansittart ziemlich moderat, wenn er die Konsequenzen seiner Auffassung ziehen sollte. Er unterstrich, daß die Deutschen Brot bekommen sollten, aber keine Waffen, ›volle Kornlager und leere Depots‹«. Dieses Rezept stand nicht im Gegensatz zu der Atlantikcharta, nicht einmal die Sprecher des ›anderen‹ Deutschlands konnten etwas dagegen einwenden. Sie waren in ebenso hohem Maße wie Vansittart daran interessiert, daß der Militarismus zerschlagen wurde, und daß die Demokratisierung nicht durch eine Hungersnot erstickt wurde. Gleichzeitig setzten sie sich in einer Reihe von Gebieten für eine weitaus radikalere Lösung ein als die meisten ›Vansittartisten‹ durchzuführen gedacht hatten. Es war nämlich ein Mißverständnis, wenn einige glaubten, daß der ›Vansittartismus‹ eine besonders radikale Abrechnung mit den Nationalsozialisten und deren Helfern bedeutete.«

»Ich habe niemals eine Begeisterung für Todesurteile aufarbeiten können. Aber so, wie die Welt, in der wir nun einmal lebten, war, rechnete ich damit, daß es notwendig werden würde, eine ganz große Anzahl wertloser nationalsozialistischer Leben auszumerzen.«

(Hinweis von Joachim Siegerist: Hätte einen solchen Satz - unter umgekehrten Vorzeichen - nicht auch jeder NSDAP-Propagandist schreiben können?) »Gleichzeitig habe ich die Auffassung zum Ausdruck gebracht, daß die ›Vansittartisten‹ zittern würden, wenn die Urteile vollstreckt werden sollten, nicht nur gegen den nationalsozialistischen Führer und Gestapo-Henker, sondern auch gegenüber deren Helfern unter den Generälen und Generaldirektoren. So ist es auch gewesen.«

»Der gängige Vansittartismus war nicht aus auf Leichen. Sein eigentliches Programm war Entmündigung und Demütigung. Deutschland sollte über lange Zeit besetzt bleiben und unter ständiger internationaler Polizeibewachung gehalten werden. Unter fremdem Kommando sollte man die Deutschen dazu erziehen, Demokraten und Freunde des Friedens zu werden. Sie sollten

zwangserzogen werden, ›um glücklich zu werden‹. Es ist von geringem Interesse in diesem Zusammenhang, auf alle die Detailvorschläge einzugehen, die im Laufe der Jahre vorgebracht wurden. Etwas was ständig wiederkehrte, war der Vorschlag, Deutschland in kleinere Staaten zu zerstückeln. Ansonsten wurde das Hauptgewicht auf Maßnahmen gelegt, die seine wirtschaftliche Macht schwächen sollten. Diese Maßnahmen wurden gern als wirtschaftliche Entwaffnung bezeichnet. Oft war das, was vorgeschlagen wurde, allerdings ein Ergebnis reiner wirtschaftlicher Interessenpolitik. Viele Sprecher der vansittaristischen Schule waren auch weniger damit beschäftigt, eine ernsthafte Abrechnung mit den Nationalsozialisten und Militaristen vorzunehmen, als mit dem Vorschlag, der darauf hinauslief, die Existenzgrundlage für Deutschland nach Hitler einzuengen. Die Umschulungsprojekte waren oft ziemlich fantastisch. Es hieß, daß man versuchte, ein ›kleineres, schwächeres und freundlicheres Deutschland‹ zu schaffen. Aber in der Realität war das so, daß die vansittartische Propaganda die Lösung des deutschen Problems erschwerte. Ich bin fest davon überzeugt, daß die Propaganda und der Einfluß, den sie auf die alliierte Politik während des Krieges erhielt, nicht dazu beigetragen haben, den Krieg mit einer Minute zu verkürzen. Das Entgegengesetzte dürfte der Fall sein.«
»Die Deutschen wurden zusammengeschweißt. Die Opposition erhielt keine Aufmunterung. Die Handlungsfreiheit der alliierten Staatsmänner wurde eingeengt durch die Psychose, die entstand. Sie wagten es nicht, sich auf gewagte Versuche einzulassen, wenn es um politische Kriegsführung ging. Es wurde kein wirklicher

Kontakt zwischen den Alliierten und der deutschen Opposition gegenüber dem Nationalsozialismus etabliert. Dies hatte eine gewisse Bedeutung, wie schwach auch immer die Opposition war, als Hitler am siegreichsten war. Niemand kann behaupten, daß eine Koordination im Stande gewesen wäre, große Resultate zu erzielen. Aber es wäre einen Versuch wert gewesen. Die alliierte Politik während des Krieges war niemals von extremen ›vansittartistischen‹ Auffassungen geprägt. Aber sie baute auch nicht auf die Auffassung des Gegners. Sie ging davon aus, daß es zwei Arten von Deutschland, oder auf jeden Fall zwei Arten von Deutschen gab, daß nicht alle Deutschen Nationalsozialisten waren, und daß gerade diese Differenzierung der wichtigste Schlüssel werden mußte bei der politischen Kriegsführung gegen das Dritte Reich und bei einer späteren Lösung des deutschen Problems. Niemand, der die Entwicklung ernsthaft untersucht, wird verneinen können, daß es ganz viele dunkle Blätter in der Geschichte Deutschlands gibt, und daß man bei einer Erklärung des Hitlerreiches, mit der Gestapo, dem Angriffskrieg und all dem was folgte, kaum von diesem Hintergrund absehen kann. Aber - wie Harold Laski sagt - die menschliche Natur wird durch ihre Umgebungen geprägt und paßt sich ihnen an. ›Sollen wir sie ändern, müssen wir die geschichtlichen Umgebungen ändern‹.«

»Um eine einigermaßen vollständige Erklärung dafür zu geben, daß Deutschland trotz der wirtschaftlichen Entwicklung und trotz der bedeutenden Leistungen auf dem technischen und kulturellen Gebiet weiterhin ein zurückliegendes Land war, müssen wir bis zu den Bauernkriegen im 16. Jahrhundert zurückgehen. Die Bauernkriege und der 30jährige Krieg im 17. Jahrhundert bedeuteten eine solche Auslaugung und Stagnation, daß Deutschland ins Hintertreffen geriet, sowohl in bezug auf die nationale Einheit als auch in bezug auf die Entwicklung in der bürgerlichen Demokratie. Deutschland war in vielerlei Weise ein zurückliegendes Land, als es in die moderne imperialistische Wirtschaft und Politik hineingezogen wurde. Die nationale Einheit wurde zu einem späteren Zeitpunkt erreicht, und sie wurde erzwungen durch den deutschen Staat, der aufgrund seiner militärischen Macht dominierend geworden war, nämlich Preußen. Das Bürgertum schaffte es nicht, seine demokratische Revolution durchzuführen, weder 1848 noch später. Das Großkapital wuchs zusammen mit dem verbliebenen Feudalismus. Die Arbeiterbewegung wurde früher und ausgeprägter als in den meisten Ländern der eigentliche Gegenpol der Reaktion. Sie stand nicht ganz allein. Es gab liberale, demokratische Kräfte, und es gab ein humanistisches Geistesleben. Die große Masse der Bauern und der Mittelklasse in den Städten - darunter auch der Großteil der Intellektuellen - geriet allerdings in das Kielwasser der Reaktion. Es kam zu einer gesellschaftlichen Polarisierung, die eine demokratische Entwicklung sowohl vor als auch nach dem Weltkrieg verhinderte und die die Machtübernahme des Nationalsozialismus 1933 ermöglichte. Die Behauptung von den ›zwei Deutschland‹ ist nicht aus der Luft gegriffen. Es gab sie sowohl in dem alten Kaiserreich als auch in der Weimarer Republik.«

»Deutschlands Einheit wurde 1871 ›von oben‹ durchgeführt. Preußen setzte seinen Stempel auf das Deutsche Reich. Die militärische Tradition und das ›Untertanentum‹ der Kleinstaaten bot eine glänzende Ausgangsposition für eine totalitäre Leitung. Es gab einen reichen Nährboden für einen zugespitzten Nationalismus, Autoritätsverehrung und Rassenmystizismus. Man sollte sich allerdings nicht vom ideologischen Diebesgut der Nationalsozialisten irreleiten lassen. Untersuchungen, die versuchen, die naturnotwendige Entwicklung des Nationalsozialismus zu beweisen, indem sie alle möglichen Zitate von deutschen Dichtern und Philosophen heranziehen, können faszinierend wirken. Aber sie sind nicht immer wohlbegründet. Sie können oftmals widerlegt werden durch ähnliche Zitate, die man bei Verfassern aus anderen Ländern finden kann, wo die Entwicklung einen ganz anderen Weg genommen hat. Man ist auch oft geneigt zu vergessen, daß die ideologischen Wurzeln des Faschismus sich nicht nur auf deutschem Boden finden lassen.« (Hinweis von Joachim Siegerist: Hier hat Brandt recht. Er vergißt nur, hinzuzufügen, daß sogar die englische Labour-Party panische Angst vor dem »nationalsozialistischen Bazillus« hatte. Deswegen durften z.B. Hitlers KdF-Schiffe mit deutschen Arbeitern keinen englischen Hafen anlaufen. Die englischen Sozialisten fürchteten das Argument: »Den deutschen Arbeitern geht es bei den National-Sozialisten aber besser als den englischen Arbeitern bei den Labour-Sozialisten.«)

»Zwei Hauptelemente kämpften gegeneinander in dem deutschen Kaiserreich. Der Kampf ging in der Weimarer Republik weiter. Es ist bekannt genug, daß die progressiven, demokratischen Kräfte 1918 und 1919 nicht genug

Kraft, Entschlossenheit und Einigkeit mobilisierten, um die Reaktion außer Kraft setzen zu können. Dafür hat die ganze Welt bezahlen müssen. Es ist trotzdem falsch davon abzusehen, daß in der Weimarer Republik - in den Jahren bis 1930 - eine Reihe von Fortschritten erzielt wurde. Die Beurteilung des Heranwachsens des Nationalsozialismus bleibt im leeren Raum hängen, wenn man sie nicht im Zusammenhang mit der großen wirtschaftlichen Krise sieht. Es war diese, die den Rahmen der Republik sprengte. Es war diese, die in der Machtübernahme des Nationalsozialismus resultierte. Erst in der Septemberwahl 1930 erreichte die Partei Hitlers ihren großen Durchbruch. Und als es gegen Ende des Jahres 1932 so aussah, als ob die Krise nachlassen würde, erlebte die nationalsozialistische Bewegung schwere Zeiten. Bei den Novemberwahlen des Jahres ging ihre Stimmenzahl zurück, und im Dezember kam es zu einem ernsthaften Konflikt in der obersten Leitung der nationalsozialistischen Partei. Aber gerade dann ging die alte Reaktion zur Offensive über. Gerade da sammelte Papen die Junker und Stahlkönige hinter der Forderung, daß Hindenburg Hitler die Macht übergeben sollte. Die Gegner der Nationalsozialisten machten es ihnen sehr einfach, weil sie uneinig waren und einen Mangel an politischer Fantasie und konstruktiven Vorschlägen für eine Lösung der Krise zeigten. Eine andere Sache ist es, daß viele von denen, die damals hofften, den Nationalsozialismus benutzen zu können, ganz unangenehme Überraschungen erlebten.«

»Mit Rassisten lohnt es sich nicht, zu diskutieren. Aber die ›moderaten‹ Vansittartisten befanden sich auch auf einer vollständig falschen Linie. Sie rissen den Nationalsozialismus aus seinem sozialen und internationalen Zusammenhang. Womit wir zu tun hatten, war eine weltweite wirtschaftliche Krise und eine universelle Krise der Demokratie. Der Faschismus war ein Produkt dieser Krise. Das bedeutet nicht, daß der Faschismus notwendigerweise zur Macht kommen mußte, aber Nährboden gab es überall da, wo die Krise herrschte. Die nationalsozialistische Variante des Faschismus zeigte die barbarischten Formen. Aber der Faschismus war kein isoliertes deutsches Phänomen. Sadismus und Massenmord sind keine deutschen Rasseneigenschaften, sondern Früchte eines politischen Verbrechertums, das den Sadisten freien Raum läßt und einige dazu erzieht, wilde Tiere in Menschengestalt zu werden.«

»Die faschistischen Bewegungen entstanden in vielen Ländern. Niemand kann verneinen, daß die nationalsozialistische Variante die gefährlichste wurde. Was verneint wird ist, daß sie es aufgrund des unveränderlichen deutschen Nationalcharakters wurde. Dahingegen ist es über jeden Zweifel erhaben, daß der deutsche Faschismus seine ›nationale‹ Besonderheit erhielt durch die starke militärische Tradition und die schwache Verankerung der Demokratie im Unterrichtssektor in der öffentlichen Verwaltung und ansonsten in der Gesellschaft. Das ist die eine Seite der Sache. Die andere ist die, daß die Führungstechnik des Faschismus geformt wurde durch die hochindustrialisierte und durchbürokratisierte deutsche Gesellschaft. Das war das, was dem Nationalsozialismus seine unheimliche Effektivität gab. Es ist nicht richtig, wie es behauptet wurde, daß die ›guten‹ Deutschen niemals etwas wagten, und daß sie weggeblasen waren, als Hitler an die Macht kam. Man vergißt gerne, daß Tausende von deutschen Arbeitern und Demokraten ihr Leben im Kampf gegen die Reaktion im Laufe der Jahre 1918 bis 1923 verloren haben« (Hinweis von Joachim Siegerist: Von welchen Demokraten spricht Brandt hier - eigentlich kann er nur die von der SPD damals scharf bekämpften Kommunisten um Rosa Luxemburg gemeint haben, die die Demokratie verabscheuten.) »und daß Hunderte von ihnen in Zusammenstößen mit den SA-Banden gefallen sind, bereits vor der Machtübernahme der Nationalsozialisten. Bereits die Wahlen im März 1933 wurden unter Terror durchgeführt. Die Nationalsozialisten bekamen trotzdem keine klare Mehrheit. Die Hälfte der deutschen Wähler stimmte gegen Hitler., Es ist so zu sehen, daß alle die anderen für Konzentrationslager und Krieg stimmten. Ein großer Teil glaubte, daß sie für Arbeit stimmten.«

»Andererseits ist es bekannt, daß viele von denen, die im März 1933 gegen Hitler waren, sich zu einem späteren Zeitpunkt ›überzeugen‹ ließen. Die Abschaffung der Arbeitslosigkeit war eine Trumpfkarte in den Händen der Nationalsozialisten. Die großen - und wohl zu merken unblutigen - Erfolge auf dem außenpolitischen Gebiet waren eine andere Trumpfkarte. Das nationale Moment, das in den von den Deutschen besetzten Ländern die größte Kraftquelle für die Widerstandsbewegung war, wirkte in Deutschland in entgegengesetzter Richtung. Hitler hatte ein leichtes Spiel gegenüber der deutschen Demokratie. Aber es ging genauso einfach für ihn auf dem außenpolitischen Gebiet. Er bekam mehr als das,

worum die Republik, vergebens gebeten hatte, und was zu ihrer Rettung beigetragen haben könnte. Es war in den Jahren nach 1933 nicht einfach, ein deutscher Gegner des Nationalsozialismus zu sein, gejagt von den Terrorbanden der Gestapo, im Stich gelassen von den Opportunisten, oftmals auch verfolgt - wenn auch in milderen Formen - von der Polizei der Demokratien.«
Ich glaube, daß ich bereits durch Kommentierung der Überschrift des vorangegangenen Abschnitts aus »Verbrecher und andere Deutsche« genug dazu gesagt habe. Ganz typisch für Brandt - und das darf nicht unkommentiert bleiben - ist der zuletzt zitierte Abschnitt: »Es war in den Jahren nach 1933 nicht einfach, ein deutscher Gegner des Nationalsozialismus zu sein, gejagt von den Terrorbanden der Gestapo, im Stich gelassen von den Opportunisten, oftmals auch verfolgt - wenn auch in milderen Formen - von der Polizei der Demokratien.« Der unbedarfte Leser könnte daraus entnehmen, daß Brandt sich mit diesen Zeilen selber beschreibt - und das ist wohl auch seine Absicht. Die Wahrheit dagegen sieht folgendermaßen aus: Brandt war schon vor 1933 in Lübeck ein bekannter und gefürchteter politischer Schlägertyp, der mehrmals - dafür liegen mir klare Beweise vor - fanatisierte Jungsozialisten den politischen Gegner ausprügeln ließ. Dabei benutzte er auch selber nicht ungern die Fäuste. »Gejagt von den Terrorbanden der Gestapo«. Eine glatte Erfindung. Brandt wurde zu keinem Zeitpunkt von »Terrorbanden der Gestapo« verfolgt. Es mag ihm verziehen sein, daß er als 19jähriger halbkommunistischer Fanatiker, der die SPD verlassen hatte, wütend und mit unsauberen Mitteln die SPD bekämpfte.

Stoppen muß man nur seine so gern betriebene Legendenbildung, die er in reiferem Alter nur allzu gerne vorgenommen hat, um sich selber im besten Licht zu zeigen. Kein Wunder auch, daß Brandt bei solch selbst gewählten Halbwahrheiten schließlich unberechtigt in den Verdacht geriet, vor der Machtübernahme durch die NSDAP in einen politischen Mord verwickelt gewesen zu sein und deswegen flüchten mußte. Aber auf diesen Punkt bin ich schon ausführlich und sehr detailliert in meinem ersten Brandt-Buch »Willy Brandt - das Ende einer Legende« eingegangen. Es ist denkbar und sogar wahrscheinlich, daß ihn die braunen Machthaber für einige Wochen arrestiert hätten - aber eine »Verfolgung« durch die »Terror-Banden der Gestapo« - die Fantasie bei Brandt hat wieder einmal weitausufernde Flügel gehabt. Tatsache bleibt, daß er 1933 - weitgehend ungefährdet - und in aller Gemütlichkeit aus Deutschland flüchten konnte, was ihn dann in »Verbrecher und andere Deutsche« allerdings nicht daran hinderte, über diejenigen zu schimpfen, die unter Einsatz ihres Lebens in Deutschland geblieben waren, um den Kampf gegen Adolf Hitler aufzunehmen und dafür nicht selten umgebracht wurden oder ins Konzentrationslager kamen - wie zum Beispiel sein früherer Förderer Julius Leber, den er auf geradezu schmutzige Art und Weise in SPD-Veranstaltungen angegriffen hatte. Nur am Rande sei hier erwähnt, daß ich eine Geldstrafe zahlen mußte, weil ich Brandt einmal als einen »Mann ohne politischen Anstand« bezeichnet hatte. Der Leser mag selber beurteilen, ob diese Geldstrafe zu recht ausgesprochen wurde.
Empörend und bezeichnend für Brandt ist auch das fol-

gende Kapitel aus »Verbrecher und andere Deutsche« mit der Überschrift »Schuld und Verantwortung«. Dieses Kapitel muß man aus mehreren Gründen besonders kritisch lesen: Er begründet darin weiter seinen Buchtitel »und andere Deutsche«, schmäht die Demokratie von Weimar mit der Bezeichnung »...eine Art Demokratie in Deutschland 1932«, bestreitet ernsthaften Widerstand der Deutschen gegen Adolf Hitler - und ausgerechnet der aus Deutschland getürmte Brandt, der die norwegische Staatsbürgerschaft annahm, erdreistet sich zu der Behauptung, daß sich auch die schuldig gemacht haben, die in Deutschland zu wenig gegen Hitler gekämpft hätten. Wörtlich: »Kein erwachsener Deutscher kann sich seines Teils der Mitverantwortung für das, was geschehen ist, entziehen. Dies gilt nicht nur für die, die sich Hitler anschlossen, sondern auch für die, die nicht die Fähigkeit besaßen, einen stärkeren Widerstand zu leisten«. Wieder die typische Allseits-Absicherung von Brandt - unter Wahl härtester Formulierungen: Auf der einen Seite Ablehnung der deutschen »Kollektivschuld« - auf der anderen Seite durch den eben zitierten Satz ein klares »Ja« zur deutschen Kollektivschuld. Würde ich dieses Kapitel aus dem Brandt-Buch nur teilweise zitieren, würde man mir den Vorwurf der Manipulation durch Unterlassung machen. Da auch gerade dieses Kapitel immens wichtig ist für die Beurteilung Brandts und für den von ihm gewählten Titel »Verbrecher und andere Deutsche«, zitiere ich es nachstehend in voller Länge - mit dem sicheren Gefühl, damit nicht gegen geltendes Presserecht (Übersetzungen und Nachdrucke) zu verstoßen. Hier wieder Originalton Brandt mit der Überschrift »Schuld und Verantwortung«:

3. Januar 1965 in Lübeck: Brandt hält eine Rede auf Julius Leber, der 1945 von NSDAP-Schergen umgebracht worden war. Vor 1933 hatte Brandt gerade diesen Mann rüde bekämpft und geschmäht. Später log man: »Leber ist Brandts Vater«.

»Die Auffassung, daß das ›andere‹ Deutschland nur kapitulierte und total von dem Nationalsozialismus geschluckt wurde, ist nicht richtig. Aber die Tatsache bleibt bestehen, daß die Außenwelt eine gesammelte deutsche Front sah. Sie sah nicht viele Zeichen für eine aktive deutsche Opposition. Das, was es gab, gelangte meistens auch nicht zu der ausländischen Presse, und wenn es bekannt wurde, glaubte man vielleicht nicht daran. Die Welt sah nur den nationalsozialistischen Polypen und seine vielen Arme. Die Behauptung, daß es trotzdem ein ›anderes‹ Deutschland gab, mußte in hohem Maße wie eine Mythe wirken. Es gibt eine Erklärung für alles. Aber die Tatsache bleibt bestehen, daß die Deutschen ganz bis ›zum bitteren Ende‹ marschierten. Ein innerer Widerstand kam nicht auf.« (Hinweis von Joachim Siegerist: Verhöhnt Brandt damit nicht die vielen Demokraten - gerade SPD-Politiker wie z.B. Julius Leber und Kurt Schumacher - die für ihre Überzeugungen in Hitlers KZs umgebracht oder zu Krüppeln geschlagen wurden?)
»Der Nationalsozialismus wurde von den Armeen der Vereinten Nationen zerschlagen. Auch nicht beim Zusammenbruch sah man ein anderes Deutschland als die aktuelle politische Realität - obwohl ich bereits in diesem Punkt hinzufügen möchte, daß das, was existierte, zunächst von alliierter Seite nicht unterstützt wurde. Die Deutschen marschierten nicht nur unter nationalsozialistischen Fahnen, sie flüchteten auch unter nationalsozialistischem Kommando. Man kann sagen, daß so, wie das Ganze sich entwickelt hatte, konnte es nicht anders sein, und das konnte es vielleicht wirklich nicht. Man kann Untersuchungen vornehmen, die zeigen, daß ge-

wisse Tendenzen in der Politik der Alliierten zu dieser Verzweiflung und Selbstmordpolitik beigetragen haben. Man kann die Hoffnung aussprechen, daß ein späterer objektiver Bericht zeigen wird, daß die deutschen Widerstandskräfte stärker waren, als die meisten Leute es wahrhaben wollten. Aber damit reduziert man nicht die fanatischen Verbrechen, die gegen andere Völker - von den Deutschen und im Namen Deutschlands - begangen wurden. Die Tatsache bleibt bestehen, daß der Haß von Millionen Gepeinigten und Krüppeln, Witwen und elternlosen Kindern sich gegen alles richtet, was deutsch ist.«

Weimar - »Eine Art Demokratie«

»Es ist nun einmal so, daß die Deutschen sich mit dieser Reaktion abfinden müssen. Es existierte trotz alledem eine Art Demokratie in Deutschland 1932. Kein erwachsener Deutscher kann sich seines Teils der Mitverantwortung für das, was geschehen ist, entziehen. Dies gilt nicht nur für die, die sich Hitler angeschlossen, sondern auch für die, die nicht die Fähigkeit besaßen, einen stärkeren Widerstand zu leisten. Wie sollten zwischen den Staaten lebenswerte Voraussetzungen entstehen, wenn die Völker sich ihrer Verantwortung und ihrer Verpflichtungen entziehen könnten? Wir standen im Begriff, ins Mittelalter, nein in die Barbarei, zurückgeworfen zu werden. Der Kampf galt der Grundlage unserer Zivilisation, er galt der Frage, ob Dschungel oder Rechtsstaat. Wir können nicht zu den Zeiten zurückkehren, als das Volk, das aus Bauern und Analphabeten bestand, wirklich nicht für die Sünden

der Herrscher verantwortlich gemacht werden konnte. Dort, wo eine demokratische Ausgangsposition vorliegt, muß notwendigerweise auch eine gewisse gemeinsame Verantwortung für das Regieren bestehen. Die Deutschen müssen diese Verantwortung tragen. Aber Verantwortung ist nicht das gleiche wie Schuld. Diejenigen, die sich nicht schuldig fühlen und die sich keine nationalsozialistischen Verbrechen zuschulden kommen ließen, können trotzdem nicht - wenn sie zwischen diesem Volk weiterarbeiten wollen und es bessermachen wollen - sich den Konsequenzen einer Politik entziehen, die von einem allzu großen Teil des gleichen Volkes bereitwillig unterstützt wurde. Sie können sich nicht außerhalb der Verantwortung und Notgemeinschaft stellen. Wenn sie es aufrichtig meinen mit ihrer Reform und Erziehertätigkeit, tun sie klug daran, nicht zu versuchen, etwas von dem Unrecht, das gegenüber anderen Völkern begangen wurde, zu bagatellisieren. Sie sollten sich davor hüten, von einer Mitverantwortung des Auslands zu sprechen, bevor sie ihren eigenen Landsleuten die volle Wahrheit gesagt haben. Sie sollten es sein lassen, an das Mitleid zu appellieren zu einem Zeitpunkt, da die Leichen der Ermordeten noch kaum unter der Erde ruhen.«
»Das Verantwortungsverhältnis muß allerdings differenziert werden, es muß in den richtigen Punkten geltend gemacht werden. Und die Schuldfrage muß gegenüber den individuellen Verbrechern und ihren kriminellen Gruppen und Organisationen erhoben werden. Wenn jemand dies zunächst festgestellt hat und klargestellt hat, daß er nicht beabsichtigt, die Deutschen von dem, an dem sie beteiligt waren, zu entbinden, hat er das Recht, darauf

hinzuweisen, daß die Verantwortung nicht so eingeschränkt werden kann, daß sie nur für Deutschland und das deutsche Volk gilt. Die deutsche Demokratie - die in Wirklichkeit nur fünf ruhige Jahre hatte, von 1924/25 bis 1929/30 - scheiterte wegen ihrer Zwietracht, ihrer Schwäche und Unfähigkeit. Aber war nicht gerade das gleiche, was zwischen 1933 und 1939 sich im internationalen Maßstab wiederholte? Die Deutschen müssen ihre Verantwortung tragen. Aber es dient keiner vernünftigen Absicht, sie zum ›Prügelknaben‹ im Verhältnis zu dem machen zu wollen, worauf sie keinen Einfluß ausüben konnten. Die Nationalsozialisten - in Deutschland und in anderen Ländern - sind schuldig. Nürnberg hat einen Schuldkomplex aufgerollt, der die wildeste Fantasie übersteigt. Schuldig sind nicht nur die Parteiführer und Gestapoterroristen, sondern auch die Gruppe der Junker, Großindustriellen, Generäle, Bürokraten und Professoren, die daran beteiligt waren, den Terror und den Krieg auszulösen. Diese Gruppen müssen ausgeschaltet werden, ihr gesellschaftlicher Einfluß muß ihnen entzogen werden, wenn die Hoffnung bestehen soll, einen deutschen Rechtsstaat, eine solide anti-nationalsozialistische Volksdemokratie aufzubauen.« (Hinweis von Joachim Siegerist: Gesellschaftliche Gruppen von der Demokratie »ausschalten«, eine »Volksdemokratie« aufbauen. Hier spricht wieder einmal der Marxist Willy Brandt, kein Sozialdemokrat.)

»Die Gegner des Nationalsozialismus - die wirklichen, demokratischen Gegner des Nationalsozialismus, nicht die antinationalsozialistischen Desperados und die später dazugekommenen Opportunisten - sind nicht schuldig. Aber sie können sich nicht ihrer Mitverantwortung dafür, daß Hitler an die Macht kam, entziehen. Sie können auch nicht den Folgen der nationalsozialistischen Mordpolitik entgehen. Sie müssen sich darüber im klaren sein, daß ihr Wirken noch lange Zeit hindurch mit einem mißtrauischen Blick verfolgt werden wird. Sie können sich keine Blankovollmachten erwarten. Vertrauen kann man nicht erzwingen. Man muß es gewinnen, nicht durch Worte, sondern durch Handlung, durch Übereinstimmung zwischen Wort und Handlung. Die deutschen Demokraten müssen andererseits erwarten können, daß man ihnen nicht jegliche Chance verweigert.«

»Zwischen den Nationalsozialisten und den Gegnern der Nationalsozialisten steht die große Masse der mehr oder weniger Indifferenten. Ihre Verantwortung ist groß. Aber es hat keinen Zweck, ihnen eine ungerechte Schuld auflegen zu wollen. Ein Schuldgefühl, das man ihnen von außen aufzuzwingen versucht, ist nicht die beste Grundlage für eine Umschulung. Dahingegen besteht kein Grund, sie nicht hören zu lassen - und zwar bis sie es verstehen - welche Verantwortung sie sich gerade durch ihre Gleichgültigkeit und ihre Untertänigkeit zugezogen haben. Ich bin nicht davon überzeugt, daß dies am ehesten durch Strafmaßnahmen erreicht wird, die zur Selbstverteidigung herausfordern und vielleicht auch neuen Haß erzeugen. Aber ich meine durchaus nicht, daß irgend jemandem erspart bleiben sollte, die Filme von Buchenwald und Belsen zu sehen.« (Hinweis von Joachim Siegerist: Buchenwald wurde nach 1945 von den Sowjets sofort als eigenes KZ übernommen. Darin starben Tausende von Sozialdemokraten. Warum erwähnt Brandt das nicht?) »Nicht um sie dazu zu bringen, einzuräumen, daß dies etwas ist, was sie persönlich gemacht haben, sondern um eine rücksichtslose Entschleierung vorzunehmen von dem, was sie möglich gemacht haben. Es muß ihnen nicht erlaubt werden, alles das, was geschehen ist, als eine Art Naturkatastrophe aufzufassen. Die Klärung der geschichtlichen Verantwortung muß in der Forderung nach einem größeren Verantwortungsgefühl für die Zukunft enden. Gleichzeitg fühle ich mich davon überzeugt, daß der wichtigste Teil der Arbeit durch Anschauungsunterricht erreicht wird. Deutschland hat erfahren, daß ein Krieg sich nicht lohnt. Das Volk hat gesehen, wohin der Nationalsozialismus es gebracht hat. Sie haben den Rassenhaß, der bis zum Äußersten getrieben wurde, gesehen. Jetzt gilt es, die neugewonnenen Erkenntnisse nicht verlorengehen zu lassen, indem die Bevölkerung in nationaler und sozialer Verzweiflung endet. Die produktive Arbeit ist der beste Arzt und Lehrmeister. Und erfahrene anti-nationalsozialistisch eingestellte Deutsche sind am ehesten geeignet, die ›Züchtigung‹ vorzunehmen. Die wichtigste Konsequenz einer nuancierten, demokratischen Sicht muß sein, daß man die Freunde der Demokratie gegen die Feinde der Demokratie unterstützt.«

»Die Aufteilung Deutschlands wäre ein schlechtes Geschenk für die deutschen Gegner des Nationalsozialismus. Sie stände im Widerspruch zu vernünftigen wirtschaftlichen Überlegungen, und es bestände die Gefahr, daß positive Kräfte noch einmal von mehr oder minder unterirdischem Streit für eine nationale Einheit absorbiert würden. Die Sicherheit, die andere Völker verlangen, kann durch eine Kontrolle von Deutschland zufriedenstellend erreicht werden. Die Entwaffnung und die entschiedenste Unterdrückung eines jeglichen nationalsozialistischen und militaristischen Versuchs, sich wieder zu erheben, ist nicht nur im Interesse der Vereinten Nationen, sondern auch im Interesse der deutschen Demokratie. Aber die Hauptfrage ist, wozu die internationale Kontrolle Deutschlands dienen soll. Sie soll wohl eine Wiederholung verhindern. Sie soll den Frieden sichern und dafür sorgen, daß Deutschland seinen Beitrag zu dem europäischen Wiederaufbau liefert. Dahingegen muß sie nicht bedeuten, daß man Hindernisse in den Weg legt für eine gesellschaftliche Neubildung, die die Schuldigen isoliert und den anderen die Möglichkeit gibt zu zeigen, daß sie mit all dem gebrochen haben, was Deutschland entehrt hat. Die Vereinten Nationen haben gute Karten in den Händen. Ihre Interessen können nicht hindernd im Weg stehen für eine ernsthafte Demokratisierung der deutschen Gesellschaft für eine Entwicklung, die dazu führt, daß es nicht länger zwei Deutschlands gibt, sondern nur eines, nämlich ein friedliches und demokratisches. Das kann nur geschehen, wenn man den Deutschen Gelegenheit gibt, sich zu ernähren und am internationalen Warenhandel teilzunehmen.«

»Es ist viel die Rede gewesen von einer ›Mitleidsoffensive‹. Ich glaube, daß alle halb-nationalsozialistischen Versuche in dieser Richtung dazu verurteilt sind zu mißglükken. Dazu ist die Menge der Leiden, die die Welt durchmachen mußte, viel zu groß. Aber es ist kein Appell an politische Klageweiber, wenn man die Hoffnung ausspricht, daß ein anderes Deutschland - das das einzige werden kann und das demokratische Tradition besitzt, auf die man aufbauen kann - bescheidene Existenzmöglichkeiten bekommen muß. Es ist keine Frage des Mitleids, sondern der Vernunft. Außerdem ist es wohl auch so, daß die Kinder in Hamburg und Berlin und Nürnberg keine Kriegsverbrecher sind. Aber sie können Verbrecher werden. Das muß verhindert werden. Dies ist ein deutsches, aber in genauso hohem Maße ein europäisches und internationales Interesse.«

Hinweis von Joachim Siegerist: Wenn mir der Originaltitel von »Verbrecher und andere Deutsche« und die Übersetzung nicht vorliegen würde - ich könnte es nicht glauben, daß ein Mann dieses Buch geschrieben hat, der später sogar einmal Deutscher Bundeskanzler und Friedensnobelpreisträger werden würde. Zu einer Zeit, als schon die gesamte Welt das schreckliche Leid der deutschen Flüchtlinge aus dem deutschen Osten kannte, als bekannt war, daß die Polen geradezu bestialisch Deutsche regelrecht abschlachteten, da schrieb Brandt die Zeilen »Sie sollten es sein lassen, an das Mitleid zu appellieren«. Oder noch schlimmer: »Es ist viel die Rede gewesen von einer Mitleids-Offensive. Ich glaube, daß alle halb-nationalsozialistischen Versuche in dieser Richtung dazu verurteilt sind zu mißglücken«. Es ist zynisch und menschenverachtend, wenn man solche Formulierungen zu einer Zeit gebrauchte - als Millionen von Deutschen auf grausamste Weise umgebracht wurden, deutsche Mütter mit ihren Kindern in Flüsse geworfen, als menschliche Zielscheiben benutzt, deutsche Frauen an Scheunentore genagelt und vergewaltigt wurden, Millionen dem blindwütigen Haß eines rasenden Pöbels zum Opfer fielen. Aber

Brandt war dagegen, »an das Mitleid zu appellieren«. Das ist deckungsgleich mit den Formulierungen der schlimmsten NS-Fanatiker, die anständige Deutsche angriffen, weil sie Mitleid mit verfolgten Juden hatten und deswegen von Goebbels und Julius Streicher geschmäht wurden. Brandt sollte sich für diese Sätze aus tiefster Seele schämen. Es ist zu vermuten, daß er zumindest bei seinem Warschauer Kniefall 1970 noch voll hinter diesen Formulierungen stand und kein »Mitleid« mit den Deutschen hatte, die gerade in Polen nach 1945 die Hölle auf Erden mitmachen mußten. Es ist für mich unbegreiflich, daß es in der CDU/CSU bestenfalls Konrad Adenauer und Franz Josef Strauß waren, die - wenn auch nur bescheiden - Brandt wegen seiner Vergangenheit und seiner schlimmen anti-deutschen Schriften angriffen. Ich empfinde es als besonders gravierend, daß Brandt mit seiner einseitigen Vergangenheits-Bewältigung und dem ständigen Wiederholen - nur der deutschen - Schuld der kommunistischen Eroberungs-Ideologie dient, die danach geradezu lechzt, um von den eigenen Verbrechen abzulenken. Brandt ist auf diesem Gebiet für Moskau unbezahlbar.

Doch zurück zum Wort vom unangebrachten »Mitleid«. Um die ganze Ungeheuerlichkeit dieses Wortes zu skizzieren, veröffentliche ich hier Dokumente, die von der Landsmannschaft der Oberschlesier e.V. gesammelt und als kleine Broschüre herausgegeben wurden. Hier einige Texte, die in dieser Broschüre und anderen Schriften erschienen. Die Dokumentationen wurden zum größten Teil von Dr. Heinz Esser zusammengetragen, einem Mediziner, der die Polen 1945 in dem für Deutsche eingerichteten Konzentrationslager Lamsdorf als »Lagerarzt« eingesetzt hatten. Und als die Polen dieses schreckliche KZ endlich auflösten, errichteten sie auf dem mit Blut getränkten Boden ein Museum, in dem man sich Bilder und Filme ansehen kann, in denen deutsche Verbrechen an Polen gezeigt wurden! Möglicherweise damit - wie ja auch Brandt es wollte - überhaupt erst kein »Mitleid« für Deutsche aufkommen konnte. Doch lesen Sie selber:

Die Hölle von Lamsdorf

Bericht des ehemaligen Lagerarztes Dr. med. Heinz Esser

»Zwischen Oppeln und Neiße lag das polnische Internierungslager für Deutsche, Lamsdorf. In der Geschichte Oberschlesiens bedeutet es einen monumentalen Grabstein, unter dem Tausende von Oberschlesiern, Männer, Frauen und Kinder, nach grauenvollen Erlebnissen und qualvollen Leiden ruhen, für Polen aber ist es ein Schandmal, errichtet nach Beendigung des Krieges im Juli 1945, zu einem Zeitpunkt, an dem in Deutschland die Kriegsverbrecher und Verbrecher an der Menschheit ihrer Aburteilung und einer gerechten Strafe entgegensahen.«

»Lamsdorf war ein Vernichtungslager. Ein damals etwa zwanzigjähriger, grausamer, zu sadistischen Exzessen veranlagter Kommandant mit dem Namen Gimborski führte an der Spitze von etwa 50 blutrünstigen Milizianten seine Schreckensherrschaft in diesem Lager, das von der Bevölkerung als ›Blutlager‹ oder auch als ›Hölle von Lamsdorf‹ bezeichnet wurde. Viele Tausende von Menschen Oberschlesiens kamen in dieses Lager, beraubt und ausgeplündert, um es niemals mehr verlassen zu können. In der Hauptsache wurden die Dorfbewohner des Kreises Falkenberg ohne Altersunterschied und Geschlecht, ja sogar Schwerkranke und Sterbende, dorthin gebracht. Am härtesten betroffen wurden die Dörfer Bielitz, das fast völlig ausgerottet wurde, Neuleipe, Ellguthammer, Steinaugrund, Lippen, Lamsdorf, Arnsdorf, Hilbersdorf, Goldmoor, Mangersdorf, Jakobsdorf, Groditz, Kleuschneritz, Jatzdorf u.a.«

»Nachts wurden die Menschen unerwartet und plötzlich in aller Eile aus den Häusern getrieben, zusammengejagt und nach Lamsdorf verschleppt. Die Schwerkranken und Sterbenden legte man im Lager auf die Straße, wo sie bald verstarben oder man tötete sie sofort. In anderen Fällen mußten die Sanitäter diese in die sogenannten Krankenbaracken tragen, wo sie mangels Ernährung, Pflege oder Medizin bald zugrunde gingen. Es waren nicht politisch belastete Menschen, sondern hauptsächlich Bauern- und Arbeiterfamilien, manchmal auch Geschäftsleute, Lehrer, Beamte, Angestellte usw. »Politisch Belastete« waren auf einer Stube zu etwa 45 Mann zusammengefaßt. Aber auch bei diesen wenigen wurde, abgesehen von fünf Fällen, niemals untersucht, ob sie tatsächlich in der Partei waren. Sie waren nur auf Denunziation zur Anzeige gekommen und hatten unter dem Zwang der Anwendung grausamer Folterungen und Mißhandlungen die Zugehörigkeit zur NSDAP schließlich entgegen den Tatsachen erklären müssen, sehr oft im Zustand geistiger Ohnmacht. Diese Männer wurden im Laufe der Zeit alle ermordet, nachdem sie vorher den entsetzlichsten Grausamkeiten und Qualen ausgesetzt worden waren.«

»Die Aufnahme ins Lager vollzog sich etwa so: Die meisten des nachts ausgesiedelten und ausgeraubten Menschen eines Dorfes wurden mit dem Rest ihrer Habe ins Lager gejagt. Dort mußten sie den ganzen Tag bei Wind und Wetter vor dem Büro stehen und auf ihre Registrierung warten. Nachdem jedem einzelnen auch das Letzte, einschließlich Mantel, Rock oder Schuhen geraubt worden war, wurde er verprügelt, mit Kolben gestoßen, mit Bleikabeln geschlagen usw., so daß diese Menschen im Gesicht völlig unkenntlich, blutüberströmt und oft mit zerbrochenen Gliedern und Rippen weggestoßen wurden. Markerschütternde Schreie hallten von dort in das Lager. Viele wurden erschlagen oder erschossen, die Überlebenden starben in zahlreichen Fällen an den Folgen der vorausgegangenen unbeschreiblichen Mißhandlungen. Sie wurden geschlagen und getötet, nur weil sie Deutsche waren. Die Hinmordung geschah entweder durch Erschlagen mit Knüppeln oder Zaunlatten auf den Schädel, wobei der Unglückliche meist niederknien mußte, oder er erhielt einen Schlag gegen die Halsschlagader, worauf er regelmäßig tot hinstürzte, oder er wurde durch Fußtritte auf den Leib und auf die Kehle ermordet. Oft bediente man sich hierbei auch eines sechzehnjährigen Henkersknechtes mit dem Namen Jusek. Er war Ukrainer und polnischer Spitzel. Vor dem Zusammenbruch hatte er Jahre in Erziehungsheimen und im Gefängnis verbracht. Trotz seiner Jugend vereinte er in sich alle Merkmale des brutalen Mörders und Verbrechers. Er mordete »auf Bestellung« zu allen Tages- und Nachtzeiten, bis ihn schließlich seine eigenen Freunde und Auftraggeber im Streit nach Alkoholgenuß durch Kopfschuß beseitigten. Ich untersuchte die Leiche dieses jugendlichen Verbrechers. Sie bot einen schrecklichen Anblick.«

»Der Gastwirt Max H. aus Tillowitz z.B. wurde grundlos als SS-Mann angesehen. Ich sah, wie man ihn mit Knüppeln und Kabelstücken schlug, bis er blutüberströmt zusammenbrach. Ein letztes Mal richtete er sich auf und schrie seinen Peinigern entgegen: ›Ich sage die Wahrheit, und wenn Ihr micht totschlagt, aber niemals werde ich lügen unter eurer Gewalt.‹ Darauf führte man ihn mit 8 Wachposten hinter eine Baracke ab. Eine Stunde später stellte ich an seiner Leiche fest: 17 Stichwunden, offenbar von Bajonetten, in Brust, Bauch, Oberschenkel und Wangen, 2 Schußkanäle im Kopf und in der Brust.

Johann L. wurde bereits vor dem Büro blutig geschlagen wegen seines Bartes. Dann wurde er als SA-Führer bezeichnet, obwohl er Unterlagen vorweisen konnte, die seine politische Unbelastung bewiesen, aber man trieb ihn unter Johlen und Schreien und der Bezeichnung »Judas« in die Werkstätte, wo man ihn mit dem Barte in einen Schraubstock einklemmte und mißhandelte. An seiner Leiche stellte ich 2 Stunden später fest: Schädel mehrfach gespalten, Bart abgetrennt und verbrannt, Brandwunden im Gesicht, Fingernägel ausgerissen, rechts Schlüsselbein gebrochen, beide Unterarme zwei- und dreifach gebrochen.«

»Die übrigen bei der Registrierung nicht Getöteten oder halb Totgeschlagenen kamen in Baracken, in denen ihnen unter furchbaren Drohungen und Prügeln noch die Leibwäsche, evtl. verstecktes Geld usw. abgenommen wurde, wobei leider auch deutsche Stubenkommandanten eine niederträchtige Rolle spielten. Sie raubten den Neuangekommenen diese Dinge aus den unmöglichsten Verstecken, nur um es der polnischen Lagermiliz auszuhändigen und dafür ein Lob oder eine besondere Vergünstigung entgegenzunehmen, wie z.B. L., der zahlreiche Männer, die niemals Parteigenossen gewesen waren, ausplünderte, als Nazis beschuldigte und sogar dem Tod durch Mord auslieferte. Sein Vorbild war der sogenannte »deutsche Lagerführer« Fuhrmann. Er riß z.B. mißhandelten Müttern den Säugling aus den Armen und erschlug ihn. Vor ihm zitterte jeder Deutsche. Er stahl den Frauen, die zum Teil über 50 km weit zu Fuß gekommen waren, um ihren gefangenen Männern eine dürftige und oft unter Schlägen mit Blut errungene Liebesgabe zu bringen, achtlos ihre Habe und teilte sie im besten Falle mit seinen Günstlingen. Die Frauen von längst Ermordeten bestellte er immer wieder mit dem Verlangen nach weiteren Liebesgaben und versuchte ihnen glaubhaft zu machen, ihre Männer seien noch am Leben und würden von ihm bevorzugt behandelt. Um sich vor seinen polnischen Auftragsgebern auszuzeichnen, veranstaltete er die jedem Lamsdorfer in grausamer Erinnerung gebliebene Nachtübung, bei der 25 Männer völlig entstellt und 15 getötet wurden. Dies war sein Werk, dessen er sich oft in Gemeinschaft mit der polnischen Lagermiliz rühmte.

Während so die friedlichen Bewohner der Dörfer massenhaft und ohne jeden Grund ins Lager gebracht und dort vernichtet wurden, wurde mit einzelnen Personen auf Grund von Anzeigen und Denunziationen, die an der Tagesordnung waren, folgendermaßen verfahren: Man holte diese Menschen tags oder nachts für sie völlig überraschend aus der Wohnung oder von ihren Arbeitsstätten und brachte sie zur Geheimpolizei, wo sie zunächst in dunkle, feuchte Keller kamen, die von Schmutz und Ungeziefer strotzten. Sie wurden hierbei Zeugen der Mißhandlungen ihrer Leidengefährten in den Nachbarzellen, aus denen Tag und Nacht die Angst- und Schmerzensschreie gellten. Dann begannen die Vernehmungen. Die Unglücklichen wurden gefesselt, getreten und geschlagen, bis das Blut aus zahlreichen Wunden floß und dem Gefolterten das Geständnis einer nicht begangenen Tat erpreßt wurde. Manchmal trat man den so Gefolterten auf die Zehenspitzen oder quetschte ihnen die Daumen oder man schlug sie mit Stahlfedern auf die nackten Fußsohlen. Auf dem Wege zu solchen Vernehmungen trieb man die Verhafteten unter Schlägen durch die Ortschaften. Nach den tage- und nächtelang dauernden Vernehmungen und Folterungen kamen diese Menschen zu den anderen ins Lager, wo für sie die zweite Phase ihrer Leidensgeschichte begann. Hier wurden schließlich die Häftlinge, um sie auch nach außen als Verbrecher zu bezeichnen, mit dem Buchstaben W als Kennzeichen auf ihrem zerrissenen Anzuge bezeichnet.«

»Das Lagerleben vollzog sich etwa folgendermaßen: Früh morgens war kurz nach dem Wecken um 5 Uhr Appell und sogenannter ›Frühsport‹. Während des Sportes, den alle Männer ohne Rücksicht auf Krankheit oder Gebrechen und Alter, ja sogar Männer von 80–90 Jahren mitmachen mußten, wurde wieder geschlagen, getreten usw. Anlaß hierzu war meist die Tatsache, daß die Kommandos in polnischer Sprache gegeben wurden, die die meisten überhaupt nicht verstanden, oder weil die Männer gezwungen waren, in polnischer Sprache abzuzählen, wozu sie natürlich nicht in der Lage waren. Hierbei kam es zu Mißhandlungen, die überhaupt nicht zu beschreiben sind und die regelmäßig mit tödlichem Ausgang bei mehreren Menschen endeten. Die alten Männer, die jeglicher Sportbetätigung unfähig waren, wurden dabei fast alle in bestialischer Weise umgebracht. Nach einem solchen ›Frühsport‹ wurden in den ersten 4 Monaten durchschnittlich am Tage etwa 10 Tote vom Platze geschleppt. Manche der so Gequälten, die noch gar nicht tot waren, kamen dessen ungeachtet darauf ins Massengrab. Die übrigen Wachtposten sahen diesen Mordtaten ebenso wie ihr Kommandant Gimborski lachend und höhnend zu. Dann wurden die Männer und Frauen in Arbeitskommandos eingeteilt.«

»Am 15. September 1945 wurden 16 Männer vor einen Wagen gespannt und mußten unter ständigen Stockschlägen schwere Eisenteile im Nachbardorf holen. Sie konnten sich kaum halten vor Schwäche und Hunger. Unterwegs im Walde wurden auf diese Männer regelrechte Schießübungen veranstaltet, wobei die Hälfte der Unglücklichen unter Feuer in einen Teich gejagt wurde und darin ertrank. Die anderen, worunter sich auch der jetzt noch lebende Erhard Sch. befand, kehrten blutüberströmt und sich nur mühsam vorwärtsschleppend zurück. Drei von ihnen hatten von den Schreckenserlebnissen die Sprache verloren. Einer schrie vor Schmerzen, weil er vier tiefe Bajonettstiche im Körper hatte. Aber er durfte nicht ins Revier oder ärztlich behandelt werden.

Er erhängte sich in derselben Nacht neben der Schlafstelle eines Mithäftlings.
Die Arbeit, die bei einer Verpflegung von etwa 200–300 Kalorien am Tage verrichtet werden mußte, unter Stock- und Peitschenhieben oder schwersten, blutigen Mißhandlungen, war schlimmer als Sklavenarbeit. Männer und Frauen, ohne Rücksicht auf ihren schlechten Ernährungs- und Kräftezustand oder auf bestehende Krankheit, mußten 12 Stunden und länger in dürftiger, und zerrissener Kleidung, voll Ungeziefer und eiternden Wunden, die nicht behandelt werden durften, bei allen Witterungslagen schwerste Arbeit verrichten. Diese Arbeiten wurden bei Regen und grimmigster Kälte rücksichtslos verlangt, bis die Menschen zusammenbrachen. Frauen und Männer mußten zu 10–12 den Pflug oder die Egge ziehen, mit Kartoffeln überladene schwere Pferdewagen oder Jauchefässer ziehen usw. Frauen, zarte und kranke, mußten sich mit den Männern ohne Schutz vor Regen und Kälte am Barackenbau betätigen und unmenschliche Lasten tragen, bis sie entkräftet und blutüberströmt von den Schlägen zusammenbrachen. Sie mußten mit den Händen Hunderte von Leichen, die längst verwest waren, ausscharren und waren dabei stundenlang dem penetranten Verwesungsgeruch ausgesetzt. Dabei kam das Unglaubhafte vor, daß sie verweste Leichenteile mit dem Munde berühren oder Kot essen mußten.«
»Aber auch bei den im Lager Verbliebenen wütete tagsüber Terror und Mord. Entweder wurden auf den Stuben wahllos Männer erschlagen, so z.B. der Oberstudienrat Kr. aus Neustadt, der fünf Minuten nach Betreten seiner

Stube als Leiche herausgetragen wurde, weil er eine ›Intelligenz-Brille‹ trug, oder der Bürgermeister F. von Buchelsdorf, weil er so groß war ›wie ein SS-Mann‹, und viele andere mehr. F. war mit mir von Neiße gekommen, wo wir von jeder Schuld freigesprochen worden waren. Er wurde, auf Anzeige Fuhrmanns, dem Hauptmörder Ignaz besonders empfohlen, der auch ungehemmt seine Tötung verlangte. So mußte dieser weißhaarige und bei allen beliebte frühere Bürgermeister niederknien und erst die Schläge hinnehmen. Dann nahm der Henker Jusek eine Latte und schlug in kurzen Abständen damit dem Unglücklichen auf den Schädel, aus dem das Blut spritzte. Er flehte vor Schmerzen um Erbarmen, mit zum Gebet gefalteten und erhobenen Händen. Als er mit dem Kopfe den Boden berührte, zwang man mich als Arzt festzustellen, ob er noch am Leben sei. Erregt und empört forderte ich, mit dem Martyrium aufzuhören und mir den Halbtoten ins Revier zu geben, damit ich ihm das Ende erleichtern und die Schmerzen lindern konnte. Man jagte mich unter mehreren Schüssen vom Platze. Zurückblickend sah ich noch, wie man F. weiter mit der Latte bearbeitete, bis er tot war.«
»Man schoß auch auf Menschen, die zum Beispiel zur Latrine gingen oder einen Auftrag auszuführen hatten, am hellichten Tage wie auf Schießbudenfiguren. Einmal stellte man einem jungen fünfzehnjährigen Wachtposten, der eben erst eingekleidet worden war und kurze Schießinstruktionen erhalten hatte, einen alten Mann, der gerade des Weges kam, als Schießübungsfigur zur Verfügung, bis dieser endlich tödlich getroffen zu Boden sank. Andere Männer kamen in den berüchtigten Bunker, in

dem sie durch Fußtritte ›fertiggemacht‹ wurden. Hierbei spielten auch bedauerlicherweise die eigenen deutschen ›Vorgesetzten‹ (der Lagerführer Fuhrmann und seine Stubenkommandanten) eine üble Rolle. Der deutsche Lager-Funktionär Herbert Pawlik, ein Günstling des polnischen Kommandanten, gefürchteter Spitzel und Intrigant, der meist betrunken war und ein ausschweifendes Leben führte, rühmte sich eines Tages vor mir: ›Ich habe heute den 25. Deutschen ins Jenseits befördert!‹ Manche kamen in einen unterirdischen, stockfinsteren Raum, der bis fast Mannshöhe mit fauligem Wasser gefüllt war, und mußten hierin mehrere Tag und Nächte unter entsetzlichen Qualen verbringen, bis sie endlich durch den Tod erlöst wurden. Ihr Jammern und Stöhnen drang nachts bis in die Baracken, in denen die noch Lebenden ängstlich und zitternd saßen und beteten, denn auch sie konnte das Schicksal ereilen. Es gingen nämlich nachts meist betrunkene Mordkommandos durch die Stuben, trieben die Menschen aus den Betten, schlugen sie, wobei die Männer niederknien mußten, stießen ihnen die Kolben in den Leib und quälten so viele zu Tode. Die Toten wurden von den sogenannten Beerdigungskommandos, dessen Führer der Häftling Th. aus G. war, auf Befehl schnell verscharrt, wobei durchaus der Tod nicht immer feststand. Manchmal wurden Männer unter Maschinengewehrfeuer auf Bäume gejagt und bis in die Baumspitzen getrieben. Darauf mußten andere Männer den Baum absägen, während die Posten unter Lachen und Höhnen zusahen, wie sich die Abgestürzten das Genick brachen.«

»War die Frauen-Latrine voll besetzt, so richtete ein Posten aus unmittelbarer Nähe Maschinenpistolenfeuer darauf. Alle Frauen wurden dabei durch schwere Bauch- und Brustschüsse verletzt und blutüberströmt ins Revier gebracht, in dem Sanitäter Hubert W. und Schwester Lucie W. Hilfe leisten wollten. Aber sie wurden gewaltsam daran gehindert, und die Schwerverletzten kamen kurzerhand (bis auf eine, die später den Hungerstod starb) ins Massengrab, um jede Spur der Bluttat zu verwischen.«

»Selbst vor den Schwerkranken und Sterbenden machten Raub, Mißhandlungen und Totschlag nicht halt. Hinter den mit dem Roten Kreuz bezeichneten Baracken der Kranken fanden furchtbare Greuelszenen statt, wobei die Sanitäter G., Sch. und R. u.a. Zeugen wurden. Bei allen diesen Mord- und Bluttaten spielten die gefürchteten Polen Ignaz, Antek, der ›Mörderling‹ und die ›Neunfingerige‹, eine berüchtigte und grausame Rolle. Bei ihrem Erscheinen zitterten Männer und Frauen, und die Kinder schrieen. Bei ihrer Namensnennung überlief es jeden eiskalt. Oft wollten die beiden alle Kranken aus den Krankenbaracken herausholen und erschießen, um Platz zu machen für die Einwohner eines neuen Dorfes, das wieder von neu eingeströmten Polen besetzt werden sollte.«

»Lehrer, Beamte, Kaufleute und Geistliche waren besonderen Schikanen ausgesetzt, die fast immer das Leben kosteten. Man kam hierbei auf die grausamsten Methoden. Die polnische Miliz trieb zum Beispiel unter die Zehennägel der Gefolterten lange Nadeln, knebelte sie, übergoß sie unter Schlägen mit Kot und Urin (Alois St. aus Proskau) oder ließ Frauen und Männer sich entkleiden und zwang sie unter Schlägen zu sexuellen und sadistischen Handlungen, ließ sie manchmal auch menschliche Exkremente essen (Ing. Sch. aus Berlin). Entkleideten Mädchen preßten sie mit Petroleum getränkte Geldscheine zwischen die Glieder, steckten diese in Brand und brachten den Opfern furchtbare Brandwunden bei, ohne daß später Verbandsmaterial oder Behandlung zur Verfügung stand (Geschwister H. aus Lamsdorf u.a.).«

»Eine bekannte, weit und breit hochgeachtete geistliche Persönlichkeit, Pater D. aus Neiße, zwang man im geistlichen Habit zur Teilnahme am Exerzieren und Jauchefahren. An der vornehmen und geduldigen Haltung dieses hochgeachteten und ehrwürdigen Geistlichen prallten alle Schmähungen und Lästerungen dieser polnischen Unmenschen ab. Sein heroisches Aushalten, seine gütige Nächstenliebe und vorbildliche Kameradschaft wirkten ermutigend auf alle Lagerinsassen. Ebenso wie man den Schwerkranken und Sterbenden den letzten geistlichen Beistand versagte, obwohl ein katholischer Geistlicher im Lager war, verweigerte man dem Geistlichen selber die Abhaltung eines Gottesdienstes, mit Ausnahme eines Feiertages, wogegen es aber an diesem Tage für das ganze Lager weder Essen noch Wasser gab, dafür aber um so härtere Schläge und Arbeit. Als im Mai 1946 in der Krankenbaracke Mai-Andachten abgehalten wurden, verbot diese sofort der Lagerkommandant. Es zeugt schon von größter menschlicher Abscheulichkeit und Verkommenheit, daß die polnischen Wachtposten selbst den Schwerkranken und Sterbenden die letzten Gebete fluchend und brüllend verboten. Es war tief erschütternd, das heldenmütige und geduldige Sterben dieser Menschen zu beobachten, insbesondere sie vor dem Tode das letzte Vaterunser beten zu hören.«

»Wie gleichgültig gegenüber diesen furchtbaren Zuständen und seelischen Nöten der neue polnische Geistliche aus Lamsdorf war, geht daraus hervor, daß er den Schwerkranken und Sterbenden jeden Beistand und die Sakramente verweigerte, sowie jede hilfesuchende Annäherung der Gefangenen rigoros ablehnte. Demgegenüber soll aber an dieser Stelle der vorbildliche Einsatz von zwei Lehrerinnen (Fräulein M. und A.) in seelsorgerischen Angelegenheiten der Ausübung praktischer Nächstenliebe und Krankenpflege erwähnt werden.

Den sadistischen Grausamkeiten der Lagerbewachung waren Männer und Frauen gleichermaßen ausgesetzt. Es war auch keine Seltenheit, daß Frauen und Mütter Prügelstrafen erhielten, während selbst schwerkranke Frauen vergewaltigt wurden. Am 2. September 1945 kamen etwa 100 Frauen am Abend von einem Arbeitskommando bei strömenden Regen bis auf die Haut durchnäßt ins Lager zurück. Sie mußten Nazi-Lieder singen und dabei nach dem Übungsplatz marschieren. In der Platzmitte wurde ein Schemel aufgestellt, worüber sich der Reihe nach jede Frau legen mußte und dann etwa 25–30 Schläge mit dicken Knüppeln auf das Gesäß erhielt. Diese Frauen hingen nach diesen Marter-Prozeduren die Haut und Muskulatur buchstäblich in Fetzen herunter, und sie bekamen nur auf ärztlichen Protest Einlaß in die Krankenstube. Dort lagen sie ohne Verbandszeug, das der Kommandant verweigerte, auf schmutzigen Strohsäcken wimmernd vor Schmerzen, während massenhaft Fliegenschwärme in den eiternden Wunden saßen. Nach qualvoller Leidenszeit wurden sie endlich durch den Tod erlöst. Männer mit schweren Schußverletzungen am Arm, denen der Unterarm in zwei besonderen Fällen nur noch durch einige Sehnen und Muskeln am Oberarm hing, mußten ohne Behandlung bleiben. Auch Deutsche, die bereits für den polnischen Staat optiert hatten, erfuhren als neue polnische Staatsbürger keine andere Behandlung als ihre übrigen Leidensgenossen.«

»Kinder erlebten ähnliche Grausamkeiten. Wegen Kleinigkeiten und oft aufgrund bewußt falscher Anzeigen eines polnischen Postens wurden Jungen von 12 bis 14 Jahren ausgepeitscht, bis sie zusammenbrachen. Kleine Kinder wurden von den Müttern, die irgendwohin nach Polen verschleppt wurden, grausam getrennt. Sie sahen sich nie mehr wieder. Das Flehen und Schreien der Mütter und Kinder wurde mit Schlägen, Treten und Schüssen beantwortet. Auch Mütter, die ihre Säuglinge stillten, wurden von diesen getrennt, so daß die Kinder bald verhungerten, während ihre Mütter wie Vieh mit Stöcken gejagt und geprügelt wurden.

Leichen wurden nackt auf Karren geladen und ins Massengrab geworfen. Erst gab man sich nicht einmal die Mühe, sondern warf die Leichen einfach in die zwischen den Baracken verlaufenden Zickzackgräben und bedeckte sie nur etwa 20 cm hoch mit Erde. Jeder Grabschmuck (Blume oder Kreuz) war verboten. Als einmal einige Frauen mit ihren Kindern an der letzten Ruhestätte ihrer erschlagenen Männer und Väter weilten und einige Blumen dorthin warfen, wurde auf sie geschossen, und man faßte sogar den grausamen Entschluß, am nächsten Tage alle Frauen dieser Baracke zu erschießen. Durch unvorhergesehenes Erscheinen einer Besichtigungskommission wurde dann diese Tat in letzter Minute verhindert.«

»Das Beerdigungskommando war Tag und Nacht beschäftigt unter Einsatz des eigenen Lebens. Eines Abends beim Appell waren wieder einige Männer erschlagen worden, und das aus 6 Mann bestehende Beerdigungskommando mußte seinen traurigen Dienst versehen. Nach dieser Arbeit schoß man die 6 Männer am Grabe nieder und warf sie zu den anderen Toten. Der berüchtigte ›Adjutant‹ des Kommandanten ›Ignaz‹, fluchte und drohte, wenn die tägliche Sterbeziffer nicht weiter anstieg, sondern etwa ausnahmsweise gesunken war. Es wurden dann einige Menschen rücksichtslos erschossen, um die Quote mindestens auf gleicher Höhe zu halten.«

»Während diese Greueltaten und Morde die Menschen schnell vernichteten, wurde noch eine systematische Vernichtung im großen Stil durchgeführt, und zwar durch Aushungern. Die Menschen erhielten an Verpflegung täglich etwa 3 bis 4 Kartoffeln und sonst nichts. Hin und wieder gab es wohl zusätzlich mal 1 oder 2 Schnitten Brot für diejenigen, die besonders schwere Arbeit zu verrichten hatten. Im allgemeinen gab es pro Tag und Kopf 200 bis 250 Kalorien. Der günstigste Tag war wohl der 8. Juni 1946, an dem die Zahl der Lagerinsassen nur noch 334 betrug. An diesem Tage gab es 15 Brote, 5 kg Mehl und 50 kg Kartoffeln. Das sind 530 Kalorien pro Person. Aus diesen täglichen Kalorien läßt sich ohne weiteres errechnen, wie lange die meisten Lagerinsassen durchschnittlich zu leben hatten, bis sie massenhaft an

Hungerödemen erkrankten und bald darauf starben.«

»Das Massensterben erreichte seinen Höhepunkt, als unterstützt durch Unterernährung und Mangel an allem, auch nur der primitivsten hygienischen Einrichtungen, Waschgelegenheiten, Bekleidung sowie auch Arzneien, die, wie bereits gesagt, grundsätzlich nicht beschafft werden durften, noch Seuchen ausbrachen in Form von Bauch- und Flecktyphus, denen die Menschen massenhaft (etwa 95 Prozent) zum Opfer fielen. Die Aushungerungstaktik hatte furchtbare Auswirkungen, besonders unter den Kindern, die Tag und Nacht vor Hunger weinten und wimmerten. Viele von ihnen gingen durchs Lager und bettelten von Fenster zu Fenster vergeblich, da ja niemand etwas zu spenden hatte. So gingen diese Kinder mit müden schleppenden Schritten, abgemagert zum Skelett, mit Augen tief in den Höhlen, nur noch Kleiderfetzen am Leibe, barfüßig bei Eis und Schnee, mit ausgestreckten bittenden Händen, um den Hals oft das Skapulier der verstorbenen oder erschlagenen Eltern tragend oder auch den Rosenkranz, und so wankten sie, bis sie vor einem Fenster oder auf dem Wege leise wimmernd zusammenbrachen und ihr junges, qualvolles Leben still aushauchten.«

»Im Lager waren 828 Kinder, wovon etwa 100 in unbestimmten Zeitabständen wieder herauskamen. Von diesen aber kamen nach späteren Feststellungen in Neiße in den Kasematten schätzungsweise 60 bis 70 Prozent durch Krankheit, Hunger und Kälte um. Von den über 700 im Lager verbliebenen starben 218 ebenfalls an Hunger- und Infektionskrankheiten, wofür keine Medikamente zur Verfügung gestellt wurden. Von den Überlebenden kamen durch ärztliche Bemühungen nach Fühlungnahme mit Geistlichen außerhalb des Lagers 78 Waisenkinder zur Entlassung und zu Pflegeeltern, während der Rest anderweitig entlassen wurde.«

»Kinder über 10 Jahre mußten schwere, oft unmenschliche Arbeiten verrichten.«

»Mir stand eine Revierstube ohne Instrumente oder Medikamente und ohne jegliches Verbandszeug zur Verfügung. Daneben eine Krankenstube mit 8 Bettgestellen und Strohsäcken, dazu ein Gefangener als Sanitäter, der Student war, und der mir für den Anfang schätzenswerte Dienste in der Aufbauarbeit leistete (Hubert W. aus Bielitz), außerdem die frühere Caritasschwester Lucie W., ebenfalls aus Bielitz. Es war grundsätzlich verboten, Verletzten und Verwundeten Hilfe zu gewähren. Dies war nur unbeobachtet möglich. Anfangs ›organisierten‹ wir unter Lebensgefahr heimlich Medikamente und Verbandszeug, später sogar eine Spritze und ein altes Küchenmesser für Operationszwecke. Die von der UNRA stammenden oder von Angehörigen mit Liebesgaben herbeigebrachten Medikamente wurden von den Posten sofort vernichtet.«

»Allmählich gelang es, die sogenannte Krankenstation mehr und mehr vor dem Zutritt der Wachtposten zu bewahren. Nur hin und wieder drangen diese während der Nacht oder mitunter auch am Tage ein, um dort ihr grausames Spiel zu treiben, die Pflegerinnen und Kranken zu mißhandeln oder zu vergewaltigen, den Sterbenden die Schuhe unter dem Bett oder das zerrissene Hemd vom Leibe zu rauben.«

»Die meisten Kranken mußten sterben, sei es an den

Folgen der Aushungerung, sei es infolge Fehlens von Medikamenten oder Hilfsmitteln für ärztliche Behandlung oder infolge der Schwere der Krankheit und der völlig fehlenden Abwehrfähigkeit und Widerstandskraft sowie den furchtbaren Folgezuständen der unvorstellbaren Verletzungen durch Mißhandlung und Folterung. Eine ärztliche und sachgemäße stationäre Behandlung in dem ca. 3 km entfernt liegenden Krankenhaus in Friedland war verboten. Das Krankenhaus in Friedland mit seinen schlesischen Ordensschwestern schickte oft heimlich Liebesgaben für die Kranken, die aber meist von den Posten unterschlagen oder von dem berüchtigten Fuhrmann gestohlen wurden. Immer wieder bat ich den polnischen Kommandanten, besonders dringliche Fälle, die einer sofortigen chirurgischen oder gynäkologischen Hilfe bedurften, dorthin einzuweisen, ggf. auch unter Bewachung. Aber meine Bitten wurden jedesmal barsch abgelehnt. Akute Blinddarmentzündungen, eingeklemmte Brüche, Darmverschluß, Sepsis, unstillbare Blutungen nach Entbindung und verhaltene Nachgeburt, Diphterie mit hochgradiger Atemnot usw., diese und ähnliche Fälle, bei denen das Leben durch ärztliche Hilfe bei sachgemäßer Behandlung hätte erhalten werden können, wurden für die Krankenhausaufnahme höhnisch abgeschlagen, während die Wachtposten wegen leichter Erkrankung sofort ins Krankenhaus kamen, um dort wochenlang zu bleiben.«

»Wie bereits erwähnt, ging die Grausamkeit so weit, daß den Sterbenden der letzte Trost und Beistand versagt wurde. Zwar suchten die Geistlichen beider Konfessionen immer wieder, den Lagerkommandanten zu bewegen, ihnen zu den Kranken und Sterbenden Zugang zu gewähren. Erzpriester O. führte deswegen unter eigener Lebensgefahr mit den höheren polnischen Behörden, wie Landrat von Falkenberg als auch dem Lagerführer Gimborski, mutige Verhandlungen, aber leider ohne Erfolg. Er wurde schließlich verlacht und mit Schüssen davongejagt. Nicht einmal der ebenfalls ins Lager verschleppte katholische Geistliche, Pater D., durfte die Kranken und Sterbenden besuchen, abgesehen von einer einzigen Ausnahme. Die polnische Geistlichkeit, an die ich mich in zahlreichen Schreiben heimlich gewandt habe, überging diese vollständig und ohne Anteilnahme für uns. Wie konnten sie auch Verständnis für solche Bedürfnisse in größter menschlicher Not haben, da sie selber leider sehr oft von der Demoralisierung infiziert waren. Die Wachtposten erzählten mir mehr als einmal, daß der neue polnische Pfarrer von Lamsdorf, dem der deutsche, bei allen beliebte und hoch angesehene Pfarrer T. zwangsmäßig hatte weichen müssen, jede Nacht dem Trunke huldige und morgens dann mit Verspätung wankenden Schrittes die Kirche betrat. Ich beobachtete selber, wie aus der vorbeiziehenden Fronleichnamsprozession der polnische Pfarrer von Falkenberg in vollem Ornat von zwei Milizianten gestützt herausgeführt wurde, weil er völlig betrunken war und das Gleichgewicht verloren hatte.«

»Nur mit Entrüstung konnte ich feststellen, ohne es verhindern zu können, wie den Schwerkranken in den eisigkalten Wintermonaten bei offenen Fenstern und undichter Bedachung Decken vom Körper gerissen und als Beute eingesteckt wurden. Voller Verzweiflung mußten wir zusehen, wie die Fieberkranken und Sterbende mit

Peitschen geschlagen wurden, oder wie man selbst schwerkranke Frauen und Mädchen von 14 Jahren brutal und sadistischen Methoden vergewaltigte, zumal ich ja die Gewißheit hatte, daß diese Bestien alle geschlechtskrank waren. Dafür wurden nach solchen unmenschlichen Schandtaten die beim Kommandanten von der UNRA abgelieferten Medikamente, wie zum Beispiel einmal etwa 5.000 Sulfonamid-Tabletten unter höhnischem Gelächter der versammelten Wachmannschaften vor meinen Augen zertreten.«

»Die Schändungs- und Vergewaltigungsakte erfuhren ihren Höhepunkt durch folgende Anordnung des Kommandanten Gimborski in Zusammenarbeit mit Fuhrmann: Anfang Oktober 1945 sollten alle Frauen und Mädchen im Alter von 15 bis 40 Jahren von mir auf Geschlechtskrankheiten untersucht werden. Diese Anordnung war schon deswegen unsinnig, weil keinerlei Untersuchungsgeräte zur Verfügung standen. Unter dem geilen Grinsen und Gelächter der versammelten Posten wurden die Frauen und Mädchen vorgeführt und sollten sich nun in Anwesenheit der betrunkenen Soldateska entkleiden. Ich protestierte dagegen und verweigerte die Durchführung der Untersuchung, so daß ich wieder mit der vorgehaltenen Pistole bedroht wurde. Ein Teil der Frauen wurde brutal vergewaltigt.

Am Mittag, des 4. Oktober 1945, der für sehr viele Männer und Frauen der Todestag wurde, brach in der Baracke 12 ein Brand aus, dessen Ursache nie geklärt wurde. Während in der Wachstube Orgien mit Wodka gefeiert wurden, wobei sich auch ein Brandsachverständiger mit Namen Nowack in Gestalt eines polnischen Feuerwehroffiziers befand, entstand plötzlich ein Brand. Der Lagerkommandant Gimborski war mit seinen Milizianten an der Brandstelle, bevor die Gefangenen überhaupt ahnten, was geschehen war. Das Lager wurde sofort alarmiert. Durch Hetze, ungerechtfertigte Vorwürfe und Anschuldigungen, Fluchen und Treiben und Schläge wurde eine unvorstellbare Panik unter den an und für sich schon in Schrecken lebenden Männern und Frauen hervorgerufen. Alles sollte den Brand löschen, aber womit?«

»Etwa 30 Posten liefen mit vorgehaltenen Schußwaffen hinter den ratlosen nach Löschmitteln suchenden Menschen, wobei sie einen Kordon um die Brandstelle bildeten und ihre Gewehre und Maschinengewehre schußfertig machten. Da fiel auch schon der erste Schuß als Signal zum Beginn eines furchtbaren Massakers. Man schoß nunmehr ununterbrochen und unterschiedslos auf jeden, der von der Hitze zurückgetrieben und in die Nähe des Postenringes kam. Es waren durchweg wohlgezielte, in völliger Ruhe und Grausamkeit abgegebene Kopfschüsse, oft aus einer Entfernung von 1 bis 3 m. Andere wurden bei lebendigem Leib in die Flammen getrieben. Die Posten munterten sich gegenseitig lachend auf und wetteiferten miteinander in ihren Abschußzahlen.«

»Nach der Verbrennung der Baracke ging die Jagd auf Menschen im Lager weiter und damit auch das Erschießen. Überall und fernab von der Brandstelle lagen am nächsten Tage die Leichen der Erschossenen. Jeder, der einem Wachtposten begegnete, verlor sein Leben. So wurde der Sanitäter F., der die Rote-Kreuz-Binde deutlich sichtbar am linken Arm trug, auf dem Wege zu einem kranken Kinde, dem er etwas Suppe bringen wolltet. Ähnlich erging es einer alten Frau, die gerade bei mir zwecks Aufnahme ins Lazarett weilte. Diese nahm der berüchtigte Ignaz aus dem Arztzimmer und erschoß sie am Rande eines Massengrabes.«

»Der deutsche Stubenkommandant L., bei seinen Kameraden wegen seines rigorosen Vehaltens und bei den Polen wegen seiner Denunziationen bekannt, bat diesen Ignaz, einen Mann aus seiner Stube wegen angeblicher Geisteskrankheit zu erschießen, was auch sofort erfolgte. Es handelte sich dabei um den Deutschen M., der Vater von 6 Kindern war und durch die Brandkatastrophe einen Nervenzusammenbruch erlitten hatte.«

»Der Lehrer O. aus Moschen und ein unbekannter weißhaariger Schuldirektor aus Mangersdorf wurden ohne ein Wort zu verlieren auf der Straße durch Stirnschüsse getötet.«

»Über die Zahlen der beim Barackenbrand verlorenen Toten gibt es genaue Feststellungen. Ich wurde mit vorgehaltener Pistole durch den Kommandanten Gimborski gezwungen, dem grausamen Massenmorden zuzusehen und die Toten nach drei verschiedenen Richtungen hin entfernen zu lassen, um den Überlebenden unmöglich zu machen, zu einer annähernd richtigen Schätzung zu kommen. Ich habe die Toten, die in panikartiger Stimmung von Männern und Frauen verscharrt wurden, außer von den offiziell damit beauftragten Kommandos gezählt. Es waren: »36 Männer und 11 Frauen (diese wurden erschossen);«

»25 Männer und 15 Frauen (diese waren in den Flammen verbrannt und wurden von mir als verkohlte Leichen festgestellt);«

»285 Männer und Frauen (diese wurden mit Gewalt aus der Krankenstube ins Massengrab geworfen, wobei sie entweder vorher durch Genickschuß getötet oder durch Kolbenschläge betäubt, noch lebendig ins Grab geworfen wurden);«
»209 Männer und Frauen (diese starben am nächsten Tage oder einige Stunden später an den Folgen der während der Katastrophe erlittenen Schuß- oder Körperverletzungen).«

»Daß dieser Massenmord bis heute keine Sühne fand, liegt wohl daran, weil alle nachträglich mit einer gewissen Oberflächlichkeit eingeleiteten Untersuchungen frucht- und erfolglos verlaufen mußten, zumal die noch heute lebenden Zeugen des Brandes vom 4.10.1945 zum Stillschweigen gezwungen wurden. Es kamen zwar mehrmals nach dem Brande Vertreter der Wojewodschaft, aber die verängstigsten Lagerinsassen erhielten von dem Lagerführer Fuhrmann abends vorher genaue Anweisungen über die zu gebenden Antworten. Durch schwerste Bedrohungen eingeschüchtert, wagte niemand die Wahrheit zu sagen, aus Angst vor einem qualvollen Tod. Ähnlich verhielt es sich auch, wenn Abgeordnete einer übergeordneten polnischen oder alliierten Dienststelle kamen und die Männer fragten, ob sie mißhandelt würden, oder wie die Verpflegung sei. So kam die Wahrheit niemals an den Tag.«
»Niemand kann bestreiten, daß die polnischen oder alliierten Behörden von den ungeheuerlichen Greueltaten und den hohen Sterbeziffern im Lager Lamsdorf wußten. Eines Tages wurde der Mordkommandant Gimborski

seines Dienstes enthoben, und man versuchte die wenigen noch am Leben verbliebenen Deutschen damit zu trösten, daß der für schuldig befundene Kommandant zum Tode verurteilt würde oder wenigstens 10 Jahre Zuchthaus erhielte. Bald aber erfuhr man die Wahrheit, daß der Kommandant wieder frei sei und sogar befördert wurde. Er wurde sogar vom Mord an seiner Geliebten freigesprochen, die er 1945 unter Alkoholeinfluß im Lager erschossen hatte.«

»Über die Toten durften keinerlei Aufzeichnungen oder Listen geführt werden. Auch nach außen hin durften keine Angaben gemacht werden, nicht einmal gegenüber den eigenen Angehörigen, wie ja überhaupt jeder Briefverkehr mit der Außenwelt verboten war, ebenso wie jede Unterhaltung mit Personen außerhalb des Lagers. Ich führte dennoch als Arzt sorgfältig eine Liste über die Verstorbenen mit Krankheitsbezeichnung und überantwortete diese bei meiner Abkommandierung der Schwester Lucie W. unter Mitnahme einer Durchschrift.«

»Die Polen behaupteten immer wieder, in der Nähe des Lagers Lamsdorf seien angeblich 90.000 Polen von den Deutschen erschossen und in Massengräbern im früheren russischen Kriegsgefangenenlager verscharrt worden. Eines Tages erschien eine Kommission unter Führung eines hohen russischen Offiziers und namentlich bekannter alliierter Offiziere, um die Angelegenheit der Massengräber zu untersuchen. Die Lagerinsassen erhielten den Befehl, sofort geschlossen zum Massenfriedhof zu marschieren und mit der Ausgrabung der Toten zu beginnen. Soweit diese Arbeiten unter Aufsicht russischer Truppen ausgeführt wurden, verliefen sie normal und unter einigermaßen menschlichen Bedingungen. Daß die Menschen im Lager kein Essen erhielten, wußten die Russen nicht, soweit sie es in Einzelfällen erfuhren, teilten sie ihr Brot mit den Unsrigen! Aber an den abseits gelegenen Gräbern vollzogen sich Greuelszenen. Unsere Männer und Frauen mußten unter furchtbaren Schlägen der polnischen Posten mit den bloßen Händen die verwesten Leichen ausscharren von morgens bis abends. Dabei kam es zu unvorstellbaren Bestialitäten. Frauen mußten auf Befehl der polnischen Miliz die Leichen küssen und wurden mit diesen in schamlose Berührung gebracht. Der Verwesungsgeruch der Leichen drang in die nassen Kleider und abends in das Lager und in die Stuben. Der furchtbare Geruch ging wochenlang nicht mehr heraus.«

»Nach einigen Tagen wurde ich unter Bewachung vorgeführt und gezwungen, an der ärztlichen Untersuchung der Leichen teilzunehmen. Bei keiner dieser Leichen wurden Anzeichen einer gewaltsamen Todesursache festgestellt. Bei den Verstorbenen handelte es sich um Russen. Es befanden sich auch einige Deutsche darunter, wie man an den Erkennungsmarken feststellen konnte. Der russische Offizier erklärte ruhig und sachlich in wenigen Worten unseren Leuten, die Untersuchung habe für die Deutschen nichts Belastendes ergeben! Ich konnte die Zahl der Toten nicht feststellen, es mögen annähernd 500 gewesen sein. (Es waren die Opfer einer Tuberkulose- und Flecktyphus-Epidemie).«

»Nunmehr, als die Reihen bereits stark gelichtet waren, stand im Vordergrund des Lagerterrors das Schänden der Frauen und Mädchen durch betrunkene Posten, die nach ärztlicher Feststellung alle geschlechtskrank waren. Es wurden zwar von dem neuen Kommandanten im März 1946 Vernehmungen durchgeführt und Protokolle aufgesetzt zur Weiterleitung an die polnischen Regierungsstellen, die aber leider ohne Erfolg blieben. Die Mörder und Schänder bewegten sich weiterhin frei umher.«

»Die Hauptschuldigen aus dem Lager Lamsdorf sind der ehemalige Kommandant Ceslaw Gimborski, sein erster Gehilfe Ignaz, seine Komplizen Antek, der ›Neunfingerige‹, der ›Mörderling‹, Jan Fuhrmann und die übrigen mit Namen nicht bekannten, sowie der Feuerwehrmann Nowack. Ignaz rühmte sich mir gegenüber, allein 24 Deutsche durch Kopfschuß getötet zu haben. Nach Absetzung des Mörders Gimborski hörte der Masssenmord in der bisherigen Form zwar auf, während die Vernichtung durch Aushungerung und Seuchen weiterging. Ein gewisser Pawlik schlug und mißhandelte Frauen und Jungen von 14 Jahren oder lieferte diese den Mördern durch Denunziation zur Ermordung aus. Ein Vierzehnjähriger kam einmal ins Revier, der über 60 Schläge mit einem Spatenstiel von dieser Bestie erhalten hatte und schwere Blutergüsse mit eitrigen Prozessen davontrug.«

»Etwa im Dezember erschien eine Vernehmungskommission aus Falkenberg unter Leitung des von dorther bekannten und wegen seiner Brutalität gefürchteten polnischen Leutnants Kuczmerczhyk, wieder in Begleitung des berüchtigten Gimborski. Die Lagerinsassen sollten wieder vernommen werden über angebliche Verstecke von Wertsachen ›ausgewanderter‹ Deutscher. L. hatte bereits zwei Monate vorher seine ehemaligen Landsleute bei den Polen angezeigt und diesen große Werte in die

Finger gespielt. Diese Vernehmungen verliefen wie üblich unter den gräßlichsten Mißhandlungen. Das Geschrei der Gequälten drang jede Nacht durch das Lager, währenddessen wurden Festgelage mit Wodka veranstaltet, Frauen vergewaltigt, Kranke ihrer letzten Bekleidung beraubt und nächtliche Razzien mit Folterungen veranstaltet, während Sterbende in Gruben geworfen wurden.«

»Eine UNRA-Kommission hatte schließlich erfahren, daß im Lager Lamsdorf ein Arzt festgehalten wurde. Offenbar sind wohl einige Vorkommnisse in die weitere Öffentlichkeit gedrungen. Ab Juni 1946 wurden in Lamsdorf plötzliche Entlassungen durchgeführt. Ein Teil der Überlebenden sollte schnell nach Westdeutschland transportiert werden. Auch ich wurde auf höheren Befehl entlassen, sofort als Chefarzt eines polnischen Krankenhauses eingesetzt und mit der Leitung der Inneren Abteilung beauftragt. Aber mancher von denjenigen Deutschen, die im Juni angeblich in die Heimat entlassen wurden, holte man aus dem zur Abfahrt bereitstehenden Transportzug heraus, darunter Frauen und Kinder. Sie kamen erneut in Arbeitslager und mußten dort weiterhin Frondienste leisten. Viele von diesen konnte ich durch ärztliche und materielle Hilfe unterstützen. Polnische Ärzte hingegen lehnten durchweg eine Behandlung ab, da die Deutschen keine Mittel zur Zahlung hatten. Eine rühmliche Ausnahme bildete dabei der polnische Arzt Dr. Olcha in Falkenberg. Die Deutschen waren weiter Freiwild und durften noch lange Zeit nicht zu den Ihren.«

»Die chaotischen Zustände nach dem Zusammenbruch hatten sich in den zwei Jahren meiner Inhaftierung nirgends geändert oder gebessert.«

Bericht des Totengräbers von Lamsdorf

»Am 25. August wurde ich von polnischer Miliz in meinem Heimatdorf, wo ich mich bei meinen Eltern befand, verhaftet, zugleich mit Josef D., Josef M., Franz Sch. Mit einem Wagen wurden wir nach Falkenberg zur Kreismiliz transportiert. Nach drei Wochen Quälereien und Kelleraufenthalt wurde ein Transport für Internierung im Lager Lamsdorf aufgestellt, das die Polen im Juli 1945 zur Vernichtung der deutschen Bevölkerung errichtet hatten. Alle Gefangenen, bis auf die Handwerker, kamen nach Lamsdorf. Der Transport zählte 63 Männer und 15 Frauen. Um 10 Uhr mußten wir auf dem Hofe antreten, um 13 Uhr marschierten wir ab. Auf dem Wege mußten wir ohne Unterlaß Nazilieder singen. Der Weg führte über Weidendorf, Tillowitz, Buchengrund ins Lager. Uns begleiteten vier Posten. Es war ein heißer Tag. Unterwegs wurden viele schwach. Diese wurden immer wieder durch Schläge angetrieben. Als sie sich kaum noch auf den Beinen halten konnten, mußten sie von jüngeren Kameraden geführt, zeitweise sogar getragen werden. Für den Weg von 16 km brauchten wir 3 Stunden. Bei unserer Ankunft am Lagereingang waren die Milizianten bei einem Trunk beisammen. Wir sahen, wie einige Mädchen mit Flaschen und Schnapsgläsern nach dem Postenhaus gingen.«

»Die Aufnahme ging folgendermaßen vor sich: Wir wurden einzeln aufgerufen und in die Schreibstube geführt. Erst waren die Milizianten nicht anwesend, da ging es ruhig zu. Als sie kamen, hörte man nur ein Brüllen und dumpfe Schläge. Die meisten wurden mit Fußtritten nach der Vernehmung zur Tür hinausgestoßen. Max H. aus Tillowitz legten die Polen zur Last, er wäre in der SS gewesen. H. verneinte es in Lamsdorf wie vorher in Tillowitz. Er wurde mit P. aus Schurgast in ein Nebenzimmer der Schreibstube gestoßen. Acht Posten folgten, sie bearbeiteten H. Je mehr sie auf ihn einschlugen, um so mehr leugnete er es ab. Er bat die Posten, sie sollten sich bei jedem Einwohner des Dorfes erkundigen. Darauf wurden beide herausgebracht. Die Kleidung war fast ganz zerrissen. Stellenweise konnte man den bloßen Körper sehen, diese Stellen bluteten. H. wurde hinter eine Baracke geführt und dort erschossen. Er war ungefähr 45 Jahre alt und Gastwirt im Bahnhofshotel Tillowitz gewesen. Als die Hälfte der Männer mit der Registrierung fertig war, wurden wir hinter eine Baracke geführt. Dort mußten wir uns waschen und entlausen.«

»An Lebensmitteln lieferten die Polen für 500 Personen einen Zentner Kartoffeln, 2 bis 3 Pfund Mehl und 150 Gramm Brot pro Person und Tag. An den Festtagen wie Weihnachten, Neujahr, Ostern gab es für alle nichts zu essen. Auf jedem Internierten hat neben der täglichen Todesbedrohung das Bewußtsein schwer gelastet, verhungern zu müssen.«

»Kinder sind oft vor Körperschwäche hingefallen, Waisenkinder sahen am schlechtesten aus. Viele Kinder sind in kurzer Zeit gestorben. Wenn von Kindern die Rede ist, handelt es sich immer um Kinder unter 10 Jahren. Ältere mußten wie die Großen arbeiten.«

»Bei einem Gang durch das Lager am 3. Tage meines Aufenthaltes am 17. September 1945 begegneten mir 4 Posten, darunter war auch Ignaz, wegen seiner besonderen Mordlust ›Mörderling‹ genannt. Auf seine Frage: ›Weißt Du, wie ich heiße?‹ sagte ich: ›Nein, Herr Kommandant.‹ Er schlug mir mit einem Säbel über den Kopf, die anderen drei gaben mir Faustschläge. Darauf sagte er mir, er sei der Panje Ignaz. Mühsam habe ich mich davongeschlichen. Bald verlor ich die Besinnung. Als ich wieder zu mir kam, hatte ich heftige Kopfschmerzen und geronnenes Blut im Gesicht. Ich ging zu meinen Leuten in die Baracke. Diese sagten mir, ich sei fast zwei Stunden weggewesen.«

»Vom 20. September 1945 bis Mitte November 1945 habe ich die Toten beerdigen müssen. Bis zu meiner Zeit wurden die Toten in Splittergräben verscharrt. Da kamen 3 bis 5 Tote übereinander. Der Graben wurde der Erde gleichgemacht. Da sich aber mit der Zeit der Boden senkte, wurde immer wieder neue Erde draufgeworfen. Grabhügel oder Blumen durften diese Stellen nicht kenntlich machen. Als Frau D. aus Bielitz die Stelle ihres beim Appell erschlagenen Mannes, Albert D, mit einer Blume gezeichnet hatte, wurde sie schrecklich geschlagen. Bei dem sogenannten Appell sind zum Beispiel einmal zu gleicher Zeit D. und Josef D. aus Bielitz von einem Posten erschlagen worden. Alle beide waren alt und konnten die Bewegung nicht mehr exakt mitmachen. Als ich Totengräber werden mußte, waren die Splittergräben innerhalb des Lagers mit Leichen schon gefüllt. Es wurde ein neuer ›Friedhof‹ angelegt. In Reihengräbern kamen die Toten nebeneinder. In einer Reihe waren 170 Tote. Ein Hügel wurde für alle gemacht. Ein Verzeichnis, wie die Toten lagen, durfte nicht angefertigt werden. Auf diesem sogenannten Friedhof wurde bis Ende 1945 beerdigt. Dann wurde außerhalb ein neuer ›Friedhof‹ angelegt, dort verfuhr man ebenso. Der bis März 1946 benutzte Friedhof ist eingeebnet, mit Kompost befahren und Gras besät. Von Eröffnung des Lagers im Juli 1945 bis Anfang Oktober 1945 - Ablösung des Kommandanten Gimborski - sind ca. 90 Prozent aller Toten erschlagen, selten erschossen worden.«

»Während des Winters 1945 bis April 1946 wütete der Flecktyphus, verursacht durch Läuse, im Lager. In dieser Zeit starben die Menschen wie die Fliegen. Medikamente, entsprechende Nahrungsmittel wurden nicht herbeigeschafft. Bei dem engen Zusammenwohnen und der Unmöglichkeit, sich sauber zu halten, mußte die Krankheit ungeheuer grassieren. Ich habe Kranke gesehen, denen die Läuse die Haut durchgefressen hatten, so daß die Brustkorbknochen frei zu sehen waren. Auf manchen saßen die Läuse millimeterdick.«

»Am 4. Oktober 1945 war ein Barackenbrand im Lager. Wir hatten frühmorgens 9 Tote begraben. Kaum hatten wir unsere Baracke betreten, da fielen mehrere Schüsse. Zu meinem Schrecken sah ich schwarzen Rauch im Lager aufsteigen. Es wurde gleich Alarm gegeben. Alle mußten zum Brand. Ich verstand es, mit meinen Leuten erst in der Baracke zu bleiben. Bei der Suche nach meinem Vater wurde mir gesagt, er sei zum Brand. Ich lief gleich darauf mit den restlichen Männern zur Feuerstelle. Wir waren kaum auf die Straße getreten, begegnete uns der Mörder Ignaz. Er ließ uns halten, griff sich Emanuel M. aus Grüben heraus und legte dreimal mit der MP auf ihn an. Aber es war jedesmal ein Versager. Ignaz steckte die Patrone wieder ins Magazin und ließ uns weitergehen.

Wir waren kaum 20 Schritte weiter, ließ er uns wieder halten. Als er herankam, fragte er jeden nach der Parteizugehörigkeit. W. aus Karbischau meldete sich als einziger. Er mußte an den Straßenrand treten. Es krachten zwei Schüsse und W. brach sterbend zusammen.«

»Als wir auf den Brandplatz kamen, lagen bereits viele Tote um die brennende Baracke. Es herrschte ein wüster Lärm. Die Menschen, auch Frauen, wurden gehetzt und gejagt, zu Boden geschlagen und erschossen. Wasser zum Löschen war nicht vorhanden, Handwerkszeug nicht ausreichend. Ein Teil der Männer mußte Sand auf die Dächer der nebenstehenden Baracken tragen, damit die Teerpappe nicht Feuer fing. Die restlichen Männer und Frauen mußten den Brand bekämpfen. Den Boden mußten sie mit Händen in Eimer kratzen. Die Frauen hatten zum großen Teil nur Schürzen, in die sie den Sand scharrten und in die Flammen schütteten. Jeder, der nicht nahe genug an das Feuer heranging, wurde in die Flammen gestoßen. Die Stehenbleibenden wurden erschossen. Solche Opfer mußten aber gleich von Mitgefangenen herausgeholt werden. Einige von diesen Opfern lebten noch, als sie aus dem Feuer herauskamen. Wenn sie Schmerzensschreie ausstießen, wurden sie zu Boden getreten. Wenige trugen das Los geduldig, bis sie den Geist aufgaben. Ein Langsamgehen gab es nicht; wer es tat, war ein Opfer der Posten.«

»Als die Baracke fast abgebrannt war, mußten die Männer, soweit die Schaufeln reichten, eine Grube graben. Die restlichen Männer mußten die Toten heranbringen. Sie benutzten dazu Krankentragen und Decken. Ein solcher Trupp trug einen 20jährigen Mann. Diese Träger mußten das Lied singen: ›Ich hatt' einen Kameraden‹. Dabei wurden sie noch getreten und geschlagen. Der letzte Tote war der Sanitäter F. aus Jatzdorf, Krs. Falkenberg. Dieser kam aus der Küche. Er hatte kaum die Straße betreten, da begegneten ihm einige Posten. F. wurde hinter die Baracke getrieben und erschossen. M. und Sch. aus Grüben mußten diesen Toten holen. Als sie ihn auf die Krankenbahre legen wollten, kam ein Posten hinzu, als er das Gehirn des Toten sah, forderte er die beiden Männer auf, es zu essen. Als sie sich weigerten, bekamen sie Kolbenschläge. Dieser Brand forderte viele Tote. Es waren aber noch viele verletzt worden, zum Teil durch Geschosse, die Mehrzahl hatte Brandwunden. Ein Teil davon ist an diesen Folgen gestorben.«

»Die Arbeit war schwer und hart. Auf das Feld kam kein Pferd, denn diese wurden benötigt für Plünderfahrten in die Umgebung. Die Wagen und Ackergeräte mußten von Männern gezogen werden, vor den Pflug wurden 12 Mann, vor Eggen 8 bis 12 Mann je nach Größe, vor die Sämaschine 15 Mann gespannt. An ein Ausruhen war nicht zu denken, im Gegenteil. Zeitweise mußten die Männer vor diesen Geräten noch schnell laufen, wobei sie mit Gewehrkolben geschlagen wurden. So mancher ließ auf dem Felde bei der Arbeit sein Leben. An Arbeitskräften hat es kaum gemangelt. Wenn sie wirklich einmal knapp bemessen waren, wurde ein Grund gesucht, um ein neues Dorf ins Lager zu bringen. Alle Altersstufen waren vertreten, vom Kind in der Wiege bis zum Greis am Rande des Grabes. Die alten Leute wurde gleich so kurz mit dem Essen gehalten, daß sie oft nur wenige Tage im Lager lebten. Die Frauen mit den Kindern kamen für sich in eine Baracke. Die Mädchen kamen ebenfalls allein für sich. Alles, was auf den Beinen stehen konnte, vom 10. Lebensjahr an, wurde zur Arbeit genommen. Die Frauen hatten oft nicht Zeit, sich selbst sauberzuhalten, geschweige denn die Kinder. Diese sind sehr oft im Schmutz von Läusen und Wanzen angefressen worden. Während meiner Totengräberzeit habe ich sehen können, daß Läuse bis zu 2 cm Dicke übereinander auf Leichen saßen. In solchen Fällen hatten die Läuse die Knochen bloßgelegt. Die Dörfer, die hauptsächlich ins Lager kamen, waren u.a.: Bielitz, Neuleipe, Ellguth-Hammer, Steinaugrund, Lippen, Jatzdorf, Groditz, Kleischnitz, Jakobsdorf, Großmangersdorf, Goldmoor, Hilbersdorf, Arnsdorf und Lamsdorf. Nur einige wenige, die man auf Gütern zur Arbeit benötigte, waren in den genannten Dörfern bei der Austreibung zurückgelassen worden.«

»Wenn einmal eine russische Kommission kam, wurde ihr gesagt, daß alle Männer Nazis, die Frauen und Kinder Angehörige von SA, SS und anderen Naziorganisationen wären. In solchen Stunden durfte sich kein Kind und keine kranke Person auf der Lagerstraße sehen lassen. Die Russen meldeten sich übrigens einige Tage vorher an, dann wurde im Lager alles gereinigt. Straßen und Rasen wurden gefegt. Die Splittergräben, in die bis September beerdigt wurde, sind wieder nachgefüllt worden, weil sie sich in kurzer Zeit senkten. Alle Spuren wurden verwischt. Auch Nahrungsmittel wurden eilig für solche Fälle herangeschafft. So wurden z.B. die Bewohner des in der Nähe liegenden Bauschdorf mitten in der Nacht herausgepoltert und zur sofortigen Herausgabe von Nahrungsmitteln für das Lager angehalten, die schon in frühester Morgenstunde im Lager abgeliefert werden mußten. Im Frühjahr 1946 forderten die ins Land gekommenen polnischen Bauern Arbeitskräfte vom Lager an. Fast täglich gingen Leute zu diesen ab. Mitte Juni mußten alle zum Lager Gehörenden zurückkommen. Am 19. Juni 1946 wurden frühmorgens die Familien zum Bahnhof gebracht, um sie nach Westdeutschland zu transportieren. Beim Zusammenstellen des zweiten Transportes gegen Mittag war ich dabei. Noch etwa 100 Männer und 20 Frauen wurden im Lager als Arbeitskräfte zurückgehalten.«

»Sehr schlimm im Lager hat u.a. der schon genannte Ignaz gewütet. Er hat allein beim Barackenbrand 14 Internierte erschossen und sich dessen gerühmt. Am Tage nach dem Brande hat er einen weiteren Internierten aus Schadeberg namens Mücke erschossen, der durch die furchtbaren Szenen beim Brande einen Nervenschock bekommen hatte. Die Bitte Mückes, ihn noch einen Tag leben zu lassen, um seine Frau noch einmal zu sprechen, wurde nicht erfüllt. Ende Juli 1945 wurde nachts auf dem Appellplatz eine Übung gemacht mit 40 Internierten, die man aus Falkenberg gebracht hatte. Diese dauerte drei Stunden. Es wurden 15 erschlagen und ertreten. 25 blieben übrig, die noch durch Knochenbrüche verletzt waren. Darunter war L. aus Goldmoor mit Armbruch. Von Anfang des Lagers bis September 1945 waren bei jedem Appell zum Teil bis zu 15 Tote. Alle Toten starben ohne geistlichen Beistand. Als Pater D. aus Heiligkreuz bei Neiße O/S als Internierter im Lager war, war es ihm verboten, mit Erwachsenen zu sprechen und Seelsorge auszuüben.«

»Vor meiner Zeit als Begräbnismann sind manche der Gequälten, die nur ohnmächtig waren, lebendig begraben worden. Wenn sie Boden auf ihren Leib bekamen, fingen sie an zu erwachen und zu schreien. Um so schneller mußte dann Erde daraufgeschüttet werden.«

»Es gab auch ein Arrestlokal. Dieses war ein stockfinsterer Kellerraum mit 1/2 m Wasserstand. Darin mußten die Gefangenen oft viele Stunden stehen, auch Frauen.«

»Zu den Todesfällen sei noch bemerkt, daß einmal zur Vergeltung 25 Mann erschossen wurden, weil ein 17jähriger Junge aus dem Lager heimlich fliehen konnte. Frau Sch. aus Goldmoor wurde erschossen, weil sie kurz vor dem Wecken auf die Latrine gehen mußte. Der Bielitzer Bauer Josef S. wurde zur Wache geholt, dort blutig geschlagen und erschossen, weil er auf einem Arbeitskommando vorbeikommende Russen um ein Stück Brot gebeten hatte. Ein Milizmann hat sich damit gerühmt: ›Ich habe heute den 25. ins Jenseits befördert‹.«

»Lamsdorf war leider nicht das einzige Vernichtungslager der Polen nach ihrem Einfall in Schlesien.«

»Ich glaube, diesen Bericht den Toten von Lamsdorf schuldig zu sein, von denen die meisten mit unerschütterlichem Gottvertrauen ihr schweres Los trugen, ihr Christentum in vorbildlicher Weise bewiesen und heldenhaft starben.«

Bericht einer Mutter

»Wir waren vollkommen von der Welt abgeschnitten. Wohl wußten wir, daß der Krieg zu Ende war. Doch mehr als bestürzt waren wir, als eines Tages Polen einzogen, dazu in großer Zahl, weit mehr als unser Dorf Einwohner zählte. Wir nannten einen schönen großen Hof unser eigen. Fünf Polenfamilien zogen bei uns ein. Wir machten unsere Arbeit weiter und hofften auf eine Änderung. Sie kam auch, nur anders, als wir sie erwartet hatten.

Die polnische Miliz kam andauernd plündern, nichts mehr war vor ihnen sicher. Am 14. Juli 1945 trieb uns polnische Miliz in brutalster Weise zusammen in ein Gehöft. Besonders die Männer wurden furchtbar mit dem Kolben geschlagen. Bauer D., 70jährig, brach mehrere Male unter den Kolbenschlägen zusammen, ebenso auch der hochbejahrte Bauer, mein Nachbar Sch. Die Jugendlichen konnten wieder nach Hause gehen. Wir anderen wurden in einen Stall gesperrt, in dem der Dünger hoch lag. Eine Anzahl Männer, die von den Russen schon wieder entlassen waren, wurden nun von Polen eingesperrt. Angstvoll warteten wir auf das, was nun geschehen würde. Einzelne wurden wieder in einen anderen Raum geführt. Drei polnische Soldaten, einer mit einem fast armdicken Gummiknüppel, standen bei meinem Eintritt schweißtriefend vor einer Bank. Ein Dolmetscher übersetzte: ›Sie bekommen 10 Schläge, wenn Sie schreien 20.‹ Ich bin bei dem dritten schon zusammengebrochen und weiß nicht, wieviel Schläge ich bekommen habe. Alle Kräfte zusammennehmend wankte ich nach Hause, hinter mir ein Polenjunge, gröhlend und mich verspottend. Blutunterlaufen und verschwollen konnten wir kaum sitzen noch gehen. Wahllos nahmen sie an diesem Tag 8 Männer und Frauen nach Falkenberg in das Lager mit. Wir mußten am nächsten Tag im Nachbardorf am Wehr arbeiten.«

»Am 27. Juli 1945, beim Morgengrauen, umstellte polnische Miliz das Dorf. Große Lastautos standen in der Mitte des Dorfes. Tieferschrocken beobachteten wir vom Fenster, daß in jedes Haus ein polnischer Soldat ging. Bald kam auch einer zu uns. Die Tür aufreißend sagte er: ›Alles was deutsch, in 5 Minuten raus.‹ Angstvoll rafften meine drei Kinder etwas zum Anziehen zusammen, ich nahm Töpfe mit Eßwaren. Aus jedem Haus kamen die Leute mit Bündeln, manche noch barfuß. Auch sterbenskranke Leute mußten mit. Wir kamen in das 4 km entfernt liegende Lager Lamsdorf, das vordem Truppenübungsplatz und Kriegsgefangenenlager war. Eine Frau hatte ihren Ring im Haar versteckt, ihr wurde das Haar abgeschnitten. Beim 76jährigen H. Schm. hatten sie einen Postabschnitt gefunden, der auf Polizeiwachtmeister a.D. lautete. Daraufhin wurde er sehr geschlagen. Er mußte die Hände auf den Tisch legen. Im Takt schlugen die Soldaten auf ihn ein. Der Sohn unseres Lehrers mußte dazu Klavier spielen. Dann wurde er am Genick gefaßt, vor unseren Augen in eine Baracke geworfen, wo wieder polnische Milizsoldaten über ihn herfielen und schlugen. Einer Gruppe von 6 Männern wurden Stahlhelme aufgesetzt. Mit aller Wucht schlugen die Soldaten darauf. Entsetzt beobachteten wir den Vorgang, das Blut quoll unter den Helmen hervor, tot waren sie nicht.«

»Drei Tage ließen sie uns ohne jede Verpflegung. Wir wurden in Baracken untergebracht, die Männer extra, die Jungen von 10 Jahren ab, die Arbeitsfähigen, die kleine Kinder unter 10 Jahren hatten. So mußte auch ich mich von meiner 10jährigen Tochter trennen. Sie blieb bei meiner 75jährigen Mutter und meiner kränklichen Schwester. Zwei Brüder von mir waren im gleichen Lager. Nun folgten Tage des Grauens. Beim Morgengrauen mußten die Männer und Jungen antreten zum ›Frühsport‹. Mit Gesang mußten sie alle marschieren, ob alt oder gebrechlich. Täglich konnten wir von unserer Baracke aus sehen, wie die Männer mißhandelt wurden. Immer war es das gleiche Bild. Ein Posten versetzte einem Mann einen Fußtritt oder eine wuchtige Ohrfeige, daß er zu Fall kam. Sofort stürzten die übrigen Posten her, schlugen mit ihren Gummiknüppeln auf ihre Opfer ein, traten darauf, und meistens war der Arme in wenigen Minuten tot. Noch heute gellen mir die Angstschreie in den Ohren. Täglich sah ich Tote wegtragen. Ein paar Kameraden mußten ihnen die Schuhe ausziehen, und sie wurden sofort ohne Decke, ohne alles, in die ausgeworfenen Splittergräben gelegt. Bauer G. und R. wurden so roh mißhandelt, daß das Gehirn weitab lag. Schon nach kurzer Zeit kannte man die Männer kaum wieder. Die Augen lagen tief in den Höhlen, der Blick verängstigt, die meisten von ihnen mit blutigen Striemen bedeckt.«

»Als Verpflegung bekamen wir früh zwei Pellkartoffeln und etwas Tee. Mittags bekamen wir einen halben Liter ungesalzene Kartoffelsuppe. Da die Kessel nicht ausreichten, wurde erst Suppe ausgegeben, dann einfach ungekochtes Wasser nachgegossen. Abends bekamen wir wieder zwei Pellkartoffeln und Tee. Wochenlang waren wir ohne Brot. Später gab es manchmal eine halbe Schnitte, dafür keine Kartoffeln.«

»Wir mußten uns Büchsen suchen, die noch von den Gefangenen herumlagen, um ein Eßgeschirr zu haben. Die Verpflegung war für alle gleich. Die Säuglinge schrien Tag und Nacht, bis sie endlich der Hungertod erlöste. Das große Sterben erfaßte bald nicht nur die Männer, sondern auch die Frauen und Kinder. Wir waren vor Hunger so entkräftet, daß wir kaum gehen konnten, dazu die Angst, welche neue Greuel sich die polnische Miliz ausgedacht haben würde.«

»Frauen, die ihre gestorbenen Kinder und Männer hatten verscharren sehen müssen, pflückten einige Blümchen und steckten sie in die Erde, die ihr Liebstes barg. Wir mußten antreten, und mit Donnerstimme fragte uns der Posten, wer die Blumen auf die Gräber gepflanzt hätte. Die Frauen traten vor und bekamen 75 Schläge mit dem Gummiknüppel. Die geschwollenen Striemen platzten dann auf und eiterten. Frau L. ist daran gestorben.«

»Eines Tages war eine Baracke in Brand geraten. Männer und Frauen mußten zum Löschen Sand in Schürzen und Büchsen herbeitragen. Dabei wurden Leichen bloßgelegt, die nur flach im Boden verscharrt waren. Um die nächste Baracke zu schützen, wurde das Teerdach mit Sand bestreut. Männer, auf einer Leiter stehend, reichten einander die Eimer zu. Ich sah selbst, wie die Posten die Männer von der Leiter herunterschossen und sich dabei bogen vor Lachen. Mit Kolbenschlägen wurden die anderen zum Löschen angetrieben. Sehr viele kamen an diesem Tage ums Leben. Das Blut stand in Pfützen. Karren mit Sand wurden darauf gefahren, um das Blut aufzusaugen.«

»Gräber von ehemaligen Kriegsgefangenen mußten von

Frauen, Männern und Kindern geöffnet werden. Auch mein Sohn Hugo war dabei. In glühender Sonne mußten die Leichen mit bloßen Händen freigelegt werden. Die Verwesung war so stark fortgeschritten, daß die Leichenteile in die Schuhe drangen. Dazu der Geruch, der Durst und das Antreiben durch Kolbenschläge. Ohne jegliche Nahrung waren sie abwechselnd einen Tag draußen. Die Männer durften sich nicht waschen und mußten ohne Abendbrot zur Ruhe gehen.«

»Eine Frau fand in dem Lager ihren Mann wieder. Sie ging auf ihn zu in ihrer Freude und mußte dafür mit ihrem Mann drei Tage in glühender Sonne liegen, ohne Essen, das Gesicht der Sonne zu. Beide sind später gestorben.«

»Hatte jemand noch ein Paar gute Schuhe oder einen Mantel, dem wurde er einfach ausgezogen. Jeder Posten hatte dazu das Recht. Wir konnten keine Wäsche waschen, weil wir keine hatten. Bald waren wir verlaust, und alle möglichen Krankheiten stellten sich ein. Niemals durfte ein totes Familienmitglied zur letzten Ruhestätte geleitet werden. Ob da eine Mutter von ihren Kindern wegstarb oder eine Mutter ihr Kind verlor, ganz gleich. Die Decken mußten die Leichenträger wieder zurückbringen, und wir mußten denselben Strohsack oder dieselbe Decke wieder benutzen, ganz gleich an welcher Krankheit sie gestorben waren. Am meisten trat wohl Typhus auf.«

»Zum Kartoffelholen mußten unsere Leute in die nächste Umgebung den Pferdewagen selbst ziehen. Die Bewachung war nicht immer so stark, und so konnten sie unseren Leuten in anderen Dörfern die Not und Greuel unseres Lagers zuflüstern. Manche Liebesgabe erhielten sie draußen und brachten versteckt welche ins Lager. Mein Mann war von den Russen entlassen und kam ahnungslos heim. Auch ihn brachten sie ins Lager. Einmal war es einem jungen Mann gelungen, auszureißen. Dafür wurden viele erschossen. Einer mußte den anderen verscharren, bis der Letzte tot war. Und die Jugendlichen mußten zusehen.«

»Ich habe im Lager meine 10jährige Tochter, meine Mutter, meine Schwester, meinen Bruder, zwei Schwägerinnen und einen Schwager verloren. Selbst dem Tode nahe, durfte ich mich mit meiner anderen Tochter und meinem Sohn einem Transport nach Westdeutschland anschließen. 14 Wochen waren wir im Lager gewesen. Über die Hälfte der Dorfbewohner war tot. Blutenden Herzens mußten wir schnell Abschied nehmen. Mein Bruder winkte uns noch schnell einen Gruß zu und bekam dafür eine Ohrfeige. Ich wurde in einem Handwagen transportiert, da ich außer Typhus noch eine Venenentzündung hatte. Auf dem Bahnsteig sah ich meine Nachbarin, ebenfalls im Wagen sitzend, krank. Da kam ein Posten und stieß sie mit dem Fuß auf die Schienen. Entsetzt hatten wir dem Vorgang zugesehen. In Viehwaggons, teils offenen, traten wir die Reise an. So mancher ist noch unterwegs gestorben. Wir fuhren meist nur nachts, tagsüber hatten wir keine Lokomotive.«

»Sehnsüchtig warteten wir dann auf das Kommen meines Mannes. Im Juli 1946 erreichte uns die unfaßbare Nachricht, daß auch er ein Opfer des Höllenlagers geworden war, wie so viele noch nach unserem Transport.«

Bericht des ersten Lamsdorfer Häftlings

»Was ich in den Falkenberger polnischen Polizeikellern erlebte, übersteigt die wüsteste Fantasie jener Schriftsteller, die über die mittelalterlichen Folterungen berichten. Selbst Frauen und Mädchen wurden gemartert, indem man ihre Hände in die Türen steckte und diese zuschlug oder ihnen Holzstäbe unter die Nägel jagte. Männer wurden so geschlagen, daß sie vielfach in den Kellern starben. Ich selbst entging bis auf einzelne Hiebe mit dem Kolben oder Ketten diesen Quälereien. Mir blieb bei meinen ›Vernehmungen‹ eine Bemerkung des verantwortlichen polnischen Polizeileutlants Kuczmerczyk im Gedächtnis haften: ›Euer Hitler war ein großer Mann.
Das Beste, was er tat, war, daß er die Juden totschlagen ließ. Er ist leider damit nicht fertig geworden‹.«

»Am 23. Juli 1945 schaffte man 40 Mann von uns nach Lamsdorf ›zur Entlassung‹. Mein Mißtrauen in die Worte des polnischen ›Offiziers‹ wurde dadurch nicht geringer, daß um unseren kleinen Marschblock ein dickes Armeekabel gelegt und uns 16 schwerbewaffnete Milizianten zum ›Schutz‹ mitgegeben wurden. Das alles sah eher nach Deportation als nach Entlassung aus. In den Ortschaften, die wir durchquerten, mußten wir deutsche Lieder singen. Kaum aber führte die Straße wieder über freies Feld oder durch den Wald, so schlugen auch schon die polnischen »Helden« auf uns durch Hunger zermürbten Männer ein. Gegen Abend kamen wir in Lamsdorf an. Da die Dunkelheit hereinbrach, pferchte man uns in

einem kleinen Keller von etwa 12 qm zusammen, brachte uns aber etwas Brot und Wasser.«
»Am nächsten Morgen, es war der 24. Juli 1945, mußten wir das Lager in Lamsdorf einrichten, immer unter den Schlägen polnischer Aufseher im Alter von 17 bis 20 Jahren. Hierzu wurden sie fortgesetzt vom polnischen Lagerkommandanten Gimborski ermuntert. Es war ein verkommen aussehender Pole, der sich uns nur durch Fußtritte verständlich machte. Überall wurde Stacheldraht gezogen, Pritschen mußten herbeigeschafft werden, Strohsäcke wurden herangebracht. Dies war die Geburtsstunde des polnischen KZ- und Vernichtungslagers Lamsdorf.«

»Die erste Nacht verbrachten wir auf den von Ungeziefer strotzenden Pritschen, 40 Mann in einem Raum. Ich lag wach. Nicht des Ungeziefers wegen, damit hatten wir ja schon in Falkenberg ausreichende Bekanntschaft gemacht. Ich überdachte noch einmal die Vorkommnisse der letzten Tage und Stunden und kam zu dem Schluß, daß dies alles wahrlich nicht nach Entlassung aussah. In der Baracke war alles still. Draußen hörte man nur die Schritte der polnischen Posten. Die Tür war mit einem schweren Balken verrammelt, die Fenster dicht mit Stacheldraht verzogen. Plötzlich ertönten Pfiffe - hastiges Laufen der Polen - Schüsse fegten durch die dünnen Holzwände der Baracke - erregte polnische Zurufe der Posten - Johlen von anscheinend betrunkenen Milizianten. Der Balken vor der Tür wurde weggerissen, und ein Pole brüllte etwas in den Raum. Wir mußten sofort auf den Appellplatz. Es hagelte Knutenhiebe. Wir fragten uns, was denn geschehen sei. Niemand wußte es. Die Namen der ersten 40 Gefangenen des KZ-Lagers Lamsdorf wurden verlesen. Es fehlte niemand. Ein mitgefangener Volksdeutscher aus Lublinitz, ehemaliger polnischer Korporal, jetzt polnischer Spitzel und ›deutscher‹ Lagerältester namens Fuhrmann, kommandierte und ließ uns auf Geheiß des polnischen Kommandanten marschieren. Dann brach es über uns herein. Hinlegen - robben! Die polnischen Milizianten, wohl 20 Mann, schlugen auf uns ein mit Knuten und Gewehrkolben, sprangen uns mit ihren Nagelstiefeln auf den Rücken. Einzelne von den Gefangenen blieben liegen. Dumpfe Kolbenschläge - und weiter ging es: Auf! - Dauerlauf! - Kolbenschläge an die Köpfe, in den Unterleib, in die Kreuz- und Nierengegend, Stöße mit den Gewehrläufen nach dem Herzen. Und Dauerlauf - Dauerlauf - immer um den Platz herum. Wieder stürzten einzelne und konnten sich nicht mehr erheben. Wie auf ein Kommando waren 4 bis 5 polnische Milizianten zur Stelle, zertrümmerten mit Kolbenschlägen ihre Schädel und machten sie ›fertig‹. Ich erhielt wohl 15 schwere Schläge in den Unterleib, das Kreuz, die Rippen und einen Stoß mit dem Gewehrlauf hart unterhalb des Herzens. Ich wankte wohl, hielt mich aber mit aller Kraft aufrecht und lief mit keuchenden Lungen um mein Leben.

Es ist mir heute noch unverständlich, wie ich dies alles durchstehen konnte. Aber ich fühlte gar zu deutlich, wie meine Kräfte mich verließen. Noch einmal um den Platz herum, und ich war erledigt wie die anderen. Im Lauf peilte ich die Barackentür an, sie lag im Mondschatten. Ein kurzer Entschluß, ein Sprung mit letzter Kraft und -

ich war in der Baracke. Schnell unter eine Pritsche im Hintergrund! Von den Milizianten folgte mir niemand, wohl aber noch zwei Kameraden. Meine Flucht blieb unbemerkt. Und als nach wenigen Minuten der Rest in die Baracke hineingepeitscht wurde, war ich gerettet. Am nächsten Morgen verscharrten wir 15 Mann. Sie waren zum Teil bis zur Unkenntlichkeit entstellt. Mehrere Tage lang konnte ich mich nur unter größten Schmerzen bewegen, mein Urin war mit Blut vermischt, die Herztätigkeit unregelmäßig. Und 15 Mann lagen unter dem Rasen.«

»Der nächste Tag verlief verhältnismäßig ruhig. Es gab sogar etwas Essen, das uns die Deutschen in Lamsdorf kochen mußten. Am 27. Juli 1945 kam Zuwachs. Über 900 deutsche Bauern mit ihren Familien aus dem Dorfe Bielitz, Krs. Falkenberg, wurden eingeliefert. 900 Menschen im Lager ohne einen Tropfen Wasser - die aus deutscher Zeit stammende Wasserversorgung war zerstört worden - ohne Essen - die Polen besaßen weder Vorräte noch Kochvorrichtungen - und ohne ausreichende Unterkunft. 900 Menschen, wiederum ohne jegliche politische Belastung, vom neugeborenen Säugling bis zum 92jährigen Greis. Die Polen schlugen sofort auf die Neuankömmlinge ein. Fuhrmann, der nun ›Volkspole‹ geworden war, wollte seine Loyalität mit seinen polnischen Gönnern unter Beweis stellen. Er zerriß sich förmlich vor Eifer und Wichtigtuerei. Vor meinen Augen erschlug er einen Säugling, dessen Mutter um etwas Suppe, welche aus Lamsdorf für Kleinstkinder geliefert worden war, für das Kind bat. Dann jagte er die Frau, welche die kleine blutende Leiche noch fest im Arm hielt, unter Knutenhieben über den Platz. Nach dieser Heldentat, die von den anwesenden Milizianten belobt wurde - sie klopften ihm kameradschaftlich auf die Schulter, während er immer wieder versicherte, er werde schon für ›Ordnung‹ sorgen - begab er sich in sein Sonderzimmer und vertilgte mit seinem ›Adjutanten‹ die für die Säuglinge bestimmte Mehlsuppe. Dann begann sein Tagewerk. Er musterte zunächst die jungen Frauen und Mädchen, welche er unter irgendeinem Vorwand den Polen zuführte. Bald verkündeten herzzerreißende Schreie aus der Milizunterkunft, welche ›Arbeit‹ die armen Opfer dort zu leisten hatten. Greise wurden aus den Baracken gejagt, die Miliz schlug auf sie ein. Nun wurde auch die Verpflegung ›geregelt‹. Wir erhielten täglich, früh und abends, zwei mittelgroße Kartoffeln - von denen viele ungenießbar waren - und einen Becher mit warmen Wasser, ›Tee‹ genannt, mittags einen halben Kochgeschirrdeckel ›Suppe‹. Diese unterschied sich vom Tee nur dadurch, daß sie soviel Dörrgemüse enthielt, wie zwischen zwei Fingern Platz hatte. Spuren von Salz oder gar Fett waren selbstverständlich auch nicht einmal andeutungsweise vorhanden. Es ist unschwer, sich die Auswirkung dieser ›Ernährung‹ nach einigen Wochen vorzustellen. Wohl hatten die Verwandten und Freunde eines Gefangenen Gelegenheit, ihrem Angehörigen Lebensmittel zu bringen, und viele nahmen jede Woche einen Weg bis zu 80 km auf sich. Aber die polnische Lagermiliz beschlagnahmte zunächst einen großen Teil für sich, einen weiteren Teil eignete sich Fuhrmann und sein ›Stab‹ an, und den Rest überließ er großmütig - nicht etwa dem Gefangenen, für den die Sendung bestimmt war - sondern den ›Stubenkommandanten‹. Der Gefangene durfte zusehen, wie es den andern schmeckte, dafür aber den Erhalt der Sendung bestätigen. Manchmal erhielt er einen kleinen, recht kleinen Anteil. Wehe ihm, wenn er sich beschwerte. - Neulinge kamen ab und zu auf diesen abwegigen Gedanken. - Er erlebte den Abend nur noch als Sterbender oder war bereits verscharrt. Seine Angehörigen erhielten von seinem Tode keine Nachricht. Sie brachten oft noch wochenlang das Essen für ihn, ein Toten. Die polnischen Greueltaten wurden nach und nach verstärkt, erweitert, und in das Morden wurde eine gewisse Abwechslung gebracht. So befahl der polnische Kommandant einem einfachen Tagelöhner, auf einen Baum, der auf dem Appellplatz stand, zu klettern. Von oben herab mußte er immer wieder rufen: ›Ich bin ein großer Affe.‹ Die polnische Milizianten wollten sich ausschütten vor Lachen. Immer höher mußte er klettern. Zuletzt fielen mehrere Schüsse, dumpf schlug ein Körper auf - ausgelitten! Vier Mann trugen ihn fort und verscharrten ihn. Ob der Tod bereits eingetreten war, wurde nicht festgestellt. Wer sollte dies auch tun? Wir hatten zu dieser Zeit noch nicht einmal einen Verbandsraum.«

»Hauptlehrer Zwilling aus Goldmoor, Krs. Falkenberg, war Schwerkriegsverletzter vom ersten Weltkrieg her. Er hatte eine künstliche Afteröffnung an der Hüfte. Hier trug er ein kleines Gefäß, in welchem die übelriechende Flüssigkeit sich sammelte. Diese Einrichtung erforderte peinlichste Sauberkeit. Die Polen versagten ihm nicht nur diese, sondern schlugen mit ihren Gewehrkolben gerade an diese Stelle, zertraten das Gefäß und mißhandelten ihn besonders hart. Zuletzt schleppte er sich nur noch mühsam vorwärts. So traf ich ihn auf dem Wege zur Küche, wo er sich seine Wassersuppe selbst abholen mußte. ›Womit haben wir Deutsche im Osten dies verdient‹, sagte er und reichte mir zum Abschied die Hand. Am nächsten Tage wurde auch er in den Splittergraben geworfen, nachdem ihn die Polen erneut schwer mißhandelt hatten, weil er zum Antreten zu langsam aus der Baracke gekommen war.«

»In geradezu teuflischer Weise vergingen sich die Polen an den deutschen Frauen und Mädchen. Jedes Mittel, sie zu entwürdigen, war ihnen recht. So verboten sie ihnen zeitweise, Schlüpfer zu tragen, und junge Burschen kontrollierten dies in schamlosester Form. Wehe, wer bei einer Überschreitung des Verbotes angetroffen wurde. Sie zwangen sie, Menschenkot zu essen (Frau Paschke), Menschenurin zu trinken und Blut von Erschlagenen von der Erde oder aus dessen Wunden zu lecken (Frl. Maria Schmolke aus Lamsdorf. Im Lager gestorben.). Die Vergewaltigungen griffen auch auf die später eingerichtete Krankenstube über und wurden selbst an schwerkranken, ja sterbenden Frauen und Mädchen vorgenommen.«

»Dem Kommandanten erschien jedoch die Zahl der täglichen Opfer noch viel zu gering. Auf seinen Befehl verstärkten die Milizianten ihre Mordtätigkeit bei den Appellen, und der Sanitäter des Lagers, Alfred G., konnte nie genug Todesopfer melden. Stets hieß es: ›Warum so wenig?‹ Schließlich wurde ihm unumwunden erklärt, er werde selbst liquidiert, wenn die Zahl der Toten aus dem Revier nicht bedeutend ansteige.«

»Nun ging man zum Massenmord über. Über das Lager wälzt sich ein dichter Rauch, dessen Ursache man sich zunächst nicht recht erklären konnte. Milizianten rasen von Baracke zu Baracke, Fuhrmann überschlägt sich vor Eifer, und die Stubenkommandanten jagen alle Gefangenen, Männer, Frauen und Kinder hinaus. Eine Baracke brannte. Wie das Feuer ausbrechen konnte, war allen unerklärlich. Wahrscheinlich lag Brandstiftung von seiten der Polen vor. Alles eilte zur Brandstelle. Plötzlich knatterten von allen Seiten die MPs der Miliz in die Gefangenen hinein. Es gab ein unbeschreibliches Durcheinander. Viele stürzten zu Boden, einzelne dicht beim Feuer. Neue Feuerstöße, an denen sich nun auch MGs, welche die Polen bei dieser günstigen Gelegenheit ›ausprobieren‹ wollten, beteiligten; weitere Tote und Schwerverletzte. Nun kamen die polnischen Henkersknechte herbei, warfen Tote und zu Tode Getroffene ins Feuer. Sie trieben auch lebende Menschen ins Feuer, wo diese vor den Augen ihrer, die Polen anflehenden Angehörigen, lebend verbrannten. Eher hätten sich die Flammen erbarmt als diese polnischen Verbrecher. Die noch verbleibenden Toten und Schwerverletzten, soweit letztere sich nicht in Sicherheit gebracht hatten, wurden in die Splittergräben geworfen und verscharrt. Die Erddecke bewegte sich, und das Röcheln der Sterbenden drang durch. Man trat aber auf Geheiß der Polen die Grabdecke solange fest, bis jeder Laut endlich erstarb. - Lebend Begrabene, lebend Verbrennende! Sind das keine Verbrechen gegen die Menschlichkeit? Und wird der Anwalt dieser deut-

schen Toten einmal Gehör finden, wenn er endlich seine anklagende Stimme erheben darf? Man könnte es fast bezweifeln!«
»Ganz schlimm erging es deutschen Frauen, Mädchen und Greisen aus dem Bauerndorf Grüben bei Falkenberg. Sie wurden eines Tages alarmiert, von polnischer Miliz auf Lastkraftwagen gepeitscht und nach Lamsdorf gebracht. Hier mußten sie ein Massengrab öffnen und die Leichen mit bloßen Händen säubern. Es war Sommer und der Gestank kaum noch erträglich, ganz abgesehen von dem grausigen Anblick eines Verwesungsgrades, der an sich schon Entsetzen hervorruft. Als die Leichen freilagen, wurden die Mädchen und Frauen gezwungen, sich mit den Gesichtern nach unten auf diese schleimigen und übelriechenden Leichen zu legen. Mit Gewehrkolben stießen die polnischen Milizianten die Gesichter ihrer Opfer tief in das Inferno der Verwesung. Hierbei drangen den Armen Leichenteile in Mund und Nase. 64 Frauen und Mädchen starben an den Folgen dieser polnischen ›Heldentat‹. Da die Polen ihre Beisetzung auf dem Friedhof verboten, wurden sie nebeneinander auf einem Acker beerdigt.«

»Obwohl ich durch einen Freund ab und zu mit etwas Brot versehen wurde, nahm ich in erschreckender Weise ab und war nur noch Schatten. Die Aussichten für ein Entkommen waren mehr als gering. Nach menschlichem Ermessen war die Aufnahme ins Lamsdorfer Massengrab nur noch eine Frage von Tagen. Und doch trat für mich unvermutet eine überraschende Wendung ein. Bei einem Appell fragten die Polen nach Elektrikern. Zunächst war ich uninteressiert, da ich ja als Beamter keinen Anteil hieran hatte. 40 Mann standen da, und keine Meldung erfolgte. Fuhrmann raste, ging die Reihen entlang und stand gerade bei mir, als er brüllte: ›Zum Donnerwetter, es muß doch jemand da sein, der Ahnung von elektrischen Arbeiten hat.‹ Das war die große Gelegenheit für mich! Ich trat vor.«

»Als im Frühjahr 1946 unsere Arbeiten fast vollendet waren, holte man uns plötzlich ins Lager zurück. Erneut wurden wir von Fuhrmann, seinem Freund Stebel und der polnischen Miliz bis aufs Hemd ausgeplündert. Im Lager war aber eine wesentliche Verbesserung eingetreten. Es gab eine ordentliche Krankenstube, der ein deutscher Arzt vorstand und ein Revier, in welchem der Sanitäter G. tätig war. Den ständigen Bemühungen des erwähnten Arztes, der mehr als einmal Kopf und Kragen hierbei riskierte, waren auch die Wasch- und Badeeinrichtungen und die Entlausungsanstalt zu verdanken. Auch die Verpflegung hatte sich um einiges gebessert, langte aber immer noch nicht zum Leben. Wir wurden mit Feldarbeiten beschäftigt und erhielten von den umliegenden Gütern zusätzliche Verpflegung an der Arbeitsstätte.«

»Am 19. Juni 1946 wurden viele von uns entlassen. Ohne daß wir unsere Angehörigen in irgendeiner Form benachrichtigen durften, schoben uns die Polen unter starker Bedeckung nach dem Westen ab. Restlos ausgeplündert und nur in Fetzen gehüllt kam ich am 24. Juni 1946 in einem Transport der Vertriebenen in der britischen Zone an.«

Bericht eines Häftlings aus K. Kreis Falkenberg (Oberschlesien)

»Im Juli 1945 wurde ich ins Lager Lamsdorf gebracht. Nach 14 Tagen kam die gesamte Gemeinde Bielitz, etwa 900 Menschen, vom Greis bis zum kleinsten Kind ins Lager. Die Frauen wurden von den Männern getrennt, nur kleine Kinder durften bei den Müttern bleiben. Es war streng verboten, daß Männer mit ihren Frauen und mit den Kindern sprachen. Beim Betreten der verbotenen Baracken oder Sprechen gab es 25 Schläge mit dem Gummiknüppel, bei den Frauen wurden sogar die Schlüpfer heruntergezogen. Ich habe junge Mädel gesehen, denen von diesen Schlägen nach Wochen noch tiefe eitrige Wunden anzusehen waren. Durch die schlechte Ernährung - es gab nur alte Kartoffeln ohne Salz und nur mit Wasser - starben Kinder und alte Leute in Massen. Das Lager wurde jedoch ca. alle 8 Tage neu aufgefüllt, denn es kamen wieder andere Gemeinden herein. An der Wache wurden alle Habseligkeiten angenommen. Immer wenn eine neue Gemeinde ins Lager kam, kriegten wir als alte Lagerinsassen ein Stückchen Brot, sonst gab es überhaupt keins. Es war kein Wunder, daß die alten Deckungsgräben, denn dort hinein wurden die Leichen verscharrt, bald eingeebnet waren.«

»Am schlimmsten waren die Appelle früh um 6 und abends um 6 Uhr. An diese Appelle fügte sich der ›Frühsport‹ an. Jeder mußte ihn mitmachen, wenn er nicht halbtot war. Der bekannte Dauerlauf - Robben - Hinlegen - Auf - brachte besonders alte Männer zu Fall, weshalb sie mit Kolben und Gummiknüppeln bearbeitet wurden.

Jeden Abend nach solchem Appell wurden 4 bis 8 Mann mit dem Kolben erschlagen. Es wurden auch Deutsche zu diesem Tun miteingesetzt, und ein 16jähriger Bursche aus der Erziehungsanstalt Grottkau erschlug nach Angaben von Mitgefangenen etwa 20 Menschen; 5 Morde davon habe ich selbst gesehen. Der Sohn des Kreisbauernführers, ein 18jähriger Abiturient, wurde mit 4 älteren Männern mittags 12 Uhr vor der Baracke mit dem Kolben erschlagen vor unseren Augen, da er geäußert haben sollte, nach der Entlassung zu den Amerikanern zu gehen. Ich sah mit Tränen in den Augen zu, wie er zusammenbrach, und ich selbst sollte in den nächsten 5 Minuten dran sein.«

»Ich war mit 25 Mann, welche vorher erst mit Gummiknüppeln windelweich geschlagen wurden, zum Erschießen eingeteilt, da ein Mann (Westfale) geflüchtet war. Zufällig ging der Kommandant vorbei, welcher die Abteilung Landwirtschaft hatte, zog mich und einen anderen Mann heraus, und zwei alte Männer füllten die Lücke. Alle 25 Mann wurden hinter die Baracke geführt, vor die alten Deckungsgräben gestellt und erschossen. Wir Stehengebliebenen mußten sofort ran und mit den Händen die Leichen verscharren. Vor mir stand ein nicht tödlich Getroffener auf. Er wurde niedergeschlagen und verscharrt. Ein Bauer aus Bielitz wurde nachträglich auf die Böschung gestellt und erschossen, da er mit dem Westfalen im Stall gearbeitet hatte und von der Flucht desselben wissen sollte. Als ich am anderen Morgen mit drei Mann dieselben Gräber einebnete, wohl um die Spuren zu verwischen, kam der von allen gefürchtete Posten ›Ignaz‹ mit 5 älteren Männern an die Gräber. Er trug zum erstenmal eine Pistole, ließ die Männer vor sich hergehen und schoß aus einer Entfernung von 5 bis 10 Metern alle 5 durch Kopfschuß nieder. Zwei Leichen lagen schon von der Nacht, und so konnten wir 7 Mann hineinlegen. Eines Tages brannte im Lager eine Baracke. Alles wurde alarmiert zum Löschen, und die Posten waren wie wildgewordene Tiere. Jeder wußte, was kommen wird. Mit Kolben und Gummiknüppeln wurden die Lagerinsassen zum Feuer getrieben. Bei den Löscharbeiten spielten sich unsagbare Szenen ab. Frauen wurden ins Feuer gestoßen und mit Kolben geschlagen oder brannten bei lebendigem Leibe an. Schüsse krachten, Tote lagen umher, ein schauriges Bild. Als das Feuer heruntergebrannt war, wurden die Leichen gesammelt und bei Beginn der Dunkelheit vergraben.«

»Viele Menschen kamen gesund ins Lager, es dauerte aber nur kurze Zeit, und sie waren nur noch Ruinen. Man kannte seinen besten Freund kaum wieder. Am 15. September haben wir die letzten alten Kartoffeln zu essen bekommen, dann erst gab es neue. In dieser Zeit kamen die meisten Sterbefälle vor. Die Frauenbaracken bekamen überhaupt kein Brot.«

»Ich gehörte einem 12 Mann starken Arbeitskommando in der Landwirtschaft an; wir waren die besonders Bevorzugten und bekamen täglich außerhalb des Lagers von unserem Kommandanten ein Stück Brot. Auch hatten wir einen besseren Wachposten, so daß wir uns bei der Feldarbeit auch mal Kartoffeln kochen konnten. Auch die deutsche Zivilbevölkerung steckte uns was zu. Ich habe bei diesem Kommando schwer arbeiten müssen: Beladene Erntewagen gezogen, tagelang, dann wieder säen und eggen. 15 Mann an drei schwere Eggen oder Sämaschinen gespannt. Vorbeifahrende russische Offiziere verprügelten den Posten und bezeichneten die Polen als 1.000 Jahre rückständig. Obwohl 7 Pferde im Lager waren, mußten sämtliche Feldarbeiten von den Lagerinsassen erledigt werden. Die Posten setzten sich auf die Wagen, und die halbverhungerten Menschen mußten weite Strecken im Trab schieben, wobei immer auf die am nächsten am Wagen Anfassenden geschlagen wurde, so daß mancher mit blauen Striemen todmüde im Lager ankam.«

»Die Zustände im Lager wurden immer unerträglicher, da zu viele Menschen eingeliefert wurden. Ganze Dörfer kamen herein mit Greis und Kind. Auch jeder von den Russen entlassene deutsche Soldat wurde auf der Straße aufgefangen und kam ins Lager. Sogar Heimkehrer aus Sibirien, die dort menschlicher behandelt wurden, stießen zu uns. Viele Baracken lagen voll kranker Menschen. Wer jedoch dort erst in der Krankenbaracke lag, konnte mit dem baldigen Ableben rechnen, denn es fehlte fast jede Hilfe, und Tausende von Läusen fraßen die Allerärmsten. Manche lieben Bekannten habe ich dort noch besucht und ihm eine Kruste Brot hingetragen. Manche Frau, sogar aus der Gegend Neustadt/Oberschlesien, kam ihren Mann besuchen, hat auch an der Wache ein Päckchen für ihn abgeben dürfen, doch niemals hat sie ihn gesehen. Die abgegebenen Sachen wurden auf der Wache durchsucht und erst von den Posten gefleddert. Auch wenn der Mann schon wochenlang tot war, nahm man noch Pakete an.«

»Etwas besser wurde es, als der Lagerkommandant, etwa 20 Jahre alt, durch einen älteren, vielleicht 50 Jahre alt, abgelöst wurde, welcher sofort das Prügeln verbot. Es kamen auch mal Kommissionen ins Lager, welche aber immer von den Posten begleitet wurden, und hätte einer den wahren Sachverhalt erzählt, wäre er schon in derselben Nacht ins Jenseits befördert worden.«

»Es ist unmöglich, auf alle Einzelhzeiten einzugehen, und ich wünsche, daß jeder, welcher diesem Höllenlager entrann, einen Bericht abgibt. Ich bin dem sicheren Tode entronnen, da ich am 17. November 1945 mit 45 Gefangenen in ein Lager nach Krakau kam, wo es bedeutend besser war, trotzdem wir in den Kohlengruben arbeiten mußten. Im Januar 1946 wurden wir entlassen, und von dem 1.200 starken Transport starben 85 bis Frankfurt (Oder). Körperlich völlig gebrochen lag ich ein Dreiviertel Jahr in einem Krankenhaus bei Berlin, todkrank. Von meinem früheren Körpergewicht von 145 Pfund hatte ich noch 80 Pfund. Jetzt bin ich gesundheitlich wieder so hergestellt, daß ich arbeiten kann. Ich versichere allen, die diesen Bericht lesen, daß er wahrheitsgemäß gemacht wurde.«

Bevor die Oberschlesische Landsmannschaft die vorstehend abgedruckten Dokumente zu einer kleinen Broschüre zusammenfaßte, aus der ich nur Teile veröffentlichen konnte, gab sie das gesamte Material dem Mannheimer Historiker Professor Dr. Werner Frauendienst zur Begutachtung. Seine klare und unmißverständliche Stellungnahme, die schon am 8. Februar 1962 veröffentlicht wurde und die auch Willy Brandt zugänglich war:

»Ich habe von den Fragebogen bis zum Erlebnisbericht

alles zu sehen bekommen. Es sind Hunderte von Berichten übersandt worden, von denen jeder kritisch auf seinen Wahrheitsgehalt überprüft wurde. Es sind nur hieb- und stichfeste Darstellungen aufgenommen worden, die Bestialität der polnischen Milizleute, ihrer UB, aber auch die Gerichtsfarcen. Wie die Hyänen sind die Polen hinter den Russen hergezogen und haben sich ihre Opfer geholt, Männer, Frauen und Kinder, die in Gefängnisse und Lager verschleppt, dort zu Tode gequält und umgebracht wurden, um Raum für Polen zu schaffen, die nicht in einen menschenleeren Raum kamen, sondern der erst menschenleer gemacht wurde. Die Berichte halte ich wissenschaftlich für einwandfrei, da bei der Darbietung strengste Maßstäbe angelegt sind, die Objektivität verbürgen. Nach meiner Überzeugung bedarf es keiner anderweitigen Überprüfung mehr. Ich habe meinen Auftrag erfüllt und kritisch geprüft, immer wieder, aber ich gestehe offen, so etwas hätte ich nie erwartet. Die Oberschlesier haben ein Recht darauf, aber auch die Weltöffentlichkeit muß endlich nunmehr von diesen Schrecknissen Kenntnis nehmen.« Werner Frauendienst

Am 13. April 1965 - die Oberschlesische Landsmannschaft hatte inzwischen weitere Fakten zusammengetragen - schrieb sie an die polnische Regierung folgenden Brief:

»Die Landsmannschaft der Oberschlesier hat in jahrelanger und gewissenhafter Arbeit eine Dokumentation über den Massenmord an deutschen Zivilpersonen im polnischen Konzentrationslager Lamsdorf, Kreis Falkenberg, in Oberschlesien, zusammengestellt:

Die Namen der beiden verantwortlichen Leiter dieses

Konzentrationslagers sind Gimborski und Fuhrmann. Die festgestellten grauenhaften Einzelheiten bestätigen einen Satz, den W. Churchill am 16. Aug. 1945 vor dem britischen Unterhaus aussprach: ›Berichte über das, was sich ereignet hat und sich immer noch ereignet, sind zu uns gelangt, aber es ist nicht unmöglich, daß sich eine Tragödie riesigen Ausmaßes hinter dem eisernen Vorhang abspielt, der jetzt Europa in zwei Teile teilt.‹
Bisher hat sich die sowjet-polnische Regierung, der diese Unterlagen verschiedene Male angeboten worden sind, ausgeschwiegen. Deshalb erfolgt heute durch den Sprecher der Landsmannschaft der Oberschlesier, Dr. h.c. Otto Ulitz, folgender

AUFRUF AN DIE POLNISCHE REGIERUNG

Wir ersuchen die polnische Regierung,
den polnischen Staatsangehörigen Gimborski (ca. 42 - 45 Jahre alt) wegen Mordes an mindestens fünfzig Deutschen und wegen Beihilfe zum Mord an einer nicht mehr festzustellenden Zahl von Deutschen, den polnischen Staatsangehörigen Fuhrmann (ca. 60 - 65 Jahre alt) wegen Mordes an etwa fünfzehn deutschen Säuglingen und wegen Beihilfe zum Mord an einer nicht mehr feststellbaren Zahl von Deutschen unter Anklage zu stellen.

Tatbestand

Gimborski und Fuhrmann haben als Angehörige der polnischen Miliz mit Unterstützung anderer ihnen unterstellter polnischer Staatsbürger im Sommer 1945 auf dem Gelände des ehemaligen Truppenübungsplatzes Lamsdorf, Kreis Falkenberg, Oberschlesien, ein Konzentrationslager errichtet und geleitet. Hauptsächlich die Ein-

wohner der umliegenden Ortschaften, aber auch andere deutsche Zivilpersonen, wurden in dieses Konzentrationslager gebracht.
Aus den Aufzeichnungen, die der Arzt Dr. med. Heinz Esser, als Häftling in der Zeit von August 1945 bis September 1946, aufgrund seiner eigenen Beobachtungen gemacht hat, läßt sich eine Zahl von 6.480 Toten in diesem Konzentrationslager nachweisen, für 1.462 von ihnen sind außerdem die Namen, Herkunftsorte und Todesdaten festgestellt. Neben Hunger und epidemischen Krankheiten mit tödlichem Verlauf sind als Todesursache festgestellt:

a) Erschießen
b) Erschlagen
c) Lebend begraben
d) Tod nach vorangegangenen schweren Mißhandlungen.

Gimborski hat nach Zeugenberichten mindestens fünfzig Deutsche selbst erschossen.
Fuhrmann hat nach Zeugenberichten etwa fünfzehn deutsche Säuglinge dadurch ermordet, daß er sie paarweise mit den Schädeln aufeinanderstieß, so daß der Tod durch Zertrümmerung der Schädeldecke eintrat.
Gimborski und Fuhrmann sind verantwortlich für die Tötung einer nicht mehr genau feststellbaren, aber beträchtlichen Anzahl Deutscher, die u.a. auf folgenden Weisen durch Angehörige der Lagermannschaft umgebracht wurden:

a) Zu verschiedenen Malen mußte beim Morgenappell etwa jeder achte oder zehnte Gefangene aus der Reihe treten, die Posten töteten diese Männer durch Schläge auf die Halsschlagader oder schlugen sie nieder und traten ihnen so lange auf dem Leib herum, bis die Eingeweide heraustraten.

b) Etwa 100 Frauen wurden über einen Bock gelegt und das Gesäß solange mit Knüppeln geschlagen, bis die Muskulatur in Fetzen herunterhing, der Tod trat durch Sepsis ein.

c) Andere wurden zum Teil schon bei der Einlieferung, andere in den Baracken und sonst im Lager nach grausamen Qualen, Frauen und Mädchen nach Vergewaltigungen, erschlagen und die Leichen in die Splittergräben geworfen.

d) Bei einem Brand der Krankenbaracke hat Gimborski die Kranken (ca. 60 Personen) mit vorgehaltenem Revolver in einen Splittergraben getrieben und sie dort lebend vor Angehörigen der Wachmannschaft zuschütten lassen.

e) Bei einem anderen Barackenbrand hat Gimborski eine nicht mehr feststellbare Zahl von Insassen dieser Baracke mit der Waffe am Verlassen der Baracke gehindert, so daß sie lebend verbrannten.

Herkunft und derzeitiger Aufenthalt des Gimborski und Fuhrmann sind nicht bekannt. Fuhrmann hat wahrscheinlich bis 1945 in Lublinitz in Oberschlesien gewohnt.«

Die Antwort der polnischen Regierung auf diesen nüchternen Brief mit beweisbaren Fakten verschlägt einem die Sprache. Die gleichen kommunistischen Banditen, die Brandt durch seinen Kniefall in Warschau in so widerwärtiger Weise hofierte, schrieben folgendes:

Übersetzung aus »Kierunki«, Warschau-Krakau, Nr. 23 vom 6.6.1965

Geschichte und Lügen

(von Jerzy Chopecki)

»Am 13. April d. J. ist vom Sprecher der Landsmannschaft Oberschlesien, Dr. Otto Ulitz, der ›Aufruf an die polnische Regierung‹, die polnischen Staatsangehörigen Gimborski und Fuhrmann, die nach Ulitz' Meinung ›das Konzentrationslager geleitet haben sollen‹, das die polnische Regierung für Deutsche in der Ortschaft Lamsdorf errichtet hat, unter Anklage zu stellen, der Öffentlichkeit übergeben und den in Bonn akkreditierten Journalisten zugeleitet worden.«

»Der erste wird von den Vertriebenen ›des Mordes an mindestens 50 Deutschen und Beihilfe zum Mord an einer nicht mehr festzustellenden Zahl von Deutschen‹, der zweite ›der Ermordung von 15 deutschen Säuglingen‹ beschuldigt. In einer umfangreichen ›Dokumentation‹ wird eine lange Liste von Verbrechen aufgezählt, die im Konzentrationslager Lamsdorf von den Polen begangen sein sollen. Dies alles mit Details und erschütternden Beschreibungen, eindeutig auf eine Schockierung des Lesers abzielend.«

»›Anklage gegen 2 Polen‹, ›Oberschlesier fordern Prozesse gegen mordverdächtige Polen‹, ›Bonn wünscht Aufklärung über Verbrechen an Deutschen‹, ›Kriegsverbrechen an Deutschen werden untersucht‹ - das sind einige bezeichnende Schlagzeilen aus der westdeutschen Presse, die aus der Ulitzschen ›Dokumentation‹ eilfertig, bereits am folgenden Tag, ganze Absätze zitierte.«

»Der Grund für die gegenwärtige Nervosität gewisser Kräfte in der Bundesrepublik Deutschland ist durchaus klar. In Lambinowice (polnische Bezeichnung für Lamsdorf, d. Übers.), d. i. auf dem Gelände des ehemaligen Lagers Lamsdorf, ist kürzlich ein Museum eröffnet worden. Denjenigen, denen an einer Ehrenrettung der Geschichte des 3. Reiches gelegen ist, ist die Erinnerung an nationalsozialistische Verbrechen schlechthin peinlich, umso mehr, als diese scheußlichen Verbrechen von der heute offen und offiziell in der Bundesrepublik rehabilitierten Wehrmacht begangen worden sind.«
»Wenn auch, die ›Angelegenheit Lamsdorf‹ hat in der Bundesrepublik bereits ihre Tradition...«
»Lamsdorf ist seinerart ein Dokument für die historische Kontinuität deutscher Verbrechen. Während des ersten Weltkrieges hat hier bereits ein Lager bestanden, in dem französische Kriegsgefangene umkamen. Ganze Jahrzehnte hindurch ist es weiter ausgebaut worden - nach der Befreiung verblieben als materielle Substanz einige unzerstörte Baracken, und zwar diejenigen, in denen während des Krieges die unter den Kriegsgefangenen noch am besten behandelten Engländer und Franzosen untergebracht waren, sowie die Gebäude, in denen die Wehrmacht ihr Quartier hatte. Das war der Grund dafür, daß sogleich nach der Befreiung auf dem Gelände des ehemaligen Stalag VIII B Lamsdorf ein Sammellager (wörtlich: Repatriierungspunkt) für Deutsche aus den umliegenden Dörfern eingerichtet worden ist.«
»Die völkische Situation war hier, wie übrigens auf dem ganzen Gebiet der damaligen wiedergewonnenen Gebiete, unerhört kompliziert. Eine entschiedene Mehrheit

der Einwohner besaß die deutsche Staatsangehörigkeit; das bedeutete aber noch nicht, daß sie in der Mehrheit Deutsche waren. Es ist vorgekommen, daß Personen, die die polnische Sprache kannten, die Annahme der polnischen Staatsbürgerschaft verweigerten, und es passierte auch, daß sich solche Personen zum Polentum bekannten, die sich infolge der jahrhundertelangen Germanisierung ausschließlich der deutschen Sprache bedienten.«

»Bei dieser Lage der Dinge haben die polnischen Behörden verlautbart, daß diejenigen Einwohner, die innerhalb von 14 Tagen eine Treueerklärung für das polnische Volk nicht abgeben, ihre Bauernhöfe verlassen müßten. In der Praxis ist übrigens diese Frist von 14 Tagen nicht eingehalten worden. Die einzelnen Dörfer sind aufgesucht und Gespräche mit den Einwohnern geführt worden, um sich ein Bild darüber zu verschaffen, wie diese Verifikationsaktion verlief. (Verifikationsaktion: Abgabe der Treueerklärung für das polnische Volk, d. Übers.). In Lamsdorf selbst stellen diejenigen Leute, die diesen fraglichen Zeitabschnitt aus eigener Erfahrung erlebt haben, fest, daß zwischen der Aufforderung und Einweisung einer deutschen Familie in das Sammellager meistens etwa 2 bis 3 Monate verflossen sind.«

»Die Repolonisierung dieser Gebiete war ein äußerst vordringliches Anliegen; denn davon hing wesentlich die Möglichkeit ab, der Bevölkerung möglichst schnell Ruhe und primitivste Sicherheit zu geben.

Es hat bisher noch niemand in Polen behauptet, daß nach der Befreiung keine Fälle von Erschießungen deutscher Menschen oder Wegnahme deutschen Eigentums vorgekommen seien - solche Vorfälle ereigneten sich aber sowohl gegenüber den Deutschen als auch gegenüber den Polen. Es kam häufig vor, daß man, wenn nachts ein Arzt gerufen werden sollte, Miliz-Soldaten um Begleitung bitten mußte, ohne Rücksicht darauf, ob man nun ein Deutscher oder ein aus den Gebieten ›jenseits des Bugs‹ repatriierter Pole war. Und das nicht nur deswegen, weil damals in den Wäldern verschiedene Banden grassierten. Die Rückgliederung dieser Gebiete an Polen bedeutete noch gar nicht, daß man in den ersten Monaten nach der Befreiung - vor allem in den Dörfern - sich frei und offen zum Polentum bekennen durfte. Die deutsche Bevölkerung in den Dörfern und Landstädtchen unterstützte nicht nur die Banden, sondern führte selbst Sabotage- und Terroraktionen durch; sie stiftete Unruhe und Verwirrung. Die Umsiedlungsaktionen der aktiven deutschen Bevölkerung war deshalb in dieser Situation einfach eine dringende Notwendigkeit; aus diesem Grunde war eine der ersten Handlungen der jungen polnischen Behörden in Lamsdorf die Errichtung eines Sammellagers in den Baracken des ehemaligen Lagers Lamsdorf. Damals konnte übrigens niemand voraussehen, daß bereits nach einigen Jahren in Deutschland der Versuch unternommen würde, die Wahrheit über Lamsdorf durch Lügen über Lambinowice (polnische Bezeichnung für Lamsdorf, d. Übers.) zu vertuschen.«

»Trotz allen äußeren Scheins richten die Deutschen ihre ›Anschuldigungen‹ nicht an die polnische Regierung oder die Polen. Denn sie wissen genau, daß nicht nur die polnische Regierung, sondern auch kein Pole auf diese Provokation hereinfallen wird. Der Zweck dieser Aktion ist ein anderer.«

»Zyklisch wiederholen sich in der deutschen Geschichte Wellen, in denen andere Völker der Verbrechen beschuldigt werden. Wie nach dem ersten Weltkrieg, so finden sich auch nach dem letzten Krieg in Deutschland Menschen, die bestrebt sind, die ›moralische Kondition‹ ihres Volkes in Übereinstimmung mit den sich erneuernden revanchistischen Zielen der deutschen Politik entsprechend vorzubereiten. Es ist aber dazu unbedingt notwendig, daß das deutsche Volk sich möglichst schnell von dem Schuldgefühl für begangene Verbrechen löse und daß in das Bewußtsein der Völker der verbündeten Länder zumindest Unsicherheit hinsichtlich der ausschließlichen Schuld der Deutschen hineingetragen werde... Zu diesem Zweck wird die eigene Vergangenheit nicht nur verschwiegen oder ganz und gar ins gute Licht gerückt, sondern man langt nach erprobten Methoden des deutschen Imperialismus: andere werden der Verbrechen beschuldigt.«

»Denn wie vor dem 2. Weltkrieg erheben auch heute die Gruppen von Politikern in Westdeutschland immer deutlicher ihre Stimmen, die sich nicht von ihrer eigenen Geschichte, die seit Jahrhunderten im Wahn fanatischer Expansionsvorstellungen geformt worden ist, loszulösen vermögen. Auch das Unglück des deutschen Volkes bestand aber darin, daß diese Kreise und diese Tendenzen zu der Zeit, als sie nur laut von sich reden machten, bagatellisiert worden sind. So ist denn die sogenannte ›Angelegenheit Lamsdorf‹ im historischen und heutigen politischen Zusammenhang nur ein kleiner Abschnitt einer fest umrissenen politischen Aktion, deren Ziele für

niemanden durchsichtiger sind als für die Polen.«
»Wir haben uns kein Recht auf Rache angemaßt...
Johann Fuhrmann - heute in der Bundesrepublik angeklagt, hat seinen Wohnsitz und Arbeitsplatz in Oppeln. Unmittelbar nach der Befreiung wohnte er in Lamsdorf, seine Wohnung an der Lagerstraße ist jedoch dann von einem ehemaligen Insassen des nationalsozialistischen Lagers Lamsdorf, Wladyslaw Gegala, beschlagnahmt worden. Fuhrmann war nämlich deutscher Staatsbürger und als solcher wurde er in das Sammellager eingewiesen.«
»Der ehemalige Lagerwächter Szapeki, der heute in Lamsdorf arbeitet und wohnhaft ist, sagt über ihn: Fuhrmann war im Sammellager aufgrund derselben Rechtsvorschriften wie die anderen Deutschen. Er hatte keine Waffe; er hatte auch praktisch keinen Zutritt zu den Baracken, in denen Frauen und Kinder waren. Sein einziges ›Vorrecht‹ war das, daß er mit Rücksicht auf seine Kenntnisse der polnischen Sprache als Übersetzer fungierte und bisweilen auf Weisung der polnischen Lagerangestellten Appelle durchführte. Vielleicht liegt darin der Schlüssel zu dem blamablen Fehlgriff, den in seinen ›Erinnerungen‹ Esser gemacht hat, indem er eben Fuhrmann zum Verbrecher machte. Esser behandelte ihn übrigens, wie Fuhrmann selbst behauptete, im Lager, als er an Typhus erkrankt war; vielleicht ist ihm aus diesem Grunde der Name Fuhrmann und nicht der Name eines anderen polnischen Lagerangestellten im Gedächtnis haften geblieben.«
»Fuhrmann besaß, wie übrigens viele Einwohner Oppelns, die deutsche Staatsangehörigkeit; nach der Be-

freiung konnte er sich nur schwer entscheiden, ob er Pole oder Deutscher sei. Anfangs hat er auf jeden Fall die polnische Staatsangehörigkeit nicht angenommen. Er entschied sich dazu erst nach einem mehrmonatigen Aufenthalt im Sammellager, wobei, wie er selbst sagt, den letzten Anstoß zur Entscheidung, in Polen zu verbleiben, eben seine Sprachkenntnisse gegeben haben. So sieht die Wahrheit über Fuhrmann, ›einen Mann, der 15 Säuglinge ermordet hat‹ (?) aus; einfach und unkompliziert für den, dem es an der Wahrheit gelegen ist. Die Angelegenheit Fuhrmann ist einfach noch ein Beweis für die spezifische Ratlosigkeit der deutschen Revanchisten, wenn sie gegenüber uns Polen ihre Politik, andere der Verbrechen anzuklagen, wahrmachen wollen. Es ist ein umso wertvolleres Zeugnis, weil es von Esser stammt, der als Arzt und Augenzeuge all dessen, was in Lamsdorf geschehen ist, die Fantasie in Anspruch nehmen muß, um seine Anklage zu konstruieren. Aber gleichzeitig - im Hinblick auf die deutsche Bevölkerung selbst - werden derartige Lügen - leider - nicht ungestraft vervielfacht.«

»In der Bundesrepublik kommt es immer häufiger vor, daß über eine sogenannte ›Schuldaufrechnung‹ sogar von Leuten gesprochen wird, die nicht nur nicht die Greueltaten der Deutschen in Polen verschweigen wollen, sondern ehrlich wünschen, daß sich die Vergangenheit nicht mehr wiederhole. Bei aller Ehrfurcht vor ihrer Haltung - ist ein Gespräch darüber gegenstandslos. Und das nicht deswegen, weil wir die an unserem Volk begangenen Verbrechen, die die Geschichte bisher nicht kannte, nicht vergessen können, sondern deswegen, weil wir uns als Volk vom ersten Tag unserer Freiheit ab das Recht auf Vergeltung nicht anmaßten; weil wir von dem Grundsatz ausgegangen sind, daß unsere völkische Würde und Moral uns nicht gestatten, Unrecht zu verfolgen. Und daß diese unsere Grundannahme in den ersten Jahren nach unserer Befreiung in dieser Weise wirksam war, ist ein besonders wertvolles Element unserer Geschichte, das die moralische Kraft und Würde des Volkes dokumentiert.«

»Leider wird dieser Aspekt unserer Nachkriegsgeschichte im wirtschaftlichen und publizistischen Schaffen komplett vernachlässigt. Das kann nicht durch die Tatsache entschuldigt werden, daß ein Teil unserer Bevölkerung sich an diese Jahre gut erinnert und aus eigenem Erlebnis weiß, unter welchen Umständen die Deutschen Polen verlassen und unter welchen Umständen sie in jener Zeit gelebt haben, als das durchschnittliche Monatsgehalt eines Angestellten des Staatlichen Repatriierungsamtes kaum für den Erwerb von 2 kg. Speck ausreichte; auch das ist keine Entschuldigung, daß ein enormer Teil der polnischen Bevölkerung bereits nach dem Kriege geboren ist, und auch das nicht, daß zahlreiche und allgemein nicht bekannte Dokumente für die Haltung der polnischen Behörden sowie die offizielle Tätigkeit dieser Behörden doch Beweiskraft für die generelle Haltung des Staates und des Volkes haben, die Beobachtungen einzelner Personen können dieses Bild lediglich abrunden und bereichern, aber nicht ersetzen.«

»Und hier ist Lamsdorf auch ein Schulbeispiel. In den Jahren 1955 und 1956 ist die bundesrepublikanische Version über Lamsdorf unter der Oppelner Bevölkerung im großen Ausmaß verbreitet worden. Aus der Bundesrepublik sind Briefe geschrieben und Essers Buch in zahlreichen Exemplaren zugesandt worden. Unter der einheimischen Bevölkerung haben sich auch Einzelpersonen gefunden, die aus antipolnischen Beweggründen sich dazu haben verleiten lassen, die sogenannte ›Affäre Lamsdorf‹ mit einer Atmosphäre von Verdächtigung und Entrüstung zu umgeben; man begann nach ›der Wahrheit über Lamsdorf‹ zu rufen. An die Behörden und Staatsanwaltschaft wurden Briefe mit Forderungen ›um Aufklärung der Angelegenheit‹ gerichtet. In diese eindeutig provokatorische Aktion ließen sich auch einfach unkundige und naive Personen hineinziehen, bei denen man Zweifel zu wecken vermochte - ob tatsächlich in Lamsdorf alles in Ordnung gewesen sei. Hier hat sich schließlich in eklatanter Weise das Fehlen geschichtlicher Untersuchungen und dokumentarischer Publikationen und das Fehlen geschichtlicher Kenntnisse über konkrete, selbst lokale Ereignisse bemerkbar gemacht.«

»Zur Mittagszeit eines Oktobertages 1945 brach in einer Baracke Feuer aus. Da die Baracken mit Chlor behandelt waren, konnte das Feuer sehr leicht auf die anderen übergreifen. Da haben die Deutschen durch einen Aufruhr reagiert. Sie weigerten sich einfach, das Feuer zu bekämpfen, und in dieser Situation, in der umso mehr der berechtigte Verdacht bestand, daß die deutschen Lagerinsassen im Zusammenwirken mit den Banden aus den naheliegenden Wäldern die Baracke angezündet hätten, machten die Lagerposten von der Schußwaffe Gebrauch. Gab es für sie einen anderen Ausweg? Umso mehr als sie noch eine weitere Aktion von außen her befürchten konnten. Die deutschen Banden waren in dieser Zeit sehr aktiv. Als einige Zeit später eine internationale Kommission die Verbrechen der Wehrmacht in Lamsdorf untersuchte, wurde eine Frau von den Banden ermordet. Sie hatte der Kommission gemeldet, daß sie im Besitz von belastenden Wehrmachtsdokumenten sei, die in ihrem Garten vergraben sind. Sie machte sich auf den Weg, die Dokumente zu holen, und auf dem Rückweg ist sie ermordet worden, die Dokumente aber waren verschwunden. Das ist ein Beweis dafür, daß die Banden über die Vorgänge im Lager gut unterrichtet waren.«

»Leute, die selbst an der Bekämpfung des Feuers teilgenommen haben, sagen aus, daß damals 10 bis 12 Deutsche umgekommen seien. Übrigens nicht nur dadurch, daß die Lagerposten von der Schußwaffe Gebrauch machten, sondern auch bei der Bekämpfung des Feuers selbst, und das umso mehr, als das Feuer infolge der Verzögerung der Bekämpfungsaktion sehr groß geworden ist. So waren die Tatsachen, die in lügenhafter Darstellung, aufgebauscht und verfälscht, der Provokation Vorschub geleistet haben. Die Staatsanwaltschaft entschloß sich aufgrund der Aussagen vermeintlicher Zeugen zur Anklageerhebung gegen den ehemaligen Kommandanten des Lagers Lamsdorf Czeslaw Gimborski, die am 20. Dezember 1957 beim Gericht eingegangen ist. Die Gerichtsverhandlung hat unwiderleglich den provokatorischen und antipolnischen Charakter der ganzen Aktion erwiesen. Es hat sich nämlich herausgestellt, daß kein Zeuge der Anklage auch nur einen glaubwürdigen Beweis beibringen konnte - in den Aussagen stützten sich die Zeugen darauf, was ihnen erzählt worden sei, und was sie gehört hätten und gaben zu, nichts gesehen zu haben. Sie hörten aber hauptsächlich das, was bereits vorher in seinem eingeschleusten Buch Dr. Esser geschrieben hat. Nichts Neues in der bundesrepublikanischen Propaganda! - Czeslaw Gimborski, heute Major der Bürgermiliz im Wojewodschaftskommando Kattowitz, ein Mann dessen ganze Familie von den Nationalsozialisten ermordet worden ist, hat in Lamsdorf niemanden ermordet.«

»Auschwitz war gegen Lamsdorf ein Sanatorium‹ - ein solch zynisches Unterfangen, ›die Wahrheit zu entstellen‹, vermag nicht einmal Entrüstung hervorzurufen. Ihr Verfasser, der Augenzeuge von Lamsdorf, entlarvt sich damit selbst. In Lamsdorf sind nach seiner Darstellung 10.000 Deutsche umgekommen. Zahlen können sich in der Bundesrepublik gegen Lügen auch nicht wehren. Durch das Sammellager Lamsdorf sind nämlich nicht mehr als etwa 4.000 Deutsche hindurchgegangen; und in der Bundesrepublik lebt ja nicht nur Esser...«

»Wahr ist, daß das sogleich nach der Befreiung geschaffene Sammellager Lamsdorf unter weit schlimmeren Bedingungen als die in späterer Zeit und im Rahmen einer organisierten und vorbereiteten Umsiedlungsaktion eingerichteten Lager existierte. Es fehlte an Lebensmitteln - nicht nur für die Deutschen. Die deutschen Lagerinsassen gingen folglich zur Arbeit in die umliegenden Dörfer und brachten von dort Lebensmittel mit. Die sanitäre und ärztliche Betreuung war schlecht, aber es gab keine Möglichkeit, sie besser zu gestalten. Zu allem Unglück ist aus einem Dorf Typhus ins Lager eingeschleppt worden. Es kam daher zu Todesfällen, die diese Krankheit nach sich zog. Für die wirklichen Umstände, unter denen die Deutschen hier hausten, spricht deutlich die Tatsache, daß während der ganzen Zeit des Bestehens des Sammellagers aus dem Lager höchstens etwa 10 bis 20 Deutsche geflohen sind, obwohl eine Flucht gar nicht so schwierig zu bewerkstelligen war. Sie gingen doch zur Arbeit auf die umliegenden Bauernhöfe; das Lager selbst war nicht besonders geschützt, denn es gab weder genug Lagerposten, noch Wachtürme, noch Stacheldraht.

Sollten die Deutschen, die in Lamsdorf gewesen sind, ohne den geringsten Selbsterhaltungstrieb gewesen sein?«

»Die ersten Tage der Freiheit waren in der Geschichte unseres Volkes kein leichter Zeitabschnitt, vor allem in unseren West- und Nordgebieten, die wir nach ihrer jahrhundertelangen Unfreiheit wiedergewonnen haben. Die oft dramatisch komplizierte Volkstumssituation in diesen Gebieten war das Ergebnis jahrelanger Germanisierung durch die Eroberer und Okkupanten. Zweifelsohne hat auch das Fehlen von Kenntnissen über den historischen polnischen Charakter dieser Gebiete bei einigen Repatrianten (Neuansiedler, d. Übers.), die hierher aus den Zentral- und Ostgebieten Polens gekommen waren, diese Schwierigkeiten noch vergrößert. Daß hier in der ersten Zeit nach der Befreiung Konflikte nicht nur mit der verbliebenen deutschen Bevölkerung, sondern auch zwischen der einheimischen und zugewanderten Bevölkerung auftraten, ist offensichtlich. Der Integrationsprozeß der verschiedenen Volksgruppen zu einer einheitlichen polnischen Bevölkerung war keineswegs leicht. Umso wertvoller für das heutige Geschichtsbewußtsein des Polen sind aber die Erfahrungen jener Tage. Es war für unseren Patriotismus eine Prüfung, und zwar eine der schwierigsten, die wir in unserer Geschichte zu bestehen hatten; sie erforderte nicht nur die Fähigkeit zu Opfern, sondern auch die zur enormen Verantwortung unter Umständen, unter denen eine Stabilisierung der Lage unerreichbar schien.«

»Das Verhältnis und Verhalten der Polen gegenüber der deutschen Bevölkerung dieser Gebiete ist eins der wichtigsten Fragmente unserer Erfahrungen in diesen Tagen. Nicht nur deswegen, weil die Umsiedlungsaktion technisch und organisatorisch unerhört schwierig war und die damit im Zusammenhang stehenden wirtschaftlichen Schwierigkeiten von einem durch den Okkupanten bestialisch zerstörten und verwüsteten Land nicht leicht zu überwinden waren, sondern hauptsächlich deswegen, weil es Erfahrungen sind, in denen sich unsere nationale Würde so klar und eindeutig erwiesen hat. Unser Verhältnis zu den Deutschen nach dem Kriege darf also in den historischen und populär-historischen Bearbeitungen nicht übergangen werden. Selbstverständlich nicht hauptsächlich darum, um auf die gegen uns von den neofaschistischen Gruppen in der Bundesrepublik gerichteten Verleumdungen zu antworten, vielmehr einfach darum, weil es ein wichtiges Kapitel unserer nationalen Geschichte ist, das vor allen Dingen für die jungen polnischen Generationen einen ungeheuren Erziehungswert besitzt.«

Eine Kommentierung dieser niederträchtigen Antwort erübrigt sich. Nur so viel: Es wäre ein schrecklicher Irrtum zu glauben, daß die Hölle von Lamsdorf ein Einzelfall polnischer Verbrechen an Deutschen war. 1939 - beim Blutsonntag von Bromberg - da war es schwer, zu beweisen, daß die Ausschreitungen der Polen gegen Deutsche auf ausdrücklichen Befehl der polnischen Regierung geschahen. Eine sachliche Diskussion über den Blutsonntag in den Nachkriegsjahren, wurde auch erschwert, weil die Propaganda von Goebbels die Zahl der Toten (dokumentarisch beweisbar 5.800) in unverantwortlicher Weise auf 58 000 erhöhte. Völlig anders und absolut »sauber« die Beweisführung im Fall Lamsdorf.

1. Es kann nicht nur die genaue Zahl der Toten angegeben werden, auch die Namen der Opfer sind festgehalten.
2. Für die vielen polnischen Vernichtungslager, in denen Hunderttausende von Deutschen umgebracht wurden, übernahm die polnische Regierung selbst die Verantwortung. Nachstehend drucke ich ein Dokument ab, mit dem die volle Verantwortung der polnischen Behörden bei anderen Verbrechen gegen Deutsche kaum besser dokumentiert werden könnte - ein sogenannter »Sonderbefehl«, der damals von den Polen in jedem deutschen Ort herausgegeben wurde.

Ich selber habe nie eine besonders hohe Meinung von der UNO gehabt. Ich halte diese Institution für eine der politisch-moralisch unanständigsten Mammut-Organisationen, deren gut klingende Lippenbekenntnisse im krassen Widerspruch zur praktischen Arbeit stehen. Ganz anders Willy Brandt. In seinem »Verbrecher und andere Deutsche« gibt er für die Vereinten Nationen (später UNO) geradezu Liebeserklärungen ab und beruft sich immer wieder auf deren Möglichkeiten und Ideale. Um so unverständlicher, daß er bei seinem Warschauer Kniefall nicht auf eine Entschließung der UNO von 1948 über Völkermord (Genocidium genannt) einging. In dieser Entschließung, die voll auf seine polnischen Gesprächspartner anzuwenden gewesen wäre, heißt es nämlich wörtlich:

Entschließung der UNO über das Genocidium

Die Vollversammlung der UNO billigte am 9. Dezember 1948 einstimmig die Entschließung der Sechsten Kommission der Vollversammlung, die diese unter Vorsitz von Dr. Ricardo Alfaro (Panama) über das Genocidium (Gruppen- oder Massenmord) zwischen dem 29. November und 2. Dezember behandelt hatte. Die ersten drei Artikel der Entschließung haben nachstehenden Wortlaut:

Präambel

Die vertragsschließenden Parteien haben die von der Vollversammlung der Vereinten Nationen in deren Entschließung 96/1 vom 11. Dezember 1946 abgegebene Erklärung erwogen, daß das Genocidium ein Verbrecher im Sinne des Völkerrechtes ist, welches dem Sinne und den Zielen der Vereinten Nationen widerspricht und von der Welt verurteilt wird; sie haben erkannt, daß das Genocidium der Menschheit in allen Zeiten der Geschichte große Verluste verursacht hat; sie sind überzeugt, daß eine internationale Zusammenarbeit notwendig ist, um die Menschheit von einer so furchbaren Geißel zu befreien und kommen wie folgt überein:

Artikel 1

Die vertragsschließenden Parteien bestätigen, daß das Genocidium ein Verbrechen im Sinne des Völkerrechtes ist, gleich, ob es im Frieden oder im Kriege begangen wird, dessen Verhinderung und Bestrafung sie verbürgen.

Artikel 2

Im Sinne des vorliegenden Abkommens wird als Genocidium eine beliebige der nachstehend angeführten Handlungen angesehen, die in der Absicht begangen wird, eine nationale, völkische, rassische, religiöse und politische Gruppe ganz oder teilweise zu vernichten:

a) Ermordung von Mitgliedern der Gruppe; b) Zufügung ernster körperlicher oder geistiger Schäden; c) Unterwerfung unter Arten der Behandlung oder Lebensbedingungen, die völlig oder teilweise dazu bestimmt sind, die physische Vernichtung der ganzen Gruppe oder eines Teiles derselben herbeizuführen; d) Maßnahmen, die darauf abzielen, die Geburten innerhalb der Gruppe zu beschränken; e) zwangsweise Überführung von Kindern der Gruppe in eine andere Gemeinschaft.

Artikel 3

Nachstehende Handlungen sollen bestraft werden: a) das Genocidium, so wie es in Artikel 2 definiert wurde; b) Abreden mit dem Ziel der Durchführung des Genocidiums; c) direkte und öffentliche Aufreizung, Genocidium zu begehen; d) der Versuch, Genocidium zu begehen;

e) Mittäterschaft bei allen Handlungen des Genocidiums.
In den weiteren Artikeln wird u.a. festgelegt:
Artikel 4 bestimmt, daß Personen, die die angeführten Handlungen begehen, ohne Unterscheidung ihrer Stellung (auch Regierung) bestraft werden. - Artikel 5 bestimmt, daß sich die Signatare des Abkommens verpflichten, im Rahmen ihrer Verfassungen die Gesetze zu erlassen, die zur Durchführung des Abkommens erforderlich sind. - Artikel 6 bestimmt die Gerichte jenes Staates als zuständig zur Bestrafung, auf dessen Territorium die Strafhandlung begangen wurde oder aber ein internationales Gericht, dem sich die Signatare unterworfen haben. - Artikel 7 bestimmt, daß die Strafhandlungen im Falle einer Auslieferung nicht als politische Verbrechen angesehen werden sollen und daß die Auslieferung vorzunehmen ist. - Artikel 8 bestimmt, daß jeder Signatarstaat die UNO um Maßnahmen zur Verhinderung und Unterdrückung der angeführten Strafhandlungen ersuchen kann.
Die doppelbödige Moral Brandts könnte anhand dieser Entschließung nicht deutlicher werden. In »Verbrecher und andere Deutsche« rechtfertigt er das juristisch äußerst zweifelhafte Nürnberger Tribunal in geradezu jubelnden Worten, weil dort Deutsche auf der Anklagebank saßen, die wegen ihrer Verbrechen an anderen bestraft wurden. Polen aber, die schwerste Verbrechen an Deutschen begangen haben - dafür findet Brandt keine Worte. Nicht nur das. Durch regelrechte Liebesdienerei rechtfertigt er diese Verbrechen an Deutschen beinahe, zumindest klagt er sie nicht an. Das paßt ganz und gar in seine Passagen aus »Verbrecher und andere Deutsche«, daß

die gepeinigten Deutschen ja nicht von »Mitleid« sprechen sollen.
Wie kann Brandt eigentlich folgendes vor seinem Gewissen vereinbaren? Auf der einen Seite die absolute Bejahung des Nürnberger Sieger-Tribunals gegen Deutsche und auf der anderen Seite das totale Verschweigen der Verbrechen von Polen an Deutschen. Denn schließlich heißt es doch im Artikel 1 der eben zitierten UNO-Resolution (und Brandt hält doch so viel von der UNO), daß sich »die vertragsschließenden Parteien bestätigen, daß das Genocidium ein Verbrechen im Sinne des Völkerrechtes ist, gleich, ob es im Frieden oder im Kriege begangen wird, dessen Verhinderung und Bestrafung sie verbürgen.«
Folgendes bleibt festzuhalten: Vergangenheits-Bewältigung muß ehrlich und von allen Seiten vorgenommen werden. Geschieht das nur zu Lasten einer Seite, wird neues Unrecht geboren. Hauptsächlich das ist es, was mich bei der Politik Brandts und beim Ansehen der Bilder von seinem Warschauer Kniefall bedrückt. Wen wundert es eigentlich, daß in den vergangenen Monaten an polnische Flüchtlinge in Österreich ein Flugblatt mit folgendem Text verteilt wurde:

Offener Brief an die
Polen in Österreich!

»Unsere Regierung behandelt Euch als politische Flüchtlinge. Sie zahlt Euch ein Taschengeld, für das ein Österreicher drei Stunden arbeiten müßte, kommt für Euer Quartier auf und sorgt für Eure Verpflegung. Ihr aber seid gar keine politischen Flüchlinge, Ihr habt vielmehr Euer Land verlassen, bevor man Euch noch verfolgt hat, und

Ihr könnt den Verdacht nicht entkräften, daß Euch nicht Gesinnungsterror und Gefahr aus Eurem Land getrieben haben, sondern das Streben nach materiellen Reichtümern. Nicht der Freiheit seid Ihr nachgewandert, sondern Ihr seid aufgebrochen, um für eine Blue-Jeans statt eines Monatslohnes nur einen Wochenlohn entrichten zu müssen. Zu düster ist die Erinnerung, die unser Volk an die Mehrheit seiner Emigranten und deren Wirken hat, um Eurem Kommen nicht von Anfang an mit dem größten Mißtrauen zu begegnen.«

»Hat Euch Polen in seiner ganzen Größe und in seinem ganzen Reichtum nicht genügt? Haben Euch die hundertzwanzigtausend Quadratkilometer Deutschen Landes, die Ihr geraubt habt nicht gereicht, um Euch Raum zu geben? Hat Euch der Diebstahl der Kornkammer Deutschlands nicht gelangt, um Euren Hunger zu stillen?«

»Gewiß - der vom Blut seines erschlagenen Eigentümers getränkte Acker wird dem Räuber keine Früchte bringen! Heute schlaft Ihr unter unserem Dach und eßt unser Brot.Aber die zwölf Millionen deutschen Menschen, die Ihr vertrieben habt, jagtet Ihr ohne Speise und Trank in Kälte und Nacht hinaus und Ihr habt ihnen nicht einmal erlaubt, ihre Toten zu begraben. Zwei Millionen Menschen, Alte, Frauen und Kinder habt Ihr zu Tode gehetzt, zu Tode getreten und zu Tode gefoltert, bei diesem furchtbarsten Verbrechen der Menschheitsgeschichte. Nun aber pocht Ihr an unsere Tür. Wir würden es gelten lassen, wenn Ihr aus Not gehandelt hättet! In Euren Augen aber schlummert die Begehrlichkeit. Die Gier nach Devisen...«

»Die Menschen in Österreich können die falsche Gastfreundschaft der österreichischen Bundesregierung nicht verstehen.«

»Wie hat Euer Tagesbefehl an die Zivilbevölkerung Ostdeutschlands seinerzeit gelautet:«

»›Packt 20 Kilogramm Gepäck auf euren Rücken, sperrt eure Häusen von außen ab, laßt den Schlüssel außen stecken und versammelt euch zum Abmarsch!‹ Nun appelieren wir an Euch: Sperrt die Gästezimmer unserer Wirtshäuser von außen zu und geht! Geht! - Nach Polen! An die Arbeit! Damit Ihr Polen uns Österreichern eines Tages vielleicht wieder gerade in die Augen schauen könnt!

Teja«

Während ich diese Zeilen schreibe, sitze ich in Pisa auf der Dachterrasse eines Hauses von italienischen Freunden, bei denen ich Trauzeuge und Taufpate des Kindes bin. Im Hindergrund der Dom mit dem weltberühmten schiefen Turm. In wenigen Tagen (vom 22. bis zum 24. September 1989) wird sich dort der polnische Papst aufhalten. Wenn ich könnte, dann würde ich zu ihm gehen und ihm die Frage stellen, weswegen sein enger Freund, der polnische Primas Kardinal Glemp kürzlich vor der Schwarzen Madonna in Tschenstochau vor 150.000 Pilgern erklärt hat, Ursprung für die gegenwärtige wirtschaftliche Not in Polen sei der Umstand, daß Polen für den durch den Krieg erlittenen Verlust keine Reparation und keine Entschädigungen erhalten habe. Das Unglaubliche muß man zweimal lesen, um es zu verstehen: Ursprung für die niederliegende polnische

Wirtschaft sei das Fehlen von Reparationen - deutscher Reparationen natürlich. Daß Polen seit Kriegsende ein Vietel des deutschen Reiches ausbeutet und allein aus davon erzeugten landwirtschaftlichen Produkten in den letzten 44 Jahren etwa 500 Milliarden Mark als Reparationsgeld kassierte, verschweigt der Primas. Von dem Gewinn aus der Industrie und von dem Wert unserer Hilfssendungen nach Polen gar nicht zu sprechen. An die 2 Millionen Deutsche wurden nach 1945 durch Polen umgebracht, rund 15 Millionen aus ihrer Heimat vertrieben.

Polen wollte den Krieg mit Deutschland fast sehnsüchtig

Auf Seiten könnte ich mich jetzt über prominente Polen ausbreiten, die vor dem Einmarsch Hitlers nach Polen geradezu sehnsüchtig auf einen Krieg mit Deutschland hofften, aus dem der polnische Primas weiteres Kapital schlagen möchte. Nur zwei Stimmen seien erwähnt. Der polnische Marschall Ryds-Smigly erklärte im Juni 1938 vor seinen Offizieren: »Polen will den Krieg mit Deutschland und Deutschland wird ihn nicht vermeiden können, selbst wenn es das wollte.« Der polnische General Sosnokowski am 31.3.1943 in London: »Der Entschluß Polens vom 30.8.1939, der dem Befehl zur allgemeinen Mobilmachung zugrunde lag, kennzeichnet einen Wen-

Während ich in Pisa dieses Buch schreibe, bereitet sich die Stadt auf den Besuch des polnischen Papstes vor. Die hier abgedruckte Postkarte wird überall verteilt. Wenn ich es könnte - gern hätte ich den Papst auf die unchristlichen Ansichten Kardinal Glemps gegenüber Deutschen angesprochen.

depunkt in der Geschichte Europas. Hitler wurde damit vor die Notwendigkeit gestellt, Krieg zu führen zu einem Zeitpunkt, da er weitere unblutige Siege zu erringen hoffte.«

Im Gegensatz zu Brandt, der in »Verbrecher und andere Deutsche« ja davon sprach, daß man nie vergessen darf, vertrete ich die Auffassung, daß man als Christ auch vergessen und vergeben muß. Aber das geht nur dann, wenn sich alle Seiten gleichermaßen zu ihrer Schuld bekennen. Davon kann bei den Polen, und zwar fast in ihrem gesamten politischen Spektrum, auch heute noch überhaupt nicht die Rede sein. Lassen Sie mich bei dieser Gelegenheit einen kleinen Ausflug in die aktuelle Politik machen.

Ich war immer ein strikter Gegner von sinnloser »Wirtschaftshilfe« an kommunistische Staaten. Solche Hilfen halte ich für genauso widersinnig wie das Transportieren von Wasser in einem Sieb. Außerdem verlängern sie lediglich die Leidenszeit der vom sterbenden Kommunismus unterdrückten Menschen. Ich halte auch nichts, aber auch gar nichts, von der undurchdachten These, daß wir kein Interesse an wirtschaftlich unzufriedenen kommunistischen Nachbarn haben dürfen. Freiheit ist eines der größten Güter der Menschheit. Diese Freiheit wird aber nur durch den Zusammenbruch des Kommunismus kommen. Und dieser totale Zusammenbruch kommt erst dann, wenn die Menschen im Kommunismus auf die Straße gehen und ihre Peiniger dorthin jagen, wohin sie gehören: Auf den Kehrichthaufen der Geschichte. Ich bin davon überzeugt, daß sich meine These innerhalb der nächsten Jahre bestätigen wird. Und zum

Thema Wirtschaftshilfe an das neue Polen durch Deutschland: »Ja« zu einer Hilfe, wenn das gesamte wirtschaftliche System geändert wird. »Ja« zu einer Hilfe, wenn man die Unterdrückung der Deutschen im polnisch besetzten deutschen Land erleichtert. Und »Ja« zu einer Hilfe für Polen, wenn die neue polnische Regierung das an Deutschen begangene Unrecht durch Polen verurteilt.

Als Lech Walesa in Polen verfolgt und von Willy Brandt gemieden wurde, habe ich mit Freunden der polnischen Gewerkschaft »Solidarität« in Hamburg und Berlin vor dem Sowjetischen General-Konsulat und vor den Büros der »Aeroflot« Demonstrationen der DEUTSCHEN KONSERVATIVEN und der KONSERVATIVEN JUGEND DEUTSCHLANDS organisiert. Damit habe ich für die deutsch-polnische Aussöhnung sicherlich mehr getan als der Polit-Schauspieler Brandt beim Knierutschen in Warschau. Ich habe aber kein Verständnis dafür, wenn Lech Walesa heute in geradezu ultimativer Form von den Deutschen unkontrollierte Milliarden-Hilfe fordert, verbunden mit der offenen Drohung: »Wenn Ihr uns nichts gebt, seid Ihr die Hauptschuldigen, daß die Kommunisten wieder ans Ruder kommen!« Diese polnischen Töne habe ich satt, übersatt. Die wirtschaftliche Misere in Polen kommt in erster Linie durch den Kommunismus und sein Wirtschaftssystem. Keine Frage. Aber jetzt liegt es an den Polen, zu beweisen, daß es nur der Kommunismus war und nicht auch die so oft erwähnte »polnische Wirtschaft« und die nationale Arbeitsmoral, die alles andere sind als Propaganda-Produkte der Nationalsozialisten. Und bevor man Geld nach Polen gibt, hoffe ich, daß unser Bundeskanzler im humanitären Bereich folgende Forderungen an die Polen stellt:

1. Genehmigung von deutsch-sprachigen Gottesdiensten - dort, wo es gewünscht wird. Der polnische Kardinal Glemp sagt die Unwahrheit, wenn er behauptet, daß es für deutsche Gottesdienste keinen Bedarf gibt.
2. Sofortige Beendigung der in den vergangenen Monaten wieder verschärft zu beobachtenden Verfolgungs- und Unterdrückungsmaßnahmen gegen Deutsche, die sich im »Deutschen Freundeskreis« zusammengeschlossen haben.
3. Legalisierung und Anerkennung des »Deutsche Freundschaftskreis« in Schlesien als offizieller Gesprächspartner für die Behörden der Volksrepublik Polen.
4. Offizielle Zulassung eines Beauftragten der Botschaft der Bundesrepublik Deutschland für die Belange der deutschen Volksgruppe.
5. Vorbehaltlose Akzeptierung von Treffen offizieller Besucher der Bundesrepublik Deutschland mit Vertretern der deutschen Volksgruppe. Unterlassung jeglicher Behinderungen und Schikanierungen von Vertretern der deutschen Volksgruppe, die an solchen Treffen oder an Treffen mit Botschaftsangehörigen teilnehmen wollen.
6. Uneingeschränkte Zulassung von Gründungen deutscher Vereine, insbesondere in Oberschlesien, wo die Mehrzahl der Deutschen lebt.
7. Dauerhafte Akzeptierung von Kulturveranstaltungen, die von west-deutscher Seite durchgeführt

werden, in den Gebieten, in denen Deutsche leben.

8. Ungehinderte Kontakte der örtlichen deutschen Initiativgruppen mit landsmannschaftlichen Hilfsorganisationen.
9. Sofortige Beendigung der Briefzensur, Schutz vor Verhören, Beschattungen sowie Erpressungen zur Mitarbeit.
10. Ermöglichung einer ungehinderten Unterrichtung in der deutschen Sprache, die Einrichtung von deutsch-sprachigen Kindergärten, überall dort, wo Deutsche im polnischen Machtbereich leben.
11. Ungehinderte Kontakte der in der Volksrepublik lebenden Deutschen zu Familienangehörigen in der Bundesrepublik Deutschland.
12. Gestattung von Ferienaufenthalten deutscher Kinder und Jugendlicher in der Bundesrepublik Deutschland.
13. Einstellung jeglicher antideutscher Propaganda in den staatlichen Medien und dem Bildungswesen, wodurch bis heute Ressentiments in der polnischen Bevölkerung gegenüber den Deutschen geschürt werden.
14. Offizielle Anerkennung der deutschen Staatsangehörigkeit der Ostdeutschen durch die Behörden der Volksrepublik Polen sowie schnelle und problemlose Entlassung aus der polnischen Staatsangehörigkeit.
15. Die Deutschen im polnisch besetzten Gebiet erhalten ein Mitspracherecht, wie nicht rückzahlbare deutsche Kredite anderweitig ausgeglichen werden können.

Brandts doppelte Moral

Doch wieder zurück zu Willy Brandts »Verbrecher und andere Deutsche«. In dem Kapital »Der große Prozeß - die Anklage« wird fast erschreckend deutlich, wie sehr Brandt Unrecht mit zweierlei Maß mißt. Sein Wohlwollen gegenüber kommunistischen Kriminellen, die sich den Mantel eines Staatsamtes über ihre blutbefleckten Westen gezogen haben, schlägt in blanken Haß um, wenn er über die Nürnberger »Rechtssprechung« gegen die nationalsozialistische Führung des Dritten Reiches spricht. Unglaubliche Sätze kommen darin vor. Auch dieser Abschnitt des Brandt-Buches ist so wichtig, daß man ihn unverkürzt veröffentlichen muß. Lesen Sie selber:

»›Dies ist etwas ganz Neues, etwas Einmaliges in der Rechtspflege der Welt‹, sagt Lord Justice Lawrence als er das Gerichtsverfahren gegen die großen Kriegsverbrecher in Nürnberg am 20. November 1945 eröffnete.‹

»Man hätte das Rechtsempfinden herausgefordert, wenn man nicht eine Abrechnung mit den nationalsozialistischen Führern vorgenommen hätte. Die Bevölkerung in den Ländern, die die deutsche nationalsozialistische Besatzung durchgemacht hatte, hätte dies nie verstanden. Es war eine offensichtliche Notwendigkeit, daß diejenigen, die die Hauptverantwortung für all das Unglück trugen, das die Menschheit während des zweiten Weltkrieges getroffen hatte, zur Verantwortung gezogen wurden. Nur schade, daß Hitler, Himmler und Goebbels Gelegenheit erhalten hatten, sich selbst zu richten. Die Abrechnung, die in Nürnberg vor sich ging, zeigte allerdings auch in die Zukunft. Sie repräsentierte etwas Neues in dem Sinn, daß sie zu einem entschiedenen Fortschritt in

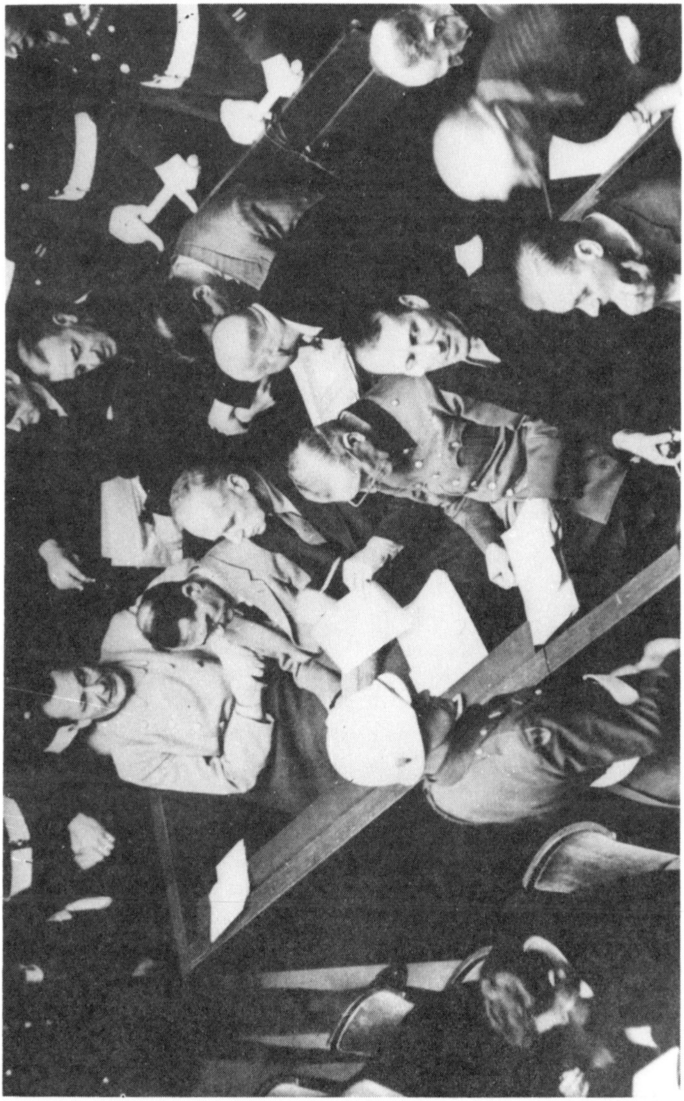

Der Nürnberger Prozeß: Ein Hohn auf die Rechtsprechung. Doch Brandt war dafür. Er schrieb von dort lustige Postkarten.

der internationalen Geschichtsentwicklung werden konnte.«
»Im Verlaufe des Krieges waren viele Warnungen gekommen. Die Vereinigten Staaten hatten deutlich zum Ausdruck gebracht, daß sie beabsichtigten, eine gerichtliche Verfolgung gegen die führenden Männer der Achsenländer und gegen andere, die sich grober Brüche des ›Kriegsgesetzes‹ schuldig gemacht hatten, zu betreiben. Eine interalliierte Kriegsverbrecher-Kommission war in London tätig. Auf der Moskauer Konferenz im Oktober 1943 einigten sich die Sowjetunion, die Vereinigten Staaten und Großbritannien über die Vorgangsweise. Sie machten geltend das international anerkannte Prinzip der territoriellen Jurisdiktion, so daß Nationalsozialisten oder deutsche Militärs, die Grausamkeiten oder andere Verbrechen begangen oder befohlen hatten, dem Gerichtswesen in dem Land überliefert werden sollten, in dem sie die Verbrechen begangen hatten. Sie sollten verurteilt werden nach den Gesetzen, die in dem jeweiligen Land nach der Befreiung geltend waren. Personen, deren Verbrechen sich nicht auf ein Territorium begrenzten, sollten auf eine besondere Weise behandelt werden. Ihre Sache sollte durch einen gemeinsamen Beschluß der alliierten Regierungen entschieden werden.«
»Der Beschluß, den internationalen Militärgerichtsstuhl (IMT) zu errichten, wurde am 8. August 1945 in London durch eine Übereinkunft zwischen den drei Mächten, die bereits erwähnt wurden, und außerdem Frankreich getroffen. Sie handelten im Namen der Vereinten Nationen und verwiesen auf ihre gemeinsamen Interessen. In der Hauptsache billigte man einen Entwurf, den die Amerika-

ner in Verbindung mit den Verhandlungen in Dumbark-On-Oaks vorgelegt hatten, wo die Richtlinien für die neue internationale Sicherheitsorganisation (UNO) beraten wurden. Das Gericht sollte aus vier Richtern bestehen, einer für jede der vier Mächte, mit einem Stellvertreter für jeden von ihnen und mit dem Engländer Lawrence als Präsident. Jedes der vier Länder erhielt seine Anklagebehörde mit einem Hauptankläger an der Spitze. Die Angeklagten konnten deutsche Verteidiger wählen, und der Verteidigung wurde große Bewegungsfreiheit eingeräumt. Es wurde allerdings in der Londoner Übereinkunft festgehalten, daß das Urteil des Gerichtshofes endgültig sein sollte. Es konnte keine Berufung eingelegt werden.«

»Am 18. Oktober 1945 trat der Gerichtshof zu seiner konstituierenden Sitzung in Berlin zusammen, in dem gleichen Lokal, in dem die Teilnehmer des Attentats gegen Hitler am 20. Juli 1944 zum Tode verurteilt worden waren. Bei dieser Gelegenheit wurde die Anklage gegen 24 Kriegsverbrecher mit Göring an der Spitze vorgelegt. (Auf der Anklagebank saßen allerdings nur 21, denn Krupp wurde krank, Ley beging Selbstmord und Bormann war spurlos verschwunden).) Die Naziführer wurden angeklagt dafür, daß sie 25 Jahre lang konspiriert hatten, um die Weltherrschaft zu gewinnen.« (Hinweis von Joachim Siegerist: Was wollen eigentlich die Kommunisten seit 1917? Abgesehen davon wollte Hitler zu keinem Zeitpunkt eine »Weltherrschaft«. Solche Behauptungen sind schlichter Blödsinn.)

»Dabei hatten sie sich schuldig gemacht in Kränkung des internationalen Gesetzes und Rechts. Sie hatten den totalen Krieg ausgelöst und sich verantwortlich gemacht für Mord und Tortur gegenüber vielen Millionen Menschen. Dies war der erste Hauptpunkt der Anklage, ›die Verschwörung‹. Es war die Aufgabe der Amerikaner, dies in Nürnberg zu dokumentieren. Die Engländer waren vor allem verantwortlich für einen zweiten Punkt, ›die Verbrechen gegen den Frieden‹. Mit anderen Worten: Die nationalsozialistischen Führer sollten zur Rechenschaft gezogen werden für das, was sie geplant, vorbereitet und an Angriffskriegen geführt hatten. Der dritte Hauptpunkt in der Anklageschrift umfaßte die eigentlichen Kriegsverbrechen, und der vierte ›Verbrechen gegen die Menschheit‹, sowie Mord und Verfolgung von Personen, die verdächtigt wurden, gegenüber der nationalsozialistischen Partei und deren Plänen feindlich eingestellt zu sein. In bezug auf diese beiden Gruppen wurde eine Arbeitsteilung abgesprochen, so daß die Franzosen sich um Westeuropa kümmern sollten, während die russische Anklagebehörde die ›Gebiete östlich von Berlin‹ repräsentieren sollte. Eine ganz so eindeutige Abgrenzung fand allerdings nicht statt. Es gab viele Wiederholungen, ansonsten wäre es schneller gegangen.«

»Die Anklageschrift legte die Hauptzüge der nationalsozialistischen Tätigkeit dar. Es wurde nachgewiesen, wie die Nationalsozialisten Tortur und Massenvernichtung in Gang gesetzt hatten. Hier sind einige der Hauptpunkte:

1. Von 9,6 Millionen Juden, die in den Teilen Europas lebten, die unter nationalsozialistische Herrschaft gerieten, rechnet man damit, daß 5,7 Millionen verschwunden sind. Die meisten wurden mit Absicht in den Tod geschickt. Nur Reste der jüdischen Bevölkerung in Europa waren zurückgeblieben.

2. Von den 228.000 Franzosen, die in die Konzentrationslager wegen politischer oder rassistischer Gründe geschickt wurden, kamen nur 28.000 lebend zurück.
3. 1,5 Millionen Menschen wurden in den Majdanek-Lagern und ca. 4 Millionen in Auschwitz vernichtet. Im Gebiet um Loof wurden ungefähr 700.000 und im Ghanov-Lager 200.000 sowjetische Bürger getötet.
4. Nur aus der Sowjetunion wurden annähernd 5 Millionen Menschen deportiert und zu Sklavenarbeiten geschickt. Die umfassende Plünderung in den besetzten Ländern verurteilte Millionen von Menschen zum Hungertod.
5. Die Sowjetunion allein schätzte ihre totalen materiellen Verluste auf 679 Milliarden Rubel.

Nach den allgemeinen Anklagen folgte die Anklage gegen jeden einzelnen der Naziführer. Sie wurden auch zur Verantwortung gezogen als Mitglieder bestimmter Organisationen und Institutionen. Die Anklageschrift wollte die gefährlichsten Zusammenschlüsse des Systems kriminalisiert haben: Die Reichsregierung, das Führercorps der nationalsozialistischen Partei, SS und den SD, die Gestapo, die SA, den Generalstab und das Oberkommando der Wehrmacht.«

»Ein Bruchteil der im vorhinein bekannten Kriegsverbrechen im engeren Sinne wäre genug gewesen, um die meisten von denen, die auf der Anklagebank saßen, zu verurteilen. Der ganz überwiegende Teil der Grausamkeiten und Gesetzesbrüche, die begangen worden waren, war auf höchster Ebene befohlen worden. Es war wohl an und für sich nichts Einzigartiges und Aufsehenerwekkendes, daß die Schuldfrage gegenüber den führenden Persönlichkeiten, und nicht nur gegenüber den Handlangern, die buchstäblich Blut an ihren Händen hatten, aufgeworfen wurde. Neu war allerdings, daß man sich nicht nur auf Verbrechen beschränkte, die gegen das ›Kriegsgesetz‹, diesen an und für sich anfechtbaren Begriff, der die Legalität des Krieges voraussetzt. Man beschloß weiterzugehen und die nationalsozialistische Verbrechertätigkeit vor dem Krieg zu kriminalisieren, die ganze Serie der Angriffskriege, und das Zur-Seite-Setzen der offenkundigen und wohlbekannten, wenn auch nicht international codefizierten, humanistischen Forderungen. Diese erhebliche Ausweitung der Anklage war Gegenstand für viele Diskussionen und Meinungsverschiedenheiten in der interalliierten Kommission für Kriegsverbrecher gewesen. Unter Juristen gab es eine ziemlich weit verbreitete Auffassung, daß es keine haltbare Grundlage dafür gab, ›die Verbrechen gegen den Frieden‹ zu verurteilen. ›Die Verschwörung‹ war auch ein umstrittenes Gebiet, und es gab viele, die eine Abrechnung rein politischer Art vorgezogen hätten. Die Amerikaner und die Russen - mit Unterstützung der Repräsentanten aus vielen der kleinen Länder - sorgten dafür, daß die andere Linie sich durchsetzte. Es wurde Einigkeit erzielt darüber, daß die nationalsozialistischen Führer sich nicht hinter irgendeiner Regierungssouveränität verstecken können sollten. Sie sollten als Putschisten ohne Legalitätsbasis entlarvt werden. Weiterhin sollte der Angriffskrieg als solcher, der Krieg als politisches Instrument, als Verbrechen gestempelt werden. Gab es keine ausgearbeitete juristitische Grundlage, so war es an der Zeit, daß sie geschaffen wurde.«

»Diese Ausweitung weit über den Rahmen der eigentlichen Kriegsverbrechen prägte sowohl die Anklageschrift als auch das ›Opening Statement‹ des amerikanischen Hauptanklägers. Die vierstündige Rede von Robert H. Jackson am 21. November 1945 war ein großes Erlebnis. Sie wird in die Geschichte eingehen. Man muß nur wünschen, daß sie, bevor dies geschieht, überall dort bekannt geworden ist, wo Menschen mit dem gedruckten Wort erreichbar sind. Jackson durchbrach auf eine meisterhafte Art und Weise alle mögliche Juristerei in Verbindung mit der Rechtsgrundlage des Prozesses. Es ist klar, daß die Angeklagten überrascht wurden davon, daß das, wovor sie gestellt wurden, Gesetz war. Sie wurden überrascht davon - wie der amerikanische Ankläger sagte - daß es etwas gab, was Gesetz und Recht hieß. Aber sie mußten sich damit abfinden, daß sie von dem Recht heimgesucht wurden, das sie mit Füßen getreten hatten und für welches Millionen von Menschen kämpfen und sterben mußten, um es wieder einzuführen.« (Hinweis von Joachim Siegerist: Wo denn? Etwa in Rumänien, Ungarn, Bulgarien, Polen, der Tschechoslowakei usw.?) »Sie mußten sich damit abfinden, daß man sich nicht damit zufrieden geben wollte, nur die Kleinen zu hängen. Gerade die ›Großen‹ - diejenigen, die darauf verfallen konnten, sich damit zu entschuldigen, daß sie persönlich niemanden gemordet hatten, weil sie andere hatten, um dies zu tun - sollten zur Verantwortung gezogen werden. Sie sollten nicht länger die Erlaubnis erhalten, sich hinter dem ›Staat‹ zu verstecken. Jacksons Rede lief darauf hinaus, daß es nicht richtig sei, den staatlich organisierten Massenmord mit milderen Augen zu betrachten als einen

Robert H. Jackson, der amerikanische Hauptankläger von Nürnberg. Seine Anklage gegen Deutschland bezeichnet Brandt als »ein großes Erlebnis«.

allgemeinen individuellen Mord. Eigentlich sollte es wohl umgekehrt sein. Ich kann nichts anderes begreifen, als daß es an der Zeit war, daß dies unterstrichen wurde, nachdem die Menschheit davon bedroht war, in die Barbarei gezogen zu werden.«

»Der amerikanische Hauptankläger präsentierte ein überzeugendes Material. Es wurde eine Abrechnung nicht nur mit denen, die auf der Anklagebank saßen, sondern mit dem ganzen System, für welches sie Exponenten gewesen waren. Jackson war gleichzeitig realistisch genug einzugestehen, daß das Gesetz allein trotzdem nicht imstande ist, einen Krieg zu verhindern, auch nicht nachdem man einen großen Schritt weitergekommen war in Richtung einer Festlegung dessen, was internationales Gesetz und Recht ist. Aber zumindest kann man wohl sagen, daß das Gewissen der Welt etwas mehr erhält, an dem es sich orientieren kann. Jacksons ›Ich klage an‹ war nicht nur eine Abrechnung mit dem Füchterlichen, was geschehen war. Es richtete sich auch in die Zukunft auf etwas Besseres, was hoffentlich kommt. Es endete mit dem Versprechen, daß die Ankläger und Richter dieses Gerichtsstuhles sich selbst dem Gesetz unterwarfen, das die nationalsozialistischen Führer heimsuchen sollte.«

»Sir Hartley Shawcross - der britische Hauptankläger - hatte eine nicht so dankbare Aufgabe, als er am 4. Dezember zu Wort kam. Die Amerikaner hatten bereits viele Rosinen aus dem Kuchen gepickt, bevor die anderen an der Reihe waren. Sir Hartley mußte sich durch eine Unendlichkeit von gebrochenen Verträgen durcharbeiten. Er tat das ehrenwert. Es war an und für sich keine Kunst nachzuweisen, daß die nationalsozialistischen Führer eine Serie von Angriffskriegen gestartet hatten. Aber er sollte gleichzeitig beweisen, daß dies strafbar war. Und er setzte seine Ehre dafür ein, klarzumachen, daß Strafe für Angriffe nicht dasselbe war, wie dem Gesetz rückwirkende Kraft zu geben.«

»In diesem Punkt könnte man selbstverständlich sagen, daß, selbst wenn das der Fall war - einmal muß ja ein Anfang gemacht werden. Einmal muß unterstrichen werden, daß es eine himmelschreiende Ungerechtigkeit ist, daß man dafür bestraft wird, daß man einen Nachbarn überfällt, aber daß man sich hinter der ›Souveränität des Staates‹ verstecken kann, wenn der Überfall einem Nachbarland gilt und der Krieg Millionen von Menschenleben kostet. Und wenn jemals ein Anfang gemacht werden sollte, so mußte es wohl gerade jetzt sein, nach dem schrecklichsten und zerstörerischten von allen Kriegen. Bedeutet dies etwas Neues in der internationalen Rechtspflege? Na gut, dann tut es das. Das Gesetz ist nicht dazu da, für das Recht zu töten.«

»Es ist richtig, daß Sir Hartley nicht so argumentierte. Er nahm die nicht ganz einfache Aufgabe auf sich festzustellen, daß in Nürnberg nicht geurteilt werden sollte nach Gesetzen, denen rückwirdende Kraft gegeben wurde. Dies ist richtig, wenn man das Prinzip der territorialen Gerichtsbarkeit zugrunde legt und sich an die Grausamkeiten und anderen Untaten in den eroberten Ländern hält. In der Zeit zwischen den zwei Weltkriegen wurde allerdings auch eine Reihe von Verträgen geschlossen, die den Angriffskrieg an sich als gesetzwidrig erklärte. Der Kellog-Pakt von 1928 war und ist, was in Nürnberg

unterstrichen wurde, geltendes Gesetz der Staaten. Es war auch nicht ganz neu, sagte Sir Hartley, daß Staaten dafür verantworlich gemacht wurden, was sie gegenüber anderen Ländern unternommen hatten. Aber ein Staat ist nichts Abstraktes. Es sind Menschen, die seine Politik bestimmen. Was ist gerechter, als daß diejenigen zur Hauptverantwortung gezogen werden, die entscheidenden Einfluß hatten und die Angriffs- und Mordpolitik, die geführt wurde, mitbestimmten? Mord, Vergewaltigung und Raub sind und waren strafbar in allen Ländern. Leute, die Angriffskriege beginnen, sollten hiernach wissen, daß sie das mit ›dem Strick um den Hals‹ tun.« (Hinweis von Joachim Siegerist: Hat Brandt eigentlich ähnliches zu all den kommunistischen Diktatoren gesagt, die seit 1945 massenweise andere Länder überfallen haben?)
»Der Dritte der Hauptankläger, Montant, vertiefte die Argumentation in seiner Eröffnungsrede am 17. Januar 1946. Mit scharfer französischer Logik wies er nach, daß ein Verbrechen ein Verbrechen ist, und daß es nur eine Moral gibt, die gilt, für internationale Verbindungen auf gleiche Art und Weise wie im Verhältnis zwischen Einzelpersonen. Er unterstrich auch, daß die Verantwortung für die Politik, die in einem organisierten, modernen Staat geführt wird, bei denen liegt, die unmittelbaren Einfluß auf die Leitung des Staates haben. Nur die sind in der Lage, die Gesetzmäßigkeit oder Ungesetzmäßigkeit der Befehle, die gegeben werden, zu votieren. Darum kann man nur sie anklagen - und sie muß man auch anklagen.«
»Es ist sonnenklar, daß keine internationale Rechtsordnung aufrechterhalten werden kann, wenn man nicht ernsthaft mit dem Prinzip der uneingeschränkten Souve-

ränität eines einzelnen Staates bricht. Dieses Prinzip war auch nicht brauchbar als Grundlage des Nürnberger Prozesses. Montant bezeichnete es als einen bemerkenswerten Fortschritt, daß die vier Staaten ihre juristische Macht einem internationalen Gerichtsstuhl übertragen hatten. Das Grundgesetz der Vereinten Nationen enthält gewisse Rechte, die für die Menschen in allen Ländern grundlegend sind. Die Charta des internationalen Militärstuhls legt den Staaten gewisse Verpflichtungen auf. Das hat weitaus größere Bedeutung als all das, was man berichten kann über die Art und Weise, wie Göring und Heß ihre Richter trafen.«

»Generalleutnant Rudenkow - der Hauptankläger der Sowjetunion - hielt seine einleitende Rede zu einem Zeitpunkt, als der Prozeß bereits zweieinhalb Monate dauerte; er folgte der gleichen Hauptlinie wie die Repräsentanten der anderen Mächte. Er operierte mit dem Ausgangspunkt einer gemeinsamen Rechtsgrundlage. Es waren die gleichen Verträge, auf die er sich berief. Auch Rudenkow legte daher großes Gewicht auf den Kellog-Pakt. Im großen und ganzen benutzten die Ankläger sogar die gleiche Terminologie. Einige hatten damit gerechnet, daß zwischen den Sprechern der Alliierten in Nürnberg Uneinigkeit entstehen würde. Es war gut, daß dies nicht geschah.

Rudenkow sprach im Namen von Millionen von unschuldigen Opfern, die von dem faschistischen Terror getroffen worden waren. Er sagte, daß den Angeklagten eine vollständige und genaue Rechenschaft präsentiert werde, mit Gedanken auf die Erhaltung des Weltfriedens, mit Gedanken an die Zukunft und die Sicherheit der Völker. ›Dies ist die Rechenschaft der ganzen Menschheit, eine Rechenschaft, die dem Willen und dem Gewissen der freiheitsliebenden Nationen entspringt. Möge die Gerechtigkeit zur Genüge stattfinden‹.«

Soweit Brandt.

Das ist in der Tat »starker Tobak«...»Nur schade, daß Hitler, Himmler und Goebbels Gelegenheit erhalten hatten, sich selbst zu richten«, schreibt Brandt.

Ich habe meine tiefe Abneigung gegen die drei Genannten nie verheimlicht und bin deswegen mehr als nur einmal in unflätiger Form von unverbesserlichen Nationalsozialisten, die man heute allerdings mit der Lupe suchen kann, beschimpft worden. Aber darf man einen solchen Satz schreiben? Darf man bedauern, daß sich drei NSDAP-Gewaltige selber umgebracht haben, um einem zweifelhaften Schauprozeß zu entgehen - und zu gleicher Zeit barbarische Verbrechen der Bolschewiken-Führer überhaupt nicht zur Kenntnis nehmen? Es ist doch blanker Hohn, wenn Brandt dieses Kapitel mit den Sätzen des sowjetischen Anklägers ausklingen läßt: »Dies ist ein Rechenschaftsbericht der ganzen Menschheit, eine Rechenschaft, die dem Willen und dem Gewissen der freiheitsliebenden Nationen entspringt. Möge die Gerechtigkeit zur Genüge stattfinden.« Mit solchen Worten erhebt Brandt das verbrecherischste System der Menschheits-Geschichte in die Reihe der »freiheitsliebenden Nationen«. Es ist für die Leser dieses Buches unzumutbar, wenn ich schon wieder über schreckliche Verbrechen berichten müßte, die die Kommunisten seit 1917 in der ganzen Welt begangen haben. Angebracht wäre es. In einem späteren Buch werde ich es sicherlich machen.

Roman Andrejewitsch Rudenkow, sowjetischer Ankläger in Nürnberg. Von Stalins Verbrechen kein Wort. Doch Brandt lobt ihn in »Verbrecher und andere Deutsche«.

Das gestörte Rechtsempfinden Brandts aber gipfelt in dem Satz »Gab es keine ausgearbeitete juristische Grundlage, so war es an der Zeit, daß sie geschaffen wurde.« Gemeint war damit der Nürnberger Prozeß. Es war ja und ist bis heute wirklich einmalig in der Geschichte der zivilisierten Menschheit, daß nach dem Krieg eine gesamte Staatsführung vor ein Gericht gestellt wurde, das sich ausschließlich aus den Siegern zusammensetzte. Deutsche waren als Anwälte erlaubt - und auch das nur mit beschränkten Möglichkeiten, nicht mit allen Rechten, wie Brandt es behauptet. Man muß diesen Satz von Brandt ganz einfach auf unser heutiges Leben reduzieren. Da gibt es einen Nachbarn, an dem ich mich rächen, den ich juristisch bestrafen lassen möchte, weil er etwas gemacht hat, das ich als »verbrecherisch« empfinde. Nun muß ich aber feststellen, daß es im Gesetz nicht einen einzigen Punkt gibt, mit dem ich meinen Nachbarn vor den Kadi ziehen kann. Was mache ich? Zunächst einmal sperre ich den Nachbarn ein. In den langen Monaten seiner Inhaftierung bastel' ich mir Gesetze zusammen, die es vorher nie gegeben hat und die ich jetzt voll auf den Nachbarn anwende. Man muß kein Jurist sein, um zu merken, daß eine solche »Rechtsprechung« eine Unrechts-Sprechung ist. Doch für Brandt war diese Rechtsprechung ein »entscheidender Fortschritt«. Brandt schreibt ja in diesem Abschnitt - unter Berufung auf den Hauptankläger - daß dieser Prozeß »etwas ganz Neues - etwas Einmaliges« sei. Neu und einmalig - das war dieser Prozeß in der Tat. Neu war vor allem, daß auf der Anklagebank Vertreter einer verbrecherischen Regierung saßen, die dem »anderen Verbrecher«, nämlich dem deutschen Angeklagten, bei der Vorbereitung seines »Angriffskrieges« auf Polen kräftig geholfen hatten und die sich des gleichen »Verbrechens« schuldig gemacht hatten. Als mehrere deutsche Anwälte - vor allem der von mir schon erwähnte Heß-Verteidiger Dr. Seidl - auf diese Mitschuld hinwiesen, wurde ihnen das Wort entzogen. Die Beweise gegen die roten Verbrecher in Richterrobe durfte er nicht auf den Tisch legen - den Hitler-Stalin-Pakt mit dem geheimen Zusatzabkommen, in dem sich der braune und der rote Diktator die polnische Beute brüderlich aufteilten. Außerdem ging Brandt bei seiner Bejahung des Nürnberger Prozesses davon aus, daß solche Verfahren künftig auch bei anderen Angriffskriegen durchgeführt werden sollten. Seit Beendigung des Zweiten Weltkrieges bis heute gab es aber annähernd 200 verschiedene Angriffskriege in der Welt, einer der schlimmsten durch die Sowjetunion in Afghanistan. Mir ist nicht bekannt, daß auch nur einer der jeweiligen Angreifer auf die Anklagebank kam. Im Gegenteil. Die Angreifer - es müssen nur kommunistische sein - wurden und werden von Brandt umschwänzelt und hofiert. In seinem jetzt erschienenen Buch »Erinnerungen« schreibt er über den Stalinisten Breschnew (der den Krieg in Afghanistan begonnen hatte): »Sein Interesse am Frieden habe ich freilich nicht bezweifelt, tue es auch nachträglich nicht.« Wenig vorher zitierte er Breschnew mit den Sätzen, Stalin habe doch viel geleistet, unter seiner Führung habe das Land schließlich den Krieg gewonnen; er werde wieder zu Ehren kommen.

Solche Sätze haben eine geradezu krankhafte Logik. Ich wäre froh, wenn man Brandt zugute halten könnte, daß

Brandt bewies in Nürnberg mehr als nur einmal gestörtes Rechtsempfinden. Er hätte gern noch mehr aufgeknüpft.

in fortgeschrittenem Alter das Übermaß an Alkoholgenuß in seinem Leben Gehirnschädigungen hervorgerufen hat. Das ist aber vermutlich nicht der Fall. Es darf wohl als sicher unterstellt werden, daß Brandt selber an den Wahrheitsgehalt dieser Sätze glaubt - der gute, alte Leonid Breschnew als Friedensengel ....Mein Gott! Ich habe - außer Brandt - noch nie einen Politiker gesehen, der so einäugig durch die Welt geht und für den Unrecht nicht gleich Unrecht ist - egal von welchem System auch immer begangen.

»Mein Kampf« - und Brandts Buch

Dann folgt in »Verbrecher und andere Deutsche« das Kapital »Die Verschwörung«. Brandt nimmt darin den Nürnberger Prozeß als Anlaß für seine Version von der deutschen Kriegsschuld. Von einer normalen Prozeßberichterstattung, wie sie bei soliden Journalisten üblich ist und wie ich sie bei meiner journalistischen Ausbildung lernen mußte, kann nicht die Rede sein. Mit dünnen Geschichts-Kenntnissen und der Brille des immer noch halb kommunistischen Sozialisten, der zu dieser Zeit ja auch noch längst keinen Frieden mit der SPD geschlossen hatte, aus der er 1933 ausgetreten war, weil sie ihm nicht radikal genug war, gibt er Kommentare ab, über die alle, die nur ein wenig geschichtskundig sind, erstaunt sein müssen. Billige Agitation - wie üblich bei Brandt. Eines scheint mir aber besonders bemerkenswert: Brandt schreibt etwas, was auch ich nur bestätigen kann und in diesem Buch bereits erwähnt habe: Originalton Brandt: »›Mein Kampf‹ wurde von den Anklagebehörden erst An-

fang Januar benutzt. Es wäre ein Vorteil gewesen, wenn dieses Buch als erstes Beweismittel vorgelegt worden wäre. Hitler sagte überraschend viel von dem, was er beabsichtigte zu tun.« Das stimmt. Nur gebe ich die weitergehende Empfehlung: Jeder Deutsche sollte auch Willy Brandts Kampfbücher lesen, vor allem »Verbrecher und andere Deutsche«. Denn auch in diesem Buch ist der politische Weg sichtbar, den Brandt zu gehen gedachte und den er später ging. »Mein Kampf« von Adolf Hitler und »Verbrecher und andere Deutsche« von Willy Brandt - eine gute Pflichtlektüre für Deutsche. Nur hätte man Hitlers Buch vor 1933 lesen sollen und Brandts Prachtwerk bevor er Bundeskanzler werden konnte - oder noch besser, bevor er als Norweger wiederum die deutsche Staatsbürgerschaft ersuchte, an der ihm ohnehin nicht extrem viel gelegen war, wie er selber zugibt. Doch jetzt wieder entscheidende Ausschnitte aus Brandts »Verbrecher und andere Deutsche«:
»Die Amerikaner leisteten eine gründliche Arbeit. Sie fühlen es so, als ob es in erster Linie ihr Prozeß sei. Vielleicht sie (und andere nach ihnen) überlasteten ihre Dokumentation allerdings mit Dingen, die nichts anderes bewiesen, als das, was alle wußten und das, was selbst dem frechsten Nationalsozialisten nicht einfallen würde zu verneinen. Die Vertragsbrüche und Angriffe waren klare Fakten. In Verbindung mit den Kriegsverbrechen und den Verbrechen gegen die Menschheit fielen die meisten Anklagen wie Hammerschläge. Es lag in der Natur der Sache, daß die Argumentation nicht immer das gleiche Gewicht hatte, wenn es um den Plan an sich ging, die nationalsozialistische ›Verschwörung‹. Man hatte manchmal das Ge-

fühl, daß die ausgezeichneten, wenn auch nicht immer gleich spirituellen Juristen sich auf schwankendem Boden bewegten.«

»Die Anklage uferte etwas aus. Es ging nicht so, wie Jackson am Anfang gesagt hatte, als er die Hoffnung ausdrückte, daß man im Verlaufe von einigen Monaten ›ein bißchen weniger und da ein bißchen mehr‹ mit dem Prozeß fertigwerden könnte. Andererseits sollte man sich vor leichtfertiger Kritik hüten. Es war eine Leistung, daß man gleich nach dem Krieg und im Laufe von wenigen Monaten Zehntausende von eroberten Dokumenten gesichtet hatte.« (Hinweis von Joachim Siegerist: Jeder nur ein wenig gerichtskundige Mensch weiß, daß die gründliche Sichtung solcher Aktenberge in wenigen Monaten unmöglich ist. Inzwischen ist auch bekannt, daß nicht nur die Sowjets wichtige Akten einfach verschwinden ließen, wie z.B. England die Heß-Akten.) »Es war von größter Bedeutung, daß das Material in gerichtlich vertrauensvoller Form geprüft wurde. Es handelte sich um 25 Jahre nationalsozialistische Kriminalität, die klargelegt und aufgedeckt werden sollten, zum Schreck und zur Warnung für ein neues Geschlecht. Und diese Aufgabe sollte von Repräsentanten aus Staaten mit verschiedener Rechtspraxis und ungleichen gesellschaftlichen Verhältnissen gelöst werden. Ein Teil Reibungen war unumgänglich, Prestigegründe machten sich geltend. Die Zusammenarbeit ging trotzdem überraschend gut. Aber es gab Dinge, die in der Luft hängen blieben, wie z.B. als die Amerikaner das Gericht über das Einparteiensystem und die Verwerflichkeit des totalitären Staates belehrten.« (Hinweis von Joachim Siegerist: Brandt scheint dieser

gravierende Punkt nicht sehr wichtig gewesen zu sein. Bei einem bolschewistischen Staat können das Einparteiensystem und der totalitäre Staat ruhig einmal vergessen werden ....Politische Moral - wie Brandt sie versteht.)
»Andererseits hatte man gewisse Schwierigkeiten, den sozialen Hintergrund des Nationalsozialismus, den Zusammenhang zwischen dem Monopolkapitalismus und dem modernen Kannibalismus aufzudecken. Der Zusammenhang wurde berührt, aber nicht vertieft. Jackson unterstrich, daß der Nationalsozialismus zur Macht gekommen war mit Hilfe des ›bösen Bündnisses zwischen den extremsten der nationalsozialistischen Putschisten, den hemmungslosesten der deutschen Reaktionäre und den aggressivsten der deutschen Militaristen«. An einer anderen Stelle in seiner Rede rief er die Industriellen und Monarchisten als Verbündete der nationalsizialistischen Banditenführer aus. Das war eine wichtige Feststellung, aber sie hätte systematisch dokumentiert werden müssen, nicht nur flüchtig erwähnt werden.«
»Die nationalsozialistische Verschwörung zeichnete sich dadurch aus, daß sie in Wirklichkeit viel weniger im Verstecken vor sich ging als Verschwörungen es normalerweise tun. In großen Zügen hatten die Nationalsozialisten Bescheid gegeben, was sie beabsichtigte zu tun. ›Mein Kampf‹ wurde von den Anklagebehörden erst Anfang Januar benutzt. Es wäre von Vorteil gewesen, wenn dieses Buch als erstes Beweismaterial vorgelegt worden wäre. Hitler sagte überraschend viel von dem, was er beabsichtigte zu tun. Von der ›nationalsozialistischen Bibel‹ führt, wie festgestellt wurde, eine gerade Linie zum Krematorium in Auschwitz und zu den Gaskammern in

Majdanek. De Montant prägte den Ausdruck von ›dem Verbrechen gegen den Geist‹ der Nationalsozialisten. Die Verbrechen bestanden in der Ideologie selbst, die alle geistigen und moralischen Werte verneinte. Diese verbrecherische Ideologie war im Begriff, die Menschheit in die Barbarei zurückzuführen, nicht in den barbarischen Zustand der primitiven Völker, sondern in den der ›teuflischen Barbarei‹, die sich aller materieller Mittel bedient, die die jetzige Wissenschaft zu bieten hat. Es ist der nationalsozialistische Rassismus, der auf der einen Seite verneint, daß die Menschen irgendeinen Eigenwert haben, während er andererseits einer bestimmten Menschengruppe das ›Recht‹ einräumt, ein uneingeschränktes Gangsterreich zu errichten.« (Hinweis von Joachim Siegerist: Genau das, was Brandts Freunde im Kommunismus seit 1917 praktizieren.)

»Dies geht, wie der französische Hauptankläger unterstrich, viel länger als im Verlaufe der meisten fanatischen Regierungskriege. Damals war es ja noch so, daß derjenige, der zum ›richtigen‹ Glauben überging, verschont werden konnte und in die Gemeinschaft aufgenommen werden konnte. Die nationalsozialistischen Rassisten haben das Ungeheuerliche fertiggebracht, wie ein guter Freund von mir zu sagen pflegte, daß ganze Völker nicht länger als Menschen, sondern als Wanzen betrachtet wurden. Unter den vielen interessanten Papieren, die die Alliierten nach dem Zusammenbruch der Nationalsozialisten gefunden haben, war ein entlarvendes Referat einer Rede, die Hitler am 4. Oktober 1943 bei einem Treffen in Posen an seine Gruppenführer richtete. Dort bezeichnet er die ›Nichtgermanen‹ als Menschentiere, gegenüber denen die Deutschen keine Verpflichtungen haben. Die Deutschen waren nicht dafür bekannt, daß sie Tierquäler waren, aber ihr Verhältnis zum Tier wurde von der Nützlichkeit bestimmt. Ob Zehntausende von russischen Frauen aus Erschöpfung zusammenbrachen, während sie Panzerabwehrgräben bauten, interessierte Hitler nur insofern, als die Arbeit fertig werden mußte. Der SS-Chef prahlte in der gleichen Rede von den Konzentrationslagern, die großen Nutzen hatten, trotz all dem ›idiotischen humanistischen Gerede‹. Die Vernichtung der Juden besprach er als ein ehrenwertes Blatt in der deutschen Geschichte, und die daran teilgenommen hatten, seien moralisch gestärkt daraus hervorgegangen.«

»Dies ist die äußerste Grenze, weiter kann man nicht kommen. Und es ist ganz sicher, daß die meisten sich nicht darüber im klaren waren, wo sie enden würden, als sie anfingen. Aber der Rassismus - wie so vieles andere - hat seine eigene Logik. Das eine zieht das andere nach sich. Es begann mit ›nur‹ Gesetzesbrüchen, Drohungen und Terror beim Kampf um die Macht in Deutschland. Der Krieg um den Lebensraum des Herrenvolkes stand von Anfang an auf dem Programm. Diesen wünschten auch die Großfinanz, die Schwerindustrie und die Junker, die altmodischeren Imperialisten.« (Hinweis von Joachim Siegerist: Sätze, wie sie noch heute in SED-Zeitungen oder in der »Prawda« stehen könnten.) »So ging es weiter mit Gesetzesbrüchen, Drohungen und Terror in der internationalen Politik. Nachdem man erst ernsthaft in Gang gekommen war, war es im großen und ganzen der extreme Flügel, der den Takt bestimmte.«

»Aber die Marschrichtung war klar, als Hitler 1933 die

Macht übernahm, geholfen von der Macht der konservativen, kapitalistischen Reaktion und gestützt von einer Massenbewegung der ›wildgewordenen Kleinbürger‹. Bereits im März 1933 bildet er einen ›Reichsverteidigungsrat‹. Die Jahre bis 1937 sind eine Vorbereitungsperiode, aber das Ziel ist nicht mißzuverstehen. Deutschland wird aus der Abrüstungskonferenz und dem Völkerbund herausbugsiert. Allgemeine Wehrpflicht wird wieder eingeführt. Im März 1936 wird das entmilitarisierte Rheinland besetzt. Anfang 1933 sind die wichtigsten Vorbereitungen abgeschlossen. Im Juni d.Js. stellt Blomberg - damals Kriegsminister und Chef des Oberkommandos der Wehrmacht - Direktiven aus, um die Kriegsvorbereitungen zu koordinieren. Er sagt, daß Deutschland nicht mit dem Angriff von irgendeiner Seite zu rechnen braucht. Selbst hat Deutschland auch nicht vor, irgendeinen europäischen Krieg zu beginnen. Aber, sagt er weiter, es gilt, vorbereitet zu sein, in erster Linie, um eventuelle Angriffe (gerade hatte er konstatiert, daß man damit nicht zu rechnen brauchte) abwehren zu können, danach um die Möglichkeit zu einer ›militärischen Ausnutzung der politisch günstigen Situation zu haben, wenn eine solche entsteht‹. Da hat man eine der ›moderaten‹ Linien von Blomberg, eine ziemlich klare Kriegsperspektive. Hitler sprach deutlicher. Am 15. November 1937 hatte er einen kleinen Kreis, bestehend aus Blomberg, von Fritsch, Raeder, Göring, von Neurath, außerdem einem Oberst Voßbach, der Sekretär war, um sich versammelt. Er wollte seine Sicht der Außenpolitik darlegen, und die Anwesenden sollten dies als eine Art Testament betrachten. Hitler unterstrich, daß die deutsche Frage, daß die Forderung nach mehr Lebensraum, nur mit Macht gelöst werden könne. Es gab drei Möglichkeiten. Die erste war die, daß man weitermachte mit der ›friedlichen‹ Aufrüstung. In diesem Fall mußte die ›Aktion‹ spätestens im Laufe des Zeitraumes 1943-45 vor sich gehen. Ansonsten würde man den Rüstungsvorsprung verlieren und die Machtverhältnisse würden sich zuungunsten Deutschlands verändern. Die andere Alternative war die, daß die sozialen Widersprüche in Frankreich zu einer ernsthaften politischen Krise führen würden, so daß die französische Armee gelähmt würde. In diesem Fall war die Zeit inne, die Tschechoslowakei anzugreifen. Als dritte Möglichkeit rechnete Hitler damit, daß Frankreich in einen Krieg mit einem anderen Staat, näher bestimmt mit Italien, verwikkelt würde. (Um diese Chance nicht zu vernichten, setzte er sich dafür ein, die Hilfe an Franco zu reduzieren, so daß der Krieg in Spanien sich länger hinziehen und das französisch-italienische Spannungsverhältnis aufrechterhalten würde.) Auch dann wäre es möglich, die Tschechoslowakei anzugreifen. Das Ziel mußte sein, Österreich und die Tschechoslowakei gleichzeitig zu vereinnahmen, so daß man bei einem Vorstoß nach Westen nicht länger mit einer Flankendrohung zu rechnen brauchte. Blomberg und Fritsch versuchten zu dämpfen. Sie unterstrichen, daß man nicht England und Frankreich als militärische Gegner bekommen mußte. Selbst wenn Frankreich sich im Krieg mit Italien befände, würde es mit überlegenen Streitkräften an der Westgrenze aufmarschieren können. Die Befestigungsanlagen im Westen hatten damals geringen Wert. Die militärischen Chefs warnten auch vor der starken tschechoslowakischen Grenzverteidigung.

Die Generäle warnten, sie zweifelten daran, daß das, was sie als Hitlers Dilettantismus auffaßten, glücken würde. Aber sie widersprachen nicht dem zentralen - dem eigentlichen - Plan der Räuberpolitik.« (Hinweis von Joachim Siegerist: Während Brandt sich 1933 feige aus Deutschland davongestohlen hatte, machte er hier den Generälen den Vorwurf, Hitler nicht heftig genug widersprochen zu haben. Ein »sauberer« Charakterzug....)
»Zusammen mit dem Referat dessen, was Hitler im November 1937 zu sagen hatte, bekam man die Protokolle von mehreren anderen Treffen zu sehen. Sie zeigten, daß niemand von denen, die eine leitende Position im Dritten Reich innehatten, im Zweifel gewesen sein kann über den Kurs und das Ziel. Auf einem Treffen in der Reichskanzlei am 23. Mai 1939 erklärte Hitler, daß die Lösung von Deutschlands wirtschaftlichen Problemen nur erreicht werden könne durch ›mutige Handlung‹. Dies, sagte er, war ohne Invasion in anderen Ländern oder Angriff auf fremdes Eigentum unmöglich. In der Zwischenzeit hatte er bereits Österreich und die Tschechoslowakei bekommen, und jedesmal hatte er Versprechen abgegeben, daß Deutschland nun keine weiteren territorialen Ansprüche stellen würde. Aber jetzt befand man sich mitten in Streitigkeiten um Danzig. Hitler erklärte ausdrücklich, daß es sich durchaus nicht um Danzig handele (auf die gleiche Art und Weise wie er auf der Konferenz im November 1937 nicht ein Wort von den Sudetendeutschen erwähnt hatte). Worum es sich drehte, war ›unser Lebensraum im Osten, die Sicherung unserer Lebensmittelversorgung und die Lösung des baltischen Problems‹. Er war sich im klaren darüber, daß die polnische Frage

nicht isoliert von einem Konflikt mit den Westmächten gesehen werden konnte. Die Absicht war, Polen anzugreifen bei der ersten passenden Gelegenheit. Eine Wiederholung der tschechischen Affäre konnte man sich nicht erwarten. Andererseits sollte man alles tun, um einen Krieg mit den Westmächten zu vermeiden. Deshalb entschied Hitler zu diesem Zeitpunkt, daß ein Angriff auf Polen nur stattfinden könne, wenn es gelingen würde, das Eingreifen der Westmächte zu verhindern. Ansonsten wäre es besser, daß Deutschland sofort im Westen zum Angriff ging und ›gleichzeitig das polnische Problem löste‹. Im gleichen Treffen sagte Hitler, daß er nicht an die Möglichkeit einer friedlichen Ordnung mit England glaube.«

»›England ist unser Feind, und der Konflikt mit England wird zu einem Kampf auf Leben und Tod.‹ Deutschland mußte die ›niederländischen und belgischen Luftbasen‹ besetzen. Die Neutralitätserklärungen müsse man ignorieren. Hitler polemisierte gegen die Auffassung, daß der Krieg eine billige Affäre würde. Eine solche Möglichkeit sah er nicht. Die Deutschen mußten ihre Schiffe verbrennen. Es war nicht länger eine Frage der Gerechtigkeit oder Ungerechtigkeit, sondern eine Frage um Leben und Tod für 80 Millionen Menschen. Dem Feind sollten von Anfang an entscheidende Schläge beigebracht werden. Überlegungen darüber, was Recht oder Unrecht sei - oder Rücksicht auf Verträge - ›haben nichts mit der Sache zu tun‹.«

»Die heikelsten Dokumente sind in diesem Zusammenhang die Referate von Hitlers Treffen mit den Armeechefs in Berchtesgaden am 22. August 1933, eine Woche vor dem Überfall auf Polen. Dort sagte er, daß er noch im Frühjahr dazu geneigt habe, zuerst im Westen anzugreifen. Er sei sich allerdings darüber klar geworden, daß Polen im Falle eines deutschen Konflikts mit den Westmächten eingreifen würde. Jetzt sei die Zeit inne, und er räumte den ›persönlichen Faktoren‹ große Bedeutung ein. Über sich selbst sagte er, daß in Deutschland wahrscheinlich nie mehr ein Mann mit der gleichen Autorität auftreten würde. Und er könne jederzeit von einem ›Verbrecher oder Idioten‹ liquidiert werden. Er maß auch der Persönlichkeit Mussolinis entscheidende Bedeutung bei. Wenn ihm etwas geschehen würde, könnte man nicht länger mit der Loyalität Italiens rechnen. Franco wurde als der dritte persönliche Faktor erwähnt. In England und Frankreich gab es auf der anderen Seite keine bedeutenden Persönlichkeiten.«

»›Wir haben nicht zu verlieren, wir können nur gewinnen‹, sagte der Führer. Deutschlands wirtschaftliche Situation sei so, daß man die Räder nicht mehr lange in Schwung halten könne, das könne Göring bestätigen. Hitler räumte ein, daß die bevorstehende ›Aktion‹ mit einem großen Risiko verbunden war. Aber er war früher Risiken eingegangen, und es war immer gutgegangen, trotz der Warnungen, die er bekommen hatte. Groß-Deutschland war durch einen Bluff geschaffen worden. Deutschlands Ausgangsposition würde günstig werden aufgrund der schlechten Rüstung der Westmächte. Es ging darum, die Stellung im Westen zu halten, bis man mit Polen fertig war. Die Westmächte hofften, daß Rußland Deutschlands Feind würde, nachdem der Krieg gegen Polen abgeschlossen sei. Aber: ›Ich habe die armseligen Würmer

Willy Brandt nahm in der Uniform eines norwegischen Majors als Berichterstatter am Nürnberger Tribunal teil - keinesfalls als Deutscher, wie später oft behauptet wurde. Er war Norweger.

Daladier und Chamberlain in München gesehen. Sie werden zu feige sein, um anzugreifen‹. Hitler sagte weiterhin, daß er sicher gewesen sei, daß Stalin niemals das Bündnisangebot Englands entgegennehmen würde. Er meinte zu wissen, daß Stalin ernsthaft krank war. Außerdem mußte Stalin damit rechnen, daß sein Regime erledigt war, ganz gleich, ob seine Soldaten als Unterlegene oder als Sieger nach Hause kamen. Das Auswechseln von Litwinow sei entscheidend gewesen. Ausgehend von dem Handelsabkommen habe man politische Verhandlungen eingeleitet, und jetzt sei man einig, einen Freundschaftspakt zu schließen. Deutschland brauche nicht länger eine Blockade zu befürchten. Versorgung mit Korn, Rindern, Kohle und Metallen würde aus dem Osten kommen. Jetzt fürchtete Hitler nur, daß Chamberlain oder irgendein anderer ›Drecksack‹ mit einem Vermittlungsvorschlag kommen könne. Derjenige würde die Treppen hinunterbefördert werden. ›Und wenn ich ihm mitten vor den Augen der Fotografen in den Magen treten muß‹. Dies sagte Adolf Hitler zu seinen Generälen. Er erzählte ihnen auch, daß er einen propagandistischen Vorwand für den Krieg gegen Polen finden würde. Man könnte einige deutsche Kompanien in polnischen Uniformen benutzen, um in Oberschlesien oder ›dem Protektorat‹ anzugreifen. (Das war genau das, was geschah). Die Sieger würden nicht gefragt werden, ob er wahr oder nicht wahr gesprochen habe.« (Hinweis von Joachim Siegerist: Winston Churchill pflegte ähnliches noch krasser zu formulieren: »Im Krieg ist die Wahrheit so kostbar, daß sie nie anders als mit einer Leibwache von Lügen auftreten sollte!« Stalin und seine Mitarbeiter fanden an diesem

»Scherz« großen Gefallen, nachdem er übersetzt worden war.) »Wenn es darum ging anzufangen und Krieg zu führen, kam es nicht auf das Recht an, sondern auf den Sieg. Der Stärkste hat recht, sagte er, und forderte die militärischen Chefs auf, kein Mitleid zu zeigen. Er verglich sich mit Dschingis-Khan. Es spielte keine Rolle, was die degenerierte westeuropäische Zivilisation von ihm, Adolf Hitler, halte.«

»Niemand kann sagen, daß er nicht ganz aufrichtig gegenüber seinen Mitarbeitern gewesen sei. Sie mußten wissen, worauf sie sich einließen. Sie machten sich zu Mitschuldigen, entweder weil sie es sein wollten, oder weil sie sich vom Ehrgeiz und von der ›Überzeugung‹ leiten ließen, die Hitlers offenbar unwiderstehlicher Erfolg ihnen gab. Sie waren beteiligt an der Verschwörung - gegen den Frieden, die Zivilisation, die Menschheit.«

»Es wurde unterstrichen, daß die Nationalsozialisten die Macht an sich rissen mit Hilfe von Gesetzesbrüchen, Intrigen, Drohungen und Terror, und daß sie nach der Machtübernahme auf genau die gleiche Art und Weise in ihrem Verhältnis zu anderen Staaten weitermachten. Das ist richtig und wichtig. Kritische Zuhörer konnten es allerdings nur mit Schwierigkeiten lassen, Randbemerkungen zu machen. Die Führung, die auf diese Art und Weise an die Macht gekommen war, und deren Führer, der klaren Bescheid gegeben hat, welche Politik sie zu führen beabsichtigte, bekam mehr als eine formelle diplomatische Anerkennung. Die Betrüger, Räuber und Mörder waren Betrüger, Mörder und Räuber bereits 1933 - selbst wenn sie sich noch innerhalb bescheidener Grenzen hielten - aber sie wurden wie Gentlemen behandelt.

Der Botschafter George Messersmith, der amerikanischer Generalkonsul in Berlin war als die Naziherrschaft begann, wies in einer Erklärung, die in Nürnberg vorgelegt wurde, mit recht darauf hin, daß der ›Mangel an Widerstand von außen den nationalsozialistischen Gedanken, ganz Europa zu beherrschen und praktisch die ganze Welt, schnell förderte‹. Mit der Erzsünde, der rassistischen Pest, wurde auch in der demokratischen Welt nicht aufgeräumt.«

»Es wurde auch keine wirkliche Abrechnung mit der ›fünften Kolonne‹ vorgenommen, die die Nationalsozialisten rundherum in den verschiedenen Ländern an sich gebunden hatten. Es war bereits damals bekannt, daß Anweisungen für einen Großteil Geld aus Berlin kam. Durch gründliche Sicherheitsvorkehrungen hätte man mehrere Details um die Ausbezahlung an Henlein, Quisling, Karmazin, iranische Agenten und viele andere, die Waffenlieferungen der Deutschen an Polen, die faschistische Untergrundarbeit in Frankreich und vieles mehr aufdecken können. Das ›braune Netz‹ hätte in Stücke gerissen werden können, ohne daß man kriegerische Verwicklungen riskieren mußte. Nächste Randbemerkung: Die Ankläger gingen gelegentlich bis zu der Zeit kurz nach dem ersten Weltkrieg zurück, um nachzuweisen, wie die Deutschen sofort damit begannen, den Vertrag von Versailles zu kränken und heimliche Aufrüstung wollten, oder die jedenfalls die deutschen Militaristen dazu ermunterten.« (Hinweis von Joachim Siegerist: »Den Vertrag von Versailles zu ...«. Aus dieser Formulierung spricht der gleiche Haß gegen Deutschland, der nach dem Ersten Weltkrieg Pate für dieses Schand-Diktat stand. Universitätsprofessor Charles Callar Tansill: »In Nürnberg wurden Männer gehängt, weil sie die Sprengung der mit nationalem Haß legierten Ketten geplant hatten, durch die die Gemüter der Deutschen vergiftet wurden.«) »Man kann wohl sagen, daß die damalige englische Regierung durch das Flottenabkommen vom Juni 1935 eine Art Absolution erteilte für die heimliche Aufrüstung, die bereits vor sich gegangen war, und daß dies dazu beitrug, den Versailler Vertrag außer Funktion zu setzen.«

»Dies ist keine Entschuldigung für die Nationalsozialisten, aber eine Aufforderung, diejenigen zu kontrollieren, die die Nationalsozialisten favorisierten. Die Frage hat auch eine andere Seite. Wenn man die deutschen Militaristen für die heimliche Aufrüstung nach dem vorigen Krieg und für die Ausarbeitung von verschiedenen Angriffsplänen anklagte, so hat man sich damit auch eine große Verpflichtung zugezogen. Es ist ganz in Ordnung, daß die deutschen Militaristen mit einem Teil der Angriffsvorbereitungen konfrontiert wurden, die kurz nach dem Ersten Weltkrieg entstanden. Aber wenn man konsequent sein will, muß das bedeuten, daß auch jetzt keine Generalstäbe herumsitzen, die mehr oder weniger eigenständig mit Vorbereitungen für ›alle möglichen Eventualitäten‹ herumhantieren. Laßt uns aufrichtig hoffen, daß die Vereinten Nationen ihre große Verpflichtung wahrnehmen können. Laßt uns hoffen, daß Nürnberg dazu beigetragen hat, es für jeden klarzumachen, was diese Verpflichtung beinhaltet.« Soweit wieder Originalton Brandt.

Wie erschreckend einseitig und unverantwortlich vereinfachend Brandt die nationalsozialistische Politik beim Schreiben von »Verbrecher und andere Deutsche« charakterisierte, wird auch deutlich aus dem folgenden Kapitel, dem er die Überschrift »Die Überfälle« gab. Der geschichtsunkundige Leser könnte den Eindruck gewinnen, als wenn - selbst Österreich - ausschließlich mit nackter Gewalt von Hitler genommen worden sei. Da ist keine Zeile von den Tausenden, die auf den Straßen Wiens standen und den »Führer« bei seinem »Einmarsch - heim ins Reich« jubelnd begrüßten. Das Fortlassen dieser Tatsache ist umso unverständlicher, da Brandt doch sonst immer wieder in anklagender Form davon berichtete, daß Hitler so gewaltige Resonanz bei den Deutschen hatte. Das Münchener Abkommen schließlich tut er mit einigen nebensächlichen Handbewegungen ab. Zum Beispiel mit dem abenteuerlichen Satz: »Es war auch klarer Bescheid gegeben worden, daß die alliierten Großmächte nicht beabsichtigten, sich auf irgendeine Diskussion mit den nationalsozialistischen Kriegsverbrechern einzulassen, wenn es um die Kriegsursache in weiterer Bedeutung des Wortes ging.« Die internationale Hofierung Hitlers, das Münchener Abkommen, der zum großen Teil bejubelte »Einmarsch« der Deutschen Wehrmacht nach Österreich, das Versailler Abkommen, Brandts eigener Kampf gegen die Demokratie von Weimar - das alles sind Dinge, die Brandt offenbar nicht für besonders bedeutungsvoll hält. Für ihn ist es nur gerecht, wenn die Führer des Dritten Reiches wegen »25 Jahre verbrecherischer Politik« (so lange strebten die Nazis - laut Brandt - nach der Weltherrschaft) sich zu verantworten hatten. Eine Mitschuld der anderen - oder gar eine eigene Mitschuld - am Aufkommen des Nationalsozialismus - darüber lohnte sich für Brandt keine lange Diskus-

Neville Chamberlain (links) und der französische Ministerpräsident Daladier. Hitler hielt sie für »armselige Würmer«.

sion. Das war offensichtlich nebensächlich. Auffällig ist dabei vor allem, daß diese einäugige Naivität Brandts bis heute in der SPD gehalten hat - aber jetzt im Verhältnis zum Kommunismus. Besonders deutlich wurde das Mitte September 1989, als die Ost-Berliner SED-Führung um den wenig später aus Amt und Würden gejagten Honecker eine sich geradezu anbiedernde Besuchsgruppe der SPD kurzerhand mit einer schallenden Ohrfeige auslud. Bei diesem Vorgang war Schadenfreude nicht angebracht, wohl aber Sorge um den Kurs einer großen deutschen Partei, deren Umgang mit diktatorischen Regierungen offensichtlich noch heute von Naivität und Einäugigkeit bestimmt wird. Eine solche Regierung in Bonn - unterstützt durch die GRÜNEN...... Da wird man wirklich wieder an Konrad Adenauers Wort erinnert »Die SPD ist der Untergang Deutschlands«. Doch hören wir uns wieder Brandt selber an, was er in »Verbrecher und andere Deutsche« in einigen entscheidenden Aussagen seines Buches dazu zu sagen hat:

»Nach der Einleitung von Sir Hartley dokumentierten die englischen Anklagerepräsentanten die nationalsozialistischen Überfälle, zuerst die ›friedlichen‹ und danach die bewaffneten. Die Verträge waren nicht das Papier wert, auf das sie geschrieben waren. Sir Hartley sagte ganz zutreffend, wenn man von Ribbentrop gebeten wurde, einen Nichtangriffspakt zu unterschreiben, war das fast das gleiche wie eine Warnung, daß Deutschland beabsichtigte, das entsprechende Land anzugreifen. Österreich und die Tschechoslowakei bekam Hitler gratis. Man wußte schon früher, daß der ›Anschluß‹ durchgesetzt worden war mit Hilfe von Betrügereien und Gewalt. Die Dokumentation zeigte trotzdem einen Teil neuer Fakten, nicht zuletzt in bezug auf den grenzenlosen Zynismus der nationalsozialistischen Führer. Göring telefonierte mit Seyss-Inavart und diktierte den Text des Telegramms, das von Wien aus geschickt werden sollte, um die Deutschen zu ›Hilfe‹ zu rufen. Und dann fand er heraus, daß es im Grunde gar nicht notwendig war, das Telegramm zu senden, er hatte es ja schon. Österreich konnte ohne Krieg eingenommen werden. Aber Hitler hatte den Kriegsplan fertig, ›Plan Otto‹. Es ist allerdings höchst zweifelhaft, ob er es gewagt hätte, diesen Plan durchzuführen, wenn er gewußt hätte, daß das einen großen Krieg mit sich bringen würde. Man kann davon ausgehen, daß er es sich überlegt hätte. In der tschechoslowakischen Krise war Hitler genauso überzeugt davon, daß die Westmächte nicht eingreifen würden. ›Plan grün‹ war fertig. Keitel sagte allerdings in einem Verhör, daß Deutschland nicht militärisch vorbereitet gewesen sei, das Risiko einzugehen, wenn es klargeworden wäre, daß ein Angriff auf die Tschechoslowakai einen Krieg mit den Westmächten und der Sowjetunion mit sich bringen würde. ›Plan grün‹, der besonders eingehend in Nürnberg besprochen wurde, enthielt das bezeichnende Detail, daß der deutsche Botschafter in Prag ermordet werden sollte, falls man es zweckmäßig fand, eine solche ›Herausforderung‹ zusätzlich zu all den Geschichten von der Mißhandlung der Sudetendeutschen zu erhalten. Es kam nicht zum Krieg, aber zu ›München‹. Das Münchener Abkommen wurde nur kurz erwähnt. (Man sprach auch nicht weiter vom Krieg in Spanien). Jackson lehnte allerdings im Namen der USA jede Verantwortung für die schicksalhafte Politik der Westmächte, die damals geführt wurde, ab. ›München‹ war ein wunder Punkt, da es vier Mächte waren, die Ankläger und Richter stellten. Der tschechoslowakischsfe Repräsentant in Nürnberg sagte auf einer Pressekonferenz, daß er der Meinung sei, das größte Verbrechen gegen den Frieden sei in München begangen worden. Er wollte das Thema nicht weiter erörtern, und das war leicht zu verstehen. Es war auch klarer Bescheid gegeben worden, daß die alliierten Großmächte nicht beabsichtigten, sich auf irgendeine Diskussion mit den nationalsozialistischen Kriegsverbrechern einzulassen, wenn es um die Kriegsursachen in weiterer Bedeutung des Wortes ging. Dagegen konnte man nichts sagen.« (Hinweis von Joachim Siegerist: Gerade mit diesen Sätzen dokumentiert Brandt einmal mehr seine fragwürdige Einstellung zu einer objektiven Rechtsprechung. Selbst dem kleinsten Ganoven billigt man das zu, was man damals Deutschland verweigerte.) »Aber damit ist auch gesagt, daß die geschichtliche Darlegung nicht ganz abgeschlossen ist, indem man viele deutsche Dokumente veröffentlicht hat. Das Material über die Geschichte der nationalsozialistischen Verbrechen wird ganz umfangreich. Das Material über die Geschichte des Zweiten Weltkrieges und seine Vorgeschichte sollte absolut mit Informationen ergänzt werden, die sich in den Archiven der alliierten Mächte befinden. Vielleicht wird es möglich, den Vorhang zu heben, nachdem man mit den Großverbrechern fertig ist?« (Hinweis von Joachim Siegerist: Darauf wartet Deutschland heute noch; z.B. auf die in England bis weit ins Jahr 2000 unter

Verschluß gehaltenen Dokumente des in Spandau vermutlich umgebrachten Rudolf Heß.)

»Zurück zur Sache. Als Hitler und seine Mitverschwörer den Angriff auf Polen vorbereiteten, verstanden sie, daß es nicht zu einer Wiederholung des Spieles um die Tschechoslowakei kommen würde. Aber sie glaubten, sie könnten das Spiel gewinnen, indem sie die Gefahr des Zweifrontenkrieges abwehrten. Auf einem Treffen mit seinem Oberkommandierenden am 23. November 1939 prahlte Hitler, daß Deutschland jetzt nur an einer Front zu kämpfen habe. Rußland sei z.Zt. keine Gefahr. Der Vertrag mit der Sowjetunion solle allerdings nur solange aufrechterhalten werden, wie es eigenen Zielen dienlich sei. Hitler sagte, daß Rußland weitgehende strategische Ziele hatte, die mit der Zielsetzung der deutschen Außenpolitik kollidierten. Aber man könne die Russen nur stoppen, nachdem man sich im Westen freie Hände verschafft habe. Hitler beging die schwerwiegende Fehleinschätzung, als er glaubte, daß die Rote Armee keinen Wert habe. Ansonsten unternahm er es, in dieser Periode mit Stalin zu prahlen. Er mochte nicht den Gedanken, daß Stalin ermordet werden könne. Aber Himmler hatte nur wenige Monate zuvor eine Konferenz mit dem japanischen Botschafter gehabt, wo der Japaner u.a. erzählte, daß man eine Reihe von Agenten über die kaukasische Grenze geschickt habe mit dem ausdrücklichen Auftrag, den ersten Mann der Sowjetunion zu töten. Offensichtlich bekam Hitler wieder recht. Der Polenfeldzug wurde schneller abgewickelt als die deutschen Generäle geglaubt hatten. Die Kriegsführung der Westmächte war noch nicht in großem Maße von formeller

Art. Die Sowjetunion war neutral. Hitler begann sofort mit neuen Vorstößen.«

»›Fall gelb‹ - die Invasion in Belgien und Holland war der nächste Punkt auf der Skala. Der Plan war ausgearbeitet worden, während man doch mit ›weiß‹, d.h. Polen, beschäftigt war. Es waren die ungünstigsten Wetterverhältnisse, die dazu führten, daß ›gelb‹ nicht bereits im November 1939 durchgeführt wurde. Auf einem Treffen am 23. des gleichen Monats sagte Hitler, daß er die Neutralität Hollands und Belgiens brechen wolle, aber ›nicht so idiotisch, wie es 1914 gemacht wurde‹. In der Zwischenzeit erfolgten die Vorbereitungen zu den ›Weserübungen‹, das Stichwort für die Invasion in Norwegen und Dänemark. Dieser Plan war ein bißchen außerhalb des Rahmens, was die Engländer in Nürnberg unterstrichen.«

(Hinweis von Joachim Siegerist: Brandt »vergißt« zu erwähnen, daß Hitler in Norwegen lediglich den Engländern zuvorkam, die sämtliche Einmarschpläne für Norwegen bereits ausgearbeitet hatten.)

»In diesem Fall mußte Hitler faktisch überzeugt werden, das war sonst nicht nötig. Die, die ihn überredeten, waren - wie man aus dem Prozeß gegen Quisling wußte - Raeder, Rosenberg und Quisling. Aus dem Tagebuch von Jodl geht hervor, daß Hitler am 3. März 1940 den Befehl gegeben hatte, daß Norwegen und Dänemark zuerst kommen sollten, Holland und Belgien gleich danach. Am 19. Februar war Falkenhorst dazu bestimmt worden, die ›Weserübung‹ zu führen, und Jodl registrierte, daß er diesen Auftrag ›mit Freude‹ annahm. Am 14. März schrieb er in das Tagebuch, daß Hitler sich noch nicht entschlossen habe, ›welche Begründung er den Weserübungen geben sollte‹. Die Anweisungen von Raeder und Dönitz zeigten, wie die Kriegsschiffe, die an der Invasion teilnahmen, englische Decknamen bekamen, und daß sie den Befehl hatten, die norwegischen Wachfahrzeuge irrezuleiten, indem sie auf Englisch antworteten. Der Überfall auf Norwegen wurde auch in einem größeren Vortrag behandelt, den Jodl für die nationalsozialistischen Reichs- und Gauleiter in München am 7. November 1943 hielt. Er sagte, daß Norwegen und Dänemark sich ›außerhalb der unmittelbaren Gefahr‹ befunden hatten. Von deutscher Seite mußte man allerdings damit rechnen, daß England sich in den skandinavischen Ländern festsetzen würde, um eine strategische Einkreisung vom Norden aus vorzunehmen, und um die Zufuhr von Eisen, Malm und Nickel, die absolut notwendig für die deutsche Kriegsindustrie war, abzuschneiden. Dazu kam, sagte er, Deutschlands maritime Forderung. Man wollte sich Flugzeug- und Marinebasen schaffen, um freien Zugang zum Atlantik zu haben. Jodl behauptete weiterhin, daß der Widerstand von der norwegischen Seite die Westoffensive 1940 verspätet hatte. Als Frankreich dann geschlagen war, standen die nationalsozialistischen Militaristen vor der Frage, ob sie sofort weiter gegen England vorgehen sollten.«

»Die Invasion der britischen Inseln (›Operation Seelöwe‹) wurde bis ins kleinste Detail geplant. Mitte August 1940 waren die Vorbereitungen abgeschlossen, abgesehen von der Transportfrage, die noch keine zufriedenstellende Lösung gefunden hatte. In der Verbindung sagte Jodl, daß man es nicht wagen könne, England anzugreifen, bevor die britische Luftwaffe zerstört sei. Er sprach kurz danach von der hoffnungslosen Unterlegenheit der deutschen Marine. Aber, sagte Jodl weiter, man könne nicht die deutsche Luftwaffe sich zu Tode bluten lassen ›mit dem Krieg im Osten vor Augen‹.«

»Im August/September 1940 verstand Hitler, daß es mit ›Seelöwe‹ nicht ging. Shawcross nannte dies die ›erste und vielleicht entscheidende Niederlage‹ der Deutschen. Aber noch während der Krieg an der Westfront andauerte, informierte Hitler seinen Jodl darüber, daß er gegen Rußland marschieren werde, sobald die militärische Stellung es zulasse. Anfang September sagte Hitler zu Jodl, daß es notwendig werden würde, im Osten anzugreifen, bevor man mit dem Krieg im Westen fertig sei. Später im September bekam Raeder das gleiche zu hören. Der damalige Großadmiral protestierte übrigens. Er wollte an dem ehemaligen Plan, zunächst mit England fertigzuwerden, zunächst festhalten. Bereits am 7. September 1940 gab Jodl Anweisungen, die deutschen Besatzungstruppen im Osten zu verstärken. Die Verstärkungen sollten camoufliert werden so gut, wie es sich machen ließe. Am 12. November kam ein von Jodl signierter Hitlerbefehl über weitere Vorbereitungen für den Krieg gegen die Sowjetunion. Das war am gleichen Tag, an dem Molotow nach Berlin kam. Vier Tage später wurden die Anweisungen für den ›Fall Barbarossa‹, den Überfall auf die Sowjetunion, rausgeschickt.«

»Dazwischen - einige Tage bevor der »Plan Barbarossa‹ herausgegeben wurde - gab Hitler den Befehl, die ›Operation Marita‹, den Angriff auf Griechenland, vorzubereiten. Nach dem, was Jodl im November 1943 in seinem Vortrag sagte, waren die leitenden Militärs sich bereits im Winter 1940/41 darüber im klaren, wie es mit Italien bestellt war. Je klarer man sich darüber wurde, desto wichtiger wurde die Front in Nordafrika für das deutsche Oberkommando. Man war unzufrieden damit, auf dem Balkan anzugreifen, als Folge von Italiens ›unnötiger Aktion gegenüber Griechenland‹, die im Widerspruch zu allen Verträgen durchgeführt worden war, sagte Jodl. Dabei dachte er selbstverständlich an die Verträge mit Deutschland, nicht an die mit Griechenland.«

Unternehmen Barbarossa

»Obwohl die Nationalsozialisten intensiv damit arbeiteten, den Krieg im Osten vorzubereiten, schlossen sie im Januar 1941 einen neuen Vertrag mit der Sowjetunion. Im März ›beschlossen‹ die Machthaber in Berlin, die Sowjetunion in neun verschiedene Staaten aufzuteilen. Gleichzeitig arbeiteten sie wirtschaftliche Pläne aus, die darauf hinausliefen, daß die Sowjetunion die deutsche Armee mit Lebensmitteln im dritten Kriegsjahr versorgen solle. In einem Memorandum, datiert am 2. Mai, stand, daß der Krieg nur durchgeführt werden könne unter dieser Voraussetzung. Und weiter: ›Es kann kein Zweifel bestehen, daß als Folge dessen Millionen von Menschen sterben werden‹.«

»Am 1. Mai bestimmte Hitler den genauen Zeitpunkt für den Angriff im Osten.« (Hinweis von Joachim Siegerist: Mehrere in den Westen übergelaufene Generale haben inzwischen bestätigt, daß Stalin seinerseits einen Angriff auf Deutschland geplant hatte, dem Hitler allerdings mit dem Unternehmen »Barbarossa« zuvorkam. Stalin wollte nur abwarten, bis sich der Westen gegenseitig zerrieben hatte.) »Am 15. Mai waren alle Vorbereitungen abgeschlossen. Es war zunächst beabsichtigt, die Armeen in West-Rußland zu vernichten, und als erstes Ziel wurde eine Linie von der Wolga bis Archangelsk gezogen. Falls nötig, sollte die Luftwaffe danach die noch existierende russische Industrie im Ural zerstören. Die Naziführer beurteilten die Situation falsch. Sie rechneten mit harten vierwöchigen Kämpfen; es wurden fast vier Jahre - und mit einem ganz anderen Resultat als sie es sich vorgestellt hatten. Die Rote Armee wurde stark in Mitleidenschaft gezogen, aber es gelang Stalin, neue Armeen in Bewegung zu setzen. Der britische Hauptankläger konnte allerdings dokumentieren, daß von der Schulenburg - der deutsche Botschafter in Moskau - noch so spät wie am 7. Juni 1941 nach Berlin rapportiert hatte, daß Stalin und Molotow alles taten, um einen Krieg mit Deutschland zu vermeiden. Die Sowjetunion hielt auch, lt. Shawcross, bis zum letzten Tag ihre Verpflichtungen ein, die sie sich infolge des deutsch-russischen Handelsvertrages aufgeladen hatten. All das, was Hitler, Ribbentrop und Goebbels bei Kriegsausbruch sagten, war eine einzige Lüge - hier genauso wie bei den anderen Überfällen.«

»Der Überfall auf die Sowjetunion wurde noch detaillierter dargelegt, als der russische Ankläger sein Beweismaterial vorlegte. Unter anderem wurde ein sehr wichtiger Zeuge, der Feldmarschall aus Stalingrad Friedrich Paulus, geführt. Er wies nach, daß die Ausarbeitung der Überfallspläne bereits begonnen hatte, zwei bis drei Wochen bevor er am 3. September 1940 seinen Dienst als erster Hauptquartiermeister im Oberkommando des Heeres antrat, dort formte er später den ›Plan Barbarossa‹ mit dem dazugehörenden Manövervorbereitungen aus. Es gehörte zu den Plänen des Generalstabs, keine größeren Rekognoszierungstätigkeiten vorzunehmen. Damit ging man das Risiko großer Verluste ein, aber man erreichte einen größeren Überrumpelungseffekt. Dies bedeutete auch, sagte Paulus, daß man auf deutscher Seite nicht mit einem russischen Angriff rechnete. Nachdem man das strategische Ziel (die Linie Wolga-Archangelsk) erreicht hatte, beabsichtigte man die Sowjetunion zu kolonisieren. Diese Kolonisierung sollte die Grundlage bilden, um den Krieg im Westen abzuschließen und definitiv die Herrschaft über Europa zu sichern. Auf deutscher Seite ging man von Anfang an davon aus, daß Rumänien als Aufmarschgebiet für den Südflügel benutzt werden sollte. Der Krieg gegen Jugoslawien war notwendig, um die Flanke zu sichern, aber das führte dazu, daß der Start für den Angriff auf Rußland ca. fünf Wochen verschoben wurde. Was das nördliche Angriffsgebiet angeht, wurde die Zusammenarbeit mit den damaligen finnischen Machthabern bereits im Herbst 1940 aufgenommen.«

»Es weckt eine gewisse Aufmerksamkeit, daß Paulus - ein gebrochener Mann mit einem immer noch klaren Verstand - von ›dem verbrecherischen Überfall‹ und von ›dem wahnsinnigen Verbrecher, der an der Spitze der Staats- und Militärführung stand‹ sprach, nachdem er selbst daran beteiligt gewesen war, den Angriffsplan auszuarbeiten und durchzuführen. Aber er machte auf eine - wie ich glaube - überzeugende Art und Weise klar, daß er damals in dem Gedankengang verfangen war, daß das Schicksal eines Volkes auf Machtpolitik basiert werden könne. Seitdem war er, wie er es ausdrückte, zu der Erkenntnis gekommen, daß unser Jahrhundert eine andere Basis verlangt, nämlich die der Demokratie und des Nationalitätenprinzips. Seine Erkenntnis war unter dem Eindruck des Grauens in Stalingrad gewachsen.« (Hinweis von Joachim Siegerist: Wen wundert es, daß Brandt für den von den Kommunisten gebrochenen Verräter einstigen Hitler-Paladin Paulus so großes Verständnis aufbringt?)

»Ein anderer Zeuge, General Erich Buschenhagen, der seinerzeit Generalstabschef unter Falkenhorst in Norwegen war, erklärte, daß die deutsch-finnische militärische Zusammenarbeit im Herbst 1940 mit dem Vertrag über die Transitierung von Nord-Norwegen zu den finnischen Häfen eingeleitet wurde. Aufgrund seiner Kenntnisse aus erster Hand stellte er fest, daß die Behauptung des finnischen Generalstabs vom ›Verteidigungskrieg‹ nur eine Camouflage war. Sowohl Paulus als auch Buschenhagen nahmen an einem Treffen der Armeechefs im Dezember 1940 teil, wo Halder sie informierte über den Überfall auf die Sowjetunion. Der finnische Generalstabschef Heinrichs hielt sich zu diesem Zeitpunkt auch in Zossen auf und berichtete von seinen Erfahrungen des finnisch-russischen Winterkriegs. 1941 reiste Buschenhagen nach Helsinki, wo er zusammen mit dem finnischen Generalstab konkrete Pläne für einen gemeinsamen Angriff erörterte. Danach wurden die Pläne beim Oberkommando in Norwegen ausgearbeitet, nämlich der ›Plan Rentier‹ für den Vorstoß von Kirkenes nah Petsamo und der ›Plan Silberfuchs‹ für die Operation um Rovaniemi. Buschenhagen sagte, daß Heinrichs und seine Leute von Anfang

an sich darüber im klaren waren, daß es sich um einen Angriffskrieg handele, während man andererseits nicht mit einem russischen Angriff auf Finnland rechnete.«
Im weiteren Verlauf dieses Kapitels schildert Brandt dann, wie Hitler angeblich die ganze Welt erobern wollte (von Stalins kommunistischer Weltrevolution freilich kein Ton). Das alles gipfelt in den Sätzen: »Die nationalsozialistischen Führer trachteten wirklich nach der Weltherrschaft.....In Nürnberg wurden viele Dokumente vorgelegt, die zeigten, wie weit die nationalsozialistischen Intentionen gingen. Es begann damit, daß der Vertrag von Versailles in Stücke gerissen wurde.....« Zum letzten Halbsatz von Brandt kann ich nur sagen: »Gott sei Dank, daß dieser den Krieg verursachende Vertrag in Stücke gerissen wurde. Ohne ihn wären der Menschheit Adolf Hitler und der Zweite Weltkrieg erspart geblieben.«
In dem Kapitel »Die Verbrechen im Westen« geht Brandt in »Verbrecher und andere Deutsche« aber - unberührt vom Versailler Vertrag - weiter auf die Alleinschuld Deutschlands am Zweiten Weltkrieg ein und schreibt:

»Keine Geschichtsschreibung wird das Faktum wegerklären können, daß es Hitler-Deutschland war, das den Zweiten Weltkrieg startete. Die nationalsozialistischen Führer wollten den Krieg.« Und dann die »bedeutungsvollen« Sätze: »Krieg ist kein Kinderspiel. Völkern kann ein Verteidigungskrieg aufgezwungen werden. Sie können Krieg führen für hohe Ideale und für das Recht des einzelnen zu leben.« Verlogen - nichts anderes sind diese Sätze. Worin haben denn diese »hohen Ideale« bestanden? Etwa in der Tatsache, daß die USA, Frankreich und England es zuließen, daß Stalin nach Hitler die Hälfte der Menschheit unter das rote Joch zwingen konnte? Oder verstand Brandt unter den »hohen Idealen« der Freiheit vielleicht die Bombardierung der deutschen Städte - etwa Dresden, wo Hunderttausende von Frauen und Kindern unschuldig verbrennen mußten? Bei der für mich äußerst zweifelhaften Diskussion über die »Alleinschuld« Deutschlands stellt sich noch eine ganz entscheidende Frage, die der Autor Günther Just am 11. September 1989 in der Zeitung »Der Schlesier« folgendermaßen formulierte: »Nur wer etwas zu verheimlichen hat, versperrt Historikern den Zugang zu den Archiven mit sämtlichen Dokumenten einschließlich zurückgehaltener deutscher Dokumente, die bei Kriegsende in die Hände der Feinde Deutschlands fielen. Schon vor über zwanzig Jahren hat der Historiker Stefan T. Possony gefordert, die Archive zu öffnen und versteckt gehaltene Dokumente der Öffentlichkeit zu übergeben. Er sagte: ›Man tut wohl daran, das Problem der Kollektivschuld der Vergessenheit anheimzustellen. Wenn es überhaupt eine echte Kriegsschuld gibt, so fällt diese Schuld auf kleine Gruppen und Einzelpersonen. Wenn man also über die Ursprünge der beiden Weltkriege ehrlich und endgültig Klarheit schaffen will, so müßte man eine internationale Historikerkommission einsetzen und in allen beteiligten Ländern die Dokumente, welcher Art sie auch immer sein mögen, freigeben‹. Müßte es Politiker und die gutgläubigen, unkritischen Fernsehzuschauer - vor allem aber Jugendliche - nicht allein schon nachdenklich machen, daß die Siegermächte sogar nach Ablauf der Sperrfristen für geheime Dokumente es noch immer nicht wagen, sie der

historischen Forschung und damit der Weltöffentlichkeit zugänglich zu machen?«
Soweit Günther Just im »Schlesier«, dem ich nur voll zustimmen kann.
Bevor Brandt unter dem Kapitel »Das größte Verbrechen« die Judenvernichtung der NSDAP schildert, geht er noch einmal breit auf Verbrechen der Deutschen an den Russen und »anderer slawischer Völker« ein. Es ist erstaunlich, mit welch buchhalterischer Genauigkeit Brandt all diese Grausamkeiten schildert, wo er doch für die Verbrechen anderer an Deutschen - besonders der Polen - bis heute kaum ein Wort fand. Jedenfalls konnte ich darüber in all seinen Werken nichts entdecken. Jeder Satz seines Kapitels »Die Verbrechen im Osten« könnte man breit kommentieren. Ich muß mich aber auf die wesentlichen Passagen beschränken. Seine Beweisführung über die Verbrechen der Deutschen im Osten beginnt Brandt ausgerechnet mit der Nürnberger Einleitungsrede des Stalin-Generals Rudenkow. Wörtlich schreibt er dazu:
»Die Russen und die anderen slawischen Völker mußten am meisten erleiden. Es war richtig, daß diese Tatsache in der Einleitungsrede von Rudenkow festgestellt wurde, und daß sie von seinen Mitanklägern unterstrichen und dokumentiert wurde. Die Grauen in der Tschechoslowakei sind bekannt genug. Das Niedermähen der Studenten in Prag fand bereits Ende 1939 statt.« (Hinweis von Joachim Siegerist: Die Verbrechen der Tschechen an Deutschen habe ich bereits in meinem Buch »Schreie aus der Hölle« geschildert. Franz Josef Strauß sagte wenige Jahre vor seinem Tod: »Hitlers Verbrechen geschahen meist im Verborgenen. Die Tschechen machten aus ihren

Verbrechen gegen die Deutschen wahre Volksfeste. Das ist der Unterschied.«) »Im Juni 1942 wurde der Ort Lidice eingeebnet und seine erwachsene Bevölkerung vernichtet. Die Filmaufnahmen der Gestapoleute wurden im Gericht gezeigt. Die Nationalsozialisten hatten nicht Fantasie genug um zu begreifen, daß sie Lidice unsterblich machten.«

»Polen verlor Millionen von Menschen. Auf seinem Territorium lagen die größten Mordfabriken: Auschwitz, Majdanek, Treblinka. In Jugoslawien gingen im Verlaufe des Krieges 1.650.000 Menschen zugrunde. In Griechenland wurden 91.000 Personen erschossen, erhängt oder auf andere Weise ermordet, größtenteils Priester, Lehrer und Intellektuelle. Die Hungerpeitsche wurde so angewandt, daß die Sterberate mit 600 bis 1.000 Prozent wuchs.«

»In der Sowjetunion wurden im Verlaufe des Krieges 1.710 Städte und über 70.000 Dörfer zustört. 6 Millionen Häuser wurden zerstört. Annähernd 32.000 Fabriken und Werkstätte, 4.000 Eisenbahnstationen, 40.000 Krankenhäuser, 84.000 Schulen, 43.000 Bibliotheken, 98.000 Kollektivgüter, 2.500 Kirchen und vieles andere wurden vernichtet. Die Verluste belaufen sich auf zwischen drei und vier Jahre des Nationaleinkommens.«

»Millionen von Menschen verloren ihr Leben. Hunderttausende von Kriegsgefangenen gingen in den Lagern und bei der Zwangsarbeit zugrunde. Unter den 5,5 Millionen, die in Majdanek und Auschwitz ermordet wurden, waren viele Sowjetbürger. Die russischen Staatsanwälte berichteten von den Verhältnissen dort und in vielen anderen Lagern, wo Tausende und Abertausende mißhandelt und getötet wurden. Nur im Wald von Livenitzki im

Distrikt um Loch wurden 200.000 Menschen in der Besatzungszeit erschossen. Als der Repräsentant der Anklagebehörde von den Grausamkeiten berichtete, konnte er auf 54.804 Einzelberichte verweisen. Es war eine Unendlichkeit von Zeugenaussagen über eine grenzenlose Ausplünderung, über Vergewaltigung, Tortur, Erschießung, Hängen und Kindermord.«

»Die Russen zeigten dem Gericht Filme von den Zerstörungen und der vandalistischen Niederwalzung der Kulturdenkmäler. Sie zeigten den Film von Majdanek und Auschwitz. Sie zeigten auch Bilder, die von Gestapoleuten aufgenommen waren. Dort konnte man Frauen sehen, die dabei waren, sich zu entkleiden und einige, die bereits ganz nackt waren, kurz bevor sie ermordet werden sollten. Da war eine Fotografie von einem Mädchen, das mißhandelt worden war, und das man nun erwürgte, und Fotografien von Leichen, die nicht nur an den Laternenmasten hingen, sondern auch draußen an den Hauswänden. Da standen Frauen, Männer und Kinder am Rand des Grabes, das sie selbst gegraben hatten. Man sah sie, indem die Revolver ihnen an den Nacken gehalten wurden und nachdem sie erschossen waren. Da waren Haufen von Köpfen nach dem Guillotinieren. Man sah eine Aufnahme von dem Orchester in einem der Konzentrationslager, das den ›Todestango‹ spielen mußte, während die ›Liquidierung‹ vor sich ging. Bilder von Maschinen, die man benutzte, um die Gebeine von 250.000 Menschen zu zermahlen. Seifenfabriken in Danzig..... Nein, es war keine propagandistische Übertreibung. Es gab ein chemisches Institut in Danzig. Und dieses Institut wurde von einem Prof. Spander geleitet, der die Anleitungen zur Produktion von Kernseife und Grünseife mit Menschenfett als Rohmaterial ausarbeitete. Prüfstücke von dem fertigen Produkt wurden in die Sammlung des Beweismaterials des Gericht aufgenommen. Mit der kommerziellen Ausnutzung von Menschenhaut war man noch nicht so weit gekommen. Dort befand man sich noch im Versuchsstadium.«

»Was hat all dies mit dem Prozeß gegen die deutschen Kriegsverbrecher zu tun? Zunächst muß die politische und militärische Führung eines Landes die Verantwortung für die Resultate ihrer Politik tragen. Zum zweiten war die nationalsozialistische Politik im Osten, genau wie im Westen, im vorhinein geplant. Einige lokale Führer können weitergegangen sein als zunächst beabsichtigt, aber sie operierten mit Ausgangspunkt in einer nationalsozialistischen ›Generallinie‹. Es kann am Platze sein, dies mit Hilfe einiger der Dokumente, die dem Gericht vorgelegt wurden, zu beleuchten. Da war z.B. die Aufzeichnung, die Bormann gemacht hatte nach einem Gespräch zu Hause bei Hitler am 2. Oktober 1940. Frank war anwesend und berichtete von der Lage im ›Generalgouvernement‹. Hitler sagte, daß die Polen, im Gegensatz zu den Deutschen, dazu geboren waren, schwere Arbeit zu leisten. Der Lebensstandard sollte niedrig gehalten werden. Der am schlechtesten bezahlte Deutsche sollte immer 10 Prozent über dem am besten gestellten Polen liegen. Das Generalgouvernement mußte niemals ein selbständiges wirtschaftliches Gebiet werden, sagte Hitler weiter. Es sollte ein Reservegebiet für ungelernte Arbeitskraft für die Industrie und für die Landwirtschaft in Deutschland sein. Polen sollte ein großes Arbeitslager werden, und die Polen sollten 14 Stunden am Tag arbeiten. Die größten Gutsbesitzer in Polen sollten vernichtet werden, ebenso alle Repräsentanten der polnischen Intelligenz. Dies könne unmenschlich erscheinen, aber ›so ist das Gesetz des Lebens‹. Irgendein sexuelles Verhältnis zwischen Deutschen und Polen mußte absolut nicht erlaubt werden. Übrigens war Hitler daran interessiert, daß die Polen weiterhin Katholiken blieben. Die Priester sollten von den Deutschen Essen erhalten. ›Sie werden von uns bezahlt werden, und darum werden sie predigen, was wir wünschen, das sie predigen sollen.‹ Wenn ein Priester etwas anderes tat, sollte man kurzen Prozeß mit ihm machen.«

»Über die Tschechoslowakei steht im gleichen Dokument: »Das tschechoslowakische Gebiet soll von deutschen Bauern kolonisiert werden. Die Tschechen werden nach Sibirien oder Wolminia deportiert. Sie müssen aus Zentraleuropa verschwinden. In einem späteren Treffen gab Hitler den Befehl, daß Jugoslawien als Staat vernichtet werden sollte. Die Russen haben viele solcher Dokumente vorgelegt.«

»Die Amerikaner hatten Franks Tagebuch beschlagnahmt. Es umfaßte 31 Bände und die Periode von 1939 bis 1945. Am 19. Januar 1940 schrieb Frank, daß sein Verhältnis zu den Polen so sei wie ›das Verhältnis zwischen Ameisen und Blattläusen‹. Im Dezember 1940: ›Übrigens kümmern wir uns nicht darum, inwiefern dieses Land blüht. Für uns geht es darum, daß die deutsche Autorität in diesem ›Raum‹ errichtet wird. Wir denken imperial im größten Stil aller Zeiten. Die Polen müssen erkennen, daß wir keinen Rechtsstaat für sie aufbauen.‹

Am 9. Januar 1941 registrierte Frank, daß der größte Teil der Polen nur 600 Kalorien erhielt, und daß die Bevölkerung eine leichte Beute für Flecktyphus werden würde. In einer Rede am 18. März 1944 erklärte er: ›Wenn ich zum Führer gekommen wäre und gesagt hätte: Mein Führer, ich melde, daß ich 150.000 Polen vernichtet habe, hätte er gesagt: Schön, wenn es notwendig war.‹ An einer anderen Stelle stand: ›Wir müssen nicht sentimental sein, wenn wir hören, daß 17.000 Polen erschossen worden sind. Ich habe nicht gezögert zu erklären, daß bis zu 100 Polen erschossen werden sollten, für jeden Deutschen, der erschossen werden mußte‹.«

»Aus Görings ›grüner Mappe‹ wurde öfters zitiert. Sie enthielt eine ›Anleitung für wirtschaftliche Kontrolle der neubesetzten Ostgebiete‹, datiert Berlin im Juni 1941. In dieser Anleitung sagte Göring, daß es - in Übereinstimmung mit dem Befehl des Führers - notwendig sei, alle Schritte zu einer augenblicklichen und vollständigen Ausnutzung der besetzten Gebiete zum Vorteil Deutschlands einzuleiten. Das Hauptziel des Feldzuges war, ein Maximum an Lebensmitteln und Öl zu erhalten, und besonders ›so schnell wie möglich dahinzukommen, daß die deutschen Truppen ganz und gar mit Lebensmitteln versorgt werden können, die aus den besetzten Gebieten kommen‹. Es war ein totales Mißverständnis, sagte Göring, wenn jemand glaubte, daß es darum ging, in den besetzten Gebieten Ordnung zu errichten und das Wirtschaftsleben wieder aufzubauen. Ordnung sollte nur in den Gebieten wieder errichtet werden, wo man wesentliche Mengen von Lebensmitteln und Öl gewinnen könne.

Hermann Göring: Egal wenn andere für Deutschland verhungern. Der »Reichsmarschall« träumte von »Großdeutschland«.

In anderen Gebieten könne man sich darauf beschränken, sich um die requirierten Lager zu kümmern.«

»Die russische Dokumentation enthielt auch das Protokoll eines Treffens zwischen Göring und den Reichskommissaren am 6. August 1942. Göring sagte, genauso wie Hitler vorher gesagt hatte, daß es ihn nicht interessiere, ob die Bevölkerung in den besetzten Ländern verhungere. Diejenigen, die für Deutschland arbeiteten, sollten gerade genug bekommen, um am Leben zu bleiben. Mit den anderen könne es gehen wie es wolle. Bei diesem Treffen sagte Göring auch: ›Ich beabsichtige zu plündern, und ich werde es tun.... Sie sind nicht hierher gekommen, um sich für die Völker zu verwenden, sondern um all das aus ihnen herauszupumpen, was sie können. Das Ziel für unsere Arbeit ist, die Ukrainer für Deutschland arbeiten zu lassen. Wir sind nicht hier, um diese Leute glücklich zu machen. Sie müssen uns das geben, was Deutschland fehlt‹.«

»Der Feldmarschall von Reichenau, der damals der Chef der deutschen Truppen im südlichen Frontabschnitt war, sagte in einem Tagesbefehl am 10. Oktober 1941: ›Ihr seid nicht nur Soldaten, sondern auch Träger einer unversöhnlichen nationalistischen Idee. Deshalb muß jeder Soldat die Notwendigkeit einer harten Vergeltung gegenüber den jüdisch-bolschewistischen Untermenschen verstehen. Das wesentliche Ziel für unseren Feldzug ist es, den asiatischen Einfluß auszuräumen und seine Machtmittel im europäischen Kulturkreis vollständig zu zerstören‹.«

»Der Vernichtungsfeldzug im Osten war genauso gründlich geplant, wie der ›Plan Barbarossa‹. Der frühere SS-

General Walter Schellenberg, der im Zusammenhang mit der Aktion von Graf Bernadotte zum Vorteil für die skandinavischen Gefangenen in Deutschland eine gewisse Rolle spielte, erklärte als Zeuge in Nürnberg, daß vor dem Überfall auf die Sowjetunion regelrechte Terrorabsprachen zwischen der Wehrmacht und der Gestapo getroffen wurden. Die sogen. Anti-Partisanenkriegsführung, die in Wirklichkeit auch die friedliche Zivilbevölkerung mit einbezog, wurde nach Konferenzen zwischen den SS-Führern und Repräsentanten des Oberkommandos der Wehrmacht wieder aufgenommen. Die Einsatzgruppen waren das Resultat dieser Konferenzen. SS-Zeugen bestätigten ausdrücklich, daß sie keinen Unterschied zwischen Partisanen und Zivilisten machten.«
»Keitel schickte bereits am 13. März 1941 eine Dienstvorschrift, die besagte, daß Hitler ›besondere Aufträge‹ auf dem Kriegsschauplatz im Zusammenhang mit den Vorbereitungen für die politische Verwaltung gegeben habe. Heute weiß die ganze Welt, worin die ›besonderen Aufträge‹ bestanden. Sie galten hauptsächlich der ›Sonderbehandlung‹, ein anderer Ausdruck für ›Liquidierung‹, den die Gestapoleute benutzten, wenn sie fein sein wollten. Im Juni 1941 gab das deutsche Oberkommando eine Vorschrift mit besonders brutalen Richtlinie für die Behandlung von denen, die sich dem Befehl der Nationalsozialisten widersetzten, heraus. In einem Zusatz zu ›dem Barbarossa-Plan‹ wurden ›drakonische Maßnahmen‹ gegenüber der Zivilbevölkerung und den Partisanen empfohlen. In dem Fall, wo es zu spät sei, diese Methoden zu benutzen, sollten verdächtige Personen zu den Offizieren geführt werden, die dann entscheiden sollten, inwie-

fern sie erschossen werden sollten oder nicht. Das gleiche Rundschreiben empfahl ›Repressalien im Massenmaßstab‹. Kurz vor dem Überfall wurde auch von Hitlers und Keitels Seite festgestellt, daß Straffreiheit herrschen sollte für deutsche Soldaten, die sich gegenüber der russischen Bevölkerung Übergriffe erlaubten - Raub und Mord sollten nicht bestraft werden.« (Hinweis von Joachim Siegerist: Ein besonders gemeiner Satz Willy Brandts, der die Ehre aller deutschen Soldaten trifft, die in Rußland fair und ritterlich gekämpft haben. Im Gegensatz zu wahren Menschen-Bestien in der Roten Armee. Die indirekte Kriminalisierung der Deutschen Wehrmacht durch Brandt ist besonders gemein.) »Die Offiziere bekamen eine Vorschrift, die 12 Gebote für die Haltung gegenüber den Russen enthielt. Dort stand u.a., ›das gesunde Gefühl von Haß und Aversion gegen alles Russische bei den Soldaten muß nicht unterdrückt werden, sondern gefördert werden‹. Ribbentrop, der deutsche Außenminister, schloß einen Vertrag über nahe Zusammenarbeit mit Kaltenbrunner, dem Repräsentanten der Gestapo.«

»Besonders ausführlich waren die Dokumentationen der Anklagebehörden in bezug auf die Mißhandlung russischer Kriegsgefangener. Auch bei diesem Punkt drehte es sich um im vorhinein festgelegte Politik. Der erste Zeuge der Amerikaner, der Generalmajor Erwin Lahausen, erzählte von einem Treffen, das im Juli 1941 abgehalten wurde. Es war General Reinecke, der das Oberkommando der Wehrmacht repräsentierte, während Obergruppenführer Müller von der Gestapo anwesend war. Keitels und Himmlers Repräsentanten waren sich einig darüber, daß die Sowjetsoldaten nicht als Soldaten betrachtet werden sollten, sondern als ›ideologische Feinde‹. Die Kommissare sollten getötet werden. Das gleiche sollte mit anderen ›aktiven Bolschewiken‹ getan werden. Lahausen war damals Abteilungschef im militärischen Nachrichtenwesen. Er sagte, daß die Abwehrleute gegen den Kurs, der beschlossen wurde, protestiert hätten. Sie hätten darauf hingewiesen, daß es den Widerstandswillen der Sowjettruppen stärken würde, gleichzeitig würde es einen zerstörerischen Einfluß auf die Moral der deutschen Truppen bekommen. Was sie erreichten, war eine Art Versprechen, daß die Hinrichtungen nicht gerade vor der Nase der deutschen Abteilung vor sich gehen sollten. Es wurde ein Dokument vorgelegt, was von Admiral Canaris unterzeichnet war. Er protestierte hier gegen die Behandlung der russischen Gefangenen. Das Schreiben war an Keitel gerichtet, und es war Keitels Exemplar, das die Alliierten gefunden hatten. Die Randbemerkungen zeigten, daß die Warnung keine andere Wirkung hatte, als daß der OKW-Chef Canaris für seine ›altmodische Auffassung von ritterlicher Kriegsführung« höhnte‹.«

»Die Russen legten auch ein Protokoll von einem Verhör mit Generaloberst Otto Halder vom 31. Oktober 1945 vor. Halder - der frühere Chef des Generalstabs des Heeres - erzählte von einem Treffen im Oberkommando des Heeres, das Hitler einberufen hatte. Er sagte, daß man gegenüber Rußland ganz andere Methoden benutzen müsse als beim Feldzug im Westen. Die Russen waren nicht Mitunterzeichner der Haager Konvention, und die Behandlung ihrer Kriegsgefangenen sollte nicht nach den Regeln der Konvention vor sich gehen. Hitler sagte weiter, daß die sogenannten Kommissare nicht als Kriegsgefangene betrachtet werden sollten. General Varlimont, der frühere stellvertretende Chef der Operationsabteilung im Oberkommando der Wehrmacht, sagte, daß man beim gleichen Treffen beschlossen hatte, daß besondere Einheiten errichtet werden sollten, um die Gefangenen zu erschießen. SD-Einheiten sollten der Armee in Rußland folgen. Hitler erwartete nicht, daß die Offiziere seinen Befehl verstanden. Das einzige, was er verlangte, war, daß sie ihm gehorchten.«

»Es gab auch einen nationalsozialistischen Kronzeugen. Rosenberg schrieb im Februar 1942 an Keitel und machte darauf aufmerksam, daß das Schicksal der russischen Gefangenen in Deutschland eine Tragödie größten Umfangs sei. Von 3,6 Millionen Kriegsgefangenen, schrieb er, waren es nur einige Hunderttausend, die imstande waren, vollwertige Arbeit zu leisten. (Dies hinderte Rosenberg allerdings nicht daran, die Terrorpolitik auf anderen Gebieten zu tolerieren und zu unterstützen.) Warnungen halfen nicht, ganz gleich, ob sie von außen kamen oder - selten - von einem der eigenen. Im Sommer 1942 gab Himmler den Befehl, daß die russischen Gefangenen mit einem besonderen Zeichen gebrandmarkt werden sollten. Im Juli 1943 entschied Keitel, daß alle Männer im Alter von 19 bis 55 Jahren in den besetzten Ostgebieten oder auf dem Balkan als Kriegsgefangene zu betrachten seien, wenn sie in die Hände der Deutschen fielen.«

»Und dann gibt es Leute, die es unrichtig finden, daß in der Sowjetunion ein starker Haß und ein starker Drang nach Rache aufgeflammt ist. Kann man sich darüber wundern, daß die Russen Vergeltung übten, für das was sie empfangen hatten?«

(Hinweis von Joachim Siegerist: Mit dem letzten Absatz läßt Brandt endgültig die Maske fallen. Die von ihm gewählten Sätze lassen eigentlich nur den Schluß zu, daß er es gut findet, daß Unrecht durch neues Unrecht »vergolten« wird - der Herr Friedensnobelpreisträger.)

Menschlichkeit nur für eine Seite

Im folgenden Kapitel »Die Verbrecher und die Verbrecherorganisationen« äußert sich Brandt in der ihm üblichen Art, bei der Menschlichkeit immer nur für eine Seite gilt und juristische Gerechtigkeit eine Nebenrolle spielt. Hier einige Auszüge aus diesem Kapitel:

»Ich überlasse es gerne anderen, die 21 zu beschreiben, die auf der Anklagebank saßen. Sie interessieren mich ziemlich wenig. Selbstverständlich sollte man ihren Hintergrund, die Motive für ihre Handlungsweise und ihre Haltung, als sie Macht und ›Würde‹ verloren hatten, studieren. Die meisten von ihnen gaben eine jämmerliche Figur ab. Das, was in diesem Zusammenhang von Bedeutung ist, ist allerdings nicht ihre psychische Struktur, sondern die Rolle, die sie als leitende Repräsentanten des nationalsozialistischen Regimes spielten.«

»Es wird Sache des Gerichts sein, die Schuldfrage zu entscheiden und die Strafe festzusetzen. Ich schreibe dies, nachdem die Anklagebehörden drei Monate lang eine Menge Beweismaterial aufgehäuft haben, das - wie ich es sehe - im wesentlichen unanfechtbar und belastend ist. Die Verteidigung soll auch zu Wort kommen. Aber die tüchtigste Verteidigung der Welt - die hatte man in keinerlei Weise in Nürnberg aufzubieten - kann den Gesamteindruck von dem, was geschehen ist und was dokumentiert worden ist, zum wesentlichen Teil mit Hilfe der eigenen Befehle der Nationalsozialisten und anderer Dokumente, nicht ändern kann.«

Ein entscheidender Punkt bei Brandts Berichten über den Nürnberger Prozeß ist die Tatsache, daß das alles für ihn »gerecht« ist und juristische Bedenken gegen dieses Verfahren geradezu abwegig sind. Im vorderen Teil dieses Buches hatte ich zur Rechtmäßigkeit des Nürnberger Gerichts bereits - als juristischer Laie - Stellung genommen. Lassen wir hier aber noch einmal Dr. Alfred Seidl sprechen, den Anwalt, der Rudolf Heß in Nürnberg verteidigte. Dr. Seidl war in Bayern viele Jahre Justizminister in einer CSU-Regierung. Im Vorwort zu dem neu erschienenen Buch »Mord an Rudolf Heß?« (es wird auch über den WPR-Verlag angeboten) gibt Dr. Seidl folgende juristische Würdigung des Prozesses:

»In einem ordentlichen Strafgerichtsverfahren würde es sicherlich ein bemerkenswerter Fall sein, wenn ein Richter in einer Verhandlung gegen einen Mörder eine Aussage über den Anteil, den ein Mithelfer an dem Mord hat, unberücksichtigt lassen würde, weil die Aussage offenbarte, daß der Richter selbst der Mithelfer gewesen war. Daß niemand in dem Nürnberger Prozeß eine solche Verschweigung für außergewöhnlich hält, zeigt, wie weit wir von etwas entfernt sind, was ›eine Herrschaft des Rechts‹ in internationalen Angelegenheiten genannt werden kann. Großbritannien und Frankreich haben beide den Ausschluß der Sowjetunion aus dem Völkerbund wegen ihres unprovozierten Angriffs auf Finnland 1939 betrieben. Dieses Urteil besteht noch und ist durch keine späteren Ereignisse geändert worden. Im Jahre 1939 rühmte sich Moskau offen der militärischen Zusammenarbeit mit Deutschland zur Zerstörung von Polen, diesem ›häßlichen Geschöpf des Versailler Vertrages‹, und Ribbentrop zitierte in seinem Schlußwort ein Glückwunschtelegramm von Stalin zum Beweis, daß die Sowjetunion den Krieg gegen Polen damals nicht als einen Angriffs-

krieg betrachtete. Der Gegensatz zwischen 1939 und 1946 ist in der Tat phantastisch, und es steht zu erwarten, daß alle Geschichtsschreiber in der Zukunft und alle Deutschen in der Gegenwart ihn erkennen werden.«
Brandt selber ist in seinem »Verbrecher und andere Deutsche« ja massiv darauf eingegangen, daß das Nürnberger Tribunal vor allem auch eine abschreckende Wirkung haben solle. Das heißt: Kriegslüsterne Staaten - vor allem Staatsmänner - sollen den Eindruck bekommen, daß sich Krieg nicht mehr lohnt, weil man später dafür verurteilt werden könnte. Wie töricht eine solche Auffassung ist, widerlegt Dr. Seidl im gleichen Vorwort: »Es ist übrigens äußerst zweifelhaft, ob die Einführung eines solchen neuen Straftatbestandes in das internationale Recht kriegsverhindernd wirken würde. Professor Berber führt in Band II seines Lehrbuches des Völkerrechts (Kriegsrecht) dazu folgendes aus: »Die vom Londoner Statut erfundene und nur einmal, gegen die Besiegten des 2. Weltkriegs, als Ausnahmerecht angewandte Verfolgung wegen sog. ›Verbrechen gegen den Frieden‹ würde, auch wenn sie zur gewohnheitsrechtlichen oder konventionellen Regel würde, keinen wahren Fortschritt für das Völkerrecht bedeuten. Ihre Androhung würde nicht kriegsabschreckend wirken, da sie nur gegen den Besiegten durchführbar ist, kein Staat aber einen Krieg beginnt, wenn er nicht den Sieg für wahrscheinlicher als die Niederlage hält. Sieht aber ein Kriegführender im Verlauf des Krieges die Wahrscheinlichkeit einer Niederlage auf sich zukommen, so wird die Androhung der Strafverfolgung wegen ›Verbrechen gegen den Frieden‹ auf seinen Friedenswillen hemmend, auf seinen Widerstands-

willen verhärtend einwirken und so zur Verlängerung des Krieges und zu seiner Totalisierung führen. Die Verfolgung von ›Verbrechen gegen den Frieden‹ ist kein konstruktiver Beitrag zur Kriegsverhütung. Wichtiger, als ihrem - in der Praxis bisher als undurchführbar erwiesenen - Ausbau nachzujagen, ist der systematische Ausbau eines konstruktiven Kriegsverhütungsrechts, das weniger die Repression als die Prävention als Hauptaufgabe ansieht, und einer auf Vertrauen und allseitiger Zusammenarbeit beruhenden Organisation und wachsenden Integration der internationalen Beziehungen‹.«
Selbst als juristischer Laie merkt man, daß diese Erklärung ein vernichtendes Urteil über den von Brandt so gelobten Nürnberger Prozeß abgibt. Brandt scheint das aber herzlich wenig zu stören. Rache - das ist für ihn offenbar wichtiger als Recht. Hätte er sich sonst zu den Haßtiraden vom »Ausmerzen unwürdigen nationalsozialistischen Lebens‹ hinreißen lassen - eine Formulierung, die man nicht einmal gegenüber Tieren gebraucht? Bei seiner Berichterstattung über das Nürnberger Verfahren charakterisiert Brandt auch die Angeklagten. Hier nur einige Ausschnitte daraus:
»Göring wurde von der Anklage als der gefährlichste Mann auf der Anklagebank charakterisiert, ›in gewisser Hinsicht noch gefährlicher als Hitler‹. Drei Bücher mit Dokumenten, die individuelles Anklagematerial enthielten, bewiesen, daß er an allen Teilen der Verschwörung, des Terrors, der Überpolitik und vielem mehr teilgenommen hatte. Die Anklagebehörden sagten auch, daß niemals zuvor ein Verbrecher so viele Beweise gegen sich selbst diktiert und unterschrieben habe. Göring wollte

den Eindruck erwecken, daß er gegen den Terror und die Judenverfolgung gewesen sei. Faktum war, daß er der erste Chef der SA war. 1933 war er es, der die Gestapo und die Konzentrationslager schuf. In einem Treffen in dem Braunen Haus im Januar 1939 brachte er zum Ausdruck, daß die Behandlung der Juden ›zu menschlich‹ sei. Er war frech genug zu behaupten, daß er keinen Krieg wünschte. Tatsache ist, daß er ihn zu einem Zeitpunkt haben wollte, der den Naziführern paßte, wenn sie nicht alles gratis bekommen konnten. In seiner Rede an die Generäle der Luftwaffe im Dezember 1936 sagte er, es wäre gut, wenn man bis 1941 ›Ruhe‹ bekäme. Im Juli 1938 sprach er zu den Flugzeugproduzenten und kam auf die bevorstehende Abrechnung mit der Tschechoslowakei zu sprechen. Dies war das Ziel, das er nannte: ›Wenn Deutschland den Krieg gewinnt, wird es die stärkste Macht in der Welt; es wird den Weltmarkt dominieren und eine reiche Nation werden. Für dieses Ziel muß man etwas riskieren.‹ Göring wollte den Eindruck erwecken, daß er Anhänger einer ritterlichen Kriegsführung sei. Aber es war unter seinem Kommando, daß die Luftwaffe Warschau, Kristiansund, Rotterdam zerstörte. So begann der uneingeschränkte Bombenkrieg.«
Eingehen möchte ich hier nur auf den letzten Satz Brandts, in dem er eine Art Rechtfertigung für die späteren Terrorangriffe alliierter Bomber auf deutsche Städte gibt, »So begann der uneingeschränkte Bombenkrieg«. Nur am Rande sei vermerkt, daß es zweifellos richtig ist, daß Hitler mit dem Massen-Bombardement auf andere Städte begann. Aber erstens rechtfertigt das nicht die

späteren Terrorangriffe auf die deutsche Zivilbevölkerung - und: Briten waren es, die mit den Bombenangriffen - wenn auch in »bescheidener« Form begannen (Angriff auf Cuxhaven).

Mit wenigen Nebensätzen mischt Brandt auch abenteuerliches Unrecht - begangen an Rudolf Heß - vom Tisch. Für Brandt heißt es in »Verbrecher und andere Deutsche« über diesen Mann nur:

»Heß war außer Gefecht gesetzt, nachdem er im Mai 1941 in Schottland absprang. Bis zu der Zeit hatte er großen Einfluß als der engste Mitarbeiter Hitlers in der Parteileitung. Auch in seinem Fall war es nicht möglich, die Verantwortung auf bestimmte Gebiete zu begrenzen. Sein Name stand unter allen möglichen Erlässen, über die Vergiftung deutscher Juden, über den SD, Kirchenverfolgungen, antijüdische Maßnahmen, die Tätigkeit der 5. Kolonne in anderen Ländern usw....«

Seltsam, daß menschliche Schicksale Brandt immer nur dann »bewegen«, wenn es sich um tragische handelt, die durch deutsche Schuld hervorgerufen wurden. Aber im Umgang mit Menschen - selbst mit seinen eigenen Ehefrauen - war Brandt ja schon immer alles andere als zimperlich. Menschen wurden von ihm gebraucht, benutzt und dann fallengelassen.

Gerade der Fall Rudolf Heß machte die Fragwürdigkeit des gesamten Verfahrens besonders deutlich. Heß war als junger Mann seinem Vorbild Hitler bedingungslos verfallen, aber er war kein Mann des Krieges. Im Gegenteil. Schon damals wußten - zumindest die Engländer und die Amerikaner, die als Richter auf der Anklagebank saßen - daß der ehemalige Reichsminister Rudolf Heß am

Rudolf Heß: Für ihn konnte Brandt kein Mitleid empfinden.

Nach über 40 Jahren barbarischer Haft starb Rudolf Heß in Spandau. Die Mord-These ist keinesfalls abwegig.

10. Mai 1941 mit einem Fallschirm aus einer Me 110 über Schottland abgesprungen war, um in Verhandlungen mit der britischen Regierung einen Waffenstillstand herbeizuführen und den Abschluß eines Friedenvertrages zwischen Großbritannien und dem Deutschen Reich vorzubereiten. Dr. Seidl: »Diese Mission war der Versuch, in letzter Stunde die Ausweitung des Krieges zwischen diesen beiden Staaten zu einem neuen Weltkrieg mit mehr als 50 Millionen Toten und der Zerstörung unersetzlicher Kulturgüter zu verhindern.« Dr. Seidl weiter: »Rudolf Heß war bei seinem Flug nach Großbritannien Parlamentär und als solcher völkerrechtlich geschützt. Diese Unverletzlichkeit schützte ihn nicht nur in seiner körperlichen Unversehrtheit und vor Gefangennahme oder jeglichem Festhalten, sondern auch vor Verurteilung für eventuelle Taten, die er vor Antritt seiner Mission begangen hat. Er hätte daher vor dem Internationalen Militärtribunal überhaupt nicht angeklagt werden dürfen.
Als Rudolf Heß noch lebte, habe ich mit den DEUTSCHEN KONSERVATIVEN und der KONSERVATIVEN JUGEND DEUTSCHLANDS etliche Kampagnen für die Freilassung des alten Mannes gestartet, der schließlich nach 46 Jahren unmenschlicher Haft im Alter von 93 Jahren in Spandau auf seltsame Weise ums Leben kam. Ich erinnere mich an meine langen Gespräche mit Golo Mann in Zürich und Wolf Rüdiger Heß, dem Sohn. Golo Mann, der die Kampagne für die Freilassung von Rudolf Heß aus vollem Herzen unterstützte, sagte mir einmal: »Müssen wir uns nicht alle schämen, wenn man den alten Mann von Spandau eines Tages in seinem Sarg aus dem Gefängnis tragen sollte?«

Für wenige Monate hatte ich an die Freilassung von Rudolf Heß geglaubt, hatte mit seiner Familie gebangt. Aber leider behielt Golo Mann recht. Der Haß - auch von Brandt mitgesät - Vergeltungsdenken und die Angst vor sicheren Enthüllungen über seine Mission in England - das kostete Rudolf Heß in Spandau schließlich das Leben. Es gibt wirklich eine Reihe von sehr ernst zu nehmenden Hinweisen darauf, daß Rudolf Heß in Spandau nicht eines natürlichen Todes starb, sondern umgebracht wurde. Wer über diesen Fall mehr wissen möchte, sollte sich das Buch besorgen »Mord an Rudolf Heß? - Der geheimnisvolle Tod meines Vaters in Spandau«. Zum Preis von 36 Mark kann es unter folgender Adresse bestellt werden: WPR-Verlag, Hamburger Straße 3, 2000 Hamburg 76.
Doch zurück zu Willy Brandt. Wieder einmal klagte er in seinem »Verbrecher und andere Deutsche« nur an. Seine ganze Politiker-Laufbahn war gepflastert mit Anklagen gegen deutsches Unrecht. Hätte er in reiferem Alter nicht zumindest einmal auch öffentlich etwas für die Freilassung von Rudolf Heß tun können, spätestens zu einem Zeitpunkt, als klar war, daß Heß von der Idee des Nationalsozialismus aus Überzeugung Abstand genommen hatte und nur noch eines wollte: in Freiheit und im Kreise seiner Familie in Ruhe sterben? Alle Menschlichkeits-Erklärungen Brandts wirken wie blanker Hohn, wenn man sein Verhalten in dieser Frage beobachtet hat.
Über den rabiaten »Stürmer«-Chef Julius Streicher schreibt Brandt die Zeilen: »Streicher war verurteilt aufgrund der Reden, die er gehalten hatte und der Artikel, die er geschrieben hatte. Es spielt keine Rolle, daß er in den letzten Jahren in den Hintergrund geschoben wor-

den war. Die Früchte seiner teuflischen Agitation hatten da bereits angefangen, sich zu zeigen. Er war auch derjenige, der 1938 das Signal gab, die Synagogen zu verbrennen.«

Es ist auch mir unmöglich, für einen Julius Streicher auch nur einen Funken von Sympathie zu empfinden - aber auch in diesem Zusammenhang muß ich noch einmal an Brandts schon erwähntes Zitat vom »Ausmerzen unwürdigen nationalsozialistischen Lebens« denken. War das nicht die Stimme von Julius Streicher? Hätte Streicher damit nicht die von ihm so gehaßten Juden meinen können, die er glaubte »mit geschlossenen Augen« erkennen zu können?

Selbst für den eindeutigen Hitler-Gegner Schacht brachte Brandt kein Verständnis auf. Über ihn schreibt er die Zeilen: »Schacht war nicht angeklagt für das, was er nicht gemacht hatte. Die Anklagebehörden wußten gut genug, daß der Sicherheitsdienst ihn 1937 als ›parteifeindlich‹ gestempelt hatte und daß er im Konzentrationslager saß, als der Krieg zu Ende war. Aber er war daran beteiligt, Hitler zur Macht zu verhelfen. In den ersten kritischen Jahren war er derjenige, der die Wirtschaftspolitik der Nationalsozialisten leitete und die finanziellen Kriegsvorbereitungen organisierte. Als er sich aus dem Ministerium zurückzog, war das nicht, weil er im Hauptziel uneinig war, sondern aufgrund der Rivalisierung mit Göring. Als er am Jahresende 1938/39 als Präsident der Reichsbank zurücktrat, sagte er zu dem damaligen Finanzminister: ›Das Reich ist bankrott, ich möchte nicht für die unumgängliche Finanzkatastrophe verantwortlich sein.‹ Bis zum Januar 1943 war er Reichsminister ohne Geschäftsbereich.«

Kennt man das Leben Brandts, wirken diese Zeilen fast niederträchtig. Schacht war ein erklärter Gegner Hitlers und des Nationalsozialismus. Unbestritten versuchte er - ganz anders als Staatssekretär von Weizsäcker, auf den ich noch zu sprechen komme - zu retten, was zu retten war. Die NSDAP hatte das aber schnell erkannt und ihn schon 1939 als »parteifeindlich« gebrandmarkt, schließlich ins KZ gesperrt. Aber das reichte Brandt nicht. Das reichte dem Mann nicht, der 1933 ohne Not feige aus Deutschland geflüchtet war und im Ausland gegen die Heimat hetzte und kämpfte, der - in seinem Rahmen - durch seine verräterische Politik gegen die SPD vor 1933 selber mit dazu beigetragen hatte, daß die Feinde der Demokratie von Weimar gestärkt wurden. Welch doppelbödige Moral...

Auch für Großadmiral Dönitz, den Mann, dem Hunderttausende von geflüchteten Deutschen ihr Leben verdanken, gibt Brandt in »Verbrecher und andere Deutsche« kein Pardon. Für ihn hat er nur die Worte übrig:

»Dönitz und Raeder trugen eine große Verantwortung für den Angriffskrieg, nicht zuletzt, aber auch nicht nur, wenn es sich um die Invasion in Dänemark und Norwegen handelt. Raeder hatte an der heimlichen Aufrüstung teilgenommen, seit dem Bruch des Flottenabkommens mit England. Er nahm an den Treffen teil, wo Hitler sein Angriffsprogramm skizzierte. Als im September 1939 das Passagierschiff ›Athenia‹ versenkt wurde, war Raeder damit einverstanden, daß die Schuld auf Churchill abgeschoben wurde, während er wußte, daß es das deutsche

Großadmiral Karl Dönitz. Er rettete Hunderttausende vor der Roten Armee. Doch Brandt hatte für ihn »kein Pardon«.

U-Boot 30 war, das es getan hatte. Er beförderte Hitlers Befehl, Kommandosoldaten zu töten, weiter, und er protestierte nicht gegen die Mordpolitik gegenüber den alliierten Seeleuten. Das wurde später von Dönitz weitergeführt. Er war als einer der fanatischten Hitler-Offiziere bekannt, und insofern ist es kein Zufall, daß er im letzten Augenblick als Ersatzführer ernannt wurde. Im September 1942 sandte Dönitz eine Dienstvorschrift aus mit dem Verbot, die Mannschaften der gesenkten Boote, abgesehen von den Kapitänen und den ersten Maschinisten, zu retten. Die Mannschaften sollten auf die gleiche Art und Weise wie die Boote vernichtet werden. Ein deutscher Marineleutlant, Heisig, trat als Zeuge auf und referierte einen Ausspruch von Dönitz auf einer U-Boot-Schule Ende September/Oktober 1942. Er lief darauf hinaus, daß ›die Mannschaften gleichwichtige Ziele seien wie die Boote‹. Hitler und Dönitz rieten den Japanern, die gleiche Methode zu benutzen: auf die Rettungsboote zu schießen. 1944 verlangte Dönitz, daß 12.000 Konzentrationslager-Gefangene zu den Marinewerften überführt werden sollten. Er stellte die Frage nach der Sabotage bei den dänischen und norwegischen Werkstätten und meinte, daß die Politik gegenüber den skandinavischen Ländern verschärft werden müsse, falls nicht eine verschärfte Kontrolle der Gestapo Erfolge habe. Dann sollte man Arbeitskolonnen auf Gefangenenbasis benutzen.«

Natürlich verschweigt Brandt in diesem Abschnitt die Tatsache, daß Dönitz mit seinem Befehl, auf U-Boot-Besatzungen der Alliierten zu schießen, lediglich wieder erreichen wollte, daß mit diesem unmenschlichen Abschießen von Besatzungen Schluß gemacht werden sollte. Denn Tatsache ist, daß die deutsche Marine - von allen als besonders ritterlich in der Kampfführung anerkannt - zunächst alles unternahm, um gegnerische Boots-Besatzungen zu retten. Erst als die Alliierten deutsche Besatzungen auf ausdrücklichen Befehl »wie Ratten ersaufen« ließen - erst da gab Dönitz den von Brandt zitierten Befehl. In der Hoffnung, so wieder zur ursprünglichen Regelung - der gegenseitigen Hilfe - zurückzufinden. Aber wie gesagt: Brandt wollte als Kriegsberichterstatter in norwegischer Uniform in Nürnberg das deutsche Volk wohl kaum verteidigen - er wollte anklagen.

Mit flotter Feder - wenn auch ohne rechte Geschichts-Kenntnisse - verurteilte Brandt in »Verbrecher und andere Deutsche« alle angeklagten Repräsentanten des Dritten Reiches. Schon bevor der Urteilsspruch verkündet worden war, stand für Brandt die Schuldfrage längst fest. Für die Verteidiger hatte er nur hämische Worte. Penetrante Besserwisserei, Festhalten an Dingen, die sich als falsch herausgestellt haben - das sind ja ohnehin typische Charaktereigenschaften von Brandt. Am krassesten wird das in seinen Lebens-»Erinnerungen« deutlich, die jetzt erschienen sind. Zur massiven Kritik an seinem peinlichen Warschauer Kniefall findet er lediglich die Worte: »Zu Hause fehlte es weder an hämischen noch an dümmlichen Fragen, ob die Geste nicht ›überzogen‹ gewesen sei. Auf polnischer Seite registrierte ich Befangenheit.« Allerdings wertete Brandt in seinen »Erinnerungen« die polnische Befangenheit als Ergriffenheit. Bis heute hat er offenbar noch nicht zur Kenntnis genommen, daß die katholischen Polen betroffen waren, weil ein Mensch nur vor Gott knien sollte und nicht vor einem Propaganda-Stein. Die polnischen Juden waren geradezu entsetzt, weil er mit einem solchen Kniefall nahezu alle jüdischen Gepflogenheiten an einer Gedenkstätte verletzte. Aber darauf war ich in einem vorangegangenen Kapitel dieses Buches bereits eingegangen.

Nach Brandts Vorab-Verurteilung der nationalsozialistischen Führer - und derer, die von ihm als solche bezeichnet wurden, nimmt er die »verbrecherischen Organisationen« des Dritten Reiches ins Visier. Dazu schreibt er:

»Die Anklageschrift verlangte allerdings nicht nur, daß diese 22 Repräsentanten für das nationalsozialistische System für ihre Untaten verurteilt werden sollten. Sie enthielt außerdem die Forderung, daß eine Reihe nationalsozialistischer Organisationen kriminalisiert werden sollten.« (Hinweis von Joachim Siegerist: Bestimmte Gruppen zu »kriminalisieren«. Im Zusammenhang mit Antisemitismus hatten wir das in »Verbrecher und andere Deutsche« ja schon einmal gehört. Mich erinnert dieser Ausspruch Brandts auch an seinen Ausspruch »vom anständigen Deutschland«, das hinter ihm stehe, als er noch Bundeskanzler war und damit mehr als 50 Prozent aller Deutschen als unanständig abstempelte.) »Die Absicht mit diesem Teil der Anklage war, zu einer vernünftigen Begrenzung der gerichtlichen Verfolgung zu kommen. Die Behandlung der vielen Tausend individuellen Fälle sollte durch einen Richterspruch des Militärgerichtsstuhls vereinfacht werden. Das Verlangen, eine Art Kollektivurteil abzugeben, ruft besonders verwickelte juristische Probleme hervor. Das Gericht bat deshalb die Anklagebehörde, ihre Anklagen zu präzisieren und genauer darzulegen, welche Gruppen sich besonders schuldig gemacht hatten. Ich möchte mich nicht auf ein Ratespiel einlassen, wie der endgültige Standpunkt des Gerichts in dieser Sache werden wird, sondern mich darauf beschränken zu referieren, wie die Frage sich für einen gewöhnlichen ›Studenten aus Nürnberg‹ vertonte.«

Wer trägt die Verantwortung?

»In bezug auf die Reichsregierung war die Sache verhältnismäßig klar. Ihre Mitglieder mußten wissen, was vor sich ging und was das Ziel von Hitlers Politik war. Wenn jemand von ihnen es nicht wußte, vermindert dies kaum seine Verantwortung. Wer soll denn die Verantwortung für die Politik eines Landes tragen, wenn nicht die Regierung eines Landes? Regierungsmitglieder gab es ja verhältnismäßig wenig. Dahingegen würde eine Kriminalisierung des sogenannten Führercorps der nationalsozialistischen Partei - mit ungefähr 600.000 Mitgliedern - viele Menschen treffen. Sie sind sicher nicht alle gleich schuldig. Aber ohne Schuld sind sie jedenfalls nicht. Sie haben davon gewußt, daran teilgenommen und Befehle gegeben zu allen möglichen Verfolgungen und Terrorhandlungen.« (Hinweis von Joachim Siegerist: Im Klartext heißt das ja wohl, daß Brandt auch diese »600.000« gern vor ein Tribunal gezerrt hätte. Massenprozesse wie bei Stalin.)

»Noch größer wurde der Kreis, wenn man die ganze SA mit einbezog. Diese Organisation hatte 1943 zwischen 1,5 und 2 Millionen Mitglieder, früher ungefähr 4 Millionen. Die SA-Leute spielten keine besonders aktive Rolle in den letzten Jahren. Die Anklage in Nürnberg hatte allerdings vollständig recht, wenn sie sie als ›die Gangster des Naziterrors‹« (Hinweis von Joachim Siegerist: Bezichtigt Brandt sich damit nicht selber aus als »Gangster«? Er war doch vor 1933 in Lübeck als Polit-Schläger stadtbekannt und randalierte nicht nur bei der NSDAP, sondern sogar bei der von ihm gehaßten SPD, die er verlassen hatte, um sich der Stalin-hörigen SAP anzuschließen.) »charakterisierte. Es waren die SA-Überfälle, die eine wesentliche Rolle bei der Vorbereitung der Machtübernahme spielten, und es waren SA-Leute, die zuerst eingesetzt wurden, um Konzentrationslager zu bewachen und die ihre Gegner in der Kaserne mißhandelten. Die SA war auch ein Werkzeug, das zur Vorbereitung des Krieges benutzt wurde.«

»Die SS - bei Kriegsende hatte sie 750.000 Mitglieder - trifft allerdings eine viel größere Verantwortung. Die SS-Männer wußten, daß ihre ›Eliteorganisation‹ für die Konzentrationslager und die Vernichtung der Juden verantwortlich war. Es waren ihre Mitglieder, die als ›Einsatzgruppen‹ und andere Terroreinheiten benutzt wurden. Die Mitgliedschaft in der SS war freiwillig, wenn man die ausnimmt, die in der letzten Phase des Krieges zur Waffen-SS eingezogen wurden. Für die Gestapo und den SD gilt, was für die SS gesagt wurde, nur in noch höherem Maße. Es kann nicht notwendig sein, die Aufrechnung des Terrorregisters zu wiederholen. Die Gestapo und der SD nahmen an jeder Einzelaktion, die ›Verschwörung‹ und ›Verbrechen gegen die Menschheit‹ und außerdem an vielen anderen Kriegsverbrechen teil.«

»Die Gestapo und der SD befanden sich in einer Sonderstellung. Was die SA und das Führercorps angeht - und im gewissen Sinne auch die SS - war das Verhältnis komplizierter. Dort mußte eine Differenzierung vorgenommen werden. Es gab allerdings keinen Grund, diese Differenzierung zu weit zu treiben.« (Hinweis von Joachim Siegerist: »Differenzierung?« Um Gottes Willen. Das könnte ja Brandts millionenfache Zahl von »Kriegsverbrechern« schmälern.) »Als die amerikanischen Behörden, im Einverständnis mit den Anklagebehörden in Nürnberg, neue Richtlinien für die Internierung Anfang 1946 ausstellten, hieß es, daß man in bezug auf das Führercorps alle vom ›Ortsgruppenleiter‹ und darüber festnehmen solle. Von der SS (auch der Waffen-SS) sollte man sich sämtliche Offiziere und Unteroffiziere sichern, von der SA hingegen nur die Führer mit dem Rang eines Majors und aufwärts. Darüber hinaus hielt man sich selbstverständlich an den Beschluß, sich individuelle Kriegsverbrecher zu sichern, ohne Rücksicht auf ihren Rang und die Stellung, die sie hatten.«

»Ende Februar waren es ungefähr 150.000 Mitglieder der verschiedenen nationalsozialisten Organisationen, die an das Gericht geschrieben hatten und darum baten, daß ihre Sache einer individuellen Prüfung unterzogen werden müsse. Dies war eine etwas zu spät gekommene Hinwendung zum Prinzip einer beruhigenden, individuellen Rechtsbehandlung. Der Präsident des Gerichts bekam auch einen Brief von dem früheren Feldmarschall Prauschit, der dagegen protestierte, daß das Oberkommando und der Generalstab unter den kriminellen Organisationen aufgeführt standen. Prauschit wünschte, daß eine klare Grenze gezogen werden sollte zwischen Leuten vom Typ Keitel/Jodl und Offizieren der alten Schule. Es ist allerdings ein Faktum, daß die Anklagebehörden gerade in bezug auf das Oberkommando ein sehr konkretes und schwerwiegendes Material vorlegten. Der Kreis, der getroffen werden sollte, wurde begrenzt auf die Chefs für das Oberkommando der Wehrmacht, des Heeres, der Marine und der Luftwaffe und diejenigen, die an der Spitze der verschiedenen Feldkommandos standen. Es waren zusammen ungefähr 130 Personen, wovon 114 am Leben waren, als der Prozeß anfing.«

»Der amerikanische Ankläger, der das Material gegen diese Gruppe vorlegte, unterstrich, daß die Generäle nicht angeklagt seien, weil sie ihrem Land als Soldaten gedient hatten. Aber sie sollten sich auch nicht damit entschuldigen können, daß sie in Uniform waren, als sie ihre verbrecherischen Handlungen begingen. Jackson unterstrich diesen Gesichtspunkt noch ausdrücklicher in einer Polemik gegen eine amerikanische Militärzeitschrift, die meinte, es sei verkehrt, daß jemand dafür verurteilt werden solle, daß er seinem Land im Krieg gedient habe. ›Ich betonte, daß wir diese Militaristen nicht unter Anklage gestellt haben, weil sie ihrem Land dienten, sondern weil sie es beherrschten, nicht weil sie im Krieg gekämpft haben, sondern weil sie den Krieg anfingen.‹ Hitler weihte die Generäle in seine Angriffspläne ein. Sie machten sich mitschuldig an der Verschwörung. Sie akzeptierten solche Sachen wie z.B. die Befehle, uniformierte Kommandosoldaten zu töten.« (Hinweis von Joachim Siegerist: Man spürt geradezu, wie gern Brandt am liebsten die gesamte Deutsche Wehrmacht kriminalisiert hätte.)

»Man kann von der deutschen Armee sagen, daß es

selten Soldaten gegeben hat, die bereit gewesen sind, so ausdauernd für eine schlechte Sache zu kämpfen, und selten hat es einen so großen Teil von militärischen Führern gegeben, die so wenig Respekt vor dem Verlangen der Ehrenhaftigkeit gezeigt haben.
Es kann zu nichts führen, die Fakten damit beschönigen zu wollen, daß alles zusammen die Schuld des einen Mannes oder der zwei, die leider nicht mehr auf der Anklagebank Platz nehmen konnten, gewesen sei: Hitler und Himmler. Es nützt auch nichts, damit anzufangen, von etwas anderem oder von anderen zu sprechen. Man muß mit einem Ding nach dem anderen fertig werden. Die Alliierten müssen mit Nürnberg und den anderen Kriegsverbrechern fertig werden. Die Deutschen müssen die ausstehende Säuberung so gründlich wie möglich durchführen. Sie müssen mit den Schuldigen abrechnen und gleichzeitig zu einer richtigen Erkenntnis des Verantwortungsproblems kommen.« (Hinweis von Joachim Siegerist: »Säuberung« und »abrechnen«. Da haben wir es wieder - das Brandtsche NSDAP-Vokabular.)
»Die Verteidiger in Nürnberg, die sich dazu verleiten ließen, die Kriegsverbrecher mit Deutschland zu identifizieren, erwiesen ihrem Land einen schlechten Dienst. Diese Verwirrungsmanöver hätten abgewehrt werden können, indem ein deutscher antinationalsozialister Staatsanwalt« (Hinweis von Joachim Siegerist: Ein klares Bekenntnis zur politischen Justiz. Brandt fordert keinen qualifizierten deutschen Staatsanwalt, sondern einen antinationalsozialistischen.) »zusammen mit den alliierten Anklägern aufgetreten wäre. Das hätte es schwieriger gemacht, die Karten zu mischen.«

»Nürnberg ist ein Prüfstein. Die Deutschen müssen sich entschließen, ob sie einen klaren Bruch mit der Vergangenheit vornehmen wollen. Je klarer dieser Bruch wird, je weniger Versuche der Beschönigung und Begriffsverwirrung unternommen werden, desto leichter wird es sein, einen Ausgangspunkt für ein würdiges nationales Leben zu finden.«

Brandt als Ausländer über die Deutschen

Ganz und gar im Stile eines Ausländers fällt Brandt dann seine Urteile über »Nürnberg und die Deutschen«. In dem folgenden Kapitel spricht er - wie überall in »Verbrecher und andere Deutsche« nicht von seinen »deutschen Landsleuten« (das wäre ja auch eine Lüge gewesen) - er spricht immer nur von »den Deutschen«. Das folgende Kapitel ist wieder besonders wichtig bei der Beurteilung von Brandts Verhalten. Ich bringe wesentliche Auszüge daraus deswegen unkommentiert. Brandts Formulierungen sprechen für sich. Da heißt es:
»Wie war die Reaktion der Deutschen auf den großen Prozeß? Das ist eine Frage, auf die viele falsche Antworten gegeben werden. Es war auch nicht einfach zu beantworten. Es ist immer schwierig, die öffentliche Meinung zu messen, und besonders kompliziert wird es bei einer Bevölkerung, die in hohem Maße von dem Zusammenbruch betäubt ist und noch kein neues politisches und gefühlsmäßiges Gleichgewicht gefunden hat. Es war allerdings klar, daß die Gruppen der Deutschen, die noch

immer Nationalsozialisten waren, das Ganze als ›Schwindel‹ abfertigten oder auch von ›den schlechten Ratgebern des guten Führers‹ sprachen und von ihrer eigenen schneeweißen Unschuld. Weiterhin gab es den Teil der Bevölkerung, der dem Prozeß gleichgültig gegenüberstand - gleichgültig gegenüber allem, was nicht Essen, Haus und Brennstoff betraf.« (Hinweis von Joachim Siegerist: Brandt lebte damals ja auch wie die Made im Speck.) »Wenn ausländische Korrespondenten ›den kleinen Mann‹, der zu dieser Kategorie gehörte, dazu brachten, sich zu äußern, konnten sie die idiotischsten Antworten bekommen. Es war nicht so, daß die Leute sich nicht weiter um das Schicksal der nationalsozialistischen Führer kümmerten, aber sie hatten offenbar Schwierigkeiten zu verstehen, daß Göring und seine Kumpane angeklagt waren, weil sie den Krieg anfingen, nicht weil sie ihn verloren. Sie hatten vielleicht ein unklares Gefühl davon, daß der Prozeß sich gegen ganz Deutschland richtete, und daß das Urteil jeden Deutschen treffen würde, u.a. in Form von schweren wirtschaftlichen Bürden. Wenn sie eine Überzeugung hatten, war es annähernd die, daß »das Urteil im vorhinein fertig sei‹.«

»Die Deutschen, die bewußte Gegner des Nationalsozialismus waren, wünschten - man wagt zu sagen ›selbstverständlich‹ - eine harte Abrechnung. Aber es gab viele unter ihnen, die nicht die Bedeutung dessen verstanden, daß die Abrechnung in strengen rechtlichen Formen vorgenommen wurde. Der Rechtssinn hatte ernstlich unter dem Nationalsozialismus, auch bei der antinationalsozialistischen Minderheit« (Hinweis von Joachim Siegerist: Selbst die alliierten Richter gaben zu, daß die NSDAP ohne Mehrheit an die Macht kam. Völlig anders Brandt. Seine »Wahrheit«: Es gab in Deutschland nur eine »antinationalsozialistische Minderheit«.) »gelitten. Als man in Nürnberg anfing, dauerten noch die Diskussionen um den Belsen-Prozeß in Lüneburg an. Es sah so aus, als ob dies größeren Schaden als Nutzen gebracht habe. ›Parteigenossen‹ gingen umher mit Zeitungsreferaten von dem, was der englische Verteidiger über Kramer und seine Leute gesagt hatte: Daß sie nicht verurteilt werden könnten, weil sie auf Befehl gehandelt hatten. Es waren nicht die schlechtesten Deutschen, die sagten, wenn man so weitermacht, bewahre Gott uns vor der ›rechtlichen Abrechnung‹ der Alliierten. Sie meinten, daß viel zu viel Wesens mit dem nationalsozialistischen Führer gemacht würde. Sie sagten, so wie Gustav Dahrendorf, einer der sozialdemokratischen Führer in Berlin, daß das, was man brauche, sei ›kurzen Prozeß‹« (Hinweis von Joachim Siegerist: »Kurzer Prozeß« - keine Rechtsstaatlichkeit. Und wieder hören wir die Stimme von Julius Streicher.) »zu machen. Dabei spielte es eine gewisse Bedeutung für die Haltung, die ein Teil der antinationalsozialistischen Deutschen einnahm, daß sie der Auffassung waren, daß die Nationalsozialisten von einem deutschen und nicht von einem alliierten Gericht verurteilt werden sollten. Dies konnte man an einem Teil der deutschen Pressekommentare ablesen, als der Prozeß anfing. An mehreren Stellen wurde betont, daß die Kriegsverbrecher auch Volksverbrecher seien. Eine der neuen Berliner Zeitungen schrieb: ›Unter den Anklägern sind Witwen und elternlose Kinder und unendlich viele Tränen.‹ Die Auffassung, daß Hitlers engste Mitarbeiter von einem deutschen Gericht hätten verurteilt werden können, baute allerdings auf einer falschen Beurteilung der Situation auf. Das Gericht mußte alliiert sein, wenn nicht aus anderen Gründen, so weil es keine deutsche Regierung gab, keinen deutschen Staat. Ich glaube trotzdem, daß es möglich gewesen wäre, den deutschen Gegnern des Nationalsozialismus einen eigenständigen Platz am Tisch der Anklagebehörden zu geben.«

»Ganz klar ist jedenfalls, daß einige Regiefehler in Nürnberg gemacht wurden. Mit einer schwachen Übertreibung kann man sagen, daß diejenigen, die die Veranstaltung leiteten, zunächst hauptsächlich an die amerikanische Presse dachten. Es wäre möglich gewesen, bedeutende deutsche Juristen und repräsentative Mitglieder der antinationalsozialistischen Zusammenschlüsse - die im vorhinein den ›Reifetest‹ der Alliierten bestanden hatten - einzuladen, an den Gerichtsverhandlungen teilzunehmen.« (Hinweis von Joachim Siegerist: Unfaßbar dieser Satz.) »Es wäre auch möglich gewesen, der neuen deutschen Presse mehr als fünf Sätze von zwischen 200 und 300 zu geben bei einem Prozeß, der in Deutschland und gegen deutsche Verbrecher gehalten wurde. Es dauerte über einen Monat, bevor man die Vorgangsweise änderte. Nach dem Jahreswechsel bekam die deutsche Presse mehrere Plätze, sie bekam sogar ein eigenes Arbeitszimmer im Justizgebäude. Auf die Zuhörergalerie durften mehrere deutsche Gegner des Nationalsozialismus, nicht nur Alliierte in Uniform. Das war wichtig. Nachdem die Vertrauensleute der Gewerkschaft aus Nürnberg dort gewesen waren und gesehen hatten, wie es vor sich ging, konnten sie sich mit einer ganz anderen Überzeugung und Befugnis auf ihren Vereinstreffen äußern. Und das war eine große Aufgabe: Informationen über den Prozeß unter den Deutschen zu verbreiten. Der Rechtsanwalt Hugo Lindberg hielt sich im Dezember als Observateur der schwedischen Regierung in Nürnberg auf. Bevor er nach Hause fuhr, fragte ich ihn, ob es etwas Besonderes gab, was er sagen wolle. Er antwortete: ›Wenn nur die Deutschen es zu wissen bekommen.‹«

»Die Fehler am Anfang wurden teilweise durch die Rede von Jackson am Tag nach der Eröffnung wieder gutgemacht. Er legte Fakten auf den Tisch, die grausigsten Fakten über Verbrechen, die die nationalsozialistischen Führer und ihre Mitverschworenen im Namen des deutschen Volkes begangen hatten. Aber er klagte nicht das Volk als solches an. Jackson kam mit den Deutschen ins Gespräch, gerade weil er nicht die These von der Kollektivschuld aufnahm. Er verwarf sie, indem er unterstrich, daß die nationalsozialistische Partei nicht auf demokratische Art und Weise an die Macht gekommen war. Die Nationalsozialisten bemächtigten sich der Macht mit Hilfe einer Allianz mit den hemmungslosesten Reaktionären und den aggressivsten Militaristen. Wenn es so gewesen wäre, daß die deutsche Bevölkerung das nationalsozialistische Programm gutwillig angenommen hätte - sagte der amerikanische Hauptankläger - hätten die Nationalsozialisten keine Sturmtruppen zur Machtübernahme gebraucht und später auch keine Konzentrationslager und die Gestapo.« (Hinweis von Joachim Siegerist: Hatte Brandt nicht wenige Seiten zuvor noch von einer »antinationalsozialistischen Minderheit« gesprochen?)

»H. Jackson machte klar, daß das amerikanische Volk, trotz allem, was geschehen war, nicht den gewöhnlichen Deutschen haßte, sondern seine praktische Tüchtigkeit und seinen Fleiß respektierte. Er stellte auch fest, daß die Deutschen, in gleich hohem Maß wie die Welt ansonsten, eine Rechnung zu begleichen hatten mit denen, die angeklagt waren. Die antinationalsozialistischen Deutschen waren nicht unter den Anklägern repräsentiert. Jackson sprach teilweise in ihrem Namen. Im ersten Abschnitt seiner Eröffnungsrede klagte er die nationalsozialistischen Führer für die Gewalt gegen die deutsche Gesellschaft, die Unterdrückung der deutschen Bevölkerung und die terroristische Vorgangsweise gegenüber oppositionellen Elementen und deren Vernichtung an. Der Terror fing lange vor 1933 an. Selbstverständlich hätten die deutschen Demokraten einen stärkeren Widerstand gegen die nationalsozialistische Untergrabung der Republik und gegen den Sturmlauf zuletzt leisten müssen.« (Hinweis von Joachim Siegerist: Spricht Brandt da von sich selbst?) »Der Richter Jackson war ein taktvoller Mann, daher sagte er es nicht, aber er meinte es doch. Andererseits vergaß er nicht zu erwähnen, daß die demokratischen Elemente, die versuchten, Deutschland mit Hilfe des neuen und schwachen Apparates der Weimarer Republik zu steuern, ›eine unzureichende Unterstützung von den demokratischen Kräften der übrigen Welt, darunter meinem eigenen Land erhielten‹. Er unterstrich auch die überaus schwierigen Verhältnisse, die im Zusammenhang mit der Weltwirtschaftskrise entstanden waren.«

»Die Anklageerhebung beschuldigte auch die Kriegsverbrecher der gewaltsamen Politik, die sie in ihrem eigenen Land geführt hatten. Jackson formte diesen Punkt näher aus. Leute aus seinem Stab halfen ihm dabei. Sie berichteten u.a. von der nationalsozialistischen Polyporganisation, die die ganze Gesellschaft versklavte. Der Botschafter Messersmith brachte in einer eidesstattlichen Erklärung zum Ausdruck, daß die Nationalsozialisten nicht die Mehrheit hinter sich hatten, als sie die Macht übernahmen. Aber daß sie mit Hilfe von ›Organisation und Terror‹ die Macht stabilisieren konnten. Jackson wies nach, wie der Reichstagsbrand Ende Februar 1933 dazu ausgenutzt wurde, daß ›das deutsche Volk in die Hände der Polizei fiel, während die Polizei in den Händen der nationalsozialistischen Partei war, und die Partei von einer Bande Gauner gelenkt wurde‹.«

»Der Krieg gegen die oppositionellen Elemente in Deutschland ging ohne Unterbrechung vor sich. Der Kampf auf dem inneren politischen Plan war die Generalprobe dafür, was später im Weltmaßstab durchgeführt wurde. Die Anklage machte einen Unterschied zwischen den Verbrechen gegen die Menschheit, die die nationalsozialistischen Führer in Deutschland vor und während des Krieges begangen hatten, und den entsprechenden Verbrechen, die sie in den besetzten Ländern begangen hatten. In der nationalsozialistischen Planlegung der Verschwörung gab es keine solche Aufteilung. Es gab nur eine Absicht und einen Plan, der darauf hinauslief, Menschen und Institutionen zu vernichten, die Hindernisse für die ›Neuordnung‹ waren oder als solche aufgefaßt wurden.«

»Zuerst kam ›der Schlag gegen die deutsche Arbeiterklasse‹. Jackson sagte, daß die Arbeiter in Deutschland wie in anderen Ländern verstanden, daß sie wenig bei einem Krieg zu gewinnen hatten. Die Arbeiter hatten 1933 nicht vergessen, wie hart das Joch des Krieges sein kann. Die Militaristen hatten andererseits nicht vergessen, daß die Arbeiter sich 1918 den aufrührerischen Matrosen und Soldaten anschlossen. Die Nationalsozialisten setzten sich von Anfang an dafür ein, die Arbeiterklasse zu unterdrücken. Das heißt, daß die Organisationen der Arbeiter zerschlagen werden mußten. Die Gewerkschaften wurden von den Nationalsozialisten besetzt, ihre Mittel gestohlen, viele ihrer Führer in die Konzentrationslager geschickt.« (Hinweis von Joachim Siegerist: Wunschdenken von Brandt. In Wirklichkeit - ich erwähnte es schon - liefen gerade die »roten Arbeiter« in Scharen zu Hitler über. Der sozialistische Gewerkschaftsbund ADGB schickte dem braunen Diktator sogar Ergebenheits-Botschaften, bevor Hitler seine Zentralen schloß und in die Deutsche Arbeitsfront überführte.) »Die Amerikaner berichteten auch vom Kampf gegen die deutschen Kirchen und Pazifisten und vom Vernichtungsfeldzug gegen den jüdischen Teil der Bevölkerung. Man erhielt konkrete Beispiele dafür, wie es bei den Wahlen, die während des Hitler-Regimes abgehalten wurden, vor sich gegangen war. SD-Rapporte enthüllten, daß die Stimmzettel mit unsichtbarer Tinte nummeriert worden waren, so daß man im nachhinein in Erfahrung bringen konnte, wer Mut genug hatte, zu opponieren. Andere Dokumente zeigten, daß die Aktionen gegen die Juden im November 1938 nicht spontan zustande gekommen waren, so wie die Nationalsozialisten den Anschein erwecken wollten. Parteiabteilungen war diese Aufgabe zugeteilt worden. Aber sie hatten den Befehl erhalten, zivil zu operieren.«

»Der Terror war das wichtigste der Mittel, die benutzt wurden, um die Deutschen in die Kriegsmaschine hineinzupressen. Der Hauptankläger erinnerte daran, daß Buchenwald 1933, Dachau 1934 errichtet wurde. Das Dritte Reich wurde im Laufe kurzer Zeit ›eine große Torturkammer‹. Die Teile des deutschen Volkes, die sowohl ehrlich und mutig waren, sagte Jackson, wurden vernichtet. Diejenigen, die ehrlich waren aber schwach, wurden verängstigt.« (Hinweis von Joachim Siegerist: Hier vergißt Brandt den Satz »Und die, die zu feige waren und ohne Not ins sichere Ausland flüchteten.«) »Der offene Widerstand war schwach und unschlüssig und nach und nach verschwand er. ›Aber es gab die ganze Zeit Widerstand.‹ Der Repräsentant der USA fügte hinzu, daß er froh darüber sei, dies konstatieren zu können. Er verwies auf ›solche Vorfälle wie den Versuch, Hitler am 20. Juli 1944 zu töten‹.«

»›Das Zeugnis‹ von Richter Jackson hatte eine sehr große Bedeutung. Sein Stab sorgte auch dafür, daß deutsche Gegner der Nationalsozialisten bei der Dokumentation einer Reihe von Anklagepunkten zu Wort kamen. Die früheren sozialdemokratischen Reichstagsmitglieder Gerhard Seeger und Josef Simon, der Gewerkschafter Lorenz Hagen und andere legten schriftlich Zeugnis ab von den Konzentrationslagern vor dem Krieg; Wilhelm Sollmann berichtete von dem Vorgehen der SA-Banditen usw...«

»Meinungsumfragen, die Anfang Januar 1946 vom ICD (Information Controll Division) vorgenommen wurden, zeigten, daß ungefähr die Hälfte der erwachsenen deutschen Bevölkerung sich auf dem laufenden hielt. Die meisten von denen, die gefragt wurden - darunter auch frühere nationalsozialistische Parteimitglieder - meinten, daß die Angeklagten schuldig waren und daß sie eine faire Behandlung erhielten. Verhältnismäßig wenige meinten, daß einzelne der Angeklagten nicht schuldig waren, während nur eine ganz kleine Minderheit sich davon distanzierte, daß ganze Organisationen (besonders das Oberkommando und die SA) kriminalisiert werden sollten. Bei einer Untersuchung Anfang Dezember sagten 65 Prozent der Gefragten, daß sie durch den Prozeß von Verhältnissen erfahren hatten, die sie vorher nicht gekannt hatten. Bei der Januar-Untersuchung war diese Zahl auf 85 Prozent gestiegen.« (Hinweis von Joachim Siegerist: Hatte Brandt nicht an anderer Stelle seines Buches den Eindruck erweckt, als ob die Deutschen zu annähernd 100 Prozent von allem informiert gewesen seien?)

»Der Franzose de Montant unterstrich in seiner Rede, daß der Rechtsakt, der in Nürnberg vollzogen wurde, notwendig war auch aus Rücksicht auf das deutsche Volk. Er räumte ein, daß Deutschland früher bedeutende Beiträge zu der europäischen Kultur geleistet hatte. Das Ziel mußte sein, die Deutschen zurück zu Recht, Kultur und der internationalen Gemeinschaft zu führen. Deshalb mußten sie seinen Erziehungsprozeß durchmachen. Einer der anderen französischen Ankläger, Dubust, fand, daß die Angeklagten die Todesstrafe verdienten, auch wenn man nur die Tatsache berücksichtigte, daß sie ›das deutsche Volk zwölfhundert Jahre zurück in der Zeit versetzt‹ hatten.«

»Ansonsten nahmen die Franzosen in hohem Maße eine Abrechnung mit den Deutschen als Nation vor.« (Hinweis von Joachim Siegerist: »Abrechnung als Nation«. Brandt hält offenbar selbst das für normal. Jedenfalls findet er kein Wort der Kritik.) »Die Russen richteten in Übereinstimmung mit den Engländern ihren Hauptangriff gegen die ›nationalsozialistischen Verschwörer‹. Der Hauptankläger der Sowjetunion beschäftigte sich nicht, wie einzelne erwartet hatten, weiter mit den sozialen und wirtschaftlichen Wurzeln des Nationalsozialismus. Er legte großes Gewicht darauf zu zeigen, daß die nationalsozialistische Ideologie die Wurzel der einmaligen Verbrechen war, deren Zeuge und Opfer die Menschheit gewesen war. Er klagte die Kriegsverbrecher auch dafür an, daß sie ihre verbrecherische Handlung damit begonnen hatten, das deutsche Volk zu vergiften. Sie hatten sich des deutschen Staates und der Kriegsmaschine bemächtigt, um sie zu Werkzeugen zu verwandeln, die sie dazu benutzen konnten, ihre verbrecherischen Angriffe vorzubereiten und durchzuführen, mit der Folge, daß Millionen unschuldiger Menschen vernichtet wurden.«

»Durch die schauerliche und sorgfältige Dokumentation in Nürnberg ist ein umfangreiches Material für die ›Umschulung‹ zurechtgelegt worden. Jetzt geht es darum, das Material auf die richtige Art und Weise zu benutzen.« (Hinweis von Joachim Siegerist: Ein juristisch und völkerrechtlich äußerst bedenklicher Prozeß sollte - so Brandt - nun also die »Umschulung« der Deutschen einläuten.)

Atemberaubender Schwachsinn

In geradezu kristallklarem Stil eines Bolschewisten-Formulierers urteilt Brandt dann in dem Kapitel »Die böse Allianz« über Junker, Stahlkönige, Bankmagnaten« und andere mit atemberaubendem Schwachsinn folgendermaßen:

»Ich habe bereits die Auffassung zum Ausdruck gebracht, daß es invertierter Nazismus ist, wenn man den Nationalsozialismus mit deutschen Rasseneigenschaften erklären will. Andererseits habe ich nie denen ganz zustimmen können, die es dahin vereinfachen wollen, daß der Nationalsozialismus nur ein ›Werkzeug des Finanzkapitals‹ war. Die Wirklichkeit läßt sich schwierig in eine solch einfache Formel pressen. Womit man zu tun hatte, war zunächst eine extreme nationalistische Bewegung, geschaffen von wurzellosen und deklassierten Elementen. Diese Bewegung erhielt nach und nach Massencharakter durch den Anschluß des städtischen Mittelstandes und einen großen Teil der Landbevölkerung - eine Entwicklung, die teilweise durch die Sterilität der Arbeiterbewegung ermöglicht wurde. Die deutsche Reaktion - die entscheidenden Gruppen unter den Großkapitalisten und Junkern - wäre niemals imstande gewesen, eine Massenbewegung zu schaffen wie die, die Hitler schuf. Die Reaktion entschied sich deshalb dazu, den Nationalsozialismus zu benutzen gegen die verhaßte Arbeiterbewegung und die Demokratie, die den Sozialisten Gelegenheit bot, sich zu entfalten gegen die friedlichen Kräfte in der deutschen Gesellschaft - und für eine autoritäre Führung, für Aufrüstung, für die ›Lösung‹ der Krise mit Hilfe von Krieg und Eroberung.« (Hinweis von Joachim Siegerist: Brandt wird wohl kaum die Tatsache bestreiten können, daß die Nationalsozialisten eben Sozialisten waren, nationalistische Sozialisten in der National-Sozialistischen Deutschen Arbeiter-Partei (NSDAP) - wie schon der Name sagt. Gerade die »roten« Arbeiter waren für Hitler die Hauptzielrichtung. Von »Immunität« - wie Brandt es gern sehen möchte - konnte gerade bei den Arbeitern überhaupt nicht die Rede sein.)

»Die Herren Stahlkönige und Bankmagnaten waren gewillt, für die Hilfe zu bezahlen, und sie bezahlten im vorhinein. Die Nationalsozialisten ihrerseits brauchten diese Unterstützung. Aber sie dachten nicht daran, die Macht abzugeben, als sie sie erst hatten. Die Geld- und Blutaristokratie der Harzburger Front mußte erleben, daß die Lakaien sehr bald mit großer Autorität und Arroganz auftraten. Die Nationalsozialisten sahen allerdings ihre Begrenzung ein insofern, als daß sie niemals zu einem Frontalangriff auf die wirtschaftliche Macht des Großkapitals antraten. Sie rührten auch nicht die Junker als Klasse.« (Hinweis von Joachim Siegerist: Spricht hier Brandt oder Stalin?) »Politisch gesehen war der Machtanspruch der nationalsozialistischen Führer total; im wirtschaftlichen Bereich nahmen sie eine zweckmäßige Machtverteilung vor. Ein ganzer Teil ihrer ursprünglichen Verbündeten wurde zur Seite geschoben, andere mußten sich damit zufriedengeben, die Rolle als Statisten zu spielen, einige wurden liquidiert.«

»Das Verhältnis der Großindustrie zu Hitler wurde in Nürnberg u.a. durch eine Darstellung beleuchtet, die von Georg von Schnitzler, einem Vorstandsmitglied der IG Farben, stammte. Er berichtete von einem Treffen, das

am 20. Februar 1933 in Görings Büro im Reichstagsgebäude abgehalten wurde. Göring war nicht zur Stelle. Es war Schacht, der als Gastgeber fungierte. Unter den Teilnehmern war Krupp von Bohlen - zu diesem Zeitpunkt Vorsitzender des Deutschen Industrieverbandes, den er kurz danach Hitler zur Verfügung stellte - außerdem Albert Vögler, der führende Mann der Vereinten Stahlwerke, Dr. Stein von einer der Grubengesellschaften der IG Farben, und mehrere andere hohe Industrielle. Hitler hielt eine Rede über ›die kommunistische Gefahr‹. Danach erklärte Schacht, daß man 3 Millionen brauche für den Schlußspurt in dem bevorstehenden Wahlkampf. Der Betrag sollte zwischen den Nationalsozialisten und den Deutsch-Nationalen im Verhältnis ihrer damaligen Stärke verteilt werden. Stein deutete an, daß auch die Deutsche Volkspartei - früher Stresemanns Partei - ihren kleinen Anteil bekommen solle. Das wurde offensichtlich akzeptiert. Das bedeutete ja gleichzeitig eine Versicherung darüber, daß die »Volkspartei« sich der Allianz anschloß.«
(Hinweis von Joachim Siegerist: Sind die Spendengeschäfte der SPD von heute über die Friedrich-Ebert-Stiftung und DGB-Firmen moralischer und legaler?)
»Die Amerikaner legten auch heimliche Protokolle von einigen Sitzungen vor, die die Hitler-Regierung Anfang 1933 abhielt. Am 30. Januar, dem gleichen Tag, an dem Hitler durch die Unterschrift Hindenburgs (weder die Militärregierung noch die neue deutsche Stadtverwaltung hatten sich darum gekümmert, den Hindenburgplatz in der Stadt, wo der Prozeß abgehalten wurde, umzutaufen!) zum Reichskanzler ernannt worden war, stellt er die Frage, wie man sich die Mehrheit im Reichstag sichern

könne. Er wollte sofort die kommunistische Partei unterdrücken, aber er befürchtete einen Generalstreik. Wer war es, der in dieser Situation, buchstäblich gesprochen, die nationalsozialistischen Führer aufhetzte, zu den drastischen Maßnahmen zu greifen? Es war niemand anders als der berühmte Hugenberg, der Vorsitzende der Deutsch-Nationalen, der deutschen ›konservativen‹ Partei. (Dieser Mann befand sich Anfang 1946 noch auf freiem Fuße und kommentierte den Prozeß von seinem Landsitz in der Nähe von Minden!)« (Hinweis von Joachim Siegerist: Wenn man Brandts Rachedenken folgt und all die Menschen eingesperrt hätte, die ihm mißlich waren - selbst die Plätze in Hitlers KZs und Gefängnissen hätten dann nicht mehr ausgereicht.) »Selte unterstützte Hugenberg und sagte, daß innerhalb seiner Organisation - dem Bund der Frontsoldaten, dem Stahlhelm - ungetrübte Freude über die Bildung der ›nationalen‹ Regierung herrsche.«

»Es gab auch ein Protokoll von der Regierungssitzung am 15. März. In der Zwischenzeit hatten die Nationalsozialisten zusammen mit den Deutsch-Nationalen die Mehrheit bekommen. Aber sie hatten nicht die zweidrittel Mehrheit, die sie brauchten, damit das Ermächtigungsgesetz, das die Verfassung außer Kraft setzen sollte, verabschiedet werden konnte. Die ›Konservativen‹ machten sofort mit. Es herrschte Einigkeit darüber, daß die kommunistischen - und eventuell ein Teil der sozialdemokratischen - Reichstagsabgeordneten ausgeschlossen werden sollten. Es protestierte auch keiner der Herren, als Frick den Gedanken lancierte, Konzentrationslager zu errichten. Das Protokoll der nächsten

Alfred Hugenberg. Pressezar, Politiker. Auch ihn hätte Brandt gern hinter Gittern gesehen. Er war ihm zu konservativ.

Sitzung, am 20. März 1933, zeigt, daß die Verhandlungen, die mit der katholischen Zentrumspartei geführt worden waren, erfolgreich gewesen waren. Die Zentrumsleute hatten den Nationalsozialisten versprochen, für das Ermächtigungsgesetz zu stimmen. Sie stimmten dem Verfassungsbruch zu gegen ein betrügerisches Hitler-Versprechen, ein Komitee einzusetzen, das sie darüber unterrichtet halten sollte, was die Regierung zu tun beabsichtigte. Es dauerte nicht lange, bevor Hitler alle anderen Parteien als seine eigene verbot.«

»Wir haben von der Rolle gehört, die Schacht bei dem Treffen am 20. Februar spielte. Hitler setzte ihn in die Stellung als Präsident der Reichsbank wieder ein. Vom Sommer 1933 bis 1937 fungierte er auch als Reichswirtschaftsminister. Schacht wußte sehr gut, worum es sich handelte. Zu dem damaligen amerikanischen Botschafter in Berlin, Dob, sagte er im September 1934, daß die nationalsozialistische Partei mit allen Mitteln den Krieg vorbereite. Im gleichen Herbst begann das Reichswirtschaftsministerium mit den Kriegsvorbereitungen. Im Mai 1935 wurde Schacht zu einer Art Reichsbevollmächtigten für die Kriegswirtschaft ernannt. Im gleichen Monat erklärte er in einem Memorandum, daß das Rüstungsprogramm die eigentliche Hauptaufgabe der deutschen Politik sei, alles andere müsse dieser Aufgabe untergeordnet werden. Auf einem Treffen des Ministerrats am 12. Mai 1936 sprach Schacht sich für eine ›kultivierte und gesetzmäßige Politik‹ aus, die seiner Meinung nach dem Wirtschaftsleben am ehesten diente. Aber er erklärte gleichzeitig, daß seine Loyalität gegenüber Hitler unverrückbar sei. ›Die grundlegende Idee des Nationalsozialismus‹ ak-

zeptierte er ganz und gar. Und er prahlte damit, daß er - außerhalb des Budgets - bereits 11 Milliarden Mark für die Aufrüstung beschafft hatte. Dann trat Schacht als Wirtschaftsminister zurück, weil er in Kompetenzstreitigkeiten mit Göring geraten war. Kurz nach der Besetzung Österreichs kam Schacht nach Wien, um die Nationalbank dort zu ›übernehmen‹. In einer Rede an das Personal unterstrich er, daß niemand bei der Reichsbank eine Zukunft gehabt habe, der nicht vollen Herzens für Hitler eingetreten sei. Als er im Januar 1933 als Präsident der Reichsbank zurücktrat, schrieb er an Hitler und sagte, daß ›die Reichsbank‹ immer der Auffassung gewesen sei, daß eine effektive Außenpolitik nur mit Hilfe der Aufrüstung geführt werden könne.
Hitler antwortete, daß Schachts Name ›vor allen anderen für immer mit der ersten Periode der nationalen Aufrüstung verbunden sein werde‹. Es ist Sache des Gerichts zu entscheiden, welche Strafe Hjalmar Schacht bekommen soll. Unschuldig ist er nicht.«
»Die ehemaligen Konservativen, die keine direkten Geldinteressen repräsentierten, trugen auch eine große Verantwortung. Neurath z.B. nahm an den heimlichen Treffen teil, wo der Angriffskrieg geplant wurde. Ich habe bereits erwähnt, daß in Nürnberg ein Teil eidesstattlicher Erklärungen des früheren amerikanischen Generalkonsuls in Berlin, des jetzigen Botschafters Georg S. Messersmith, vorgelegt wurde. In einer von ihnen gab er wieder, was er im Oktober 1935 in einem Bericht nach Washington geschrieben hatte. Er polemisierte gegen den Mythos, von dem man nicht wegkommen wollte, nämlich den Mythos, daß Leute wie Neurath, Papen und

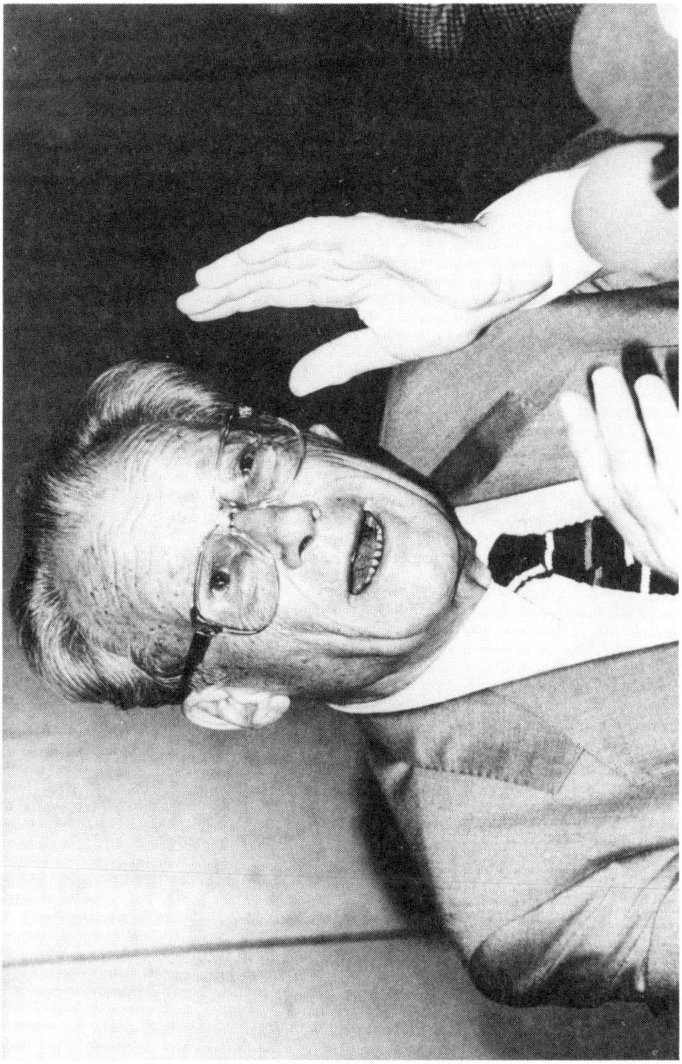

„Liquidieren - unschädlich machen. Läuse". So spricht Brandt in „Verbrecher und andere Deutsche" über Menschen. Die Sprache eines »Friedensnobelpreisträgers.«

Mackensen (damals deutscher Gesandter in Budapest) nicht gefährlich waren, sondern ›Diplomaten der alten Schule‹ seien. Messersmith unterstrich, daß sie in Wirklichkeit ›unterwürfige Werkzeuge des Regimes‹ waren und daß sie imstande waren, besonders effektiv zu arbeiten, gerade weil die Außenwelt sie als ungefährlich betrachtete.« (Hinweis von Joachim Siegerist: Also auch ab ins Gefängnis. Wie verträgt sich Brandts damaliges Rachedenken eigentlich mit der Tatsache, daß die SPD heute Gefängnisse für politische Terroristen am liebsten zu Erholungsheimen umbauen möchte?)

»Einer der Moderaten innerhalb der Hitler-Regierung war der Finanzminister, Schwerin von Krosigk, der im Mai 1945 wieder in Flensburg als eine Art Außenminister unter Dönitz auftauchte. In Nürnberg bekam man einen interessanten Brief zu sehen, den er am 1. September 1938 an Hitler geschickt hatte. Es war eine kräftige Warnung vor dem bevorstehenden Überfall auf die Tschechoslowakei und in vielerlei Weise ein intelligentes Aufzeigen dessen, was folgen würde. Von Krosigk sagte voraus, daß Churchill nach Chamberlain die Macht übernehmen würde, und daß England den Krieg riskieren würde, trotz schlechter Vorbereitung, weil es auf die amerikanische Hilfe vertraute. Er unterstrich auch die schwierige wirtschaftliche Situation Deutschlands. Aber was ist die Konklusion? Er möchte, daß der Krieg ausgesetzt wird, um die militärischen und wirtschaftlichen Vorbereitungen weiterzuführen, weil er glaubt, daß die französischen Kräfte, die die Allianz mit der Tschechoslowakei brechen möchten, das Übergewicht bekommen werden, und weil er meint, daß man in Amerika eine ›Reaktion gegen die jüdische Haßpropaganda‹ spüren kann. Und dann wäre der Tag nicht weit weg, ›wo man den Tschechoslowaken den Todesstoß versetzen kann‹.«

»Ich habe bereits das Verhältnis der Militärs beleuchtet. Sie gingen nicht alle zusammen so weit wie Keitel und Jodl. Einzelne distanzierten sich von gewissen Symptomen der nationalsozialistischen Politik, aber sie waren daran beteiligt, den Angriffskrieg vorzubereiten, und sie fanden sich mit dem Nationalsozialismus als Basis für die Aufrüstung und die Überfallspolitik ab. Das gilt auch für Leute wie Blomberg und Fritsch, die im Februar 1938 entmachtet wurden, und Blaskowitz, der zu Beginn des Krieges auf sich aufmerksam machte dadurch, daß er einen scharfen Protest gegen das Vorgehen der SS-Horden in Polen erhob. Die ›moderaten‹ Generäle sollen selbst zu Wort kommen.«

»Blomberg sagte in einer eidesstattlichen Erklärung, die in Nürnberg verlesen wurde: ›Vor 1938/39 befanden sich die deutschen Generäle nicht in Opposition zu Hitler. Es gab keinen Grund, gegen ihn zu opponieren, denn er erreichte die Resultate, die sie wünschten. Nach diesem Zeitpunkt begannen einige der Generäle, seine Methoden zu verurteilen und verloren den Glauben an seine Urteilskraft. Als Gruppe schafften sie es allerdings nicht, einen bestimmten Standpunkt gegen ihn einzunehmen. Einige wenige von ihnen versuchten es zu tun - mit dem Resultat, daß sie ihr Leben oder ihre Stelle verloren.‹ Blomberg sagte weiterhin, daß er 1938 Göring als seinen Nachfolger vorgeschlagen hatte, aber Hitler wollte ihn nicht haben, weil er ›zu ungeduldig und faul‹ war. Da empfahl Blomberg Keitel, gerade weil Keitel sich nicht in

der Opposition befand. Das war nötig, denn ›sonst wäre es zum Bürgerkrieg gekommen‹.«
»Was Fritsch betrifft, zitierte Jackson diese Worte, die der General im Dezember 1938 geschrieben hatte: ›Kurz nach dem Ersten Krieg kam ich zu dem Schluß, daß wir auf drei Gebieten siegen mußten, wenn Deutschland wieder mächtig werden sollte. Es galt: erstens dem Schlag gegen die Arbeiterklasse - da hat Hitler gewonnen; zweitens gegen die katholische Kirche, vielleicht besser ausgedrückt: gegen den Ultra-Montanismus; drittens gegen die Juden‹.«

»Blaskowitz sagte in einer Erklärung, die dem Gericht vorgelegt wurde, daß ganze Gruppen von deutschen Stabs- und Frontoffizieren seit 1919 und besonders seit 1924 der Auffassung gewesen wären, daß die drei territorialen Fragen gelöst werden mußten, falls nötig mit Krieg. Dies galt für den polnischen Korridor, das Saar- und Ruhrgebiet und das Memeldistrikt. Er behauptete, daß 90 Prozent des deutschen Volkes mit den Offizieren in der polnischen Frage übereinstimmten, und das war die Wichtigste. Blaskowitz sagte weiterhin, daß er mit Freude die Aufrüstung begrüßt habe, die bis 1935 heimlich vor sich gegangen sei und offen in den darauffolgenden Jahren. ›Alle Offiziere des Heeres waren der gleichen Auffassung und hatten deshalb keinen Grund, gegen Hitler zu opponieren. Hitler erreichte die Erfolge, die wir alle erstrebt hatten.‹ Die Offiziere seien sich darüber im klaren gewesen, schrieb er weiter, daß die polnische Frage zum Krieg führen würde, auch mit den Westmächten, falls politische Maßnahmen nicht zum Ziel führten. Nach der

Rede Hitlers vom 22. August 1939 sah er den Krieg als eine klare Tatsache.«

»Dies sind nur Bruchstücke des Materials von der bösen Allianz, die in Nürnberg aufgedeckt wurde. Nach und nach werden mehr und mehr Dokumente vorgelegt werden, die die Alliierten in Form von Weißbüchern veröffentlichen werden.«

»Das, was bis jetzt vorliegt, beinhaltet allerdings auch Informationen, die sehr deutlich zeigen, daß die Allianz 1933 noch nicht fest zusammengeschweißt war, daß die Stellung der Nationalsozialisten schwächer war, als ihre Gegner glaubten, daß es nicht so hoffnungslos gewesen wäre, das zu tun, was Zehntausende von gewöhnlichen Gegnern der Nationalsozialisten wünschten: den Kampf aufzunehmen. (Hinweis von Joachim Siegerist: Andere sollten den Kampf in Deutschland aufnehmen, während Brandt sich selber ins sichere Ausland absetzte.) Hitler äußerte in seiner ersten Regierungssitzung eine solche Überschätzung des Gegners, daß er ihm die Entschiedenheit zutraute, einen Generalstreik vom Zaun zu brechen. Göring sagte bei einem Verhör in Nürnberg im Oktober 1945, als er nach den Umständen in Bezug auf den Reichstagsbrand gefragt wurde, daß ›unsere neue Regierung als solche nicht besonders sicher saß‹.«

»Diejenigen, die die Republik gegen die nationalsozialistischen Banden verteidigen wollten, warteten auf ein Signal, das niemals kam. Dies demoralisierte die deutschen Widerstandskräfte. Das bedeutete eine Unterstützung für Hitler, so daß er seine Macht im Laufe von sehr kurzer Zeit stabilisieren konnte. Und es trug sehr stark dazu bei, daß man in anderen Ländern den deutschen Anti-Nationalsozialismus sehr niedrig einschätzte.«

Die Sprache eines Friedensnobelpreisträgers

In dem Kapitel »Gab es eine deutsche Widerstandsbewegung?« geht Brandt -für seine Verhältnisse - einigermaßen korrekt mit der Wahrheit um. Furchtbar ist nur immer wieder das Sprachvokabular vom »liquidieren und unschädlich« machen nationalsozialistischer Menschenleben - so, als wenn es sich nur um Ungeziefer handelt oder um Menschen, die ihr Recht auf Leben verwirkt hätten. Jedenfalls fällt auf, daß Brandt die Sprache der Gewalt schon als junger Mann besser beherrscht, als die Sprache des Friedens. In einer Gerichtsverhandlung mit Brandt hatte ich deswegen auch den Satz gebraucht: »Brandt hat sich den Friedensnobelpreis regelrecht erschlichen. Er war nie ein Mann des Friedens, nur all zu häufig in seinem Leben predigt er die Gewalt.«

Selbst wenn man seinen grenzenlosen Haß gegen die Nationalsozialisten nachzuvollziehen versucht, bleibt die Frage bestehen, ob man so formulieren darf, wie Brandt es tat. Lesen Sie selber, was er über die deutsche Widerstandsbewegung gegen Hitler in einem kleinen Abschnitt in »Verbrecher und andere Deutsche« schrieb:

»In Breslau etablierte der nationalsozialistische Gauleiter Hanke sein Schreckensregiment, nachdem die Stadt vo den Russen umringt war. Todesurteile wurden am laufenden Meter ausgesprochen, der Festungskommandant und der Bürgermeister waren unter den Opfern der Henker. Zu diesem Zeitpunkt gingen die aktiven Anti-Nationalsozialisten zur Handlung über. Die nationalsozialistische Presse nannte sie ›Kellermaulwürfe‹. Sie nahmen Kontakt mit der Roten Armee auf, verschafften sich Sprengstoff, und an einem Tag im März krachte es rundherum in der Stadt. Zwölf Ortsgruppenbüros wurden zur gleichen Zeit gesprengt. Dreißig aktive Nationalsozialisten wurden liquidiert. Es wurde auch der Versuch unternommen, Hanke und den neuen Festungskommandanten umzubringen - aber ohne Erfolg. Derjenige, der den Bericht aus Breslau ablegte, beschuldigte die Mehrheit der Bevölkerung, weil sie aus Feigheit nicht gewagt hatte, sich den ›Maulwürfen‹ anzuschließen und nun als Flüchtlinge umherirren. Er sagte, daß die aktiven Anti-Nationalsozialisten nicht viel erreichten, aber daß sie stolz darauf waren, daß sie etwas erreicht hatten.«

Natürlich kann man darüber diskutieren, ob Tyrannen-Mord gerechtfertigt ist, wenn dadurch viele andere Menschenleben gerettet werden könnten. Aber erinnert die Wortwahl Brandts nicht frappierend an sogenannte Bekennerschriften der Rote Armee Fraktion in der Bundesrepublik Deutschland? Im ganzen Brandt-Buch »Verbrecher und andere Deutsche« fand ich kein Wort des Verzeihens, kein Wort des aufrichtigen Verstehens für viele Menschen, die in Hitler die letzte Rettung in einem Staat sahen, der - wenn auch auf kleinster Ebene - von Brandt mit zerstört worden war. Und ob es nun besonders ehrenwert war, mit der Roten Armee zu kooperieren, die wenig später in Breslau Tausende von Menschen umbrachte, das steht auf einem anderen Blatt. Hier sollte der kleine Satan (Hitler) durch den großen Satan (Stalin) ausgetrieben werden; nur, daß Brandt in Stalin offenbar einen geläuterten Satan sah - vielleicht noch nicht einmal das.

Im selben Kapitel taucht dann erstmals das unheilvolle Wort von der »Befreiung« (»Die Befreiungsaktion« in München) auf. In seinen verlogenen und streckenweise unwahren Lebens-»Erinnerungen« schrieb er jetzt die unfaßbaren Sätze: »Noch in der Wahlnacht habe ich von meinem Empfinden gesprochen, nun habe Hitler endgültig den Krieg verloren. Und ich zögerte nicht hinzuzufügen, daß ich mich, wenn gewählt, als der Kanzler nicht mehr des besiegten, sondern eines befreiten Deutschlands betrachten werden.«

Das »befreite« Deutschland

Als Brandt 1946 in »Verbrecher und andere Deutsche« erstmals das Wort vom »befreiten« Deutschland gebrauchte - da hätte man noch einen Funken Verständnis für ihn aufbringen können. Er war Ausländer, mehr Marxist als Sozialdemokrat, Bewunderer Stalins, er haßte die NSDAP. Aber hätte Brandt so etwas noch einmal wiederholen dürfen als er Kanzler wurde - und jetzt (im Jahre 1989) noch einmal - fast trotzig - in seinen »Erinnerungen«? »Befreites« Deutschland! Ein Deutschland, in dem die Russen und die Polen 15 Millionen Menschen aus ihrer Heimat vertrieben, mindestens 2 Millionen Deutsche umbrachten, sie entrechteten, ihren Besitz und ihre Würde raubten und zu Hunderttausenden nach Sibirien verschleppten. Sozialdemokraten wurden in die alten Hitler-

KZ-Sachsenhausen. Die Sowjets führten es nach 1945 weiter und haben es „ganz gut ausgenutzt" - wie Brandt formulierte. Aber Brandt spricht - wie später Weizsäcker - von „Befreiung".

KZs gesperrt. Allein in Buchenwald kamen - dank der »Befreiung« durch die Rote Armee - Tausende um. Todeslisten wurden nicht mehr geführt. Die Zahl der Opfer konnte schließlich nur noch geschätzt werden. Und durfte man auch in der französischen, englischen und amerikanischen Besatzungszone wirklich immer von »Befreiung« sprechen?

Wenn Brandt Anstand im Leibe hätte, dann würde er sich für diese wiederholte Entgleisung bei den Menschen entschuldigen, die nach der »Befreiung« alle erdenkbaren Greuel über sich ergehen lassen mußten, die sich ein satanisches, menschliches Gehirn überhaupt einfallen lassen kann. In einem späteren Kapitel werde ich auch auf den von mir nicht sehr geschätzten Bundespräsidenten von Weizsäcker eingehen, der ja am 8. Mai 1985 ebenfalls von der »Befreiung« sprach.

In dem Kapitel »Die Männer des 20. Juli« würdigte Brandt auf seine Weise den geplanten Umsturz Hitlers 1944. Interessant dabei ist vor allem die Tatsache, daß er selbst dieses Datum nutzt, um sich ins rechte Licht zu setzen, als eine Art »Oberwiderstands-Kämpfer« gegen Adolf Hitler. Man ist peinlich berührt, wenn man seine oberlehrerhaft wirkenden Urteile über die Männer des 20. Juli liest, bei denen man sicherlich unterschiedlicher Meinung sein kann. Tatsache ist aber, daß ein Mann, der sich schon 1933 feige ins Ausland absetzte, besser zu Männern schweigen sollte, die - aus welchen Gründen auch immer - im Kampf gegen Adolf Hitler ihr Leben einsetzten und es schließlich verloren. In fast unanständiger Form mißbraucht Brandt den sozialdemokratischen Widerstandskämpfer Julius Leber für seine eigene Personen-Propaganda. In einem Abschnitt des Kapitels über die Männer des 20. Julis heißt es in »Verbrecher und andere Deutsche«:

»Im Winter 1942/43 bekam ich die ersten Meldungen von der Arbeit, die verschiedenen Kräfte zu sammeln, die, wie man meinte, die Macht nach einem Attentat gegen Hitler übernehmen können sollten. Im Winter 1943/44 traf ich einen der bedeutendsten Männer in der kirchlichen Opposition, der sich an den Sammlungsbestrebungen beteiligte, gleichzeitig war er aber kein Anhänger des Attentates. Es war der damalige Chef der deutschen Transportkommandantur in Oslo Theodor Stelzer. Ich bekam auch Kontakt mit meinem alten Freund Julius Leber, einem früheren sozialdemokratischen Reichstagsabgeordneten und Chefredakteur, der mich über die innenpolitischen Verhältnisse unterrichtete. Einen Monat vor dem letzten Attentatsversuch war ich zusammen mit Adam von Trott, dem Botschaftsrat aus der Wilhelmstraße, der im September 1944 gehängt wurde. Ihn beschäftigte - ebenso wie die Verhandler 1942 - besonders die Untersuchung der außenpolitischen Bedingungen in Verbindung mit einem Aufstand gegen Hitler.«

»Ich bekam auch Kontakt mit meinem alten Freund Julius Leber«, schreibt Brandt da. Der »alte Freund« Julius Leber - das ist eine glatte Lüge. Zwischen dem Ersten-Weltkriegs-Offizier Dr. Julius Leber und dem radikalen jungen Herbert Frahm lagen Welten, politisch, moralisch, weltanschaulich. Julius Leber hatte den jungen Frahm aus Mitleid und aus Sympathie zu Martha Frahm, seiner Mutter, gefördert. Er ließ ihn sogar kleine Artikel im sozialdemokratischen Lübecker Volksboten schreiben, bei dem er Chefredakteur war. Als die Weimarer Demokratie zwischen den roten und braunen Mühlsteinen zu zerbechen drohte und Julius Leber einen mutigen Kampf gegen die Extremen auf beiden Seiten führte, verließ Brandt die SPD und schloß sich 1931 der moskauhörigen Sozialistischen Arbeiter-Partei (SAP) an. Hemmungslos und ohne das geringste Gefühl von Dankbarkeit stürmte Brandt in SPD-Veranstaltungen, um zu sie »sprengen« und die sozialistische Jugend der SPD zur radikalen SAP herüberzuziehen. Der »alte Freund« Julius Leber schrieb darüber: »Und es standen als Anführer inmitten des wilden Haufens der Student Peters und der Schüler Frahm, die beide zu den Spaltern gehören.«

In Lübeck sprach ich dazu mit Brandts ehemaligen Weggefährten Heinrich Bruhn (geboren am 11.11.1912). Er erinnerte sich noch: »Als wir schließlich Flugblätter an die SPD-Mitglieder verteilten, die Herbert Frahm aufgesetzt hatte, prügelten uns die Reichsbanner-Leute aus dem Saal. Solche Prügeleien waren ja damals nicht selten. Herbert und ich haben immer kräftig mitgemischt.«

Für Julius Leber muß es bitter gewesen sein, daß ihm ausgerechnet sein Schützling Frahm in den Rücken gefallen war. Durch Verschweigen und unkorrekte Angaben ließ Brandt es über Jahrzehnte sogar zu, daß Julius Leber als sein Vater bezeichnet werden konnte. Der Vater und der »alte Freund« - niederträchtige Behauptungen sind das.

Sein Kapitel über die Männer des 20. Julis schließt Brandt mit folgenden Passagen:

»Deutschland hätte wahrscheinlich ein Attentat mit einem

glücklichen Ausgang gutgetan. Es hätte vielleicht ein inneres Blutbad bedeutet. Aber es hätte auch viele Menschenleben gespart. Viele Zerstörungen wären vermieden worden. Der mißglückte 20. Juli trug allerdings doch im gewissen Grad dazu bei, den Krieg zu verkürzen. Die Widerstandskraft wurde geschwächt. Himmlers große ›Gitter- und Geiselaktion‹, die die Verschwörer, Mitwisser und Verdächtigen traf, bedeutet auf der anderen Seite, daß die leitenden Kader der Opposition hart getroffen wurden.«

»Wären die Männer des 20. Julis erfolgreich gewesen, hätte der deutsche Anti-Nationalsozialismus vielleicht einen offiziellen Mitankläger bei der Gerichtsverhandlung gegen die großen Kriegsverbrecher stellen können. Es wären auch gewisse innere Garantien gegen den Auflösungsprozeß geschaffen worden, der als Folge des Zusammenbruchs, wie er sich im Mai 1945 ergab, drohte. ›Das Mißgeschick‹ bekam weitreichende Folgen.«

Ich erinnere mich noch an das Geschrei der vereinigten Linken, als der frühere Bundeskanzler Ludwig Erhard einmal - im Zusammenhang mit linksextremen publizistischen Gegnern - von »Pinschern« sprach oder Franz Josef Strauß bei RAF-Mördern von »Schmeißfliegen und Ratten«. Ein herzerweichendes Geschrei tobte durch den linken Blätterwald. Und Brandt hob verständnisvoll den moralischen Zeigefinger. Offenbar hatte keiner dieser rotgefärbten Heilsapostel Willy Brandts »Verbrecher und andere Deutsche« gelesen. Menschen, die anders dachten als er - das waren für ihn offenbar »Läuse«. Denn in dem Kapitel »Nach Potsdam« in »Verbecher und andere Deutsche« setzte er das i-Tüpfelchen mit der Überschrift drauf »Die politische Entlausung«. Da schreibt Brandt die Zeilen:

Die »Entlausung«

»Die ›natürliche‹ Reaktion wäre gewesen, daß breite Schichten des deutschen Volkes sich gegen die nationalsozialistischen Bonzen, die Gestapohenker und die propagandistischen Lügenhälse erhoben hätten, daß die Arbeiter die Betriebe übernommen hätten, die den großkapitalistischen Bündnispartnern der Nationalsozialisten gehörten, daß die Landbevölkerung die nationalsozialistischen Junker und ›Bauernführer‹ verjagt hätten, daß die Soldaten Vertrauensleute gewählt hätten und sich geweigert hätten, den nationalsozialistischen Offizieren zu gehorchen. Diese Reaktion blieb aus, nicht nur weil die inneren Antriebskräfte fehlten. Der andere Grund war der, daß die Alliierten sich für eine ganz und gar militärische Lösung entschieden hatten. Es geht nicht, Besatzung und Volkserhebung zu vereinen. Derjenige, der ein Land besetzt, möchte ›Ruhe und Ordnung‹, nicht Chaos und Unruhen.«

In zynisch-böser Form, die einen fast erschaudern läßt, wenn man die Auswirkungen der Potsdamer Konferenz vom Juli 1945 kennt, berichtet Brandt über dieses Ereignis in »Verbrecher und andere Deutsche« folgendes:

»Auf der Potsdamer Konferenz im Juli 1945 einigten sich Truman, Stalin und Churchill darauf, daß die Zonenabgrenzung keine andauernde Aufteilung bedeuten solle. Deutschland sollte als eine wirtschaftliche Einheit behandelt werden. Es wurde beschlossen, gewisse Fachministerien einzurichten, deren Befugnis sich über die Zonengrenzen hinaus erstrecken sollte. Die Verwaltung, das Rechtswesen und das Unterrichtswesen sollten nach gemeinsamen Richtlinien aufgebaut werden. Bezogen auf den labilen Zustand, der kurz nach Kriegsende herrschte, repräsentierten die Beschlüsse von Potsdam ohne Zweifel einen Fortschritt. Die Besatzungsmächte (abgesehen von Frankreich, das nicht repräsentiert war) setzten sich gemeinsam dafür ein, neue demokratische Institutionen zu errichten. Die antinationalistischen Parteien sollten in allen Zonen tätig werden. Auf wirtschaftlichem Gebiet bestand das Fortschrittliche vor allem darin, daß die besetzten deutschen Gebiete einheitlich verwaltet werden sollten, und daß Schritte unternommen werden sollten, die schlimmste Not zu lindern.«

»Die Potsdamer Beschlüsse waren kein Vernichtungsprogramm. Aber sie waren geprägt davon, daß ein Kompromiß zwischen verschiedenen Großmachtinteressen eingegangen worden war. Das Kommuniqué, das veröffentlicht wurde, enthielt einige Unklarheiten. Die Wiedergutmachungs-Anforderungen wurden nicht endgültig festgelegt. Die vorläufige Skizzierung deutete allerdings an, daß man daran dachte, sehr weit zu gehen. Deutschland sollte nicht nur entmilitarisiert werden, sondern auch als eine führende Industrienation ausgeschaltet werden. Das war klar genug. Weniger klar war, welche Stellung Deutschland in dem europäischen und internationalen Wirtschaftsleben zugeteilt werden sollte. In bezug auf die terriorialen Fragen ging man viel weiter als das, was früher als Kriegsziel der Vereinten Nationen erklärt worden war.

Es war im vorhinein entschieden, daß die Sowjetunion einen großen Teil von Ostpreußen inklusive Königsberg erhalten sollte, und daß Polen Kompensationen für die west-ukrainischen und west-weißrussischen Gebiete erhalten sollte, auf Kosten von Deutschland. Das, was in Potsdam geschah, war, daß die westlichen Alliierten im Prinzip die Forderung akzeptierten, daß Deutschland die Gebiete östlich der Oder-Neiße-Linie weggenommen werden sollten. Man wählte die Form, daß Polen diese Gebiete bis zu einer endgültigen Entscheidung, die in einer Friedenskonferenz getroffen werden sollte, administrieren sollte. In der Realität bedeutete das, daß die bereits angefangene Polnisierung östlich der Oder weitergehen konnte. Die Zwangsumsiedlung der deutschen Bevölkerung von annähernd 10 Millionen - einschließlich derer, die bereits evakuiert waren - wurde auch akzeptiert. Die ›drei Großen‹ forderten allerdings die polnische Regierung auf, die Ausweisung zu stoppen, bis die Voraussetzungen geschaffen waren, die Deportierten entgegenzunehmen. Eine ähnliche Aufforderung wurde an die tschechoslowakische Regierung gerichtet. Dies bedeutete, daß auch der Plan der Zwangsumsiedlung von zwei bis drei Millionen sogenannter Sudetendeutschen akzeptiert worden war.«

»›Potsdam‹ war die einzige Zusammenarbeitsgrundlage der deutschen nationalsozialistischen Gegner. Ein besonders günstiger Ausgangspunkt war es nicht. Das konnte man auch nicht erwarten. Ein wesentlicher Teil der Beschlüsse blieb auf dem Papier stehen. Die Bestimmung, daß interzonale Fachministerien errichtet werden sollten, konnte aufgrund des hartnäckigen Widerstandes

Churchill und Truman und Stalin 1945 auf der Potsdamer Konferenz. Sie war in Teilen für Brandt „ohne Zweifel ein Fortschritt". Aber dort wurde die halbe Welt versklavt.

der französischen Repräsentanten nicht durchgeführt werden. Das Wegnehmen von Realwerten in der Ostzone ging sehr weit. In vielen Fällen wurde der Bevölkerung alles weggenommen, was sie besaß. Die Zwangsumsiedlung aus Polen, ›Neu-Polen‹ und der Tschechoslowakei ging trotz der Aufforderung von Potsdam weiter.«

»Niemand, der objektiv sein will, kann allerdings verneinen, daß die alliierten Militärregierungen eine auf viele Weise imponierende Arbeit im Laufe der Monate ausführten, die auf den deutschen Zusammenbruch folgten. Selbstverständlich machten sie viele Fehler, selbstverständlich waren die Offiziere, die diese Aufgaben bekamen, nicht überall von gleicher Qualität. Sie hatten auch nicht immer das richtige Verständnis für die Aufgaben, die sie lösen sollten. Aber sie verhinderten, daß es zum Chaos kam. Sie meisterten das überaus schwierige Problem, das entstand, als Millionen von ausländischen Kriegsgefangenen und Zwangsarbeitern ihre Ketten los wurden. Die lebenswichtige Produktion kam wieder in Gang, es kam zu keiner wirklichen Hungersnot, die Epidemiengefahr wurde gestoppt. Der Gesellschaftsaufbau war schwer angeschlagen, aber er stürzte nicht zusammen.«

Die in Potsdam beschlossene Entrechtung und Aufteilung Deutschlands und der halben Welt, das Plündern deutscher Industrieanlagen, das ausdrückliche Billigen der Vertreibung mit Millionen von Toten durch die Mordkommandos der Polen und Tschechen, das Rauben deutschen Landes - wie bezeichnet das Brandt? »Bezogen auf den labilen Zustand, der kurz nach Kriegsende herrschte, repräsentierten die Beschlüsse von Potsdam

Mit knappen und gefühlsarmen Halbsätzen kommentiert Brandt die grauenvolle Ausweisung der Sudetendeutschen. Eines der grausamsten Verbrechen an Deutschen. Auf diesem Foto Sudetendeutsche auf dem Marsch ins Todeslager.

ohne Zweifel einen Fortschritt«. Oder: »Niemand, der objektiv sein will, kann allerdings verneinen, daß die alliierten Militärregierungen eine auf viele Weise imponierende Arbeit im Laufe der Monate ausführte, die auf den deutschen Zusammenbruch folgten«.

Kommentar erübrigt sich. Nur so viel: Von einem Hamburger Gericht wurde ich zu einer hohen Geldstrafe verurteilt, als ich ich in einem Rundbrief davon sprach, daß ehemalige Sozialdemokraten Brandt früher als »Vaterlandsverräter« bezeichnet hatten. Auch hier kann man sich eine Kommentierung ersparen.

Hochinteressant sind auch Brandts Äußerungen über Stalin und die Politik der Sowjetunion nach dem totalen Zusammenbruch 1945. Brandt schreibt dazu:

»Die offizielle Politik der Sowjetunion war wohl eigentlich nie von irgendwelchen Rassenvorurteilen gebunden gewesen. In Moskau wirkte ein deutsches ›Nationalkomitee‹ mit Kommunisten und Generälen an der Spitze. Es besteht Grund zu glauben, daß die Sowjetunion ziemlich lange auf einen solchen Ausgang des Krieges abzielte, daß ein neues Deutschland - das notwendigerweise eine soziale Revolution im alten Verstand durchgemacht haben mußte - sich in östlicher Richtung orientieren würde und nahe wirtschaftliche und nicht zuletzt außenpolitische Anknüpfung an den Osten suchen würde. Es gab zwei Möglichkeiten, um eine solche Lösung zu erreichen. Die eine war, daß die Rote Armee den größten Teil des deutschen Territoriums eroberte oder zumindest bis zum Rhein vorrückte, bevor die Westalliierten mit ihrer Invasion in Gang gekommen waren, oder während sie noch in Frankreich festsaßen. Die andere Möglichkeit war, daß es glückte, Hitler von innen zu stürzen und eine neue Führung mit Anknüpfungspunkten zum ›Nationalkomitee‹ in Moskau zu etablieren. Eine solche innere Lösung glückte nicht. Und die Angelsachsen rollten Deutschland von Westen auf. Die Voraussetzungen für eine mehr oder weniger isolierte russisch-deutsche Lösung waren nicht zur Stelle.«

»Das Ziel für die russische Politik gegenüber Deutschland war bestimmt von den Hauptanforderungen, die auf Wiedergutmachung und Sicherheit hinausliefen. Man ging neue Wege, um die Anforderungen erfüllt zu bekommen. Statt eines schnellen Wiederaufbaues der deutschen Industrie und ihrer Koordinierung mit dem russischen Wirtschaftsleben kam das unmittelbare Verlangen nach Wiedergutmachung in den Vordergrund. Die Motivation ist klar genug: Die Sowjetunion hatte unglaublich viel verloren. Es war in ihrem Interesse, schnellstmöglich wieder auf die Beine zu kommen. So wie die Situation sich entwickelt hatte - mit einem Teil Unsicherheitsmomenten im Verhältnis zu den Westmächten und einer gewissen Unklarheit in bezug auf deren Pläne mit Deutschland - war die Politik der Sowjetunion darauf eingestellt, Deutschland meistmöglich zu schwächen, jedenfalls zunächst. Die Sowjetregierung setzte Grenzverschiebungen im Osten durch. Sie ging für eine starke Reduktion der deutschen Industrieanlagen ein«.

»Aber das war doch nur eine Seite der Sache. In bezug auf die deutsche Innenpolitik hielten die Russen im großen und ganzen an den Richtlinien fest, die im vorhinein ausgearbeitet waren. Es war nicht das Programm des Bolschewismus, sondern des Antifaschismus, das lanciert wurde. Die Kommunisten wurden vorgezogen, aber sie erhielten kein Monopol. Vier antinationalsozialistische Parteien und Gewerkschaften kamen in Berlin im Juni in Gang, einen Monat nach der Kapitulation. Es gab keinen Fraternisierungsverband in der russischen Zone. Deutsche Zeitungen erschienen. Radio, Theater und Kinos wurden schnellstmöglich wieder eröffnet. Plakate gaben Stalins Äußerungen über den Hitlerismus und das deutsche Volk wieder. Deutsche Antinationalsozialisten wurden beauftragt, Teil-Stadtregierungen zu bilden. Sie erhielten die Möglichkeit, eine Reihe wichtiger Reformen vorzubereiten.«

»Den Vorsprung, den die Russen in politischer Hinsicht hatten, verloren sie allerdings hauptsächlich als Folge des harten Vorgehens der Besatzungstruppen und aufgrund der drastischen Wiedergutmachungsforderungen, die sich darin zeigten, daß man die Maschinen demontierte und wegbrachte. Psychologisch interessant ist es, daß die deutschen Arbeiter gegen die Art und Weise des Wegbringens protestierten. Sie sagten, wenn man erst die Maschinen wegnehmen wollte, hatte es keinen Sinn, sie so zu behandeln, daß sie zerstört wurden oder so zu transportieren, daß sie rosteten.«

»Die Disziplin innerhalb der Roten Armee zeigte gewisse Anzeichen von Versagen. Es ist eine Frage der Beurteilung, ob mehre und größere Übergriffe vorkamen als die, die mit der spontanen Raserei der Sowjetsoldaten begründet werden konnten gegen die, die sie für die Massenmorde und Plünderungen unter der deutschen Besatzung in den sowjetischen Gebieten verantwortlich machten. Man sollte sich allerdings davor hüten zu glauben, daß Plünderungen und Vergewaltigungen nur in den russischen Zonen vorkamen. Der englische Korrespondent Mosle schrieb in seinem ›Report from Germany‹: ›Sogar gesetzte englische Offiziere begannen zu plündern wie wahnsinnig‹. Ich habe einiges davon in der amerikanischen Zone gesehen, und es gibt eine Menge weniger erfreulicher Geschichten, die in den französischbesetzten Gebieten vor sich gingen. Um nicht von den Räuberbanden zu sprechen, die unter den ausländischen Arbeitern (meistens unter denen, die mehr freiwillig als gezwungen gekommen waren) entstanden. Der amerikanische Oberkommandierende sagte in seinem Monatsrapport für September 1945, daß ›verschleppte Personen weiterhin die Hauptrolle der Unruhen und Gesetzlosigkeit ausmachen‹. Gleichzeitig schrieb der Offizier der Militärregierung im Landkreis Aschaffenburg in Bayern: ›Vieh wird geraubt. Die Arbeiter weigern sich, ihre Häuser zu verlassen aus Furcht, überfallen zu werden und daß ihnen ihre Fahrräder gestohlen werden. Die Bauern haben Angst, draußen zu arbeiten, weil sie damit rechnen, von plündernden Banden angegriffen zu werden. Ich habe einen Teil der Vergehen von einigen bemitleidenswerten wurzellosen Polen gesehen. Aber ich sträube mich, in Details zu gehen. Ein paar Beispiele sollen genug sein. Als ich Mitte November 1945 nach Lübeck kam, erhielt ich den Beweis, daß die Polen im Laufe eines Monats 31 Personen außerhalb der Kneipe getötet hatten, wo die Sozialdemokraten ihr provisorisches Parteibüro hatten. Ich muß hinzufügen, daß diese Straße das Zentrum des Schwarzen Marktes war. Dies ist wahr, ebenso ist es eine Tatsache, daß Frauen immer wieder halbnackt ausgezogen wurden und ihnen ihre Kleider weggenommen wurden, wenn sie sich auf dem Weg zum Kirchhof außerhalb der gleichen Stadt befanden. Mord war auch nicht ungewöhnlich‹.«

»Daran sollte man denken, wenn man die Geschichten von den Russen hört. Man sollte sich weiterhin darüber im klaren sein, daß Vergewaltigungsaffären eine Tendenz haben, die Fantasie der Leute in Bewegung zu setzen. Ich werde nie die Frau unter den Flüchtlingen in Hamburg vergessen, die es offenbar genoß, einem zahlreichen Publikum zu beschreiben, wieviele Male sie vergewaltigt worden war. Auf dem Markt in Lübeck waren massenweise Flüchtlinge, die dort standen und diskutierten. Einer meiner Freunde war Zeuge, daß ein Mann dort stand und die furchtbaren Geschichten erzählte unter Berufung auf einen Brief, den er aus Pommern geschmuggelt bekommen hatte. Er ging zu dem Mann und bat darum, den Brief zu sehen. Nachdem der Mann verlegen in seinen Taschen gesucht hatte, bat er ihn, ihn holen zu gehen. In der Zwischenzeit wollte er seine Adresse der britischen Militärpolizei angeben. Als sie einige Schritte gegangen waren, bekam mein Freund eine lange Rede zu hören darüber, daß er den Mann nicht ins Unglück bringen solle, er hätte keinen solchen Brief, aber er habe alles gehört von einem anderen, und er habe allen Grund, es zu glauben, daß es so sei. Der betreffende Mann mußte zu seinen Zuhörern auf den Markt zurückgehen und erzählen, daß er ein Lügner war. Hier stehen wir also gegenüber Dingen, die mit Fantasie und Übertreibung zu tun haben. Hinzu kommt, daß im großen und ganzen nur Geschichten erzählt werden, die mit dem einen Extrem zu tun haben. Ich habe auch von Leuten gehört, die erfreuliche Dinge erlebt haben, z.B. die Frau in Mecklenburg, die vier Kinder hatte und sieben russische Offiziere zur Einquartierung. Der Oberst sagte zu ihr, er werde Essen für zwölf holen, so daß ihre Kinder etwas Ordentliches zu essen bekämen. Die Art Geschichten zirkuliert nicht.«

Selbst wenn man breite Passagen aus »Verbrecher und andere Deutsche« übersetzt, fällt es schwer, die ganze Tragweite bestimmter Brandt-Äußerungen auf Anhieb zu erfassen. Trotzdem hat es das eben zitierte Kapitel, das ich aus presserechtlichen Gründen nur unvollständig abdrucken kann, in sich. Nur einige Sätze noch einmal: »Die offizielle Politik der Sowjetunion war wohl eigentlich nie von irgendwelcher Rassenvorurteilen gebunden gewesen«. Sind es mangelnde Geschichtskenntnisse Willy Brandts oder ist es Absicht? Tatsache ist doch, daß die Sowjetunion - im Gegensatz zu Hitler - nicht vom Ausrotten bestimmter »Rassen« sprach, dafür aber ganze Völker - bis in die heutige Zeit - regelrecht ausrottete. Als Brandt nach 1945 diesen Satz in »Verbrecher und andere Deutsche« geschrieben hatte - da waren in der Ukraine bereits Millionen von Menschen - diffamiert als sogenannte Kulaken - von Stalin umgebracht worden. Von den üblichen Judenverfolgungen ganz zu schweigen. Und dann der naiv-dümmliche Satz über die Sowjets: »Es war nicht das Programm des Bolschewismus, sondern des Antifaschismus, das lanciert wurde«. Oder: »Den Vorsprung, den die Russen in politischer Hinsicht hatten...«. Noch schlimmer: »Die Disziplin innerhalb der Roten Armee zeigte gewisse Anzeichen von Versagen«. Am böse-

sten aber sein Satz von der deutschen Frau, die es in der Öffentlichkeit »offenbar genoß« darüber zu berichten, daß sie von Rotarmisten vergewaltigt worden war.
Bei den Lesern meiner Bücher handelt es sich meist um geschichtskundige Menschen. Ich kann es mir deswegen ersparen, in allen Einzelheiten die Greuel der Vergewaltigungen durch Rotarmisten zu schildern, die deutsche Frauen an Scheuentore nagelten und dann über sie herfielen. Gravierend falsch an der Brandtschen Darstellung ist auch die Tatsache, daß er solche Schandtaten als »Einzelfälle«, als eine Art Ausrutscher, darstellt. Genau das ist nicht richtig. Stalin hatte zu solchen Plünderungen und Verbrechen detaillierte Befehle erteilt. Auf einer solchen Moral beruht die gesamte Disziplin der Roten Armee - bis in die heutige Zeit. Ich erinnere mich an meine wochenlangen Gespräche mit einem übergelaufenen General der Roten Armee, die ich in meinem Buch »Schreie aus der Hölle« geschildert habe. Dieser General schilderte mir in allen Details, daß das Knechten der Rotarmisten in den sowjetischen Kasernen über viele Jahre nur deswegen durchgeführt werden kann, weil man den Soldaten immer wieder verspricht: »Eines Tages werdet ihr dafür entlohnt. Ihr könnt euch nehmen was ihr wollt. Dann seid ihr die Herren über Leben und Tod«. Genau so war es auch nach 1945. Bei der Mehrheit der Rotarmisten handelte es sich tatsächlich um Soldaten, die es für ganz normal hielten, wenn sie sich als Rächer aufspielen durften. Solche Vergewaltigungen waren keine Einzelfälle oder Ausrutscher. Sie waren der Normalfall. Einzelfälle waren die anständig gebliebenen russischen Soldaten, die manchmal deutsche Frauen vor dem

Schlimmsten bewahrten und sie vor anderen Rotarmisten und auch vor Polen und Tschechen verbargen.

Die Entnazifizierung

»Die Entnazifizierung« hat Brandt das Kapitel überschrieben, was dem eben zitierten folgt. Hier gleich ein besonders hinreißender Abschnitt daraus: »Die schlimmsten Nationalsozialisten - oder jedenfalls die meisten von ihnen - wurden verhaftet. In der amerikanischen Zone saßen im Januar 1946 ungefähr 117.000 nationalsozialistische Gefangene, bei den Engländern 53.000, bei den Franzosen 11.000. Die Russen veröffentlichten keine Statistik, aber es war bekannt, daß das neue Sachsenhausen zum Beispiel ganz gut ausgenutzt wurde. Viele von denen, die gefangen saßen, fühlten sich selbstverständlich ungerecht behandelt. Sie beteuerten, daß sie nur ›das Gute‹ wollten.«

»Das neue Sachsenhausen zum Beispiel ganz gut ausgenutzt«, schreibt Brandt. Wegen dieses Satzes hatte ich Brandt scharf angegriffen und war deswegen vor Gericht gezogen worden. Ich fand es empörend, daß Brandt in solch zynischer Form darüber berichtete, daß die Sowjets das schreckliche KZ Sachsenhausen der Nazis sofort in ein kommunistisches KZ umgewandelt hatten, in dem Tausende von Deutschen umgebracht wurden - und eben nicht nur »Nazis«, sondern auch etliche Sozialdemokraten oder all diejenigen, die nach der braunen Diktatur eine rote nicht zulassen wollten.

Im übrigen Text dieses Kapitels bedauert Brandt eigentlich im wesentlichen nur, daß das damalige Deutschland immer noch zu stark von Nationalsozialisten durchsetzt sei, mit denen die Alliierten viel zu human umgingen.

Hier noch einige Auszüge aus dem Original:

»Diejenigen, die im Gefängnis sitzen, bedeuten keine Gefahr. Das tun auch nicht die wenigen, die sich als Vollblut-Nationalsozialisten demaskieren. Gefährlich ist dahingegen die verhältnismäßig breite Schicht der früheren aktiven Nationalsozialisten, die nicht so stark engagiert waren, daß man es notwendig fand, sie einzusperren, und die andererseits jetzt darüber empört sind, ›Macht und Ehre‹ verloren zu haben. Sie fangen an, sich zusammenzuschließen in kleinen Gruppen, unschuldigen Familientreffen und ähnlichem. Sie helfen einander so gut sie können mit Arbeit, Essen, Geschäften und vielem anderen. Diese Nationalsozialisten haben ihre Kontakte in Ordnung. Sie leben oft besser als die Antinationalsozialisten.«

»Die meisten betreiben keine aktive Sabotage oder Wehrwolftätigkeit. Aber sie werden ständig unverschämter, nachdem sie so unversehrt durch die erste Zeit gekommen sind. Bei vielen von ihnen lebt die Hoffnung, daß noch nicht alles definitiv entschieden sei. Einige fragen vorsichtig: ›Vielleicht hätten wir es unter Hitler besser?‹ Andere sind frecher und sagen: ›Nur abwarten, es kommen Zeiten nach diesen.‹ Dies schafft eine gewisse Unsicherheit unter den Unpolitischen und Unsicheren. Es schafft große Schwierigkeiten für die Kräfte, die sich für einen positiven demokratischen Wiederaufbau einsetzen.«

»Die Nationalsozialisten betreiben keine Sprengungen oder Meuchelmorde, nicht jetzt mehr, oder - noch nicht.

Sie haben die Filzpantoffeln angezogen. Aber das heißt nicht, daß sie ungefährlich sind. Sie säen Mißtrauen. Das Gerücht ist ihre wichtigste Waffe. Deutschland ist ein Land der Gerüchte geworden. Die schrecklichsten Geschichten zirkulieren, und sie werden geglaubt. Viele arbeiten den Nationalsozialisten in die Hände, ohne sich darüber im klaren zu sein. Vor allem kreisen Gerüchte über das Verhältnis zwischen den alliierten Großmächten. Einige haben ›genaue‹ Rapporte darüber, daß die Russen Befestigungsanlagen in Mecklenburg und Thüringen bauen. Andere zitieren, was amerikanische Offiziere gesagt haben sollen über die ›unumgängliche‹ Abrechnung mit Rußland, oder geben detaillierte Beschreibungen all der Panzerfahrzeuge, die die Engländer nicht weit von der Zonengrenze zusammengezogen haben sollen. Gegensätze und Uneinigkeiten zwischen den Vereinten Nationen sind die große Hoffnung der Nationalsozialisten, an die sie sich klammern. Und leider ist es ja so, daß es einen ganzen Teil ›Gerüchte‹ mit einem Kern von Wahrheit gibt. Eine jede überzeugende Demonstration, daß eine Zusammenarbeit zwischen den Vereinten Nationen funktioniert und daß sie sich über ihre Deutschlandpolitik einigen können, ist ein effektiver Schlag gegen die nationalsozialistischen, nationalistischen und militärischen Kräfte, die es noch gibt und die abwarten.«
Einige Seiten weiter schreibt Brandt dann:
»In Potsdam wurden gemeinsame Richtlinien für die Entnazifizierung aufgestellt. SS, Gestapo und die Nationalsozialistische Partei sollten liquidiert werden. Alle nationalsozialistischen Führer und solche, die für die Besatzungsmächte gefährlich waren, sollten verhaftet

werden. Außerdem entschied man sich dafür, alle die, die mehr als nur formelle Parteimitglieder gewesen waren oder auf eine andere Art und Weise als Feinde der alliierten Politik betrachtet werden mußten, von den öffentlichen Stellungen im privaten Wirtschaftsleben zu entfernen.«

»Bei den Franzosen ging es am Anfang sehr langsam mit der Säuberung. Anfang November 1945 entließ man allerdings zwei Drittel aller Bürgermeister. Das war nötig. In der russischen Zone war man teilweise ganz verständnisvoll, wenn es sich um kleine Nationalsozialisten handelte. Ansonsten war die Säuberung sehr radikal. In Sachsen entfernte man z.B. 95 Prozent von denen, die dem Rechtswesen angehörten und 92 Prozent von allen Lehrern. Bei den Engländern arbeitete man ausgehend von dem Prinzip, daß die Entnazifizierung mit ›Verstand und Vorsicht« durchgeführt werden mußte. Sie sollte - meinte man - nicht so forciert werden, daß das Wirtschaftsleben und die Verwaltung in Auflösung gingen. Montgomery hielt Anfang November 1945 in Berlin eine Rede, in der er sagte, daß ›die Winterschlacht‹ wichtiger sei als alles andere. Er erwähnte, daß man sehr schlechte Erfahrungen gemacht hatte beim Versuch, das Forstwesen zu entnazifizieren. (Es war auch ein sehr ungünstiges Gebiet für den Anfang!) Die Nationalsozialisten waren entlassen worden, und die Holzlieferungen hatten aufgehört. Am Jahresende hatte die Säuberung in der britischen Zone darin resultiert, daß in Westfalen 12.000 entlassen waren, in der nördlichen Rheinprovinz 10.000, in Hannover gut 9.000, in Schleswig-Holstein gut 5.000, in Hamburg 1.500 und in dem englischen Sektor in Berlin

54. Im Januar 1946 wurden - Verhaftungen nicht mitgerechnet - in Schleswig-Holstein 447 neue Entlassungen vorgenommen, in Hannover 3.053, in Westfalen 1.733, in der nördlichen Rheinprovinz 2.688, in Hamburg 868 und in Berlin 115. Die Amerikaner gingen noch radikaler als die Engländer zu Werk. In ihrer Zone waren am 1. Februar 1946 über 220.000 Nationalsozialisten entfernt worden oder ihnen war die Anstellung in der Verwaltung oder in leitenden Industriestellungen verweigert worden (in der Verwaltung waren 107.000 entlassen worden und 42.000 war die Anstellung verweigert worden, in der Industrie waren 55.000 entlassen und 17.000 war die Anstellung verweigert worden). Außerdem wurden 38.000 Personen aus anderen Stellungen entfernt, darunter ein großer Teil Angehöriger der freien Berufe. In einer Stadt wie München wurden über 4.000 Arbeiter und Angestellte entlassen. Von den Chefs der 200 bayerischen Sparbanken waren es nur 5, die weitermachen durften.«

Brandt muß Freude daran gehabt haben, Menschen mit Ungeziefer gleichzusetzen. Anders ist wohl kaum zu erklären, daß er im Kapitel »Und was ist mit der Jugend?« gleich wieder mit dem Satz loslegt: »Die Entnazifizierung, die politische und moralische Entlausung, ist selbstverständlich nicht nur eine politische und rechtliche Aufgabe.«

Brandt über die deutsche Jugend 1945: »Saufen und Sex«

In einem weiteren Abschnitt dieses Kapitels schreibt Brandt über die deutsche Jugend nach 1945 die wenig schmeichelhaften Sätze:

»Ich beabsichtige nicht, die gesellschaftlichen Konsequenzen auf längere Sicht zu erörtern. Ich möchte versuchen, eine Antwort auf die Frage zu geben, was jetzt eigentlich in der stark reduzierten deutschen Jugend vor sich geht. Es geschehen höchst bedenkliche Dinge. Die jungen Männer wollen oft nicht arbeiten. Sie stehlen und vagabundieren. Sie trinken, wenn sie etwas zu trinken bekommen können, und sexuelle Ausschweifungen sind keine Seltenheit. Nicht zuletzt unter den Jungen, die Flüchtlinge sind, hat es einige Ansätze zum Bandenwesen gegeben.«

»Bei den Mädchen hat die Prostitution stark zugenommen, und es wimmelt von sogenannten ›Schokoladendirnen‹. Von amerikanischer Seite wurde im Dezember 1945 eine Schätzung veröffentlicht, die darauf hinauslief, daß es in Berlin 100.000 Prostituierte (fünfmal so viele wie vor dem Krieg) und außerdem 250.000 ›Amateure‹ geben sollte. Ich glaube, die Zahlen sind übertrieben, aber sie sind erschreckend genug, auch wenn man sie zur Hälfte reduziert. In dem amerikanischen Bericht wurde auf die Sexualmoral hingewiesen, die im Dritten Reich gepredigt wurde. Dies ist ein Faktor, den man in Betracht ziehen muß, aber der Mangel an Essen und Brennstoffen spielt eine größere Rolle. Tatsache ist jedenfalls, daß wenig erbauliche Verhältnisse herrschen. Die offiziellen Zahlen aus Berlin laufen darauf hinaus, daß 4 Prozent

Bittere Armut der Deutschen nach 1945. „Die Deutschen haben es nicht gerade gemütlich" sagt Brandt dazu. Und über die deutsche Jugend: „Sie wollen oft nicht arbeiten. Sie stehlen und vagabundieren. Sie trinken, wenn sie etwas zu trinken bekommen können, und sexuelle Ausschweifungen sind keine Seltenheit." Das sagt ausgerechnet Brandt!!!

der Bevölkerung an Geschlechtskrankheiten leiden. Die wirkliche Zahl liegt viel höher. Und das gilt nicht nur für Berlin. Überall gibt es ganz junge Mädchen - 15- und 16jährige - die nach dem Vater des Kindes, das sie erwarten oder bekommen haben, suchen. In einer kleinen nordbayerischen Stadt veröffentlichte der Oberbürgermeister Anfang September 1945 eine Kundgebung, wo es hieß: ›Abbruch der Schwangerschaft infolge von Vergewaltigung ist im allgemeinen nicht zugelassen. Ausnahmen nur mit Zustimmung der Behörden. Nähere Auskünfte erteilt die Gesundheitsbehörde oder der Oberbürgermeister‹.«

Im weiteren Text dieses Kapitels bedauert Brandt dann außerordentlich, daß es in Erlangen Studenten gab - natürlich »Nazis« - die die linken Kollektivschuld-Thesen von Pastor Niemöller nicht unwidersprochen hinnehmen wollten. Brandt dazu:

»Verhältnismäßig ernst ist die Gefahr, daß die akademische Jugend noch einmal von nationalistischen und militaristischen Kräften geprägt wird. Es ist eine Säuberung unter den Professoren vorgenommen worden, bevor die Universitäten wieder ihre Arbeit aufnahmen. Aber die Säuberung war nicht gründlich genug. An der Universität Erlangen wurde z.B. ein Professor, der seit 1933 Parteimitglied war, damit beauftragt zu entscheiden, welche Bewerber die Zulassung an der medizinischen Fakultät erhalten sollten. Es ging so wie an anderen Hochschulen, nämlich daß aktive Offiziere unter den Studenten sehr stark repräsentiert waren. Und gerade in Erlangen veranstalteten diese Offizierstudenten Unruhen, als Pastor Niemöller Ende Januar 1946 einen Vortrag hielt. Niemöller war unter den deutschen Antinationalsozialisten umstritten, und viele hatten Schwierigkeiten, seine theologische Behandlung der Schuldfrage zu akzeptieren. Die Proteste in Erlangen hatten allerdings einen absolut nationalistischen Charakter. Die bayerische Regierung verlangte, daß sofort eine neue Untersuchung der Verhältnisse der Studenten vorgenommen werden sollte. Militärische und nationalsozialistische Elemente sollten verwiesen werden. Das hörte sich gut an, aber in Wirklichkeit geschah nichts. Das Intermezzo in Erlangen, das nicht einzigartig war, repräsentierte eine Aufforderung, die Entwicklung an den Hochschulen mit offenen Augen zu verfolgen. Die Antinationalsozialisten (und Alliierten) müssen jegliche Vernunft verloren haben, wenn sie sich damit abfinden, daß öffentliche Mittel noch einmal dazu benutzt werden, eine akademische Jugend zu erziehen, die antidemokratisch und nationalistisch ist.«

Ganz im Stile eines sozialistischen Volkserziehers urteilt Brandt dann an einer anderen Stelle von »Verbrecher und andere Deutsche« weiter über die deutsche Jugend nach 1945:

»Ich soll nicht die deutsche Jugend besser machen als sie ist. Aber ich möchte gerne, daß sie besser wird. Ein Teil der Arbeitsgrundlage liegt darin, daß die Jugend von Propaganda genug bekommen hat. Sie ist auch mißtrauisch gegenüber »Parteipolitik«. Es fällt ihr auch nicht leicht, die Schlagworte aus der Zeit vor 1933 zu verstehen. Aber sie ist zugänglich für eine realistische Sprache. Sie verträgt es - und sie sollte es vertragen - daß man sie über die faktischen Verhältnisse informiert, ohne jeglichen Versuch einer leichtfertigen Idealisierung. Das bedeutet nicht, daß die Jugend in schwarzem Pessimismus gehalten werden soll. Sie braucht eine Perspektive, ein Ziel für das sie sich begeistern kann, einen »neuen Glauben«, wenn man so will. Ist nicht die Arbeit, das Land wieder aufzubauen, eine große Aufgabe, die an solchen Heroismus appelliert? Besonders, wenn diesem Aufbau eine europäische Perspektive gegeben wird, so daß die deutsche Jugend ein übernationales Ziel erhält, an dem sie sich orientieren kann. Sie sollte wissen, daß die Deutschen in der neuen Welt einen Platz bekommen, keinen militärischen, sondern einen wirtschaftlichen und kulturellen.

Ich habe den entschiedenen Eindruck, daß man weniger von einer abstrakten Demokratie sprechen sollte und mehr von den grundlegenden menschlichen Werten, Rechten und Pflichten, von Anständigkeit, Reinlichkeit,

Wahrheit und Gerechtigkeit. Der Nürnberger Prozeß gibt eine Menge Umschulungsmaterial, es muß nur auf die richtige Weise angewandt werden. Ich weiß von mehr als einem deutschen Jugendlichen, der gesagt hat, daß das, was er am meisten verachtet, die nationalsozialistischen Führer sind, so wie sie demaskiert wurden und wie sie sich selbst demaskiert haben.«

»Ich soll nicht die deutsche Jugend besser machen als sie ist«, schreibt Brandt. Das formuliert ausgerechnet ein Mann, der als Jugendlicher schon mit 18 Jahren in Lübeck einen zweifelhaften Ruhm als stadtbekannter Polit-Schläger genoß und später durch seine unrühmlichen Sauf- und Weibergeschichten in die Schlagzeilen geriet. Man müsse mehr von »den grundlegenden menschlichen Werten« sprechen, von »Rechten und Pflichten, von Anständigkeit, Reinlichkeit, Wahrheit und Gerechtigkeit«. Ich erinnere mich an die wüsten Kampagnen der SPD, als ähnliche Forderungen der Unionsparteien oder rechter Gruppen in den vergangenen Jahren als »rechtsradikal und nationalsozialistisch« diffamiert wurden.

Brandt als der moralisierende Apostel der Politik, hinter dem später ja auch - wie er es formulierte - »das anständige Deutschland« stand. Von diesem Mann solche Worte - es ist unglaublich.

Doch nur wenige Zeilen nach diesen hehren Lippenbekenntnissen des großen »Moralisten« verfällt er erneut in ihm eher zu Gesicht stehendes Vokabular der Radikalen. Da benutzt er dann wieder seinen an Julius Streicher oder Stalin erinnernden Wortschatz vom »Säubern« - selbst im Sport.

Wörtlich: »In den westlichen Zonen ist der Sport in Gang

gekommen. Vorläufig ist die Tätigkeit auf größere oder kleinere lokale Gebiete beschränkt, und die Besatzungsmächte verlangen selbstverständlich, daß die Vereinsführungen von Nationalsozialisten gesäubert werden. Diese Säuberung hat sich im Laufe von überraschend kurzer Zeit durchführen lassen. Die neuen und wiedererrichteten Vereine erhielten großen Zulauf. In einer Stadt wie Lübeck hatte der Sportverein wohl 10.000 Mitglieder bereits Ende Dezember 1945. Die Alliierten haben eine günstige Beeinflussung auf den neuen Sport ausgeübt, indem sie darauf bestanden, daß er nicht militarisiert wird und weiterhin verlangten, daß alle Vereine in dem gleichen Verband zusammengeschlossen sein müssen. Vor Hitler gab es in Deutschland eine sehr starke Arbeitersportbewegung. Ein Teil ihrer Vertrauensleute waren konservativ genug zu beklagen, daß sie mit den ›Bürgerlichen‹ zusammengehen mußten. Für den Sport und für die Jugend ist der Kurs, der einem ›aufgezwungen‹ worden ist, vernünftig. Außerdem ist es so, daß die Arbeitersportler in hohem Maße die Führung in dem geeinten Verband übernommen haben. Man darf hoffen, daß die politische Aufteilung auch in anderen Gebieten begrenzt wird. Es hat keinen Sinn, daß Briefmarkensammler und Kaninchenzüchter sich nach parteipolitischen Trennungslinien organisieren.«

Es folgen Seiten unbedeutender Betrachtungen Brandts über die politische Lage nach dem Krieg in Deutschland. Man überfliegt das törichte Geschreibsel - banales Gewäsch. Offenbar zum Füllen von Buchseiten. Nur eines kommt mir dabei in den Kopf: Wie kann es nur angehen, daß dieser Mann damals schon so extrem mit zweierlei

Maßstäben maß? Ihm wäre noch zu verzeihen, wenn er sich im Laufe eines Lebens geändert hätte. Aber wie ist denn die Realität? Als er jetzt seine Lebens-»Erinnerungen« herausbrachte, da war von hochgestochenen Idealen kaum die Rede. Kübelweise goß er über den todkranken Herbert Wehner Schmutzeimer aus. Ich war nie ein Freund von Herbert Wehner. Aber von seiner Art her, war er sicherlich gradliniger und ehrlicher als Brandt. Bei ihm wußte man, woran man war. Erbarmungslos schlägt Brandt auf diesen vom Tod gezeichneten Mann ein, der sich nicht mehr wehren kann. Kein Wort der Entschuldigung für eigene Fehler, nur hämische Worte und Verurteilungen gegen eigene Weggefährten. Ist das die hohe Moral, von der Brandt immer wieder spricht?
Niemals die Schuld bei sich selber suchen - immer nur bei anderen. Das ist typisch für Brandt. So ist es in »Verbrecher und andere Deutsche« - so ist es bis heute. In seinen »Erinnerungen«, die zum Glück nur geringes Interesse in der Öffentlichkeitt finden, schiebt er selber in der Guillaume-Affäre die Schuld nur auf andere. Er selber bleibt absolut unschuldig. Ja - Brandt versteigt sich sogar zu dem unglaublichen Satz, daß es besser gewesen wäre, wenn er damals nicht zurückgetreten wäre...
In dem Kapitel »Besatzer und Besatzung« vergleicht Brandt vor allem die alliierten Besatzer mit den Deutschen, die während des Krieges in anderen Ländern als Besatzer aufgetreten waren. Natürlich schneiden die Deutschen da bei Brandt wesentlich schlechter ab - selbst schlechter als die sowjetischen Besatzer in der damaligen Ostzone, für die ich übrigens bis heute noch

Herbert Wehner mit Ehefrau. Vom Tod gezeichnet. Er kann sich nicht mehr wehren. Über ihn gießt Brandt kübelweise Schmutz aus. Darüber waren selbst Sozialdemokraten entsetzt.

niemals die Bezeichnung DDR benutzt habe. Die sogenannte DDR ist weder demokratisch, noch erfüllt sie die einfachsten Voraussetzungen einer Republik. Hinzu kommt, daß sie - trotz aller Klänge von Glasnost - selbstverständlich unter sowjetischer Vorherrschaft steht. Daran ändert auch Honeckers Rücktritt nichts.
Aber hören wir uns Brandt selber an. Er schreibt: »Die deutschen Nationalsozialisten kamen in die besetzten Länder als Angreifer und Eroberer. Sie nutzten die Besatzten aus, verhafteten ihre besten Leute, erstickten die Rede- und Pressefreiheit, zwangen ihnen eine fremde Herrschaft auf, in dem Maße, in dem es sich machen ließ, auch eine fremde Ideologie. Die Alliierten legten den Deutschen schwere Bürden auf. Aber sie befreiten sie auch von Krieg und Nationalsozialismus. Sie konnten gewisse Neigungen zeigen, als ›Herrenvolk‹ aufzutreten. Aber sie kamen nicht, um die Deutschen verhungern zu lassen. Sie verschafften ihnen Essen, zu wenig, aber trotzdem Essen. Das gilt auch für die Ostzone. Ansonsten wären die Berliner und die Leute in Leipzig und Dresden im Sommer 1945 verhungert. Die Alliierten verhafteten nicht die besten Leute, sondern ließen sie aus den Konzentrationslagern hinaus - diejenigen, die die Grauen überlebt hatten. Die Alliierten konnten zwar Deutschland Maschinen und Märkte wegnehmen, aber sie wollten nicht, daß das Volk zugrunde geht...
Laßt uns allerdings einen Augenblick zurückdenken, was das Stichwort ›Sabotage‹ unter deutschen Besatzungsverhältnissen bedeutete. Es war das gleiche wie eine Todesdrohung. Bei den Alliierten riskiert man nicht viel mehr, als die Arbeit zu verlieren, im schlimmsten Fall ins

Gefängnis gesetzt zu werden mit einer ganz guten Ration. Die Alliierten unterdrücken nicht die Presse. Sie helfen ihr wieder auf die Beine. Sie unterstützen den Wiederaufbau des Geschäftslebens und der freien wissenschaftlichen Forschung. Sie üben Kontrolle. Es geschieht zwar, daß einige es sehr wohl kommissarisch tun. Aber es gibt andere, die sich als Freunde und Helfer ansehen. Und die es sind.«

Brandt urteilt dann über die Amerikaner, Engländer, Russen und Franzosen: »Vielerorts ist diese Entwicklung als ein Beweis dafür aufgefaßt worden, daß die Amerikaner einen schnellen Rückzug aus Deutschland vorbereiten. Das steht in starkem Widerspruch zu den offiziellen Erklärungen, daß man an wenigstens zehn Jahre Besatzung denke. Aber es ist trotzdem richtig, daß die Amerikaner ihre Streitmächte ganz beträchtlich reduzieren wollen. Derjenige, der mit amerikanischen Soldaten und Offizieren in Kontakt war, ist sich außerdem darüber im klaren, daß sie vor allem daran denken, nach Hause zu kommen. Das ständige Umplazieren von Leuten als Folge des schnellen Auswechselns ist nicht nur positiv. Es gibt der amerikanischen Besatzungsverwaltung weniger Selbständigkeit als sie haben sollte. Aber es ist gleichzeitig so, daß die Amerikaner eine gesegnete Fähigkeit haben, Fehler zu korrigieren. Sie schaffen es, es trotzdem in Gang zu halten.

Bei den Engländern ist eine ähnliche Entwicklung vor sich gegangen mit der teilweisen Überführung von Verantwortung und Befugnis an die Deutschen. Die Entwicklung ist allerdings etwas langsamer gegangen. Es dauerte bis Januar 1946, bevor die erste deutsche Lizenzzeitung in

der englischen Zone erschien. Die ratgebenden Ausschüsse in der englischen Zone erhielten auch keinen so großen Spielraum. Andererseits war es so, daß die Engländer im Durchschnitt mehr über die deutschen Verhältnisse wußten als die Amerikaner. Die Engländer hatten ›Höflichkeit‹. Sie hatten Ordnung in ihren Dingen, und der Wiederaufbau machte gewisse Fortschritte.
Die Russen gingen, wie ich bereits unterstrichen habe, ihren eigenen Weg, indem sie früh die Erlaubnis gaben, politische Parteien mit eigenen Zeitungen zu errichten. Bereits im August/September 1945 wurde eine deutsche Zentralverwaltung für die fünf Teilstaaten bzw. Provinzen zusammen mit dem russischen Sektor in Berlin errichtet. Andererseits besteht kein Zweifel daran, daß die sowjetischen Behörden sehr strenge Instruktionen gaben. Es hieß, daß der russische Oberkommandierende das befahl und damit basta. Die politischen Verhältnisse entwickelten sich anders als im Osten, als westlich der Elbe. Wirtschaftlich entwickelten sich die Verhältnisse auch anders, aber im Osten wurde nach dem ersten sehr bedeutenden Aderlaß ein planmäßiger Wiederaufbau in Gang gesetzt. Die Franzosen gingen Ende 1945 für eine indirektere Leitung ihrer Zone ein.«
Dann an anderer Stelle wieder der Vergleich zwischen deutschen und alliierten Besatzern:
»Der Unterschied zwischen nationalsozialistischer und alliierter Besatzung ist klar genug. Aber es gibt auch Berührungspunkte, jedenfalls im Äußeren. Ich habe die Plünderung kurz nach der Besatzung berührt. Sie beschränkte sich nicht auf die Ostzone. Jackson sagte in seiner Einleitungsrede in Nürnberg, daß man in der Frage

der ›Plünderung‹ nicht heuchlerisch sein solle. Es wurde in ziemlich großem Umfang geplündert, und nicht wenige Bücher wurden zerstört. Die Soldaten beruhigten gern ihr Gewissen damit, daß sie sagten, daß es sich auf die Nationalsozialisten bezog. Unter den Amerikanern in Westdeutschland hieß es: ›Wir befreiten einige Fahrräder und verkauften sie in Lüttich‹. Gewisse polnische Elemente machten mit der Plünderung und anderen Übergriffen weiter. Sie nahmen es auch nicht so genau mit einigen Menschenleben. Außerhalb von Bremen wurden z.B. Mitte Dezember 45 ein ganzer Haufen deutscher Zivilisten ermordet, unter ihnen der lokale Vertrauensmann der Hilfsorganisation ›Arbeiterwohlfahrt‹. Die Gewerkschaft in Bremen rief nach diesem Geschehen einen zweiminütigen symbolischen Generalstreik aus. In seinem Bericht vom 20. Februar 1946 sagte der amerikanische Militärgouverneur, daß ›Banden von verschleppten Personen werden weiterhin viele der Gewaltverbrechen, die im Januar vorkamen, zugeschrieben‹. Er fügte allerdings hinzu, daß es sich in bestimmten Fällen um sogenannte ›Volksdeutsche‹ handle, und daß Deutsche einige Male sich als ›verschleppte Personen‹ verkleidet hätten. In Berlin geschah es, daß deutsche Verbrecher in russischen Uniformen auftraten und plünderten und mordeten.«

Natürlich billigt Brandt dieses Vorgehen nicht. Aber immerhin benutzt er im selben Artikel die entschuldigenden Worte »Beschlagnahmungen sind notwendig. Aber sie werden nicht immer auf die glücklichste Art und Weise vorgenommen«.

Brandt schließt das Kapitel über die Besatzung mit den

Sätzen: »Die Deutschen müssen sich mit der militärischen Besatzung abfinden. Sie müssen sich mit der Kontrolle und den Wiedergutmachungen abfinden. Die nationalsozialistischen Halbgötter müssen von ihren Sockeln gestürzt werden. Nichts anderes als die Scham muß nach ihnen bleiben. Aber es werden Anforderungen gestellt an die Besetzten und die Besetzer. Die alliierte Führung ist sich darüber im klaren. Sie weiß auch, daß es keine kluge Politik ist, den Selbstrespekt der Besetzten anzugreifen. Die Demokratisierung der deutschen Gesellschaft hängt zu einem gewissen Grade davon ab, inwiefern die Richtlinien der Führung von den ausübenden Organen befolgt werden. Deutsche Innenpolitik ist ja bis auf weiteres in hohem Maße ein Ergebnis der alliierten Besatzungspolitik.«

»Hinreißende« Formulierungen benutzt Brandt auch im Kapitel »Die Winterschlacht - Der große Bankrott«. In bestimmten Passagen geht er sogar weit über alle bis dahin verbreiteten kommunistischen Geschichtsfälscher hinaus. Wörtlich schreibt er da zum Beispiel:

»Aber am Anfang waren es andere Fragen, die im Vordergrund standen. Sieben bis acht Millionen Deutsche waren obdachlos geworden während des Krieges. Millionen waren evakuiert worden, und große Massen waren in den Westen geflüchtet, nachdem die Rote Armee vorrückte. Als der Krieg zu Ende war, kam eine neue Evakuierungswelle. Die deutsche Grenze wurde nach Westen verschoben, und die Konferenz von Potsdam akzeptierte, daß die Deutschen östlich der neuen Grenze ›nach Hause‹ sollten - in ein Reich, das es nicht mehr gab. Das gleiche galt für die Sudetendeutschen und die deutschen

Bevölkerungsgruppen in Ungarn und anderen Ländern. Die Nationalsozialisten hatten sich so verhalten, daß niemand eine deutsche Minderheit innerhalb seiner Grenzen haben wollte.«

Den letzten Satz muß man noch einmal lesen. »Die Nationalsozialisten hatten sich so verhalten, daß niemand eine deutsche Minderheit innerhalb seiner Grenzen haben wollte«. Eigentlich unmißverständlich. Brandt, der schon 1944 in einem Schreiben an die Amerikaner davon gesprochen hatte, daß gegen einen »Bevölkerungsaustausch« in Ostpreußen nichts einzuwenden sei (ich habe darüber bereits in dem Buch berichtet »Willy Brandt - das Ende einer Legende«) versteigt sich hier zu den klaren Lügen einer »deutschen Minderheit«, die es seiner Meinung nach ja wohl auch in Schlesien, Pommern, Ostpreußen, Danzig usw. gegeben haben muß. Lügen, die sich vor allem die Polen zu eigen machten, um daraus abzuleiten, daß diese Gebiete schon immer »polnisch« gewesen seien. Tatsache: In all diesen Gebieten gab es teilweise mehr als 95 Prozent Deutsche. Von einer »deutschen Minderheit« kann da nicht die Rede sein.

Beim Lesen von »Verbrecher und andere Deutsche« ist es immer wieder erstaunlich, wie leichtfertig der doch »ach so moralische Brandt« über die Schicksale von Menschen hinweggeht, wenn sie durch den Kommunismus verursacht worden sind. Da berichtet er zum Beispiel an einer Stelle seines Buches über die Millionen von Fremdarbeitern, die es nach 1945 in Deutschland gab, und die von ihm mit rund 8 Millionen Personen beziffert werden. »Die Russen ordneten es so, daß die ausländischen Gefangenen und Sklavenarbeiter, die es innerhalb

ihrer Zone gab, schnell nach Hause geschickt wurden... Eine Million Staatenloser blieben zurück. Die Hilfsorganisation UNRA kümmerte sich um 800.000 von ihnen. Es handelte sich meistens um Leute aus Polen, Jugoslawien und den baltischen Ländern, die nicht nach Hause fahren wollten. Das Problem mit den Deportierten wurde stark reduziert. Aber es gab genug andere Bekümmerungen.«
Kein Wort darüber, weswegen es immerhin 800.000 Menschen vorzogen, in dem total am Boden liegenden, zerstörten und hungernden Deutschland zu leben, statt in ihre vom Kommunismus »befreiten« Länder zurückzugehen. Wie groß muß die Angst dieser Menschen vor ihren »Befreiern« gewesen sein, wenn sie es vorzogen, in einem Land zu bleiben, in das man sie als - wie Brandt es schreibt - »Sklavenarbeiter« verschleppt hatte? Die doppelbödige Moral des Sozialisten Brandt in dieser Frage ist noch heute bei allen Sozialisten der westlichen Welt zu spüren. 1989 wurde festgestellt, daß rund 95 Prozent aller Flüchtlingsströme dieser Welt durch den Kommunismus ausgelöst werden. Wie groß war das Geschrei der internationalen Linken, als die Amerikaner in Vietnam waren. Wie beschämend ruhig war es, als dann im »befreiten« Vietnam Hunderttausende von gepeinigten Menschen vor dem Kommunismus flohen- selbst auf die Gefahr hin, von Haifischen zerrissen und von Piraten ausgeplündert und getötet zu werden... Wenn es in Südafrika oder Chile auch nur annähernd so viele Flüchtlinge geben würde, wie aus kommunistischen Staaten - das Wehgeschrei von Brandts Sozialistischer Internationale wäre bis in den hintersten Winkel der Welt zu hören.
Mein eigener Vater war 1944 vor den das Baltikum »be-

freienden« Russen aus Riga geflüchtet und hatte in einem erbärmlichen deutschen Flüchtlingslager in Schleswig-Holstein Unterschlupf gefunden. Aus Angst, zwangsweise in seine »befreite« Heimat zurückdeportiert und gleich weiter nach Sibirien gebracht zu werden, zog er es lieber vor, als untergetauchter Bettler unter Bettlern zu leben, statt in das »befreite« Riga zurückzugehen. Vor dort war er im letzten Moment vor den Mordbrenner-Banden der Roten Armee geflohen, die seine erste Familie nach Sibirien verschleppt und unseren jahrhundertealten Besitz in Schutt und Asche gelegt hatten.
Brandt, der nach dem Krieg in Deutschland ein erstklassiges Leben führen konnte - er war ja norwegischer Uniformträger - hatte für die verzweifelte Situation der Deutschen damals dann auch nur die Sätze übrig: »Es war nicht so schlimm, wie einige es haben wollten. Und es wurde nicht so schlimm, wie es viele gefürchtet hatten. Es gab keine eigentliche Hungersnot, aber einen guten Teil Unterernährung. Besonders alte Menschen klagten über Gewichtsverlust, der die Widerstandskraft unterhöhlte. Ansonsten hatte man den Eindruck, daß der Mangel an Lebensmitteln die Säuglinge und Jugendlichen im Pubertätsalter am stärksten betraf. Im ganzen gesehen waren die Verhältnisse stabil bis zum März 1946. Das zeigten u.a. die 20.000 Arztuntersuchungen und 100.000 Gewichtskontrollen, die jeden Monat von amerikanischen Experten vorgenommen wurden. In Berlin war es sogar so, daß ein ganz großer Teil der Bevölkerung im Laufe des Winters ein bißchen zunahm - teilweise als Folge davon, daß sie viel zu früh ihre Ration an Kartoffeln aufaßen.

Die Kindersterblichkeit zeigte im Sommer und Herbst 45 einen starken Anstieg. Diese Tendenz setzte sich auch im Winter fort. Vor dem Krieg rechnete man mit 70 Todesfällen pro 1.000 lebend Geborenen. Ende 1945 war die Kindersterblichkeit in vielen deutschen Gebieten 130 bis 200 pro 1.000. In einer Stadt wie Karlsruhe stieg sie auf 590. Und die Stadt gehörte zu den Gebieten, wo die Not am größten war. In gewissem Ausmaße wurde das bei der Festsetzung der neuen Rationen berücksichtigt. Die Situation war schlimm genug, aber sie war doch nicht davon geprägt, daß eine wirkliche Hungersnot herrschte. Das war mehr als man erwartet hatte.
Ende Januar stellte der stellvertretende amerikanische Zonenchef, General Lucius D. Clay, in Berlin fest, daß die Winterschlacht gewonnen war. Aber wie sollte es im Frühjahr weitergehen? Es ließ sich leider nicht verhindern, daß es zu einem ernsthaften Rückschlag kam.«
»Es gab keine eigentliche Hungersnot«, schreibt Brandt. In welchem Deutschland hatte Brandt 1945/1946 gelebt? In den mit Lebensmitteln vollgestopften Kasinos der Alliierten? Ich erinnere mich an die Erzählungen meiner eigenen Mutter, die nur allzu viele Beispiele von Bekannten nennen konnte, die in der damaligen Zeit regelrecht verhungert waren - darunter auch Bekannte aus dem hessischen Hochadel, die in ihrem Schlößchen viele irdische Reichtümer hatten, aber keine Lebensmittel. Zu Skeletten abgemagert fand man die alten Leute nach Wochen tot in ihren Betten. Verhungert.
»Wie leben die Deutschen?« hat Brandt ein anderes Kapitel seines Buches betitelt. Zunächst geht er auf die Bekleidungs-Situation ein und schreibt:

»In Berlin und im Ruhrgebiet ist die Situation schlecht in bezug auf Kleider. Ansonsten sind die Deutschen nicht schlecht gekleidet. Es ist lange her, seit sie ordentliche Sachen kaufen konnten, aber sie haben trotzdem eine privilegierte Stelle, verglichen mit den Völkern in den besetzten Ländern. In großen Teilen von Deutschland war eine umfassende Beschlagnahme von Kleidern (und anderem), die den ausländischen Zwangsarbeitern zugute kam. Dort, wo die Alliierten vernünftige Leute hatten - und das hatten sie an vielen Orten - sorgte man dafür, daß die Beschlagnahme in erster Linie die organisierten Nationalsozialisten traf. Der Haupteindruck nach mehreren Monaten Beobachtung ist, daß die Kleider noch eine Zeitlang halten. In Bayern waren es gar nicht so wenige, die noch ihre Wanderstiefel hatten und auch ziemlich viele Frauen mit Pelzmänteln. Am schlimmsten ist es für die Kriegsgefangenen, die nach Hause kommen und oft keine ihrer privaten Eigentümer mehr vorfinden. Sie gehen in zerrissenen Uniformen, die sie färben lassen mußten, weil alles was an die Wehrmacht erinnert vom Straßenbild verschwinden sollte.«
Weiter schildert Brandt die Wohnungs-Misere der Deutschen: »Die Leute waren gezwungen, zusammenzuziehen. Die deutschen Behörden stellten weitreichende Vollmachten aus, die Wohnungen auf die bestmögliche Art und Weise zu disponieren. Eine der wichtigsten praktischen Aufgaben, deren die Arbeiter-Vertrauensleute sich annahmen, war vielerorts herumzugehen mit Ausweispapieren von den kommunalen Wohnungsämtern und ›überflüssige‹ Zimmer zu beschlagnahmen. Diese Aufgabe war nicht nur angenehm, abgesehen davon, daß sie

vielleicht mit einer gewissen Zufriedenstellung verbunden war, daß die Nationalsozialisten besonders eng zusammenziehen mußten - wenn es nicht eine alliierte Behörde war, die ihre beschützende Hand über sie hielt.
Die Leute hatten wenig, um die überbevölkerten Wohnungen zu erwärmen. Kohle wurde nicht ausgeteilt. In einzelnen Gebieten bekam man einen Teil Briketts oder Koks. Die Holzrationen waren sehr klein. Aber verblüffend viele Menschen beschafften sich etwas zusätzlich. Das ging auf Kosten der Wälder, besonders derer, die in der Nähe von Großstädten lagen. Allee- und Parkbäume wurden vielerorts Opfer. Das Holz war roh, aber es war besser als nichts. Ein Teil wertvolleres Holzmaterial ging auch in Rauch auf. Einige fingen sogar an, Holztreppen zu verbrennen. Die Leute froren und legten sich früh zu Bett. Am kritischsten war es selbstverständlich für die Hunderttausende, die in Bunkern und Ruinen dahinvegetierten. In ihrem Namen und im Namen all derer rundherum in Europa, denen es an Wärme fehlte, kann man froh darüber sein, daß es kein besonders strenger Winter wurde.«
Worte des Mitgefühls sprechen aus diesen Brandt-Formulierungen nicht. Eher Gehässigkeit. Statt die tragische Situation der Deutschen zu beklagen und für schnelle Abhilfe einzutreten, kann Brandt nur von einer »gewissen Zufriedenstellung« sprechen, weil ehemalige Nationalsozialisten »besonders eng zusammenziehen« mußten. Wieviel Haß gegen seine ehemaligen Landsleute muß sich damals eigentlich im Kopf und im Herzen dieses Mannes zusammengetragen haben, der später mit dem Friedensnobelpreis ausgezeichnet wurde, obwohl seine

Sprache eigentlich bis heute immer nur die Sprache der Vergeltung, der Gewalt, der Anklage und des Beschuldigens geblieben ist?

In gefühlloser, buchhalterischer Kleinarbeit schildert er pingelig genau die Kalorienzahl, die damals jedem Deutschen mit den Hungerrationen zukam. Da heißt es zum Beispiel:

»Die alliierten Gesundheitsexperten arbeiteten daran, die Rationen auf 1.750 und im nächsten Umgang auf 2.000 Kalorien zu erhöhen - jedenfalls in Gebieten, wo wirklich Not herrschte. Aber das ließ sich nicht durchführen. In der russischen Zone lagen die Rationen im Durchschnitt etwas niedriger als im Westen. Es gab auch lange Perioden, wo die Leute nicht das kaufen konnten, wozu sie Marken hatten. Im großen und ganzen war es allerdings so, daß die Marken nicht ungültig wurden. Die Rationen in den östlichen Gebieten waren differenzierter als im Westen, um die Leute zu zwingen, am Arbeitseinsatz teilzunehmen. Dieses System wurde dann auch in Berlin praktiziert. Es führte zu einer ziemlich verzweifelten Lage für die Gruppe V: Hausfrauen und andere, die nicht am Arbeitsleben teilnahmen. Ihre ›Todesration‹ betrug mehrere Monate lang 900 Kalorien. Es wurde stark kritisiert, auch auf kommunistischen Parteitreffen. Besonders unrichtig wirkte es, daß Hausfrauen, die praktisch hart arbeiten mußten, ohne Fett und Fleisch auskommen sollten. Nach und nach verbesserten sich die Verhältnisse, und Anfang Januar 1946 erhielt eine Million Berliner ihre Tagesration von 1.240 auf 1.500 Kalorien erhöht. Das geschah auf die Art und Weise, daß sie 400 Gramm Brot statt 300 und 20 Gramm Zucker statt 15 erhielten. Die

Lebensmittelsituation in Berlin besserte sich vor allem dadurch, daß die Leute wirklich ihre Rationen kaufen konnten. Am Anfang war es so, daß man nur der Brotration sicher sein konnte. Die Kartoffelzuteilung wurde Ende 1945 bis Anfang März gesichert. Die Berliner bekamen auch eine kleine Kaffee- oder Teeration, worum Leute anderenorts sie beneideten. Um einen der kritischeren Punkte zu erwähnen: Kinder über sechs Jahre bekamen überhaupt keine Milch...
Brot und Graupen gab es verhältnismäßig reichlich in den meisten Gebieten, aber Fett gab es allzu wenig. Die offizielle Ration betrug 400 Gramm per Monat in der amerikanischen Zone und anderenorts ein bißchen weniger. Es kam ja auch darauf an, was für Fett ausgeteilt wurde. In Dresden bekamen die Leute ihre Ration für November im Januar in Form einer kleinen Flasche mit Rapsöl. Die Fleischzuteilung bei den Amerikanern betrug 200 Gramm pro Woche. Auch sie war in anderen Gebieten niedriger, und bei den Amerikanern glaubte man auch nicht, daß man das Frühjahr hindurch aufrechterhalten könne. Fisch gab es sehr wenig. Die erste Zuckerzuteilung, die die Leute in der amerikanischen Zone nach der Kapitulation bekamen, war ein halbes Kilo an Weihnachten. Ansonsten waren es nur die Kinder im Alter unter sechs Jahren, denen eine Ration gesichert war. Unter Voraussetzung einer guten Ernte hoffte man, 1947 den Leuten eine monatliche Ration von 400 Gramm sichern zu können. Die Kartoffelversorgung war einigermaßen gesichert bei den Amerikanern und bei den Russen, aber nicht bei den Engländern, die überhaupt die größten Versorgungsprobleme hatten.«

Bei all diesen Schilderungen Brandts fällt auch immer wieder auf, wie schonend er über die Sowjets berichtet. Natürlich war die Versorgungssituation der Deutschen in den westlichen Zonen furchtbar. Aber es ist ganz einfach unwahr, wenn Brandt davon spricht, daß es bei den Engländern am schlimmsten war. Am schlimmsten war die Versorgungssituation in der Sowjetischen Besatzungszone. Das war ja einer der Hauptgründe dafür, daß schon damals Hunderttausende vom Osten in den Westen flüchteten - oder heimlich über die Zonengrenze gingen, um sich im Westen Dinge zu besorgen, die sie vor dem Verhungern in der »Ostzone« bewahrten. Die Einäugigkeit gegenüber dem Kommunismus und die totale Fehleinschätzung der bolschewistischen Ideologie - das hat sich bei Brandt bis heute gehalten. Alfred Dregger, Fraktionsvorsitzender der CDU/CSU, formulierte das Ende September 1989 treffend so: »Die Sozialdemokraten sind jahrelang einen deutschlandpolitischen Irrweg gegangen. Der von der SPD und von Brandt propagierte Wandel durch Annäherung hat die Partei mehr in die Nähe der Machthaber, man kann auch sagen der Unterdrücker, gebracht.« Diesen Worten Dreggers kann man nur zustimmen. Wenn man - so wie Brandt - Unrecht nicht als Unrecht anklagt, sondern sich nur immer das Unrecht herauspickt, das einem politisch gerade ins Konzept paßt... da kann von »Moral« nun wirklich nicht mehr die Rede sein.
Brandt schont die Kommunisten, hofiert sie geradezu, verehrte über viele Jahre Stalin... Merkt die Öffentlichkeit denn nicht, daß er sich damit selber demaskiert?

Wie Brandt hassen und nachtragen kann

Wie sehr Brandt hassen und nachtragen kann, wird immer wieder in bezug auf ehemalige Nationalsozialisten deutlich. In »Verbrecher und andere Deutsche« habe ich kein Wort davon gelesen, daß man auch einmal denjenigen verzeihen soll, die einem falschen politischen »Messias« nur deswegen nachgelaufen waren, weil die Demokratie versagt hatte, große Not herrschte und die Nazis als der letzte Ausweg erschienen. Brandt, der von seinen eigenen Irrwegen in der Politik einmal behauptet hatte, daß er zu all dem auch noch heute stehen würde, kann anderen nicht verzeihen - selbst dann nicht, wenn sie sich von ihren früheren Fehlern (im Gegensatz zu ihm) längst distanziert hatten. In dem Kapitel »Die Räder kommen wieder in Gang« heißt es da zum Beispiel fast triumphierend über gestrichene Rentenzahlungen an ehemalige NSDAP-Mitglieder:

»Die Nationalsozialisten wurden im Prinzip von den Renten ausgeschlossen. Weniger richtig scheint es, daß man keine reguläre Unterstützung der Kriegsinvaliden ordnete (von denen es Gott weiß genug gibt - nur in Groß-Hessen mit 3,9 Millionen Einwohnern hatte man Anfang 1946 30.000 registriert, die Arme oder Beine verloren hatten). An den meisten Orten werden die Ausbezahlungen begrenzt auf die Kriegsblinden und andere Schwerverletzte. Es war natürlich verständlich, daß nicht länger Ansprüche gestellt werden konnten unter Hinweis auf den Dienst in der Wehrmacht. Aber dies hatte weitreichende Konsequenzen und bedeutete u.a., daß die Hinterlassenen der Gefallenen nicht länger Unterstützung erhielten. Die ganze Frage des Verhältnisses der Gesellschaft zu den Kriegsopfern hing in der Luft. Es ist nicht schwierig zu verstehen, daß dies Bitterkeit schaffte, in erster Linie unter den Kriegsinvaliden. Allerdings begann man die Frage einer festen Unterstützung für die Arbeitsunfähigen und die Witwen und Kinder, die sich nicht selbst versorgen konnten, in den verschiedenen Teilstaaten und Provinzen zu lösen. Man war sich auch darüber im klaren, daß es wichtig war, so vielen Invaliden wie möglich Arbeit zu verschaffen oder sie auf Kurse gehen zu lassen. Es gab ein Gesetz aus dem Jahre 1924, das private Betriebe verpflichtete, 2 Prozent Kriegsinvaliden zu beschäftigen. Die bayerische Regierung änderte die Personenzahl auf 10.«

Einen weiteren Satz aus diesem kurzen Abschnitt muß man herausnehmen: »Es war natürlich verständlich, daß nicht länger Ansprüche gestellt werden konnten unter Hinweis auf den Dienst in der Wehrmacht«. Im Klartext: All die deutschen Männer, die ihren Dienst in der Wehrmacht gemacht und ihre Knochen für Deutschland hingehalten hatten, die sollten jetzt leer ausgehen. Der selbe Brandt genierte sich aber nicht, später im Eilverfahren für sich eine saftige »Wiedergutmachung« wegen erlittenen Schadens an der Ausbildung im Dritten Reich zu kassieren. Obwohl - und darauf wurde fast nie hingewiesen - nichts darauf hindeutete, daß Brandt in Deutschland studieren wollte.

Bei einem anderen Abschnitt des Brandt-Buches muß noch einmal an seinen Kniefall in Warschau erinnert werden - damals, als er sich - auf Druck der Polen - weigerte, einen Juden in seiner Delegation mitreisen zu lassen.

Das wird umso unverständlicher, wenn man liest, wie sehr er den Deutschen mißtraute, die Verbrechen an jüdischen Mitbürgern auch wirklich bereut zu haben und wie sehr er den polnischen Antisemitismus bedauerte. Brandt schreibt dazu:
»Sechs oder sieben Prozent der deutschen Bevölkerung sind bei dem nationalsozialistischen Versuch, die Weltherrschaft zu gewinnen, umgekommen. Von den deutschen Juden sind kaum mehr als 6 oder 7 Prozent noch am Leben. Deutschland verlor, der Nationalsozialismus wurde niedergeschlagen, aber Hitler gewann seinen Vernichtungsfeldzug gegen die Juden.
1933 hatte die jüdische Gemeinde in Berlin 190.000 Mitglieder. Im Herbst 1945 zählte sie 6.500 Seelen. In Frankfurt am Main hatte die Gemeinde 1933 34.000 Mitglieder und im Herbst 1945 noch 500. In Bayern gab es vor Hitler 47.000 Bürger mit jüdischem Glauben. Ende 1945 waren es zwischen 2.500 und 3.000, und nicht alle von ihnen stammten aus Bayern.
Die Behörden strengten sich an, um den Überlebenden so gut wie möglich zu helfen. Das war das geringste, was sie tun konnten. Die Synagogen und Kirchhöfe wurden wiedererrichtet, teilweise von zwangseinberufenen Nationalsozialisten. Es wurden Schritte unternommen, um die Rückzahlung der Kontributionen und andere Formen wirtschaftlicher Unterstützung zu ordnen. In Bayern wurde ein besonderer staatlicher Beauftragter für jüdische Angelegenheiten eingesetzt, an anderen Orten wurden besondere Hilfsbüros errichtet. Es gab auch Ansätze zu moralischer Wiedergutmachung. Als ich Anfang November nach Bremen kam, bemerkte ich einen Aufruf,

der überall in der Stadt aufgehängt war. Er war von Oberbürgermeister Kaisen und vielen anderen bekannten Männern der Stadt unterzeichnet, und war aus Anlaß des Siebenjahrestages für die berüchtigten Novemberpogrome verschickt worden. Kaisen und seine Mitunterzeichner sagten, daß ein großer Teil der Bevölkerung damals machtlos gestanden habe. Aber sie wollten an der Sühnung der Verbrechen teilnehmen. Sie forderten dazu auf, Geld für die neue Synagoge einzusammeln. Im Januar 46 suchte Bamberg bei den Besatzungsbehörden um Erlaubnis nach, ein Verfahren gegen einen der nationalsozialistischen Führer der Stadt anzustrengen, der seinerzeit die mosaische Kirche in Brand gesetzt hatte. Ob dies der Ausdruck der innersten Überzeugung des deutschen Volkes ist? Das wage ich nicht zu beantworten. Man sollte ja glauben, daß Hitler den Antisemitismus ad absurdum geführt hatte.
Seltsam ist, daß der größte Teil der überlebenden deutschen Juden offensichtlich wünscht, in Deutschland zu bleiben und eine neue Existenz aufzubauen. Anders ist es mit den jüdischen Einwanderern aus dem Osten, die teilweise geflüchtet sind, weil der Antisemitismus in Polen wieder zum Leben erweckt worden ist. Im November 45 waren 25.000 ausländische Juden in Flüchtlingslagern in Bayern versammelt. Im Februar 46 war die Zahl auf 50.000 angestiegen. Über 90 Prozent von ihnen wünschten weiter nach Palästina zu kommen. Diese Forderung wurde sehr ausdrücklich unterstrichen auf der ersten Konferenz der europäischen Juden nach dem Krieg. Sie wurde in den letzten Tagen des Januar 1946 in München abgehalten.

Aber Hitler siegte auch auf einem anderen Gebiet. Er hatte die deutschen Minderheiten dazu gebracht, sie ›heim ins Reich‹ zu rufen. Jetzt wurden sie aus ihrer Heimat vertrieben. Hitler siegte teilweise, weil der überspitzte Nationalsozialismus den Krieg überlebte. Eines der Resultate dessen, was geschehen ist, war, daß die Deutschen Polen und dessen neue Westgebiete, die Tschechoslowakei und Ungarn verlassen mußten. Es mußte vielleicht so gehen, aber es gibt keinen Grund, deshalb hurra zu rufen. Lassen Sie mich einen neuen Ausschnitt des traurigen Schicksals zeichnen, das in dem Begriff ›Völkerumsiedlung‹ liegt.
Dort, wo das amerikanisch-besetzte Bayern und das russisch-besetzte Sachsen mit der Tschechoslowakei zusammenstoßen, liegt die Textilstadt Hof. In dieser Stadt, die verhältnismäßig gut im Krieg wegkam, arbeitet ein junger aktiver Mann mit dem Namen Arno Behrig als sozialdemokratischer Parteisekretär. Er flüchtete seinerzeit in die Tschechoslowakei und nahm an der illegalen Arbeit an der Grenze teil. Nach ›München‹ kam er nach Schweden. Als Hitler Dänemark und Norwegen überfiel, meinte er, daß es mehr als nur Propaganda und Diskussion brauche. Zusammen mit ein paar Engländern versuchte er Sprengungen vorzunehmen, die die Zufuhr von schwedischem Malm an die deutsche Kriegsmaschine verhindern sollten. Sie wurden festgenommen und verurteilt. Behrig kam 1944 aus dem Gefängnis und kehrte zu seinem Beruf als Typograph zurück. Im Frühjahr 1945 kam er nach Dänemark. Er wollte in Deutschland sein, wenn der Zusammenbruch kam. Im April 41 schickte er einen Brief aus dem Gefängnis in Falun an eine Freundin

in Stockholm. In diesem Brief, der zunächst von dem Gefängnisdirektor zurückgehalten wurde, stand, daß er sehr viel an Prag denke. Er hoffe inständig, daß die Tschechen einigermaßen unversehrt durch den Krieg kämen. Sie müßten dabeisein, wenn alle Völker, die gekämpft und gelitten hatten, Truppenabteilungen zu einer Siegerparade in Berlin schickten - ›so daß die dreimalverfluchten Himmelstoßknechte tief in ihren Herzen spüren, was es sagen will, wenn fremde Stiefel über ihre eigenen Böden stampfen«. Dieser Mann, der in der schwedischen Gefängniszelle eine warme Symphathie für das Volk Masaryks nährte, wurde jetzt Zeuge der sudetendeutschen Tragödie. Hof war eine Flüchtlingsstadt geworden. Gewöhnlicherweise wohnten 45.000 Menschen dort. Ende 1945 waren es über 100.000. Rundherum um die Stadt waren Flüchtlingslager errichtet worden. Fast täglich kamen Transporte mit Sudetendeutschen, die ausgewiesen worden waren oder aufgrund der Verhältnisse es vorgezogen hatten, die Tschechoslowakische Republik zu verlassen. Es gab auch Transporte mit Leuten, die darauf warteten, in die russische Zone zu kommen. Einige gingen illegal über die Grenze, andere kamen illegal aus Sachsen, trotz der Plakate, wer die Zonengrenze ohne Erlaubnis überschreite ›wird erschossen‹, und obwohl es häufig krachte, besonders in der Nacht. Hier gab es viel Elend. Aber es wurde auch eine große Hilfsarbeit ausgeführt. Das schweizerische Rote Kreuz half mit Essen für die Kinder. Die örtliche Vermißtenzentrale führte eine imponierende Arbeit aus, indem sie Leute aufspürte, die verschwunden waren. Jeden Tag waren es 40 glückliche Menschen, die erfuhren, wo ihre Verwandten sich aufhielten.

Behrig legte 16 detaillierte Berichte vor, was auf der anderen Seite der Grenze vor sich ging. Es war Stoff genug für ein Buch, aber es würde keine erbauliche Lektüre werden. Ich gebe mich damit zufrieden, einige Hauptzüge wiederzugeben.

Die Zwangsevakuierung der Sudetendeutschen begann kurz nachdem der Krieg zu Ende war. Sie ging ohne Unterbrechung vor sich. Der Beschluß von Potsdam, daß das Zwangsumsiedeln in humanen Formen vor sich gehen solle, spielte nur eine minimale Rolle für die örtlichen Behörden. Das Übliche war, daß die Leute einige Stunden vorher Bescheid bekamen, manchmal waren es nur 10 Minuten. Im allgemeinen durften sie 25 Kilo Gepäck mitnehmen, einige durften 30, andere nur 15 Kilo mitnehmen. In der Regel durften sie 200 Mark mithaben, aber einigen wurden 50, 10 oder 150 Mark weggenommen. Wenn der Befehl kam, an einem bestimmten Sammelplatz anzutreten, mußten sie ein Schlüsselbund mit der Adresse mithaben, und außerdem alles, was sie an Schmuck und Wertgegenständen hatten. An den meisten Orten, aber nicht überall, durften sie die Eheringe behalten. Offiziell hieß es, daß sie Proviant für 7 Tage mitnehmen dürften, aber oft war die Zeit so knapp, daß es nicht möglich war, Lebensmittel einzukaufen.

Einige wurden mit Lastwagen und Güterwagen davongefahren. Andere mußten zu Fuß gehen. Alte Menschen kamen auf Mistkarren. An den Grenzübergängen wurde die Kontrolle so vorgenommen, daß das Wenige, was die Flüchtlinge mit sich hatten, zu nichts wurde. Diejenigen, die zwei Hemden hatten, mußten eines weggeben. Andere mußten den Mantel ausziehen. Viele mußten die

Schuhe hinterlassen und statt dessen in Holzpantoffeln gehen.
Das war nicht alles. Die Zwangsevakuierung war mit vielen anderen Übergriffen verbunden. Die Berichte aus Hof und ein ganzer Teil persönliche Gespräche vermittelten mir einen Eindruck davon, wie viele der Evakuierten geschlagen, gestoßen und gepeitscht wurden in den Sammellagern oder während des Transportes, und daß Leute, die gegen diese Behandlung protestiert hatten, erschossen worden waren. Es sind glaubwürdige Berichte, wie Wachmannschaften Gewehrkolben und Gummiknüppel gegenüber einem Teil der Deutschen benutzten, die zum Arbeitsdienst eingezogen waren, bevor sie weggeschickt wurden. Es gibt einen Bericht aus Posteborg, daß die Leute dort unter offenem Himmel mehrere Nächte hintereinander liegen mußten mit dem Gesicht auf der Erde. Die Peitsche traf die, die den Kopf hoben, Gewehrsalven krachten, und am Morgen kamen Leute um, weil sie die Befehle, die auf tschechisch gegeben wurden, mißverstanden. Schlägerkommandos waren in den Lagern tätig. Es geschah, daß die Leute sich nackt ausziehen mußten, und einige waren erschlagen worden. Männer wurden die Geschlechtsorgane zerschlagen. Vergewaltigung gab es auch.
Ein anderer Bericht, aus Saaz, schildert, wie fünf Jungen im Alter von 13 bis 16 Jahren an die Mauer gestellt wurden und erschossen wurden, weil sie sich von dem Platz, der ihnen angewiesen worden war, entfernt hatten. Vierzig Kleinkinder starben im Laufe von zwei Tagen. Einige Mütter, die ihr einziges Kind verloren hatten, erhängten sich. Es gibt Berichte, z.B. aus Katharinaberg,

daß 70- bis 80jährige Frauen aus den Betten gejagt wurden. In dem einen Fall mußte die Frau ihren kranken Mann verlassen. Sie erhielt die Erlaubnis, zurückzugehen, um etwas zu holen, was sie vergessen hatte. Da sah sie, daß der Alte bereits den Strick geholt hatte, mit dem er sich erhängen wollte. Eine andere Meldung, aus Tetschen, erzählt von Zwangsevakuierungen, die auch die betrafen, die im Krankenhaus lagen. Bei Bodenbach war es passiert, daß Leute in die Lazaretttzüge stürmten und den Kranken die Bandagen wegrissen. Die Russen gaben einigen Frauen die Erlaubnis, den Kranken im Zug Suppe zu bringen. Fanatische Wächter jagten sie zurück und stießen die Essengefäße aus ihren Händen. Andere Zeugenaussagen berichten davon, daß Kriegsinvaliden geprügelt wurden.«
Ich muß das vorangegangene Brandt-Kapitel aus »Verbrecher und andere Deutsche« länger - als üblich - zitieren, um mir nicht den Vorwurf der Manipulation durch Weglassen zuzuziehen. Nun müßte man - nachdem man das gelesen hat - eigentlich zu dem Ergebnis kommen, »Brandt ist doch ein ganz anständiger Kerl. Das, was er über die Greuel der Tschechen geschrieben hat, ist ja richtig. Es war sogar noch schlimmer«. Doch dazu läßt Brandt es im eigenen Fazit dieser tschechischen Unmenschlichkeiten selber erst gar nicht kommen. Denn als Entschuldigung für die entmenschten tschechischen Mörder gebraucht er dann die Sätze: »Es ist wahr, wer Wind sät, erntet Sturm. Goethe sagte es so: ›Es ist der Fluch der bösen Tat, daß vom Zeugen sie Böses gebären‹. Eine große Anzahl der Sudetendeutschen verriet die Tschechoslowakische Republik, die ihnen trotz allem

große Minoritätsrechte eingeräumt hatte.«
Das ist in der Tat ein unglaublicher Fall von politischer Beurteilung und Geschichts-Klitterung. In meinem Buch »Schreie aus der Hölle« habe ich detailliert all das Unrecht aufgezählt, was von Tschechen - längst vor Hitler - an den Sudetendeutschen begangen worden war, hatte die Völkerrechts-Verletzungen der Tschechen nach 1918 beschrieben und beweisbar geschildert, wie grausam die Tschechen Hunderttausende von Deutschen ermordet hatten. Beim Schreiben von »Schreie aus der Hölle« mußte ich häufig Pausen einlegen, weil ich das Lesen all der schrecklichen Dokumente nicht mehr ertragen konnte. Das von Brandt (zu recht) beklagte Lidice war nahezu ein Kavaliers-Delikt gegen das, was die Tschechen an den Sudetendeutschen begangen hatten. Tatsache ist, daß die Sudetendeutschen - nicht erst nach Hitler - in der Tschechoslowakei schreckliche Dinge mitmachen mußten. Ich habe mit Dutzenden von Sudetendeutschen selber gesprochen. Das Münchener Abkommen von 1938 war für sie wirklich eine Befreiung von tschechischer Unterdrückungs-Politik. Da kann von einem »Verraten der Tschechoslowakischen Republik« - wie Brandt es formulierte - nun wirklich nicht die Rede sein.
Am Anfang dieses Buches hatte ich darauf hingewiesen, daß Brandt mit seinem Warschauer Kniefall die Gefühle der vielen Deutschen verraten würde, die unter den Polen in Schlesien schreckliche Dinge mitgemacht hatten. Oft wurde von linker Seite - zur Verteidigung von Brandt - ja die Behauptung aufgestellt, daß der gute Willy davon nichts gewußt habe. Auch das ist unwahr. Denn Brandt schildert die Situation in Schlesien (damals sprach er

schon von »Neu-Polen« und den neuen Westgrenzen Polens) folgendermaßen:
»Das Fehlen von Lebensmitteln in Schlesien war eine ernsthafte Gefahr. In bezug auf weite Distrikte war es keine Übertreibung, von einer Hungersnot zu sprechen. Die Ernte, das Vieh und die landwirtschaftlichen Maschinen waren in hohem Maße beschlagnahmt worden. Vielerorts gab es keine geordnete Zuteilung von Lebensmitteln, an anderen Orten waren die Rationen viel zu klein. Die Geschäfte, die von Polen übernommen worden waren, verkauften einen Teil Lebensmittel, aber nur gegen Zlotys, die die deutsche Bevölkerung nicht hatte. Der Gesundheitszustand war furchtbar, der Mangel an Ärzten und Medikamenten war enorm. Typhus wütete. In Oberschlesien, wo ein großer Teil der Deutschen in Lagern gesammelt worden war, war die Situation am schwierigsten. Aber auch in anderen Gebieten geschahen die fürchterlichsten Dinge. Ein sehr großer Teil der Kinder im Alter von unter zwei Jahren hielten auch die Belastungen nicht aus. Es sollte nicht dazu beitragen, die Verhältnisse zu bessern, daß gleichzeitig eine Umsiedlung der Polen aus dem Osten nach Westen vor sich ging. Es geschah auch, daß die Kinder in den Armen ihrer Mütter starben. Ein Teil der Schlesier entschied sich dafür, freiwillig zu evakuieren. Aber dann geschah es immer wieder, daß ihnen an den Grenzen das Wenige, das sie mitgenommen hatten, weggenommen wurde, und daß ihnen danach die Einreise verweigert wurde, so daß sie buchstäblich wieder als Bettler ›nach Hause‹ zurückkehrten. Es mag genug sein mit diesen Beispielen aus Schlesien. Ansonsten deutet vieles darauf hin, daß die schweizeri-

sche Zeitung, die die früheren deutschen Ostgebiete ein ›Todesland‹ nannte, sich keiner großen Übertreibung schuldig machte.«

Mit diesen Zeilen hat Brandt selber den Beweis erbracht, daß ihm die Greuel der Polen an Deutschen bekannt waren. Trotzdem erwähnte er davon bei dem Warschauer Kniefall nichts. Außerdem wird durch »Verbrecher und andere Deutsche« die politische Unglaubwürdigkeit dieses Mannes deutlich. Er sprach von den neuen polnischen Westgrenzen und von »Neu-Polen«. Das hinderte ihn aber überhaupt nicht daran, 1963 beim Schlesier-Treffen den starken Spruch zu präsentieren: »Breslau, Oppeln, Gleiwitz, Hirschberg, Glogau, Grünberg: Das sind nicht nur Namen, das sind lebendige Erinnerungen, die in den Seelen von Generationen verwurzelt sind und unaufhörlich an unser Gewissen klopfen. Verzicht ist Verrat. Wer sollte das bestreiten? Das Recht auf Heimat kann man nicht für ein Linsengericht verhökern - niemals darf hinter dem Rücken der aus ihrer Heimat vertriebenen oder geflüchteten Landsleute Schindluder getrieben werden... Der Wiedervereinigung gilt unsere ganze Leidenschaft.« Oder seinen Satz vom 24. August 1962: »Aus Feigheit und Bequemlichkeit Unrecht schweigend hinzunehmen, das ist eine Haltung, die es während der Nazizeit gegeben hat.«

Es ist überflüssig, gerade jetzt auf den erneuten Kurswechsel Brandt in der Frage der »polnischen Westgrenzen« einzugehen. Wer heute noch die »unmoderne« aber rechtsstaatliche einwandfreie Auffassung vertritt, daß Deutschland nach wie vor in den Grenzen von 1937 existiert (bis zu einer endgültigen Regelung durch einen

Friedensvertrag), der wird sofort als »Faschist« oder »Neo-Nazi« verschrieen. In diesem Zusammenhang ziehe ich mir diesen Vorwurf übrigens sehr gern zu. Denn auch ich vertrete diese »altmodische« Auffassung und würde noch heute den Satz gebrauchen »Verzicht ist Verrat«. Verrat an der Menschlichkeit, der Freiheit und der Demokratie. Kann Unrecht allein durch Zeitverzögerung zu Recht werden?

Brandt beendet in »Verbrecher und andere Deutsche« seine Selbst-Demaskierung mit folgenden Passagen:

»Der Plan der Umsiedlung, so wie er von dem alliierten Kontrollrat festgesetzt worden war, wurde aufgrund von Transportschwierigkeiten ein Teil verschoben. Ansonsten ging die Umsiedlung nach dem Programm vor sich, das im vorhinein festgesetzt worden war. Im Hinblick auf die Umsiedlung aus Neu-Polen wurde bekanntgegeben, daß sie auch in humanen Formen vor sich gehen solle. Diejenigen, die nach Westen umgesiedelt würden, sollten Verpflegung und ärztliche Kontrolle unterwegs erhalten. In einigen Fällen wurde es durchgeführt. Die ersten Transporte aus Ungarn, die Ende Januar 46 kamen, verliefen allerdings auf eine solche Weise, daß die Umsiedler unterwegs hungerten und außerdem ihr persönliches Gepäck nicht mitnehmen konnten. Was die Tschechoslowakei betrifft, erklärte Präsident Behnisch, daß 200 bis 300.000 Gruben- und Fabrikarbeiter dort bleiben sollten, offenbar unter der Voraussetzung, daß sie ›entnationalisiert‹ wurden. An mehreren Orten hatte die Arbeit gestoppt, weil man Schwierigkeiten hatte, die sudetendeutschen Arbeitskräfte zu ersetzen. Ein Teil der sudetendeutschen Bauern war auch ins Landesinnere geschickt worden, wo sie Landarbeiter sein durften. Was Neu-Polen betrifft war es offenbar so, daß die Umsiedlung, jedenfalls zunächst, eine unvernünftige Verschwendung von wirtschaftlichen Werten bedeutete. Viele der Höfe verfielen, andere waren geplündert worden und lagen öde.

Wenn man die Umsiedlung betrachtet mit dem Ausgangspunkt in der harten Wirklichkeit, die bestand, kann man allerdings eine gewisse Änderung zum Besseren hin merken. Es nutzt ja nicht zu klagen. Man muß sich damit zufriedengeben anzudeuten, wie die faktischen Verhältnisse sind. Und dann kann man hoffen, daß es gelingen wird, das Bestmögliche aus der Situation zu machen.«

Interessant scheint mir bei diesem Kapitel die vorsichtig anklingende Erkenntnis von Brandt zu sein, daß Polen ohne Sinn und Verstand deutsche Höfe plünderten und verfallen ließen. Noch heute ist es so, daß die von Polen bewohnten deutschen Höfe verfallene Drecklöcher geworden sind. Man muß nur einmal mit Schlesiern sprechen, die nach Jahrzehnten ihre Heimat und ihr von den Polen geraubtes Eigentum wiedersehen konnten. Auch ich bin für eine deutsch-polnische Aussöhnung. Nur habe ich ganz erhebliche Zweifel, ob so eine Aussöhnung nur durch Milliarden-Beträge und einseitige Schuldbekenntnisse möglich ist. So lange Deutsche in Polen unterdrückt werden, würde ich keinen einzigen Pfennig nach Warschau geben, kein einziges Paket an Polen schicken. Auch wehre ich mich dagegen, blind die Behauptung zu übernehmen, daß die wirtschaftliche Misere in Polen ausschließlich auf den Kommunismus zurückzuführen ist. Auch vor der kommunistischen Machteroberung war Polen stets in wirtschaftlichen Schwierigkeiten. Warum hat eigentlich niemand die Courage, auch einmal auf die nationale Arbeitsmoral der Polen hinzuweisen, die nun einmal anders ist als in anderen Ländern? Das böse Wort von der »polnischen Wirtschaft« ist keine Erfindung der NSDAP.

Brandt, Schumacher und der Kommunismus

Bei einer Gerichtsverhandlung Brandt gegen Siegerist konnte ich beweisen, wie sehr gerade der frühere SPD-Vorsitzende Kurt Schumacher Willy Brandt aus dem Wege ging und wie tief er ihm mißtraute. Das hatte mehrere Gründe. Einer: Schumacher war für seine Gesinnung ins KZ gegangen und verlor dort seine Gesundheit. Aber eine Flucht ins sichere Ausland - das kam für diesen Mann nicht in Frage. Also völlig anders als Brandt. Ein weiterer Grund für die Abneigung Schumachers gegen Brandt war auch in dem Buch »Verbrecher und andere Deutsche« zu suchen. Natürlich hatte Kurt Schumacher erfahren, wie sich Brandt dort den Kommunisten anbiederte und wie er über ihn selbst urteilte. Brandt beklagte sich in »Verbrecher und andere Deutsche« bitter über den Antikommunismus der SPD im Jahre 1946. Er findet es »ungeheuer«, daß die »sozialdemokratische Parteiführung in Hessen russische Politik öffentlich angreift«. Das nennt er eine »Kurzsichtigkeit« und verdächtigt Kurt Schumacher, die Ursache für die Russenfeindlichkeit zu sein. Wörtlich sagt Brandt über Schumacher: »Aber Ge-

SPD-Chef Kurt Schumacher hielt von Brandt Abstand.

schmeidigkeit ist vielleicht nicht seine stärkste Seite. Seine außenpolitische Orientierung schien ziemlich einseitig zu sein. Seine Haltung in der Einheitsfrage (zwischen Kommunisten und Sozialdemokraten in der SED) ›wirkte negativ‹.« Selbst 1960 beschimpfte Brandt den inzwischen toten Schumacher in seinem Buch »Mein Weg nach Berlin« wegen seiner »autoritären Haltung«, wegen seiner »an Fanatismus grenzenden Unbedingtheit« und seiner »Überbetonung nationaler Gesichtspunkte«.

Bevor ich ein spezielles Kapitel aus dem Brandt-Buch weitgehend zitiere, einige Sätze vorab. Während 1946 anständige Sozialdemokraten mit ganzem Herzen gegen jede Zusammenarbeit mit Kommunisten und deren skrupellose Methoden in der Sowjetzone kämpften, schrieb Brandt über die KPD: »Diese Partei nahm im Gegensatz zu früher eine positive Haltung zur Demokratie und zum Parlamentarismus ein... Die Kommunisten traten, wie gesagt, mit einem demokratischen Programm hervor... Auf dem wirtschaftlichen Gebiet waren die Vorschläge der Kommunisten nicht weitgehend. Sie waren im allgemeinen praktisch... Wo es um Arbeitsprogramme ging, fand sich in Wirklichkeit kein großer Unterschied zwischen den beiden Arbeiterparteien (KPD und SPD)...« Ich möchte bei diesem Kapitel nicht zu weit vorgreifen. Da dieses Kapitel bereits in vollem Umfang Gegenstand einer Gerichtsverhandlung war, ist es mir rechtlich möglich, daraus weitgehend zu zitieren. Hier die wichtigsten Passagen:

»Aber es waren nicht nur die früheren Nationalsozialisten und der große abgestumpfte Haufen, die sich abwartend stellten. Das Parteileben, das 1933 zugrunde ging, war nichts wofür man hurra rufen konnte. Es gab ein tiefes - und nicht ganz unverständliches - Mißtrauen gegenüber den alten Parolen und alten Männern. Hinzu kam, daß die Richtlinien der Besatzungsmächte für den Wiederaufbau der Parteien nicht immer ganz glücklich waren. In der russischen Zone wurden im Verlaufe des Juni 1945 vier Parteizentralen gebildet, für die Kommunisten, die Sozialdemokraten, die christlichen Demokraten und die liberalen Demokraten. Und dann wurde von oben nach unten organisiert. Die Westmächte entschieden sich dafür, daß der Parteiaufbau so geschehen sollte. Zuerst sollte man nur vorbereitende örtliche Ausschüsse haben, danach örtliche Abteilungen, die sich etwas später zu Kreis- und Provinzorganisationen zusammenschließen konnten. Diese Vorgangsweise sah demokratischer aus, als sie wirklich war. Die ganze vorbereitende Arbeit wurde nämlich den alten Parteifunktionären überlassen, und die Mitglieder hatten oft nicht viel zu sagen, wenn die formelle Konstituierung stattfand.

Die Arbeiterbewegung machte sich - berechtigterweise - am stärksten geltend, als das neue Parteileben anfing, Form anzunehmen. Die Kommunisten waren die einzige Partei, die im Laufe von ganz kurzer Zeit einen einigermaßen festgezimmerten Apparat über ganz Deutschland besaßen. Die Sozialdemokraten brauchten ein bißchen mehr Zeit. Ihnen fehlte die Stärke, die in einem zentralistischen Parteiaufbau liegt, aber sie erhielten größeren Zustrom. In der Ostzone wurden die Kommunisten zwar einen Teil favorisiert, aber sie erhielten kein Monopol. Marschall Schukow brachte gegenüber den Sozialdemokraten zum Ausdruck, daß er sie als die stärkste Partei ansah. In Berlin erhielt die Partei im Laufe von wenigen Monaten 60.000 individuelle Mitglieder. Legt man die russische Zone und Berlin zusammen, stieg die Mitgliederzahl von 300.000 im Herbst 1945 auf 500.000 Anfang 1946. In den westlichen Gebieten war es schwieriger, eine zahlenmäßige Übersicht über den Zustrom zu bekommen. Provinz- und Teilstadtorganisationen wurden vor Jahreswechsel 1945/46 nicht zugelassen, und selbst nach diesem Zeitpunkt waren die Abteilungen vielerorts von den entsprechenden Militärregierungen noch nicht anerkannt. Ich glaube allerdings, daß man sich im Frühjahr 46 der Mitgliederzahl näherte, die die Sozialdemokratische Partei gehat hatte, bevor Hitler an die Macht kam. Man nahm auch nicht alle auf. Die Anträge wurden genau untersucht, und Leute, die bei den Nationalsozialisten aktiv gewesen waren, wurden abgewiesen.

In Berlin saß seit kurz nach dem Zusammenbruch ein sozialdemokratischer Zentralausschuß mit der Zeitung ›Das Volk‹ als Sprachrohr und dem früheren braunschweigischen Reichstagsabgeordneten Otto Grotewohl als Vorsitzenden. Als stellvertretender Vorsitzender fungierte Max Fechner. Er war einer der zwei Überlebenden aus dem illegalen Zwölfmann-Komitee, das 1933, als die Parteileitung emigrierte, eingesetzt wurde. Die zwei hatten selbst mehrere andere Mitglieder ernannt, und der neue Ausschuß wurde auf einem großen Treffen der Vertrauensleute in Berlin anerkannt. Ihr Standpunkt lief darauf hinaus, daß sie die gesamte Partei repräsentierten, bis ein Parteitag eine neue Führung wählen konnte. Dieser Standpunkt wurde allerdings auf einer Konferenz, die Repräsentanten der verschiedenen Zonen Anfang Okto-

ber 45 abhielten, nicht anerkannt. Die Sozialdemokraten in den westlichen Zonen entschlossen sich, ein eigenes Zentralbüro in Hannover zu errichten mit dem früheren Reichstagsabgeordneten Dr. Kurt Schumacher als ›Bevollmächtigten‹. Wenn es um Verhältnisse ging, die für alle Zonen von Bedeutung waren, sollten Grotewohl und Schumacher sich treffen und wenn möglich einen gemeinsamen Standpunkt einnehmen.
Es bestand kein Zweifel daran, daß die sozialdemokratischen Vertrauensleute im Westen sich etwas skeptisch zu der Parteileitung im Osten verhielten. Man hatte Angst, daß die ›Berliner‹ sich von den Kommunisten erpressen oder an der Nase herumführen ließen, und daß sie vielleicht es nicht schaffen würden, ihre Unabhängigkeit im Verhältnis zu der Besatzungsmacht aufrechtzuerhalten. Die Sozialdemokratie im Osten wurde von den Verhältnissen unter der sowjetischen Besatzung geprägt. Aber auch im Westen entstanden Abhängigkeitsverhältnisse. Das Mißtrauen zwischen den alliierten Großmächten färbte auf die deutschen Parteibildungen ab. Es war ein logisches Resultat der Abhängigkeit vom Ausland, die jegliche deutsche Innenpolitik dominierte...
Die sozialdemokratische Führung in Berlin arbeitete einen Teil programmatischer Erklärungen aus. Sie waren davon geprägt, daß man einerseits wünschte, das aufrechzuerhalten, was man die marxistische Kontinuität nannte, und andererseits auf die neuen Verhältnisse, denen man gegenüberstand, Rücksicht zu nehmen. Im Westen erklärte Schumacher, daß es nicht möglich sei, ein Programm vorzulegen, das wissenschaftliche Kritik aushalte, bevor man genau Bescheid wisse über die Konkursmasse, die

Hitler hinterlassen habe und die Existenzbedingungen, die den Überlebenden geboten würden. Schumachers Programm ist von der englischen und skandinavischen Sozialdemokratie geprägt. Ansonsten sollte man die Bedeutung des Programms nicht überschätzen in einer Zeit, da es sich noch nicht um eigentliche Politik handelt, sondern vielmehr um die ersten tastenden Versuche in dieser Richtung. Nach dem programmatischen Erklärungen zu urteilen herrschte die schönste Übereinstimmung. Christliche Demokraten sprachen sich für den Sozialismus aus, die demokratische Partei in Bayern nahm ›Abstand von jeder Form von Kapitalismus‹, während die Kommunisten die freie Initiative propagierten. Christentum und Demokratie fand man in den meisten Programmen. Im Vordergrund standen die Forderungen des Aufräumens und Wiederaufbaus. Darin war man sich im großen und ganzen einig.

In den meisten Erklärungen von seiten der Sozialdemokraten wurde - über die aktuellen Forderungen hinaus - der Ton angeschlagen für eine Planwirtschaft und eine soziale Demokratie. Das konnte darauf hindeuten, daß man - wenn man an die Macht kam - radikalere Methoden benutzen würde als die, die 1919 benutzt wurden. Es existiere, wurde gesagt, keine Hoffnung, aus dem herrschenden Chaos herauszukommen, wenn man sich nicht sorgfältiger gesellschaftlicher Planung bediene. Man hatte gesehen, daß bestimmte Kreise der Großgrundbesitzer, der Großindustrie und der Finanz sich mit den nationalsozialistischen Verbrechern alliiert hatten. Das gab der Forderung, das Junkerreich zu brechen und die wichtigsten Industriezweige zu sozialisieren, neue Ak-

tualität. Die Richtlinien, die in Berlin und im Westen skizziert wurden, liefen allerdings nicht auf irgendeine totale Sozialisierung hinaus. Sie erinnerten auf vielerlei Weise an die Programme, die von der nordischen Arbeiterbewegung vorgelegt worden waren. Aber verständlicherweise mit bedeutenden Modifikationen, als Folge der ungleichen Situation. Es wurde unterstrichen, daß man nicht den Mittelstand unterdrücken wolle und auch nicht die private Initiative, wo sie eine nützliche Rolle spielen könne. Der Wunsch, neue Schichten zu gewinnen, nicht zuletzt die technische Intelligenz, wurde stark unterstrichen. Die ›westlichen‹ Sozialdemokraten sprachen auch einen guten Teil von der Gefahr der Bürokratisierung.
Ein anderer Hauptpunkt, der die sozialdemokratische Partei, so wie sie 1945 entstand, charakterisierte, war das Unterstreichen des nationalen Moments in dem Sinn, daß man möglichst schnell zu einer wirtschaftlichen und rechtlichen einheitlichen Ordnung über die Zonengrenzen hinaus kommen wollte. In der ersten Broschüre, die von der Zentrale in Hannover verschickt wurde, stand: ›Deutschland muß als eine staatliche und nationale Einheit erhalten bleiben. Wir können und wir wollen nicht verzichten auf das fundamentale Recht, das die Welt jedem Volk einräumt. Wir sind Todfeinde von allen Losreißtendenzen, die bestimmt sind von der Rücksicht auf angebliche augenblickliche Vorteile und dem Egoismus und dem Ehrgeiz der bankrotten Reaktionäre‹. Die Sozialdemokraten in Berlin distanzierten sich nicht nur von den separatistischen, sondern auch von den föderalistischen Tendenzen und sprachen sich - übrigens in Übereinstimmung mit den übrigen Parteiführern - für einen Einheits-

staat aus. In den westlichen Gebieten war diese Frage umstritten. Eine ganze Menge der Leute aus der Partei empfahlen eine innere Föderalisierung. Ansonsten unterstrichen die Sozialdemokraten im Westen gerne, daß die neue Grenze zu Polen ungerecht sei. Einige hofften, daß es möglich werden würde, Stettin und Breslau auf einer abschließenden Friedenskonferenz zu ›retten‹...

Den alten kommunistischen Kadern fiel es nicht immer leicht, die neuen Parolen zu verstehen. Die Veränderungen seit der Zeit vor 1933 waren sehr groß. Die Kommunisten waren nicht länger eine Oppositionspartei. In der russischen Zone waren sie in allen Zweigen der Verwaltung repräsentiert. In der amerikanischen Zone bekamen sie ihre Repräsentanten in die Redaktionen der gemeinsamen Zeitungen und in die kommunalen Organe. Es gab kommunistische Minister in der bayerischen, württembergischen und hessischen Regierung. Bei den Engländern wurden sie zunächst in gewissem Maße zurückgehalten, aber nach und nach übernahmen sie auch hier einen Teil öffentlicher Ämter und waren zuerst im Senat in Hamburg repräsentiert und später in verschiedenen ratgebenden Versammlungen. Die Partei nahm, im Gegensatz zu früher, eine positive Haltung zur Demokratie und zum Parlamentarismus ein. Man unterschied klar zwischen dem prinzipiellen Programm und den aktuellen Forderungen. Ebenso wie in anderen Ländern erhob die kommunistische Partei auch in Deutschland den Anspruch darauf, ›die nationale Volkspartei‹ zu sein. Die Haltung gegenüber anderen antinationalsozialistischen Gruppen war nicht sektierisch, sondern eher eine Umarmung, obwohl die Kritik zu bestimmten Zeiten sehr scharf sein konnte. Die Türen standen offen für noch mehr Mitglieder, und es hieß ausdrücklich in den neuen Gesetzen, daß diejenigen, die eintraten, nicht notwendigerweise die ›philosophischen‹ Auffassungen der Partei haben mußten.

In den russisch-besetzten Gebieten entsprach der Zustrom, jedenfalls im ersten halben Jahr, nicht den Erwartungen. Die Hauptursache war sicherlich die, daß die Partei mit der Besatzungsmacht identifiziert wurde. Deren harte Vorgangsweise, besonders zuerst, und die umfassende Wegnahme von Maschinen schafften eine Aversion gegen die Kommunisten, auch in Arbeiterkreisen, wo man unter anderen Verhältnissen sich eher ihnen angeschlossen hätte. Dies zeigte sich bei einer Reihe von Betriebsratswahlen, die im Herbst 45 abgehalten wurden. Vielerorts einigten sich die zwei Arbeiterparteien auf gemeinsame Listen, und es wurde gerne mit Handzeichen abgestimmt. Aber in den Fällen, wo es Parteikandidaten waren, geschah es, daß die Kommunisten sich mit einem Zehntel der sozialdemokratischen Stimmen zufriedengeben mußten. Dies galt auch in Betrieben, die vor 1933 als stark kommunistisch geprägt galten. Bei der Berliner Verkehrsgesellschaft wurden 35 Sozialdemokraten und 9 Kommunisten gewählt, bei den Bunawerken in Leipzig 29 Sozialdemokraten, 10 Christdemokraten und ein Kommunist, bei Leuna in Halle-Merseburg 26 Sozialdemokraten, 5 Christdemokraten und ein Kommunist. Die Mitgliederzahl der Kommunisten in Berlin lag auch viel niedriger als die der Sozialdemokraten. Das gleiche war in anderen Städten der Fall. Im ersten Distrikt in Dresden hatten die Sozialdemokraten z.B. im Januar

1946 4.420 Mitglieder und die Kommunisten 1.250. Die sozialdemokratische Parteiorganisation im Osten registrierte zu diesem Zeitpunkt ungefähr 2.000 neue Mitglieder pro Tag...

Die Kommunisten traten, wie gesagt, mit einem demokratischen Programm auf. Es waren allerdings nicht wenige, die sie verdächtigten, nur aus taktischer Rücksicht so aufzutreten. In dem Zusammenhang lenkte man die Aufmerksamkeit auf einen Passus in dem Aufruf des Zentralkomitees aus dem Sommer 45, wo es hieß, daß das Sowjetsystem nicht der ›jetzigen‹ Entwicklungsforderung Deutschlands entspreche, und daß man in der ›jetzigen‹ Situation sich für eine antifaschistische-demokratische Republik einsetze.

Als der Krieg zu Ende war gab es Leute außerhalb der Arbeiterbewegung, die meinten, daß die Zukunft der deutsch-russischen Zusammenarbeit gehöre. So wie die Verhältnisse sich entwickelten, trat diese Tendenz - die eine alte Tradition auch in militärischen und nationalistischen Kreisen hatte - in den Hintergrund. Es wurde ein entschiedener Nachteil für die Kommunisten, daß sie, nach Auffassung vieler, ihre Politik nicht in erster Linie den Verhältnissen in ihrem eigenen Land anpaßten. Die Kritiker innerhalb der Arbeiterbewegung behaupteten auch, daß die kommunistische Partei in ihrem Aufbau nicht wirklich demokratisch war. Auf einer Konferenz in Heidelberg nahm der sozialdemokratische Sprecher - der übrigens für ›ehrliche Gespräche mit den Kommunisten‹ eintrat - sehr entschieden Abstand von dem, was er ›Kapo-Kommunismus auf der Basis von Dachau‹ nannte. Wenn es darum ging, die gemeinsame Verantwortung der Deutschen einzuräumen, äußerten die Kommunisten weniger Vorbehalte als die anderen Parteien. Sie kamen mit einer sehr scharfen Kritik an der Dummheit und der Schwäche der Weimarer Republik. Was sie selbst betraf, hatten sie allerdings - ebenso wie viele Sozialdemokraten - Schwierigkeiten damit, irgendeinen Fehler einzugestehen. Dies reduzierte die Wirkung ihrer kritischen Prüfung im übrigen.

Die Frage der neuen Ostgrenze wurde von den kommunistischen Sprechern nicht berührt. Dahingegen sprachen sie sich entschieden gegen den Separatismus, Föderalismus und Grenzverschiebungen im Westen aus.

Sie hatten ein bestimmtes Programm in bezug auf die Entnazifizierung. Und es kann kein Zweifel daran bestehen, daß sie eine starke Neigung hätten, den ›kleinen Sündern‹, die sich der Partei anschließen wollten, zu vergeben. Auf dem wirtschaftlichen Gebiet waren die Vorschläge der Kommunisten nicht extrem. Sie waren im großen und ganzen praktisch.

Was die Arbeitsprogramme betrifft, gab es in Wirklichkeit keinen größeren Unterschied zwischen den beiden Arbeiterparteien. Man kann sich deshalb fragen, warum sie nicht zusammengingen. Diese Frage wurde auch von vielen deutschen Arbeitern gestellt. Es besteht kein Zweifel, daß die große Mehrheit von ihnen ursprünglich eine Einigung wünschte. Sie hatten die Resultate der Zersplitterung gesehen. Wenn eine heimliche Abstimmung im Sommer oder Herbst 1945 abgehalten worden wäre, hätte die große Mehrheit sowohl der sozialdemokratischen als auch der kommunistischen Mitglieder für eine sozialistische Einheitspartei gestimmt.

Unmittelbar nach Kriegsende und zu dem Zeitpunkt, als man die ersten tastenden Schritte in Richtung politischer Tätigkeit unternahm, kam es zu einigen spontanen Einigungsversuchen. In den letzten Apriltagen, während in Berlin noch gekämpft wurde, wandte Max Fechner sich im Namen des zentralen Ausschusses der Sozialdemokraten an die kommunistischen Vertrauensleute mit dem Vorschlag, sofort zur Bildung einer geeinten Partei aufzufordern. Fechner erhielt keine Antwort, und mehrere Anfragen im Laufe der nächsten Wochen gaben auch kein Resultat. Um die verschiedenen deutsche Städte herum waren in der Zwischenzeit ›Antifa‹-Komitees mit aktiven Mitgliedern aus beiden Parteien, oft auch von unabhängigen sozialistischen und demokratischen Gruppen, die noch existierten, hervorgegangen. In Braunschweig, Hamburg und an anderen Orten wurde Vorbereitungen getroffen, um von Anfang an eine Einigung durchzuführen. Aber es kamen Gegenparolen vom Zentralkomitee der kommunistischen Partei, in den Westzonen auch von führenden Sozialdemokraten. Das Zentralkomitee nahm den Standpunkt ein, daß die ideologischen Probleme abgeklärt werden mußten, bevor eine organisatorische Einheit in Frage kam. Die führenden Sozialdemokraten in Westdeutschland waren sehr skeptisch gegenüber einer Einigung, jedenfalls unter den vorherrschenden Verhältnissen.

In Berlin wurde allerdings, kurz nachdem die Parteiarbeit in Gang gekommen war, ein sozialistisch-kommunistisches Zusammenarbeitskomitee ernannt. Ein Teil der Aufgaben sollte sein, die organisatorische Einigung zu einem späteren Zeitpunkt vorzubereiten. Im Dezember

1945 wurde ein gemeinsamer Aufruf verschickt, der darauf hinauslief, daß die Einigungsarbeit beschleunigt werden sollte. Aber mehr darüber später.«
Völlig ungeniert tritt Brandt in diesem Kapitel - wer wollte das bestreiten? - für ein Zusammengehen zwischen KPD und SPD ein. »Man kann sich deshalb fragen, warum sie nicht zusammengingen«, schreibt er. Dabei versteigt er sich sogar zu der Behauptung, daß auch die Mehrheit der Sozialdemokraten für so ein Zusammengehen sei. Bei einer »heimlichen Abstimmung« hätte es eine »große Mehrheit« gegeben, meint Brandt. Dieses Kapitel ist der Schlüssel für Brandts spätere Ostpolitik, die ja in Wirklichkeit nie etwas anderes war als eine sowjetische Westpolitik, die die Bundesrepublik neutralisieren, aus dem westlichen Bündnis herauslösen und so unter Moskaus Diktat stellen sollte. Man muß sich auch in Erinnerung rufen, daß damals in der Sowjetzone Tausende von Sozialdemokraten in Zuchthäuser gesperrt wurden, weil sie der tödlichen Umklammerung der Kommunisten zur Verschmelzung in der Einheitspartei SED entgehen wollten. Die meisten Sozialdemokraten wurden übrigens ins KZ Sachsenhausen geschleppt, wo mindestens 20.000 Menschen von deutschen und russischen Kommunisten umgebracht worden waren. Brandt hatte ja geschrieben, daß das KZ Sachsenhausen »ganz gut ausgenutzt« worden sei. Ein böser und zynischer Satz, wenn man weiß, was sich an diesem Ort des Schreckens wirklich abspielte. Einen abenteuerlichen Blödsinn schreibt der Ausländer Brandt 1946 in »Verbrecher und andere Deutsche« auch über die »Bürgerliche Neuorientierung«. Über seinen späteren Koalitionsparter, die FDP, urteilt er da zum

Beispiel: »Sie sind die ›gesunden‹ Fahnenträger des Kapitalismus in einer kranken Gesellschaft, die aller Wahrscheinlichkeit nach nicht mit Hilfe von kapitalistischen Rezepten gesunden wird«. Die Gründung der CDU kommentiert Brandt mit den Sätzen:

»Die ›Union‹ ist teilweise Exponent für eine zunehmende Religiosität (die es ohne Zweifel gibt). Aber sie ist vor allem Nutznießer des legalen oder halblegalen Daseins, das die religiösen Organisationen während des Nationalsozialismus aufrechterhalten konnten. Allerdings ruft es energische Kritik hervor, wenn jemand es so darstellt, daß es nur die Christen waren, die sich vom Nationalsozialismus distanzierten. Genauso stark wird von einigen die Tatsache kritisiert, daß die Religion ihrer Auffassung nach für parteipolitische Tätigkeit vereinahmt werden soll. Einzelne befürchten, daß die gleichen bürgerlichen Kreise, die früher den nationalen Gedanken mißbrauchten, jetzt im Begriff stehen, das gleiche mit dem Christentum zu tun. Man kann auf jeden Fall nicht sagen, daß das Christentum in Deutschland in Gefahr ist. Die leitenden Christlichen Demokraten in Berlin haben zu einem frühen Zeitpunkt zum Ausdruck gebracht, daß die Partei für eine entschieden positive Haltung zu den sozialen Fragen eintritt. Sie setzten sich für ›wahren Sozialismus‹ ein, der nicht identisch mit Klassenkampf sein sollte. Die Haupttendenz in der weiteren Entwicklung der Partei ist allerdings die geworden, daß sie sich - teilweise in Polemik gegen die Arbeiterparteien - zum Verteidiger des Rechts auf privaten Besitz gemacht hat. An einer Anzahl Orten kann die ›Union‹ sehr bald zu einer Sammel-

organisation für ›Wähler rechts von der Sozialdemokratie‹ werden...
Junge Katholiken und Leute aus der früheren christlichen Gewerkschaft brachen aus der Union aus und bildeten ein ›neues Zentrum‹. Sie unterstrichen, daß sie nicht an der Bildung einer konfessionellen Partei teilnehmen wollten, die Front gegen die Arbeiterbewegung bezieht und die eine Tendenz zeigt, ziemlich viele frühere Nationalsozialisten zu versammeln. In Bayern ging die frühere bayerische Volkspartei zusammen mit anderen Gruppen und bildete eine Partei, die die ›Christliche Soziale Union‹ genannt wurde. Aber es war offenbar, daß dieser Zusammenschluß ziemlich viel politischen Sprengstoff enthielt...«
Noch größeren Unsinn schreibt Brandt über die »Niedersächsische Landespartei« in Hannover, aus der später die DP (DEUTSCHE PARTEI) entstand, ohne die Konrad Adenauer niemals Bundeskanzler geworden wäre und ohne die die Union ihr christlich-sozialistisches Programm wahrscheinlich nie gekippt hätte. Brandt fabuliert dazu: »In Hannover begannen die ›Welfen‹, die sich für einen Föderalismus einsetzten oder auch für die Abtrennung von Deutschland und den Anschluß an das britische Commonwealth, ihre Arbeit wieder unter dem Namen ›Niedersächsische Landespartei‹ aufzunehmen. Früher hieß sie ›Hannoversche Partei‹, aber das Tätigkeitsfeld war jetzt auf andere Teile Norddeutschlands ausgeweitet worden.«
Vorsitzender der damaligen Niedersächsischen Landespartei war der inzwischen 81 Jahre alte Heinrich Hellwege. Er war unter Konrad Adenauer Bundesminister und

wurde später in Niedersachsen zum Ministerpräsidenten gewählt - einmal sogar in einer Koalition mit der wesentlich stärkeren SPD, die mit der Politik Brandts nicht das geringste zu tun haben wollte. Als ich meinen alten Freund und Förderer Heinrich Hellwege, der nicht weit von Hamburg entfernt wohnt, Ende September 1989 darauf ansprach, hörte ich folgendes von ihm: »Ich habe gerade die WELT in der Hand. Es ist unerträglich, wie der Springer-Verlag darin Werbung für Brandt macht. Wenn es eine andere akzeptable Zeitung im konservativen Spektrum gäbe - ich würde die WELT sofort abbestellen. Von wegen Anschluß an das Commonwealth. Es gab damals eine Minigruppe innerhalb der Niedersächsischen Landespartei, die das tatsächlich wollte. Ein kleines Häuflein. Wir haben diese Leute sofort aus der Partei hinausbefördert. Ein reines Ammen-Märchen von Willy Brandt. Aber Sie wissen ja, Herr Siegerist, was ich von diesem Mann halte.« »Danke«, dachte ich mir - »das genügt«, um Brandt wieder einmal einer Lüge zu überführen.

Ein Wort zum Springer-Verlag und Leo Kirch

Bei dieser Gelegenheit erlaube ich mir, einen Kommentar über den Springer-Verlag, dem ich zu Lebzeiten Axel Springers viele Jahre eng verbunden war - als Redaktionsleiter von BILD-Bremen, als politischer Berater und als Chefreporter für Wirtschaft, Politik und internationale Reportagen bei der HÖRZU. Seit dem Tode Axel Springers wird in diesem ehemals konservativen Verlag eine Politik betrieben, die ich nur noch als Verrat an den Idealen des verstorbenen Verlegers bezeichnen kann. Wenn Axel Springer in den letzten Jahren den Namen Brandt hörte - dann ging er an die Decke. Der Verleger lag nur wenige Jahre unter der Erde, da wurde Brandt im Springer-Verlag hofiert und hochgejubelt, daß es jedem peinlich sein muß, der die Hintergründe kennt. »Kasse statt Gesinnung« - das ist der Hintergrund dieser Hofberichterstattung für Brandt. Die alten und neuen Manager des Verlages glauben, daß sie größere wirtschaftliche Erfolge machen können und in linke Käuferschichten einbrechen, wenn sie von ihrem alten Kurs abgehen und sich nach links öffnen. Peter Tamm als Vorstandsvorsitzender ist es, der dafür die Verantwortung trägt - unterstützt von seinem Adlatus van Straaten, der sich zu Lebzeiten Springers in rechten Sprüchen geradezu erging, ansonsten aber äußerst magere politische Kenntnisse hat. Meiner Meinung nach wird diese Rechnung der Öffnung nach links nicht aufgehen. Langfristig ist es um den Springer-Verlag nicht gut bestellt. Gesinnungslosigkeit zahlt sich auch wirtschaftlich nicht aus. Wer sein Gesicht verliert, seine Ecken und Kanten, wer zu »windschnittig« wird, der verliert in der Medien-Branche auch Auflage und Erfolg. Vielleicht werde ich zu einem späteren Zeitpunkt einmal ein Buch über die Hintergründe im Verlagshaus Springer schreiben, die ich besser kenne als manch ein anderer. Vorstandsvorsitzender Tamm und seine Mannschaft kämen dabei nicht besonders gut weg. Einen Satz zur aktuellen Diskussion in diesem Verlag, in dem ich schon als 19jähriger Schriftsetzer gearbeitet habe. Damals, als die Krawalle der APO gegen den Springer-Verlag tobten, die Brandt wohlwollend begleitete, organisierte ich als »junger Spund« über die mit mir verbundenen Christlichen Gewerkschaften Veranstaltungen unter dem Motto »Ja zum Staat - Ja zu Springer«. Wer solange mit einem Haus verbunden ist, kann sich ein Urteil erlauben. Deswegen hier ein Wort zum Thema Leo Kirch. Der Springer-Verlag hat eine widerwärtige Kampagne gegen den Medien-Mann Leo Kirch gestartet, die mehr als unwürdige Formen angenommen hat. Ich kann dazu nur folgendes sagen: Der Axel Springer Verlag wäre bei Leo Kirch wirtschaftlich und politisch sehr viel besser aufgehoben und die Arbeitsplätze wären sicherer, als bei Leuten wie Tamm und van Straaten. Es mag sein, daß Leo Kirch bei der Durchsetzung seiner wirtschaftlichen Interessen nicht gerade zimperlich ist - von politischer Grundsatzlosigkeit dagegen ist mir bei ihm nichts bekannt. Und wenn ich einmal all die Sprüche aufzählen würde, die der impulsive Axel Springer gegen seinen »Nachfolger« Tamm gebraucht hat - ich glaube, Tamm würde dann sehr viel schlechter abschneiden als Leo Kirch. Es ist nicht im Interesse des toten Verlegers, daß solche Dinge auf dem breiten Markt ausgetragen werden. Sollte sich der Linkstrend im Verlag jedoch weiter fortsetzen - Sie können sicher sein, daß ich dann ein Buch veröffentlichen werde, von dem ich schon jetzt den Titel kenne: »Sekretariat Tamm - Der politische Untergang eines Verlagshauses«.

Doch zurück zu »Verbrecher und andere Deutsche«. Wen wundert es, daß Brandt damals einer sozialistischen Planwirtschaft das Wort redete? Selbst als er Bundeskanzler wurde, kam ja noch das arbeitsplatzvernichtende Wort von der »Belastbarkeit der Wirtschaft« auf. Für Brandt war es völlig klar, daß die Wirtschaft nur mit Sozialismus funktionieren würde. »Eine andere Möglichkeit gab es nicht, wenn man mit dem Wiederaufbau in Gang kommen wollte«. Brandt zitiert dann einen damals bekannten sozialistischen Wirtschafts-Wissenschaftler mit den Worten: »Die Frage, inwieweit man sozialistischen Linien bei der Reorganisierung der deutschen Wirtschaft folgen sollte, würde nicht länger einen entscheidenden Unterschied darstellen... daß es eigentlich nur Platz für zwei große Parteien gäbe: Die marxistischen Sozialisten und die christlichen Sozialisten. Die Kommunisten und die Sozialisten sollten sich einigen können. Diejenigen, die den Marxismus verwarfen, aber von den grundlegenden Werten des Christentums überzeugt waren, sollten sich in der Chistlichen Demokratischen Union zusammenschließen.« »Ganz so einfach« war die Sache für Brandt - wie er sagt »zwar nicht« - auf der anderen Seite müsse aber folgendes festgehalten werden: »Die Sozialdemokraten und die Kommunisten hatten - wie vor Hitler - ihre wichtigste soziale Grundlage unter den Arbeitern. Beide Parteien strengten sich allerdings - erfolgreich - an, um stärkeren Zustrom in anderen Schichten der Bevölkerung zu gewinnen. Auf der einen Seite war die soziale Grundlage der anderen Parteien nicht mehr die gleiche wie früher. Das Großkapital war von einer Reihe von Rückschlägen getroffen worden, die insgesamt tödlich wirkten. Zuerst kamen die Bombenangriffe, dann die Entnazifizierung, die Wiedergutmachungslieferungen, die Kontrolle und die Nationalisierungsvorbereitungen. Ein Reich der Großgrundbesitzer wird man in dem zukünftigen Deutschland nicht finden. Aber es wäre selbstverständlich eine allzu große Vereinfachung, wenn man behaupten wolle, daß in Deutschland eine klassenlose Gesellschaft entstanden war.«

Wie sehr spätere Diffamierungen der Sozialisten den »Bürgerlichen« gegenüber schon in Brandts »Verbrecher und andere Deutsche« ihren Ursprung hatten, sieht man auch in einer Passage dieses Buches. Da schreibt Brandt: »Aber es war offenbar, nicht zuletzt in Bayern, wo die ›Union‹ sich für eine ›Seitenfront‹ einsetzte, daß die christlichen Listen eine starke Anziehungskraft auf frühere Nationalsozialisten und Mitläufer ausübten. An mehreren Orten konnte man nur die Stimmen der Bayerischen Volkspartei und die Anzahl der nationalsozialistischen Stimmen von 1933 zusammenrechnen, dann hatte man das Resultat vom Januar 1946.« Unterschwellig wurde von Brandt mit solchen Sätzen bereits damals die Argumentationsbasis geschaffen, mit der man später all diejenigen als »Neo-Nazi« abqualifizieren konnte, die mit dem Sozialismus nichts im Sinn haben. Abgesehen davon, daß die von Brandt genannten Beispiele nicht stimmen. An anderer Stelle dieses Buches hatte ich bereits darauf hingewiesen, daß die NSDAP gerade in solchen Wahlkreisen den größten Zuwachs hatte, in denen früher SPD und KPD dominierten.

Geradezu ein Herzensanliegen Brandts ist in »Verbrecher und andere Deutsche« immer wieder das Thema Einheit zwischen Kommunisten und Sozialdemokraten - sei es im gewerkschaftlichen oder im parteipolitischen Bereich. Was die gewerkschaftliche Einheit betrifft - da schreibt

Brandt in »Verbrechen und ander Deutsche« unter anderem:
»Abgesehen von den Reibungen, die sich bemerkbar machten, brachte man allerdings auf beiden gewerkschaftlichen Kongressen in Berlin zum Ausdruck, daß alle politischen Richtungen stark daran interessiert waren, die gewerkschaftliche Einheit aufrechtzuerhalten. Außer den gewerkschaftlichen Fragen spielte das Problem der politischen Einheit eine Hauptrolle, sowohl bei den Wahlen als auf den Kongressen. Die kommunistischen Delegationen übernahmen die Initiative in dieser Sache; es resultierte darin, daß man Anfragen an die Arbeiterparteien richtete, sich so schnell wie möglich zusammenzuschließen. Auf dem Zonenkongreß erhielt man auch den Bescheid, daß ein solcher Zusammenschluß in der Ostzone vorbereitet wurde.«
Wie sehr Brandt nach dem Krieg an einer sozialistisch-kommunistischen Einheitsfront hing, und wie stark er sich als Marxist zu erkennen gab, wird in krasser Form in seinem Kapitel »über die Einheit« deutlich. Hier einige der entscheidenden Passagen daraus:
»Als Minimalprogramm für die Einheitspartei wurde folgendes aufgestellt: Die Erneuerung der Demokratie durch den Aufbau einer antifaschistisch-demokratisch-parlamentarischen Republik. Als Maximalprogramm: Sozialismus mit der Herrschaft der Arbeiterklasse......Das entscheidende ›Nein‹ kam allerdings von den Konferenzen der sozialdemokratischen Vertrauensleute, die Anfang Januar in Hannover und Frankfurt abgehalten wurden. Die sozialdemokratischen Vertrauensleute in den Westzonen unterstrichen, daß der Zentralausschuß in

Berlin nicht das Recht hatte, im Namen der gesamten Partei aufzutreten, da es noch nicht möglich gewesen war, einen Vorstand zu wählen. Die Übereinkunft, die in Berlin getroffen worden war, mußte auf dem Hintergrund der besonderen Verhältnisse in der russisch-besetzten Zone gesehen werden, unterstrich man. Damit wollte man wohl am ehesten gesagt haben, daß die Sozialdemokraten im Osten unter Druck standen. Das verneinten die allerdings sehr energisch. Die Auffassung, daß die Sozialdemokraten in Berlin und in der Ostzone sich nur kommandieren ließen, den Aufruf zu unterschreiben, war wohl auch nicht richtig. Das zeigte die aufrichtige Rede, die Otto Grotewohl auf der Konferenz am 20. Dezember hielt. Seine Beurteilung der politischen Probleme war geprägt von der Berührung mit dem russischen Sozialismus, aber er sagte offen, daß die Kommunisten für einen demokratischen Parteiaufbau sich einsetzen mußten, wenn es Ernst werden sollte mit dem Zusammenschluß.« (Hinweis von Joachim Siegerist: Der von Kurt Schumacher als »Verräter der Sozialdemokratie« bezeichnete Grotewohl billigte ausdrücklich, daß nach der Zwangsvereinigung von SPD und KPD zur SED Zehntausende von Sozialdemokraten in Zuchthäuser kamen und umgebracht wurden.) »Er dokumentierte auch, daß es die Sozialdemokraten in Berlin waren, die die Initiative zum Zusammenschluß ergriffen hatten. In der Zwischenzeit war die kommunistische Partei auf eine solche Art und Weise vorgegangen und hatte so große Vorteile dadurch erhalten, daß es unter den sozialdemokratischen Mitgliedern starke Verstimmung hervorgerufen hatte. Grotewohl erwähnte u.a., daß sie dadurch favorisiert wurden, daß sie

besonders zahlreich in den verschiedenen Verwaltungsorganen repräsentiert waren. Eine ähnliche Sonderstellung erhielt die Organisationsarbeit der Kommunisten, ihrer Presse und der übrigen Publikationen. (Das sozialdemokratische Hauptblatt in Berlin konnte nur in 200.000 Exemplaren erscheinen, während die kommunistische deutsche Volkszeitung eine Auflage von 600.000 hatte. In Thüringen wurde die Auflage der sozialdemokratischen Zeitung auf ein Zehntel der der kommunistischen Zeitung begrenzt.) Es war auch mehrmals vorgekommen, sagte Grotewohl, daß die Sozialdemokraten undemokratischem Druck ausgesetzt worden waren. Der Zentralausschuß hatte deshalb daran gedacht, zu einem so ernsten Schritt zu greifen, wie die sozialdemokratischen Repräsentanten aus allen verantwortlichen Stellungen innerhalb der Verwaltung zurückzuziehen, bis die Verhältnisse geändert worden waren. Was die konkreten Vorschläge betraf, die von der Gegenpartei vorlagen, so wiesen die Sozialdemokraten gemeinsame Listen bei den kommenden Wahlen zurück, sie meinten, man könne sich mit einem gemeinsamen Programm bei den Gemeindewahlen zufriedengeben. Sie wollten auch nicht den Vorschlag akzeptieren, daß man anfangen sollte, die Einheitspartei örtlich, in den Distrikten und in den Zonen aufzubauen. Die Frage mußte auf einem Parteikongreß für ganz Deutschland entschieden werden. Bis der abgehalten werden konnte, sollte man sich mit einer Studienkommission und einer Zeitschrift zufriedengeben.
Die Sozialdemokraten in Berlin waren allerdings prinzipiell der Auffassung, daß die Einheit erreicht werden müsse. In der Resolution, die auf den Treffen in Hannover und

Frankfurt angenommen wurde, wurde dahingegen unterstrichen, daß der Vorstoß aus Berlin zu einem Zeitpunkt gekommen war, als die Einigungsversuche in allen anderen Ländern im Sande verlaufen waren. Man äußerte den Verdacht, daß der Einheitswille zu besonderen Zielen mißbraucht werden sollte, und daß die Kommunisten in ihrer Politik nicht tatsächlich unabhängig waren. ›Wir wollen uns kein Blut abzapfen lassen für den geschwächten Parteikörper der anderen‹, sagte Schumacher. Auf der Frankfurter Konferenz machte es auch einen starken Eindruck, daß man die extremen anti-deutschen Haltungen dokumentierte, die die kommunistischen Parteien in der Tschechoslowakei, Polen und anderen Ländern einnahmen. Zitate aus der französischen kommunistischen Presse mit weitgehenden Forderungen gegenüber Deutschland wurden gegen moderate Aussagen von Leon Blum gestellt.«

»Ganz sonderbar wirkte es allerdings, wenn in Resolutionen von den Sozialdemokraten in den Westzonen gegen die Auffassung polemisiert wurde, daß die Spaltung Hitler zur Macht verholfen hatte. Statt Fehler einzuräumen, die man selbst begangen hatte, behauptete man, daß die Schuld ausschließlich bei den Kommunisten lag. Sie hatten die klassenpolitische Rolle der Demokratie nicht anerkannt und den Parlamentarismus sabotiert, zusammen mit den Nationalsozialisten und den Deutschnationalen.« (Hinweis von Joachim Siegerist: Hier spricht kein Sozialdemokrat, sondern ein waschechter Marxist. Wie hatte Brandt noch als Bundeskanzler erklärt: »Ich kann zu all dem stehen, was ich früher gesagt und geschrieben habe.«) »Die Einheit könne erst errichtet werden, wenn die

Kommunisten sich geistig und politisch unabhängig gemacht hätten. Die Kritik der ›ultralinken‹ Politik der deutschen Kommunisten für die sie sich vor 1933 einsetzten, hat etwas für sich. Aber die einseitige Verteilung der Schuld durch die Sozialdemokraten war nicht viel besser als die kommunistische These, daß ›es die Sozialdemokratie war, die den Anteil der Schuld der deutschen Arbeiterklasse repräsentiert‹.«.

»Die Kritik aus dem Westen hinterließ dennoch einen gewissen Eindruck in Berlin. Es wurde unterstrichen, daß es auch in der Ostzone ganz viele gab, die dem Dezember-Beschluß verständnislos gegenüberstanden. An mehreren Orten wurde der Entschluß gefaßt, daß die Frage eines Zusammenschlusses gegebenenfalls den Mitgliedern in ganz Deutschland zur Urabstimmung vorgelegt werden mußte. Mitte Januar faßte der sozialdemokratische Zentralausschuß in Berlin den Beschluß, der darauf hinauslief, daß eine »stückweise« Einigung nicht in Frage kommen könne. Die Frage mußte auf einem Reichsparteikongreß entschieden werden. Deshalb konnte auch nicht die Rede davon sein, mit gemeinsamen Listen zur Wahl anzutreten. ›Das Volk‹ unterstrich, daß es, wenn es um die prinzipielle Haltung gehe, Einigkeit zwischen Sozialdemokraten in den verschiedenen Zonen gäbe.«

»Das war eine Übertreibung. Aber es war andererseits offenbar, daß die kommunistische Führung nicht mit der Entwicklung zufrieden war. In einer Resolution, die von der Distriksleitung in Hessen angenommen wurde, beschuldigte man die Sozialdemokraten, den ›Anti-Bolschewismus‹ von den Nationalsozialisten geerbt zu haben. Es wurde auch behauptet, daß die Sozialdemokraten die Zusammenarbeit mit den Vereinten Nationen sabotiert, und daß es ausländisches Finanzkapital war, das hinter den Gegnern der Einheit stand. Walter Ulbricht, der - neben dem Vorsitzenden Wilhelm Piek - die zentrale Persönlichkeit unter den kommunistischen Führern in Berlin war, stellte fest, daß der, der gegen die Einigung war, ein ›Feind der Nation‹ sei.« (Hinweis von Joachim Siegerist: Brandt hatte in seiner Emigrationszeit mit dem Stalin-Schergen Ulbricht einen gemeinsamen Aufruf unterzeichnet.)

»Wiederum trat eine neue Phase am Monatswechsel Januar/Februar ein. Die kommunistische Partei verlangte, daß die Einigung im Laufe der nächsten Monate durchgeführt werden sollte. Diese Forderung wurde von den sozialdemokratischen Repräsentanten, besonders in Sachsen und Thüringen, unterstützt, und sie erhielt auch die Unterstützung der Repräsentanten der Besatzungsmacht. Der sozialdemokratische Zentralausschuß verwarf jetzt seinen früheren Standpunkt und sandte eine Einladung zu einem Zonenparteikongreß, der Ende April abgehalten werden sollte. Auf diesem Kongreß und auf einem kommunistischen Parteitag kurz danach sollte die Einheit bestätigt werden. Es war offenbar die Absicht, daß die ›sozialistische Einheitspartei‹ auch in den Westgebieten etabliert werden sollte, nahezu in der Form, daß die kommunistische Partei den neuen Namen übernahm, falls die Sozialdemokraten sich abweisend stellten.«

»Die neue Situation wurde am 26. Februar auf einer Konferenz in Offenbach mit sozialdemokratischen Vertrauensleuten aus der amerikanischen und französischen Zone diskutiert. Schumacher war gerade von einem Besuch in Berlin zurückgekommen. Seine Verhandlungen mit Mitgliedern des Zentralausschusses hatten mit einem Bruch geendet. Er behauptete nicht nur, daß die Parteiabteilungen im Westen vor vollendete Tatsachen gestellt würden, sondern auch, daß das beschleunigte Tempo in den Einigungsbestrebungen das Resultat äußeren Drucks war. Die russischen Repräsentanten hatten angeblich verlangt, daß die Einigung bis zum 1. Mai in Ordnung sein sollte.

Die Konferenz in Offenbach schloß sich Schumachers Standpunkt an, der darauf hinauslief, den Einheitsvorschlag abzuweisen und nicht an dem Berliner Kongreß teilzunehmen. Man nahm eine Erklärung an, die zum Ausdruck brachte, daß die Vertrauensleute der Partei aus sowohl nationalen als auch internationalen Gründen an einer unabhängigen sozialdemokratischen Partei festhielten. In der vorliegenden Situation, die durch die Abhängigkeit der kommunistischen Partei bestimmt war, meinte man, daß die Voraussetzungen für eine Einigung noch nicht vorhanden waren. Das Treffen brachte weiterhin die Auffassung zum Ausdruck, daß der Zusammenschluß zwischen der kommunistischen Partei und einem Teil der Sozialdemokraten, der zu diesem Zeitpunkt im Osten durchgeführt wurde, durch gewaltsame Methoden und im Widerspruch zu den demokratischen Prinzipien erpreßt worden war. Auf eine solche Entwicklung war man nach dem Resultat der letzten Wahlen draußen in Europa und in Deutschland vorbereitet gewesen. Der Plan, die Einheitspartei auch auf die Westzonen auszuweiten, wurde als Versuch betrachtet, die kommunistische Partei unter einem anderen Namen weiterzuführen.« (Hinweis von Joachim Siegerist: Gerade das war von den Kommunisten ja auch geplant - und geschah unverwässert, so wie Kurt Schumacher es vorausgesagt hatte.) Aus etlichen Passagen seines Buches wird deutlich, wie sehr Brandt es bedauerte, daß es nicht zum Zusammenschluß von KPD und SPD in ganz Deutschland kam. Dieser Zusammenschluß - das war für ihn mehr als nur eine Parteien-Einigung. Ein solcher Zusammenschluß - im Klartext eine kommunistische Einheitsfront - ein solcher Zusammenschluß wäre für Brandt auch die denkbare Basis für eine Wiedervereinigung Deutschlands gewesen. »Wandel durch Annäherung« - diese total gescheiterte Parole sozialdemokratischer Politik war bei Brandt schon in »Verbrecher und andere Deutsche« im Ansatz zu vernehmen: »Das Einigungsproblem galt nicht nur der Einheit innerhalb der Arbeiterbewegung. Es galt gleichzeitig der Einheit Deutschlands. Die Entwicklungen im Laufe des ersten Besatzungsjahres vertieften die Gegensätze zwischen Osten und Westen und wirkten den Tendenzen in Richtung einer gemeinsamen deutschen Lösung entgegen. Im Osten ging die Sozialdemokratie in der ›Einheitspartei‹ auf.« (Hinweis von Joachim Siegerist: Eine bösartige Lüge Brandts. Die meisten Sozialdemokraten waren gegen die Zwangsvereinigung und wurden in kommunistische Zuchthäuser gesperrt. Dort lebte die wahre Sozialdemokratie im Untergrund weiter.) »Im Westen erhöhten sich die Gegensätze zwischen der sozialdemokratischen Mehrheit und der kommunistischen Minderheit. Das entfernte die verschiedenen deutschen Gebiete voneinander«.

Aus diesen Zeilen wird ziemlich deutlich, daß Brandt mit einer deutschen Wiedervereinigung unter sozialistisch-kommunistischer Vorherrschaft einverstanden gewesen wäre. In einer Gerichtsverhandlung, die Brandt gegen mich angestrengt hatte, nahm ich meine Behauptung nicht zurück, daß Brandts Politik letztlich die Unterwerfung Deutschlands unter Moskaus Diktat bedeute. Das Gericht lehnte es auch ab, mich deswegen zu verurteilen. Brandt selber hatte so etwas ja fast wortwörtlich gefordert - zumindest in der Konsequenz. Bei dieser Gelegenheit möchte ich einen Punkt zurechtrücken, der mich auch bei Konservativen im Zusammenhang mit dem Thema Wiedervereinigung Deutschlands erzürnt. Da wird ständig behauptet, Konrad Adenauer habe eine große Chance der deutschen Wiedervereinigung vertan, als Stalin Anfang der fünfziger Jahre seine berühmte Note zur deutschen Einheit vorgelegt habe. Eine solche Behauptung ist schlichter Unsinn. Ähnlich wie bei Brandt: Stalin hätte eine deutsche Wiedervereinigung begrüßt, wenn die Kommunisten dabei das Kommando bekommen hätten. Wer etwas anderes behauptet, kennt entweder die Stalin-Note nicht oder redet schlicht und einfach dummes Zeug. Das Eingehen auf die Stalin-Note in der damaligen Zeit... dann wäre ganz Deutschland heute ein großes KZ im Stile des Moskauer Kommunismus.

Brandt selber schließt das Kapitel über die deutsche Einheit mit den Zeilen ab:

»Ansonsten kann man damit rechnen, daß innen in Deutschland Kräfte heranwachsen werden, die sich einer andauernden Aufteilung zwischen Osten und Westen widersetzen werden. Es bleibt zu hoffen, daß eine solche

Bewegung nicht eine nationalistische Prägung erhält, und daß sie wirklich imstande sein wird, ›Freiheit und Sozialismus‹ zusammenzuknüpfen.«
Damals konnte Brandt noch nicht ahnen, daß die Unionsparteien später seine These »Freiheit und Sozialismus« - zu recht - in der Wahlkampf-Parole »Freiheit oder Sozialismus« umwandelten. Brandt und die gesamte SPD regten sich über diesen hervorragend treffenden Satz der CDU/CSU enorm auf. Die Union hätte darauf hinweisen sollen, daß sie lediglich ein Zitat von Brandt aus »Verbrecher und andere Deutsche« sprachlich leicht umgewandelt hatte. Damit wären die Sozialisten noch mehr getroffen worden. Ich habe noch deutlich in Erinnerung, wie Franz Josef Strauß in der Rhein-Main-Halle in Wiesbaden das erste Mal zu diesem Thema sprach und die vereinigte Linke sich vor Wut fast überschlug.
Am Anfang dieses Buches hatte ich darauf hingewiesen, daß Brandt - ähnlich wie Adolf Hitler in »Mein Kampf« - in »Verbrecher und andere Deutsche« vieles von dem andeutete, was er hinterher in die praktische Politik umsetzte. Ich wiederhole noch einmal: Den Deutschen wäre viel erspart geblieben, wenn sie vor Hitler »Mein Kampf« und vor Brandt »Verbrecher und andere Deutsche« gründlich gelesen hätten. Ein kleines Beispiel liefert Brandt da mit der späteren Wohnungsbaupolitik der Sozialisten, die uns die schrecklichen Mietskasernen der NEUEN HEIMAT und jahrelang tote Innenstädte bescherte. Brandt schrieb dazu nämlich: »Aber das braucht nicht zu bedeuten, daß die Städte genauso wieder aufgebaut werden sollen, wie sie waren. Man wird neue Wege gehen bei der Planung und Regulierung. Deutsche und

alliierte Behörden waren sich einig, daß die Großstädte mehrere ›Parklungen‹ bekommen mußten. Man wollte auch wegkommen von den öden Mietskasernen. In Berlin sollten im inneren Stadtteil nur Geschäfte und Büros errichtet werden. Die Diskussion um eine dezentralisierte Vorstadtbebauung wurde aufgenommen.«

Das einzig sympathische an diesem Vorschlag waren wohl die erwünschten »Parklungen«. Die Wahrheit ist leider nur so, daß solche »Parklungen« meist nicht in SPD-regierten Städten entstanden, sondern in solchen Städten, in denen die Unionsparteien dominierten. Konrad Adenauer war einer der ersten Bürgermeister in Deutschland, der lange vor der Machtergreifung der Nazis eine solche »Parklunge« in Köln entstehen ließ. Die verfehlte sozialistische Wohnungsbaupolitik - die damals von Brandt so gefordert wurde - mußte im Laufe der Jahrzehnte durch Milliarden-Investitionen wieder »repariert« werden. Welcher vernünftige Städtebauer würde heute noch die Forderung erheben, daß in den Innenstädten nur Büros und Geschäfte - aber keine Wohnungen - entstehen sollten? Großartig war für Brandt natürlich vor allem die Wohnungsbaupolitik der Kommunisten. Wenn man sich heute die Wohnverhältnisse in Mitteldeutschland betrachtet, die nach wie vor katastrophal sind, dann klingt es fast wie blanker Hohn, wenn man Brandts klassenkämpferische Lobgesänge auf die roten Wohnungsbauer im Osten liest, die auch architektonisch den letzten Funken von Menschlichkeit verbannt haben. Brandt dazu:

»Der Bürgermeister in Dresden teilte im Januar 46 mit, daß man in dieser Stadt 34.000 Wohnungen im Laufe des Jahres reparieren wolle. Gleichzeitig begann man mit dem Neubau. Es sollten zunächst 1.600 neue Wohnungen gebaut werden. Das Programm des Bürgermeisters war sympathisch. Es lautete so: ›Wir wollen besser wohnen. Keine Schlösser für die Reichen und Bruchbuden für die Armen, sondern Demokratie im Wohnungsbau‹.«

Es kann gar nicht oft genug erwähnt werden, daß Brandt ja zu all dem steht, was er früher geschrieben und gesagt hat. Daran muß er sich messen lassen. Das gilt auch für seine abenteuerlichen Wirtschaftsvorstellungen, eine Mischung zwischen Kommunismus und Sozialismus. Zwischen dem Schreiben von »Verbrecher und andere Deutsche« liegen gut 40 Jahre. Ich habe mir einmal die Mühe gemacht, Briefe und Schriften von Konrad Adenauer oder Ludwig Erhard von damals durchzulesen und mit den Realitäten der heutigen Welt zu vergleichen. Deren Wirtschafts-Rezepte ließen sich noch voll auf die heutige Zeit anwenden und müssen nicht versteckt werden. Ganz anders bei den wirtschaftspolitischen Traumtänzereien Brandts, die in seiner Zeit als Bundeskanzler ja auch der Anfang einer Arbeitslosigkeit waren, die wir noch heute spüren und die - zu Unrecht - der Regierung Kohl zugeschanzt werden. Vor allem von Brandt und Genossen. Unter der Überschrift »Wird Deutschland sozialistisch?« schreibt Brandt Dinge, an die heute selbst kommunistische Führer nicht mehr glauben. Einige Beispiele:

Wird Deutschland sozialistisch?

»Der Liberalismus in allen Ehren, aber es verlangt übermenschlichen Optimismus zu glauben, daß der Wiederaufbau in Deutschland dem ›freien Spiel der Kräfte‹ und den Zufälligkeiten der Profitökonomie überlassen werden könnte. Es gab die, die sagten: ›Während wir reich waren, wollten wir keine Sozialisten sein. Jetzt, wo wir arm sind, sind wir gezwungen, es zu werden‹.«

»Es geht jedenfalls nicht ohne genaue Planung und starke Regulierung. Das stellt neue Ansprüche an die Männer der Wirtschaft. Sie werden eine wichtige Rolle spielen - innerhalb des Planrahmens. Die private Initiative wird sich bei der Durchführung der Pläne entfalten können. Aber es wird eine Neuorientierung gefordert auch auf sozialistischer Seite. Weder die Kommunisten noch die Sozialdemokraten können sich mit ihren traditionellen Vorstellungen zufriedengeben.«

»Ohne Kontrolle und Regulierung wäre man überhaupt nicht in Gang gekommen.«

Die folgenden Zeilen lassen nicht den geringsten Zweifel daran, daß Brandt das kommunistische Wirtschaftssystem der damaligen Stalin-Zeit der freien und unabhängigen Marktwirtschaft der westlichen Demokratien vorzog. Unmißverständlicher hätte Brandt überhaupt nicht formulieren können. Da sagt er zum Beispiel:

»Ich behaupte nicht, daß man aus dem Grund mehr im Osten als im Westen produzieren wird. Die Voraussetzungen waren allerdings gegeben für eine rationale Ausnutzung der Ressourcen. Man erhielt einen Rahmen für die Planung, und die einzelnen Nahrungszweige und Gruppen waren gezwungen, sich diesem einzuordnen. Im Westen hatte man oft ein Gefühl, daß es sehr viele Sonderinteressen gab, die sich geltend machten. Nun

ist es ganz sicher, daß die Planwirtschaft keine vollständige Sozialisierung verlangt. Die wird auch nicht östlich der Elbe durchgeführt. Aber dort hatte man eine starke Konzentration der politischen Macht und der verbliebenen wirtschaftlichen Ressourcen erreicht. Damit setzte man sich vielleicht der Gefahr aus, die mit einer staatskapitalistischen Bürokratisierung verbunden ist. Im Westen war andererseits die Gefahr, daß eine wirkliche Planung illusorisch gemacht würde und der Kontrollrahmen von privatkapitalistischen Manövern gesprengt würde. Das war nicht die einzige Gefahr. Denn man riskierte auch, daß der Regulierungsapparat in die Hände von Interessengruppen fiel, vielleicht sogar in dem Maße, daß die Aktion gegen das pronationalsozialistische Großkapital teilweise zu einer reinen Spielerei würde, indem desen Repräsentanten sich in den neuen Apparat hineinfräßen. Es war jedenfalls deutlich, daß die westdeutschen Sozialisten - gleichzeitig damit, daß sie alle möglichen Reformen verlangten - wenig reellen Einfluß auf die Ausformung der wirtschaftlichen Politik hatten, und daß die Besatzungsmächte sich meistens mit den Leuten des privaten Wirtschaftslebens berieten - das seine Position befestigte, statt Reden zu halten.«
Nach 1945 gab es in Deutschland eine blutige und grauenvolle »Bodenreform« in Mitteldeutschland. Dabei starben mindestens 12.000 Bauern - wie Anfang der fünfziger Jahre das sogenannte »Ostbüro« der SPD feststellte. Brandt - nicht viel anders als die Kommunisten - erging sich beim Thema Landwirtschaft aber nur in starken Sprüchen des Klassenkampfes aus der Mottenkiste des vorigen Jahrhunderts. Sprüche, die im Osten realisiert

worden und - wie heute selbst Kommunisten wissen - zum totalen Bankrott der Landwirtschaft geführt haben. Hören wir uns Brandt selber dazu an:

»Für die Industrie war es ein unsicherer Zustand, eine unklare provisorische Ordnung, die nach dem Zusammenbruch eintrat. die Landwirtschaft dahingegen wurde von einer grundlegenden Umwälzung betroffen. Sie war vielleicht nicht so unbedingt spontan, aber es galt, eine der Aufgaben zu lösen, die zu einer demokratischen Revolution gehören, nämlich die Abschaffung der Großgüter. Es ist ganz klar, daß die Junkerklasse reaktionär war - was nicht zu bedeuten braucht und auch faktisch nicht bedeutet, daß alle Junker Nationalsozialisten waren. Das waren sie nicht.«

»Östlich der Elbe war es so, daß die Junker annähernd die Hälfte der Ländereien besaßen, in dem übrigen Deutschland weniger als 10 Prozent. Die Frage wurde zum großen Teil dadurch ›gelöst‹, daß die neue Grenze im Osten gezogen wurde. Aber es gab viele Großgüter in den Gebieten, die von den Russen besetzt wurden. Es war u.a. aus diesem Grund natürlich, daß die Bodenreform dort begann.«

»Im September 1945 kamen Verordnungen, daß Besitztümer über 100 ha ohne Erstattung enteignet werden sollten. Die Nationalsozialisten verloren ihre Höfe, selbst wenn sie kleiner waren. Die Bauern, die weniger als 5 ha hatten - in manchen Fällen hatten sie auch zwischen 5 und 10 ha - konnten zusätzliches Ackerland bekommen. Ansonsten wurden die Güter in Kleinbetriebe aufgeteilt. Die neuen Besitzer mußten 10 Prozent der verhältnismäßig niedrigen Kaufsumme bis Ende 45 bezahlen.

Sie begannen ohne Schulden, der Hof konnte nicht verpachtet oder verkauft werden.«

Da gibt es kein Wort der Empörung über die unmenschlichen Enteignungen von jahrhundertealtem Familienbesitz, kein Wort der offenen Anklage gegen die Greuel des kommunistisch motivierten Landraubes, der letztlich ja die Hungersnot nur begünstigte. Da gibt es eigentlich nur »Verständnis«. Nur am Rande erwähnt Brandt die harten Proteste, die es gegen die sogenannte Landreform im Osten damals von seiten der SPD und der CDU gab. Verniedlichend schreibt er lediglich:

»Die Christdemokraten erhoben starke Einwände, nicht gegen die Bodenreform an und für sich, sondern - wie sie sagten - gegen die Art und Weise, wie sie durchgeführt worden war. Sie meinten, man hätte sich nicht so zu beeilen brauchen, so daß die Ernährungssituation als Folge von ›gefährlichen Experimenten‹ verschlechtert wurde. Sie meinten, das Hauptgewicht sollte auf die kooperative Linie gelegt werden. Außerdem wollten die Christlichen, daß Erstattung gezahlt werden sollte an die, die keine Kriegsverbrecher oder nationalsozialistische Aktivisten waren. Sie opponierten gegen die Maßnahmen, die sie ›Landraub‹ nannten.

»Bei den Sozialdemokraten im Westen konnte man auch eine skeptische Haltung gegenüber der Art und Weise, wie die Bodenreform durchgeführt worden war, bemerken. Ansonsten war die Situation im Westen anders als im Osten. Zum ersten gab es keine solchen Großgüter, zum anderen gab es keine Junkerklasse, wie die östlich der Elbe. Im Gegenteil gab es einen wesentlichen selbstbewußteren Bauernstand mit einer vielerorts gut eingearbeiteten landwirtschaftlichen Kooperation. Dies verhinderte nicht, daß die Frage der Bodenreform überall in Deutschland auf der Tagesordnung stand.«

Man kann nur froh darüber sein, daß die Brandtschen Wirtschafts-Vorstellungen nach 1945 nicht realisiert wurden. Ganz Deutschland wäre dann mit Sicherheit zu einem Armenhaus auf Jahrzehnte heruntergekommen. Wer auch nur ein wenig von Wirtschaftspolitik versteht und deren Bedeutung für Wohlstand und Sicherheit der Arbeitsplätze einzuschätzen weiß, der bekommt eine Gänsehaut, wenn er Brandt zu diesem Thema vernimmt, der in »Verbrecher und andere Deutsche« - bar jeglicher Vernunft - erklärt:

»Ich komme auf die Frage zurück, ob Deutschland sozialistisch wird. Das kommt darauf an, was man mit Sozialismus meint. Es kommt auch darauf an, was die Deutschen sozialisieren dürfen. Als die Sozialdemokraten im Herbst 1945 in Berlin ihre Richtlinien für den Wiederaufbau ausarbeiteten, unterstrichen sie, daß das, was zunächst benötigt wurde, ein System der ›wirtschaftspolitischen Erste Hilfe‹ war. Es galt, die herrschenden Mißstände zwischen Bedarf und Produktion, zwischen Arbeitskraft und Produktionsmitteln zu verändern. Das Programm sagte weiterhin, daß der Plan, der gebraucht wurde, um ein neuen Gleichgewicht zwischen den vier Faktoren zu schaffen, weder privatkapitalistisch noch sozialistisch sein sollte. Er sollte »seinen eigenen Zwecken dienen‹.«.

»In einem anderen Programmvorschlag sagte die Führung der Sozialdemokraten in der Ostzone, daß sie darin übereinstimmten, daß Kartelle, Trusts und Syndikate aufgelöst wurden. Aber sie wollten, daß diese Organisationsformen von einem sozialistischen Planhaushalt abgelöst wurden. Die großen Unternehmen sollten in den Besitz der Gemeinden, der Teilstaaten oder des ›Reiches‹ überführt werden. Der Vorschlag verwies auf ›das Beispiel der Sowjetunion und entsprechende Vorschläge der Arbeiterbewegungen in England, Frankreich und der Tschechoslowakei‹.«

Auf das Beispiel in der »Sowjetunion und entsprechende Vorschläge der Arbeiterbewegung in England, Frankreich und der Tschechoslowakai« wird da verwiesen. Vergleicht man einmal die wirtschaftliche Entwicklung der ersten 10 Nachkriegsjahre im freien Teil Deutschlands mit der Wirtschaftsentwicklung in der Sowjetunion, in der Tschechoslowakei und auch in England und Frankreich - ein Glück, daß die SPD bei der ersten Bundestagswahl 1949 nicht an die Macht kam. Die Engländer und Franzosen brauchten Jahrzehnte, um sich von den sozialistischen Irrwegen der Nachkriegszeit, ausgelöst durch Sozialisten (in Frankreich auch Kommunisten), zu erholen. Über die Sowjetunion und die Tschechoslowakei muß wohl nicht geredet werden.

Ein Glück, daß Brandt mit all dem nicht recht behielt. Ein Segen, daß sich sein abschließender Satz zu diesem Kapitel als Unsinn herausstellte: »Ob Deutschland sozialistisch wird? Es wird jedenfalls nicht privatkapitalistisch«.

Nach den abenteuerlichen Ausflügen in die Wirtschaftspolitik meldet sich dann gleich der Umerzieher Brandt zu Worte. Ganz im Stile sozialistischer Volksbeglücker, die Freiheit sagen, aber Marxismus meinen, überschreibt er das entsprechende Kapitel mit der Zeile »Die Umschulung« und zieht sofort vom Leder:

»Die Ruinen in den deutschen Städten werden nach und nach verschwinden. Der Schutt in den Gehirnen muß auch weggeräumt werden. Es geht nicht nur darum, den Nationalsozialismus zu überwinden. Es gilt auch, eine lange nationalistische, militaristische und rassistische Tradition zu überwinden. Das Ziel sollte eine kulturelle Erneuerung im Geiste der Freiheit, der Toleranz und des Humanismus sein.«
Da faselt Brandt von einer »langen rassistischen Tradition« in Deutschland, obwohl er an anderer Stelle von »Verbrecher und andere Deutsche« erst festgestellt hatte, daß es Rassismus im eigentlichen Sinne in Deutschland nicht gäbe. Den hätte er eigentlich nur bei weißen Amerikanern festgestellt, die sich darüber aufgeregt hätten, daß deutsche »Fräuleins« mit schwarzen Amerikanern »Schokoladen-Prostitution« betreiben.

Es würde den Rahmen dieses Buches sprengen, wenn ich - zusätzlich zu den politischen Kommentaren zu Brandts Texten - auch noch auf die extrem vielen Widersprüche in seinem Buch hinweisen würde. Nur so viel: Ich habe noch niemals ein Buch von einem Politiker der Nachkriegszeit gelesen, in dem so viel Unsinn, so viel Ungereimtheiten aneinandergereiht worden sind, wie in diesem »atemberaubenden« Werk Willy Brandts. Im weiteren Verlauf des Kapitels bedauert Brandt dann zutiefst, daß es nicht in allen Zonen zu der später von der SPD so verbissen erkämpften und längst gescheiterten »Einheitsschule« kam. Brandt nennt das ein »konsequent einheitliches Schulsystem« In Wirklichkeit ist das natürlich die utopische sozialistische Vorstellung, die mit der unse-

ligen französischen Revolution begann und in der Parole gipfelte »Alle Menschen sind gleich«.
Bei dieser Gelegenheit: Die Jubelfeiern zum 200. Jahrestag der französichen Revolution, diesem barbarischen Schlachtfest der Unmenschlichkeit, haben mich angewidert. Ich hätte mit gewünscht, daß unser Bundeskanzler - ähnlich wie Frau Thatcher - dazu ein klares Wort gesagt, statt unbekümmert mitgefeiert und Champagner gesoffen hätte, wo 200 Jahre zuvor unter dem Fallbeil Blut in Strömen geflossen war. Nach dem Staatsempfang für den inzwischen verjagten Honecker, nach dem Verrat Tibets an die Peking-Kommunisten und dem Diskriminieren durch Nichtbeachten des Dalai Lhama hat Kohl damit bei mir große Sympathien verloren. Ich denke, daß andere Konservative ebenso urteilen.
An anderer Stelle hatte ich schon erwähnt, daß Brandt das Aufbegehren deutsch-gesinnter Studenten in Erlangen gegen den linken Pastor Niemöller empörend fand. In dem eben erwähnten Kapitel geht er einen Schritt weiter und kanzelt diese jungen Leute ab als »nationalsozialistischen Studentenpöbel« und regt sich einen Absatz weiter so auf:
»Kurz danach wurde ein dritter Skandal in Aachen aufgedeckt. Die Studenten an der technischen Hochschule waren von der amerikanischen Militärregierung aufgefordert worden zu sagen, was sie vom Nürnberger Prozeß hielten. Die meisten antworteten nicht. Einige sagten, daß das ›unter ihrer Würde‹ sei. Die Repräsentanten der zwei Arbeiterparteien und der Gewerkschaft in dem provisorischen Stadtrat zogen die Konsequenzen und verlangten, daß die Hochschule geschlossen werden sollte.

Sie wollten kein solch nationalsozialistisches Nest in ihrer Stadt haben.«

»Die Skandale in Erlangen und Göttingen führten dazu, daß die Engländer eine neue Untersuchung der Studenten durchführten. Von anti-nationalsozialistischer Seite begann man, eine radikale Umlegung der Studentenrekrutierung zu diskutieren. In der Frankfurter Rundschau wurde - nicht von einem Sozialisten, sondern von einem Linkskatholiken - vorgeschlagen, daß mindestens die Hälfte der Studenten aus der Arbeiterklasse kommen sollte. In dieser Verbindung kann man erwähnen, daß man sich in der russischen Zone dafür entschied, das Abitur als Bedingung für die Aufnahme an den neuen Universitäten wegfallen zu lassen. Das ist nicht ganz zufriedenstellend? Nein, aber ist es nicht weitaus gefährlicher, daß man an den deutschen Universitäten ähnliche Verhältnisse wie in der Zeit nach 1918 bekommt?«

Das ist schon abenteuerlich. Weil Studenten zum Nürnberger Unrechtstribunal nicht jubelten und betreten schwiegen - deswegen wurden sie als Nazis diffamiert und sollten von der Universität verwiesen werden. Und dann dabei der nie vergessene Hinweis, daß es in der russischen Zone doch weitaus weniger gefährlich sei. Demokratie - wie Brandt sie versteht.

Als er unter dem Schlagwort »Mehr Demokratie wagen« zur Kanzlerschaft antrat - da hätte man ihn an seine undemokratischen und marxistischen Sprüche in »Verbrecher und andere Deutsche« erinnern müssen. Zufall, daß schon zu dieser Zeit alle Exemplare dieses Skandal-Buches vom norwegischen und deutschen Markt verschwunden waren?

Ausgerechnet der Nur-Propaganda-Schreiber Willy Brandt urteilt dann über die Zeitungen der Nachkriegszeit so:
»Die Zeitungen werden gelesen. Ich kann nicht einen Augenblick verneinen, daß der Nationalsozialismus starke Spuren hinterlassen hat. Aber das verhindert nicht, daß heute in Deutschland Lesehunger herrscht. Es war ein erfreuliches Zeichen, daß die Buchproduktion zum Jahresende anfing, in Gang zu kommen. Zeitschriften kamen auch. Über sie kann man ungefähr das gleiche sagen, wie über die Zeitungen.«
Dann sofort wieder eine Streicheleinheit für die Kommunisten.
»Was den Film betrifft, war es die russische Zone, die an der Spitze lag.«
Aktuellen Bezug zur heutigen Zeit bekommen Brandts Äußerungen zur Oder-Neiße-Linie in »Verbrecher und andere Deutsche«. Er schreibt dazu:
»Man sollte möglichst wissen, wie die endgültigen Grenzen auf einer Friedenskonferenz festgesetzt werden. Es gibt die, die meinen, daß die Oder-Neiße-Linie nicht das letzte Wort in dieser Sache ist, und daß Deutschland vielleicht einige Teile der Gebiete zurückbekommt, die jetzt unter polnischer Verwaltung stehen. Es besteht kein Zweifel, daß es starke, nicht zuletzt wirtschaftliche Argumente für eine solche Modifikation gibt. Die planmäßige Polonisierung, die bereits stattgefunden hat und die weitergehen wird, bevor die Friedenskonferenz zusammentritt, deutet allerdings darauf hin, daß ›neue Fakten‹ mit einem dauerhafteren Charakter geschaffen werden. Die Westmächte sagten in Potsdam, daß sie die Oder-Neiße-

Linie als eine vorläufige Ordnung betrachteten, aber andererseits stimmten sie der Umsiedlung der deutschen Bevölkerung zu, einer Maßnahme, die sinnlos gewesen wäre, wenn es sich nur um eine vorläufige Lösung handeln würde.«

»Das Grenzproblem im Westen ist auch noch nicht entschieden, während dies geschrieben wird. Es wird nicht von den Deutschen entschieden, denn es ist ein großmachtpolitisches Problem. Die wahrscheinliche Lösung scheint allerdings doch nicht zu sein, daß das Ruhrgebiet von Deutschland losgelöst wird - jedenfalls nicht vollständig und definitiv. Auch ist noch nicht entschieden, ob die Saar französisch wird, selbst wenn ihre Gruben sicherlich von Frankreich ausgenutzt werden...«

»Die Grenzen sind noch nicht festgelegt. Die Frage ist, ob ein reduziertes Deutschland die Krise als eine nationale Einheit überleben wird. Es besteht kein Zweifel, daß die überwältigende Mehrheit der Deutschen eine Einigung wünscht. In der Beziehung hat bereits eine wesentliche Verschiebung stattgefunden. Im Sommer 1945 fand man, daß die Zonenaufteilung nicht sonderlich sympathisch war, aber im Frühjahr 1946 fand man, daß sie eine Zwangsmaßnahme und eine Bürde war. Von alliierter Seite aus kann man vielleicht sagen, daß es gleichgültig ist, was die Deutschen wünschen. Aber in diesem Fall fällt wohl der Wunsch nach Einheit zusammen mit dem, was wirtschaftlich rationell und politisch vernünftig ist. Ich finde nicht, man sollte Zugeständnisse gegenüber der mystisch-reaktionären ›Reichsidee‹, die immer noch in vielen deutschen Gehirnen spukt, machen. Aber gegen die wirtschaftliche Vernunft darf man nicht allzulange und zu sehr sündigen. Man sollte sich auch davor hüten, den Nationalismus wieder zum Leben zu erwecken.«

An anderer Stelle dieses Buches war ich bereits auf die Grenzregelung eingegangen, zu der Brandt ja heute eine völlig andere Haltung einnimmt. Aber auch beim Verfassen seines Buches waren seine Ideen in dieser Frage schon mehr als seltsam. An anderer Stelle nennt er nämlich ausgerechnet Walter Ulbricht als eine Art Garanten für den Wunsch nach deutscher Einheit. Denn schließlich - so Brandt - habe Ulbricht den Satz gesagt »Das Ruhrgebiet ist deutsch und soll deutsch bleiben«. Was Brandt natürlich nicht erwähnt: Ulbricht und Stalin hatten damals Angst vor der Abtrennung des Ruhrgebietes an einen anderen Sieger. Aber nicht aus Sympathie für die deutsche Einheit, sondern weil Stalin damals immer noch daran glaubte, daß ihm ganz Deutschland in den Schoß fallen würde. Und bei dieser reichen Ernte sollte das Ruhrgebiet natürlich nicht fehlen.

Eine winzige Ehrenrettung sei mir an dieser Stelle für Brandt erlaubt. Wenn es - zumindest in Teilbereichen - eine richtige Analyse der damaligen Verhältnisse von ihm gab, dann in Fragen der Oder-Neiße-Linie. Denn die Glaubwürdigkeit der Alliierten hatte in dieser Frage schon damals ganz erhebliche Sprünge. In der Tat hatte man einer deutschen Umsiedlung aus den polnisch besetzten Gebieten zugestimmt. Wenn diese Grenze von den Alliierten nur als »vorläufige Grenze« gesehen worden wäre - weswegen dann erst die »Umsiedlung« - oder besser gesagt eine der grauenvollsten Vertreibungen Deutscher aus deutschem Land?

Brandt beendet sein verschwiegenes Skandalbuch mit

dem Kapitel »Deutschland und Europa«. Er schreibt darüber:

»Deutschland ist erledigt als Großmacht. Es hat z.Zt. nicht einmal den Schatten einer nationalen Souveränität. Es ist noch nicht ganz sicher, ob das deutsche Volk durch die Krise hindurchkommt, ohne auseinandergerissen zu werden. Die Grenzen sind bereits eingeengt worden. Das braucht keine Tragödie zu sein. Tragisch wäre es allerdings, wenn der deutsche Anti-Nationalsozialismus zu dem definitiven Zusammenbruch beitragen würde.«

»Die Anti-Nationalsozialisten können dokumentieren, daß es nicht sie sind, die sich Kriegsverbrechen und Verbrechen gegen die Menschheit zuschulden kommen ließen. Aber sie müßten von allen guten Geistern verlassen sein, wenn sie nicht ihre Mitverantwortung für den Nationalsozialismus einräumen würden. Ausnehmen können sie sich ja, aber keinesfalls den Konsequenzen der nationalsozialistischen Kriegs- und Mordpolitik entziehen. Die Deutschen, die versuchen, das was geschehen ist, zu erklären oder zu entschuldigen, tun ihrem Volk einen sehr schlechten Dienst. Es ist wahr genug, daß der Krieg auch Ursachen außerhalb Deutschlands hatte und daß er auch hätte vermieden werden können, wenn nicht die bornierte Politik anderer Regierungen den Nationalsozialismus unterstützt hätte. Aber das reduziert nicht die große Verantworung der Deutschen. Diejenigen, die es mit einer demokratischen Zukunft ernst meinen, müssen einen klaren Bruch mit der Vergangenheit ziehen...«

»Es kann eingewendet werden, daß die im großen und ganzen ›vorbehaltlose‹ Zusammenarbeitslinie, für die man sich einsetzt, problematisch ist, solange man nicht weiß, ob die Allianz, die den Krieg gewann, weiterleben wird. Es ist klar, daß die deutsche Frage in ein ganz neues Licht geraten würde, wenn es zu einem Bruch zwischen der Sowjetunion und den angelsächsischen Mächten käme. Aber ich glaube zunächst, daß ein solcher Bruch trotz allem nicht stattfinden wird, weil keiner der Partner daran interessiert ist, daß der zweite Weltkrieg von dem Auftakt zu einem dritten abgelöst wird. Zum zweiten werde ich nie müde werden, zu unterstreichen, daß ein solcher Bruch jedenfalls nicht in Deutschlands Interesse ist. Diejenigen, die deutsche Außenpolitik betreiben wollen, indem sie in den existierenden Gegensätzen spekulieren, versuchen andere Staaten gegeneinander auszuspielen und die angeblichen oder reellen Konflikte zu verschärfen, sabotieren sowohl den Weltfrieden als auch den deutschen Wiederaufbau. Man kann nicht verlangen, daß deutsche Demokraten aufhören sollen, dafür zu arbeiten, daß sie eine nationale Einheit und bessere Lebensbedingungen erreichen. Worum es geht, sind allerdings andauernde Verbesserungen, nicht ›nationale‹ Scheinresultate auf dem Weg zum dritten Weltkrieg.«

»Deutsche Demokraten, die die Dinge durchdacht haben, werden sich deshalb darüber im klaren sein, daß ihre außenpolitische Orientierung auf der Annahme und der Hoffnung basieren muß, daß die Vereinten Nationen eine arbeitsfähige Organisation werden. Sie müssen danach Rücksicht nehmen auf die Verschiebung im internationalen Stärkeverhältnis, die bereits stattgefunden hat oder im Begriff steht zu geschehen. Die wichtigste Veränderung aus der Zeit nach dem vorigen Krieg ist ja, daß die Sowjetunion als eine führende Weltmacht dasteht. Das ist eine Tatsache von größter Bedeutung, nicht nur für die außenpolitische Stellung Deutschlands, sondern auch für die Ausformung seiner inneren Struktur. Die Sowjetunion hat am meisten unter dem Vandalismus der nationalsozialistischen Heere gelitten. Sie hat auch den größten Einsatz auf dem Land im Kampf gegen die Hitler-Armeen geliefert. Die Russen haben große Verluste erlitten, gleichzeitig sind sie die einzige große Militärmacht auf dem Kontinent. Ich kenne nicht die Heimlichkeiten im Kreml. Aber besteht nicht Grund zu der Hoffnung, daß das, was die Sowjetführung in erster Linie wünscht, Sicherheit und ein möglichst schneller Wiederaufbau ist? Die Russen sind mißtrauisch gegenüber alldem, was dazu führen könnte, daß Länder in der Nähe ihrer eigenen Grenze in feindliche Konstellationen einbezogen werden könnten.«

»Damit setzt man sich nicht für irgendeine opportunistische Unterwerfung ein. Aber wie kann man sich eine deutsche Politik denken, die nicht entweder auf ›Revanche‹ eingestellt ist oder auch auf eine vertrauensvolle Zusammenarbeit mit der Sowjetmacht hinausläuft? Das ist nicht das gleiche, wie irgendeine einseitige ›Ostorientierung‹. Aber es ist auch unvereinbar mit einer einseitigen ›Westorientierung‹. Hitler-Deutschland wurde von einer Koalition der großen alliierten Mächte geschlagen. Es kann nur als einheitlicher Staat aus dieser Krise herauskommen, wenn ein Wiederaufbau in Übereinstimmung und Zusammenarbeit mit ›sowohl dem Osten als auch dem Westen‹ geschieht. Jede einseitige Lösung ist ein

Versuch, das Gleichgewichtsverhältnis zum Vorteil des einen Partners zu verändern. Ein jeder solcher Versuch fordert das Mißtrauen des anderen Partners heraus. Das trägt dazu bei, die Zonengrenzen zu stabilisieren und Deutschland zu einem Koloniegebiet zu machen. Im schlimmsten Fall kann es dazu führen, daß die Elbelinie die Ausgangsposition für einen neuen kriegerischen Konflikt wird, viel schlimmer als den, den wir gerade durchgemacht haben...«

»Das Vertrauen fehlt. Man kann es aber auch nicht erzwingen. Nicht zuletzt aus dem Grund hat das, was in Deutschland vor sich geht, außenpolitische Bedeutung. Deutscher Anti-Nationalsozialismus hat noch starke innere Feinde. Noch ist der Nationalismus nicht überwunden. Der Kampf gegen die Herrenvolkideologie, den Rassenwahnsinn, gegen die militärische Tradition und die Revanchegelüste hat gerade angefangen. Dieses Gift muß aus dem deutschen ›Volkskörper‹ heraus. Die Alliierten arbeiten damit.«

»Aber wenn es darauf ankommt, sind es trotzdem die Deutschen selbst, auf die es ankommt. Sie müssen ihren inneren Feind überwinden, nicht nur aus Rücksicht auf ihre eigene Zukunft, sondern auch, weil es keine solche Zukunft geben wird, wenn sie nicht das Vertrauen der anderen gewinnen...«

»Etwas schwieriger wird es, wenn es um die Grenzprobleme geht. Das Verhältnis ist klar, wenn es sich um die nationalsozialistischen Annexionen dreht. Aber man kann nicht erwarten, daß deutsche Anti-Nationalsozialisten deutsche Gebiete mit deutscher Bevölkerung zu einer Art internationalem Ausverkauf anbieten sollen. Andererseits hat der Verlust des Krieges und der Mangel an sichtbarem inneren Widerstand eine neue Verhandlungsgrundlage geschaffen. Hitler - und zum Großteil bereits Kräfte vor ihm - haben eine Reaktion ausgelöst, die in Grenzverschiebungen und Volksumsiedlungen resultierten. Heilige Grenzen gibt es nicht.«

»Deutschland werden große Wiedergutmachungen auferlegt - groß im Verhältnis dazu, was das Land hat, kleiner im Vergleich zu den Schäden, die die anderen erlitten haben. Das Argument, daß deutsche Politiker sich keine Verpflichtungen im Namen der kommenden Generationen aufladen können, hält nicht. Die Zerstörungen in den anderen Ländern sind auch von einer solchen Art, daß die Nachwirkungen noch lange Zeit spürbar sein werden.«

»Es ist klar, daß Deutschland nach und nach versuchen wird, in die Vereinten Nationen aufgenommen zu werden und an anderen Formen organisierter internationaler Zusammenarbeit teilzunehmen. Wenn die deutschen Repräsentanten wieder am Verhandlungstisch sitzen - nicht nur als ›Befehlsempfänger‹ - sollen sie nicht auf sich selbst spucken. Aber sie täten klug daran, eine Bescheidenheit und Toleranz zu zeigen, die es früher nicht in der deutschen Außenpolitik, auch nicht vor Hitler, gegeben hat. Sie sollen ganz einfach die Interessen des arbeitenden Deutschlands wahrnehmen innerhalb eines Rahmens der europäischen gemeinsamen Interessen. Sie sollen zu den Repräsentanten der anderen Völker sagen: Wir erwarten nicht, daß ihr uns irgendwelche Blankovollmacht gebt. Wir verstehen eure Skepsis. Aber gebt uns eine Chance, so daß wir euch zeigen können, daß wir wirklich mit dem ›Deutschland‹, das ihr von seiner widerlichsten Seite kennengelernt habt, gebrochen haben...«

»Die Nationalsozialisten unternahmen den Versuch, Europa zu verdeutschen. Jetzt gilt es, Deutschland zu europäisieren. Das geht nicht durch eine Aufteilung und auch nicht, indem man eine deutsche Gruppe gegen eine andere ausspielt. Deutschlands und Europas Problem kann nur gelöst werden, wenn man Westen, Osten - und das was dazwischen liegt - vereint. Es kann nur auf der Grundlage der Freiheit und der Demokratie gelöst werden.«

Dieser Satz beendet Willy Brandts »Verbrecher und andere Deutsche«. Mit der Übersetzung des Buches bin ich an die Grenze meiner juristischen Möglichkeiten gegangen. Trotzdem ist mir schon jetzt klar, daß die Sozialisten den Vorwurf erheben werden »Manipulation durch Weglassen«. Sehr gern würde ich dieses Argument entkräften. Ein einziges »Ja« von Willy Brandt genügt - und ich hätte die Möglichkeit, das gesamte Buch von norwegischer in deutsche Sprache zu übersetzen. Den Verkaufsgewinn des Buches würde ich in vollem Umfang den Opfern kummunistischer Gewaltherrschaft zukommen lassen. Ich stelle auch noch einmal die abschließende Frage: Warum läßt Brandt »Verbrecher und andere Deutsche« nicht selbst in die deutsche Sprache übersetzen? Er hat doch selber gesagt, daß er mit gutem Gewissen zu all dem stehen kann, was er früher geschrieben und gesagt hat...

»Herr von Weizsäcker - weder Fisch noch Fleisch«

»Herr von Weizsäcker ist weder Fisch noch Fleisch, er ist politisch sozusagen ein Klops.« Mit diesem Satz zitierte am 31. Januar 1979 die Frankfurter Rundschau den damaligen Bundeskanzler Helmut Schmidt. Der spätere Bundespräsident war zu dieser Zeit CDU-Spitzenkandidat für die Wahl zum Abgeordnetenhaus. Das war auch die Zeit, in der ich selber Richard von Weizsäcker und Mitglieder seiner Familie kennenlernte. Axel Springer hatte mich »aus Sorge um Berlin« darum gebeten, Herrn von Weizsäcker in seinem Wahlkampf zu helfen. Der vor vier Jahren verstorbene Verleger wußte, daß ich nicht die beste Meinung über von Weizsäcker hatte. Mehr als einmal hatte ich das Wort vom »Schnauzenredner« gebraucht, der sein Mäntelchen gern nach dem Wind hänge. Ich war auch verärgert darüber, daß er in der CDU-Grundsatzkommission dem hessischen CDU-Chef Alfred Dregger, dem ich mich verbunden fühlte, oberlehrerhaften Tadel für seine politischen Auffassungen »verpaßt« hatte. Alfred Dregger hatte sich damals der durch von Weizsäcker geplanten Übernahme linker Thesen ins CDU-Grundsatzprogramm widersetzt. Meine politischen Auffassungen deckten sich mit denen von Alfred Dregger. Bereits 1975 hatte ich das als junger Journalist in einem Leitartikel der niedersächsischen CDU-Zeitung »Niedersachsen Zeitung« klar zum Ausdruck gebracht. Die schon damals nach links tendierende JUNGE UNION und der Anhang von Herrn von Weizsäcker kritisierten mich deswegen in ziemlich mieser Form und forderten die Entfernung meiner Kommentare aus dem CDU-Blatt.

Eine Unverschämtheit. Denn CDU-Chef Hasselmann und Ernst Albrecht hatten mich gerade zuvor gebeten, das Ansehen des ramponierten Blattes ein wenig aufzumöbeln. Ich machte das freiwillig und ohne einen Pfennig Honorar, weil ich aus Prinzip dagegen war, für politische Tätigkeit Geld zu kassieren.

Monate später stand ich dann in von Weizsäckers Bonner Haus. Einer seiner Söhne war damals gerade mit einer bösen Krankheit aus Thailand zurückgekommen, wo er als Entwicklungshelfer gearbeitet hatte. Da ich mich schon damals - in aller Bescheidenheit - als Thailand-Kenner bezeichnen durfte, redeten wir lange über dieses südostasiatische Land, dem ich noch heute besonders verbunden bin. Als Vorsitzender einer Hilfsorganisation bekämpfe ich im »Goldenen Dreieck« von Thailand den Anbau von Mohn, der zu Opium und Heroin »veredelt« - auch in die Bundesrepublik Deutschland geschleust wird und Jahr für Jahr Hunderte von Menschenleben kostet.

Um ehrlich zu sein: Mir war es lieber mit von Weizsäcker über Thailand zu sprechen als über deutsche Politik. Ich war ohnehin mit zusammengebissenen Zähnen zu diesem Termin gegangen - eigentlich nur aus Solidarität zu Springer, jedenfalls nicht aus Sympathie zu von Weizsäkker. Die seinerseits zwischen Springer und von Weizsäkker vereinbarte Vertraulichkeit meiner »Wahlkampf-Mission« erlaubt es mir nicht, auf die Details einzugehen. Ich kann aber ohne weiteres erwähnen, daß mir die nach außen zur Schau getragene Fassade der ganzen Familie schon damals schwer auf die Nerven ging. Zu deutlich erinnere ich mich noch daran, wie die spätere »First Lady«

der Bundesrepublik aus ihrer Antipathie gegen Berlin keinen Hehl machte. Ein totaler Widerspruch zu den nach außen bekundeten Liebeserklärungen an die geteilte deutsche Hauptstadt, die Springer wirklich liebte und die er - auch in wirtschaftlich unsicheren Zeiten - nicht im Stich ließ. In Zusammenarbeit mit einer großen Werbeagentur sollte ich für von Weizsäcker eine Wahlkampf-Broschüre vorbereiten. Dazu gehörten auch Gespräche mit seinen früheren Freunden, seiner Frau und ihm selber. Eines dieser Gespräche fand in einer für die Familie angemieteten Villa in Berlin statt. Frau von Weizsäcker sagte mir und dem anwesenden Fotografen offen, daß sie das Leben in Berlin hasse und sich hier überhaupt nicht wohlfühle. Als von Weizsäcker zu einem anderen Zeitpunkt seine Tätigkeit in Berlin gegen das Linsengericht eines stellvertretenden Bundestags-Vizepräsidenten verscherbelte, war ich nicht verwundert. Von Weizsäcker wollte Karriere machen, ganz nach oben kommen. Von dem so oft beschworenen »uneigennützigen Dienen« - mir ist das bei ihm jedenfalls nicht aufgefallen. Ich habe ohnehin den Eindruck, daß eher das Wort »andienen« als »dienen« zutreffender ist, wenn man die Familie von Weizsäcker objektiv charakterisieren möchte. Und dabei bin ich wieder beim Thema Brandt.
Als Brandt im Dezember 1988 seinen 75. Geburtstag feierte, hielt von Weizsäcker ganz im Stile eines Mannes der sich »andienen« möchte (er wollte als Bundespräsident auch die Stimmen der SPD haben) eine Rede, die vor Anbiederung nur so triefte. »Sein illusionsfreier fester Friedenswille, sein Mut und seine Humanität haben ihn zu einer der großen Leitfiguren in der Welt nach dem

Zweiten Weltkrieg gemacht«, sagte von Weizsäcker über Brandt. Weil ich meine eigenen Wahlkampf-Erlebnisse mit von Weizsäcker gesammelt hatte und diesen Mann kannte, war ich nicht verwundert. Ich bekam Hunderte von Briefen - alles Freunde, die meine Bücher über Brandt gelesen hatten. Ungläubige Fragen standen darin - wie es nur möglich sein könnte, daß von Weizsäcker »ausgerechnet diesen Mann« so gelobt hätte. Ich antwortete damals immer mit dem Satz »Die Familie von Weizsäcker hat es schon immer verstanden, auf der richtigen Seite zu stehen. So war es früher bei den Nazis, so ist es heute.« Von Weizsäckers Reden zur deutschen Schuld, zur »polnischen Westgrenze«, zur grauenhaften Vertreibung, die er tatsächlich als eine »erzwungene Wanderschaft« bezeichnet hatte - zu all diesen Dingen hatte ich mir inzwischen meine eigene Meinung gebildet. Als Bundespräsident Carstens darüber nachdachte, für eine zweite Wahlperiode als Bundespräsident zu kandidieren, wollte ich ihn mit einer großen Kampagne dazu ermuntern. Es ärgert mich noch heute, daß ich mir seinerzeit diese Pläne von einem jüdischen Freund ausreden ließ, der selber ein äußerst distanziertes Verhältnis zu von Weizsäcker hatte und ihn einmal sogar öffentlich mit dem Satz angriff: »Als ich auf den Straßen Berlins von gemeinen HJ-Jungen verprügelt wurde, haben Sie in den feinen Salons der Nazis gespeist und den großen Mann gemacht.« Von Weizsäcker konterte damals wütend, aber nicht überzeugend. Ich war dabei, als Bundespräsident Carstens seine letzte Auslandsreise als deutsches Staatsoberhaupt nach Südostasien machte. Sein auf so tragische Weise ums Leben gekommener Pressespre-

cher Diehl, der Sohn des früheren Regierungssprechers Diehl, hatte mich dabei mit Carstens zusammengebracht. Carstens repräsentierte Deutschland mit Stolz im Ausland. Ich werde nie vergessen, wie Carstens am Hofe des thailändischen Königs eine großartige Rede hielt und danach in der goldenen Tempelstadt Bangkoks die Deutsche Nationalhymne erklang. Ein ergreifender Moment. Als »wohlgelittener Journalist am Hofe« stand ich in unmittelbarer Nähe der königlichen Familie - und ich geniere mich nicht, offen zu sagen, daß mir damals die Augen feucht wurden. Ich war stolz auf »meinen« Bundespräsidenten, stolz auf Deutschland. Diesen Stolz habe ich bei von Weizsäcker nie empfinden können. Meine Abneigung gegen diesen Mann ist aber nicht nur vom Gefühl bestimmt. Ich bin davon überzeugt, daß er seine eigene unglückliche Familien-Vergangenheit auf Kosten des ganzen deutschen Volkes bewältigen möchte. So war es auch bei seiner Geburtstags-Rede für Brandt. Von Weizsäcker sagte damals folgende Worte zu Brandt:
»Unser heutiges Beisammensein ist ein ganz außergewöhnliches Ereignis für dieses Haus. Aus Ost und West und Nord und Süd haben sich Persönlichkeiten eingefunden, die höchste politische Verantwortung tragen. Sie sind hier, um gemeinsam mit uns Deutschen einen der unsrigen, Willy Brandt, aus Anlaß seines fünfundsiebzigsten Geburtstages zu feiern.
Zu allererst heiße ich im Namen meiner Landsleute unsere ausländischen Gäste herzlich willkommen, die Staatsoberhäupter, die Regierungschefs und die anderen verantwortlichen Persönlichkeiten. Ich danke Ihnen, daß Sie zum Teil weite Wege zurückgelegt haben, um Ihren

Glückwunsch und Respekt für Willy Brandt zu bezeugen. Sie ehren damit ihn, und Sie ehren unser Land. Sie bekräftigen durch Ihre Teilnahme die außerordentliche Bedeutung, die auch für Ihre Völker mit dem Wesen und Wirken dieses Mannes verbunden ist. Sein illusionsfreier fester Friedenswille, sein Mut und seine Humanität haben ihn zu einer der großen Leitfiguren in der Welt nach dem Zweiten Weltkrieg gemacht.

»Links und frei«, so nannten Sie, lieber Herr Brandt, Ihr wohl persönlichstes Buch. Das ist ein aufrichtiges und glaubwürdiges Bekenntnis. Aber das hat Sie nie daran gehindert, offen zu sein für neue politische, soziale und geistige Bewegungen, allen ideologischen Abgrenzungen zu mißtrauen, die Menschen zusammenzuführen. In diesem Sinne danke ich Ihnen für die hier versammelte Runde Ihrer und unserer Freunde. Es ist das ganz persönliche Verdienst Ihres Lebens und Wesens, das uns heute in diesem Kreis aus allen Himmelsrichtungen, politischen Systemen und Parteien vereint. Ihnen zu Ehren gedacht, ist dies ein großer Tag für uns.

Geburtstagspolitik hat einer diese Zusammenkunft genannt. Er mag es tun, wenn er es recht versteht: Wir wollen die Stimme von Willy Brandt ernst nehmen; deshalb fließen die Feier für sein Werk und verantwortliche Gedanken für die Zukunft ganz von selbst ineinander.

Es ist nicht mein Lebensweg, der mich besonders legitimierte, über den Ihrigen zu sprechen. Unter meinen Gästen sind viele alte Gefährten von Ihnen, die dazu ein besseres Recht hätten. Es ist aber die Sache meines Amtes und meines Herzens auszudrücken, warum Ihnen unser Volk Dank und hohe Achtung schuldet. Ganz jung

hatten Sie sich politisch engagiert. So mußten Sie bereits im Anfang der nationalsozialistischen Herrschaft aus Deutschland fliehen, um der Verfolgung zu entgehen.
Diesem harten Los stand die gute und inspirierende Atmosphäre der skandinavischen Demokratie gegenüber, die Sie aufnahm. Es ist immer wieder ein Gewinn, sich mit der drängenden Suche der Skandinavier nach einem freien, menschenwürdigen, gerechten, die Minderheiten schützenden Zusammenleben zu beschäftigen. Kritik, Ernüchterung und Rückschläge bleiben dabei nicht aus. Dennoch wird mit stets neuer Phantasie, mit Wagemut und Vernunft um Reformen gerungen, um einem wahrhaft solidarischen Gemeinwesen näherzukommen. Was Ihnen vor Augen steht, ist keine abstrakte Geschichtskonstruktion, sondern ein humanes Bild vom Menschen. Man glaubt zu spüren, wie stark solche skandinavischen Impulse bei Willy Brandt wirksam geblieben sind. Seine unvergessene erste Regierungserklärung als Bundeskanzler im Herbst 1969 zeugt davon.
Sie war getragen von einer beinahe jugendbewegten Aufbruchstimmung zu neuen Ufern. Ihr Anspruch war gewaltig. Nicht weniger heftig war begreiflicherweise der Streit, den sie auslöste. Denn welche demokratische Opposition, die gerade zwanzig Regierungsjahre hinter sich hatte, ließe sich widerspruchslos bieten, daß es jetzt richtig losginge mit der Demokratie? Aber geschadet hat es doch noch nie, darum zu ringen, wie wir »mehr Demokratie wagen« können. Es war eine belebende und fruchtbare Auseinandersetzung für die ganze Gesellschaft.
Die Außenpolitik wurde der Schwerpunkt der Tätigkeit von Willy Brandt. Seine Erfahrung, seine Leidenschaft

und sein Gewissen wiesen ihm diesen Weg. Hier hat er seine große Aufgabe gefunden und erfüllt. Hier ist sein Lebensweg zu einem historischen Leben geworden.

Als einer der wenigen, die nicht nur jugendliche Kraft und Integrität besaßen, sondern auch schon welterfahren und weltläufig waren, ging er alsbald nach dem Krieg in Berlin an die Arbeit. Es ist die Stadt, die durch alle Krisen hindurch und in die Zukunft hinein die Kraft der Freiheit mit dem Willen zum Frieden beispielhaft verknüpft. Ein Jahrzehnt war Willy Brandt ihr Bürgermeister. In der Mitte seiner Amtszeit lag der Mauerbau. Damals reiften in ihm die ersten Konturen der Ostpolitik, die sich inzwischen untrennbar mit seinem Namen verbunden hat.

Es ging Ihnen um die Erkenntnis, daß uns Deutschen niemand die Verantwortung abnehmen kann, uns auch im Osten um unsere Interessen stärker selbst zu kümmern. Aus Ihrer Einsicht in die Realitäten forderten Sie, daß wir uns von Positionen befreien sollen, die Sie als Fesseln empfanden. Der Streit darüber war im ganzen Volk leidenschaftlich und schmerzhaft. Er mußte es sein, alles andere wäre im Angesicht der tiefen menschlichen und geschichtlichen Wurzeln der Sache nicht ehrlich gewesen.

Am Ende war die Auseinandersetzung dem ernsten Gegenstande würdig und heilsam. Der Aussöhnung mit dem Westen, die Konrad Adenauer zustande gebracht hatte, stellten Sie die Verständigung mit dem Osten an die Seite. Das Neue war keine Ablösung des Alten. Ganz im Gegenteil: Es war die feste Verankerung im Westen, die Ihnen die Möglichkeit zur neuen Ostpolitik gab und die Sie nutzten. Aus den beiden Teilen ist ein zusammengehörendes Ganzes geworden, das seither nicht mehr ernsthaft umstritten ist - ein kostbares Allgemeingut. Es hat das Gewicht unseres Landes gestärkt und sein Ansehen erhöht. Im unheilvollen Zustand der Teilung hat es den Menschen in Ost und West gedient. Vor allem die Landsleute im anderen deutschen Staat haben es Ihnen gedankt. Der KSZE-Prozeß baut darauf auf. Er bestimmt unsere heutige Tagesordnung auf dem mühsamen, aber doch nicht mehr ganz unsichtbaren Weg zu einer europäischen Friedensordnung.

Es waren indessen nicht die beharrliche politische Arbeit und die Verträge allein, die Ihren Namen um die Welt gehen ließen. Ihnen wuchs eine persönliche Autorität zu, weil hinter der harten Politik das menschliche Empfinden spürbar war.

Es ist Ihnen nie um Schuld oder Unschuld eines ganzen Volkes gegangen. Schuld ist, wie Unschuld, nicht kollektiv, sondern persönlich. Aber das Ausmaß von Leid und Schuld hatte alles, was Menschen begreifen können, hinter sich gelassen. Übrig geblieben waren ein Verstummen, aber auch eine unermeßliche Verantwortung für die Folgen. In ganz persönlicher Weise nahmen Sie sie auf sich. Wie Sie als unser Kanzler am Eingang zum Warschauer Ghetto Abbitte taten, das war wie das Zeichen eines Fremdlings unter den Mächtigen. Ein tiefes Menschengefühl wurde zum Ausdruck eines Regierenden. Niemand hatte es erwartet. Keiner hat es vergessen. Es hat die Dinge verändert. Es hat den Völkern einen neuen Weg geöffnet.

Macht ist Ihnen zugewachsen, freilich nicht auf die übliche funktionale Weise, sondern eher als einem eigenwilligen und nachdenklichen Einzelgänger.

An absolute Wahrheiten haben Sie nie geglaubt, wohl aber an die Chance für Andersdenkende und an die produktive Kraft des Zweifels. »Er ist stark genug«, so sagten Sie, »versteinertes Unrecht aufzubrechen. Er ist zäh genug, um Niederlagen zu überdauern und Sieger zu ernüchtern.«

Aber Regieren verlangt doch Entscheidungen. Sind dafür nicht einfache Weltbilder vonnöten? Sind abwägende Zweifel und differenziertes Denken nicht Zeichen der Schwäche? Und wird nicht die Öffentlichkeit durch die Vorherrschaft der Schlagzeilen und der 30-Sekunden-Statements im Fernsehen dazu erzogen, so zu denken? Es ist wahr, daß die Menschen unter solchen Einflüssen stehen. Aber auf die Dauer erkennen sie dank ihrer eigenen Lebenserfahrungen die Komplexität der Wirklichkeit. Sie lernen, den extemporierten Patentrezepten und Schwarz-Weiß-Malern zu mißtrauen, den Kraftproben derer, die immer alles schon im Griff haben, der Machtdemonstration der Selbstsicherheit.

Willy Brandt wußte sehr wohl, daß gehandelt werden muß. In seiner Ostpolitik hat er es vom ersten Tage seiner Kanzlerschaft an getan. Aber glatte Fassaden hat er nie vorgetäuscht. Er sprach keine sogenannten Machtworte und spielte nicht den Entscheidungshelden. Nicht selten zögerte er, bevor er zupackte. Und wenn er sich seiner Sache nicht sicher war, was durchaus vorkam, dann verbarg er es nicht. Das ist keine Schwäche, sondern gewissenhafte und aufgeklärte Verantwortung. Es ist die Bereitschaft, neue Einsichten zu gewinnen, Irrtümer einzusehen und dafür einzustehen, daß wir nur allzuoft keine

Lösung wissen. Wie sollte es auch anders sein im Angesicht von tief verwurzelten Feindschaften, von Hunger und Not in der Welt, von der schwer beschädigten Natur und von Entwicklungen der Wissenschaft und Technik, die der Mensch initiiert hat und die sich nun zu verselbständigen drohen? Was belastet einen Politiker mehr als die tägliche Frage, wie man gegenüber solchen Fragen seiner Verantwortung gerecht werden kann?
Willy Brandt hat es stets so empfunden: die Menschen haben es ihm angespürt und ihm deshalb geglaubt, vor allem die Jugend. Sie tun es um so mehr, als er sich nie durch Probleme hat entmutigen lassen, sondern sie als Ansporn für seine Visionen von mehr Humanität und Frieden und als Motor für die Veränderungen im Alltag verstanden hat. So hat er es als Außenminister und Kanzler, als Vorsitzender seiner Partei, der Sozialistischen Internationale und der Nord-Süd-Kommission gehalten. Er empfindet Mitleidenschaft und bringt sie uns nahe. Ganz persönlich stand er vielen Menschen in schweren Stunden zur Seite. Vielen, die unter Zwang lebten, verhalf er ohne laute Proklamationen zu Freiheit und neuen gerechteren Lebenschancen. Mehr als einer der heute hier anwesenden Gäste hat es am eigenen Leibe erfahren und ist ihm dafür dankbar.
Ihre Lebensgeschichte, Herr Brandt, ist ein deutsches Schicksal dieses Jahrhunderts, in seinen Kriegen und im Frieden, zu Hause und in der Fremde, unter Zwang und in der Freiheit. Zugleich ist es Ihr ganz eigenes Schicksal, ein Leben voller Risiken der Existenz, geprägt von gutem Gelingen, harten Rückschlägen und neuen Ufern. Sie waren schmähenden Angriffen ausgesetzt, und eine Ele-

fantenhaut haben Sie nicht. Aber Sie haben eher leise reagiert, im Herzen souverän.
Voller Neugier sind Sie lebenslang unterwegs, zum geistigen Wandel bereit. Den jungen kritischen Generationen waren Sie stets zugehörig - aktiv in Ihrer eigenen Jugend, später als ihr ihnen zugewandter, nicht unkritischer Anwalt.
Ihnen ist in der Politik etwas ganz Seltenes gelungen: In Ihrer Person haben Sie die Spannung zwischen Macht und Moral aufgehoben. Es gibt keine politische Verantwortung ohne Macht. Moral ohne Macht löst die Probleme nicht. Sie wird zur Ideologie, sie verurteilt anstatt zu helfen. Macht ohne Moral läuft sich tot, denn sie findet kein Vertrauen. Sie haben Vertrauen gefunden und genutzt.
Bei Ihnen ist das humane Wesen nie verborgen geblieben: von ernstem Willen geprägt und stets zum Lachen bereit; ein geselliger und zugleich gesammelter Zuhörer; geistig konzentriert, aber ohne die Selbstdisziplin zu übertreiben; voller Mitgefühl und Wärme, aber zur Härte fähig; allem Zweifel zum Trotz immer wieder zuversichtlich und kampfbereit; im vorgerückten Alter frisch und mit sich im Reinen.
Wir haben Grund, uns als Deutsche zu freuen, Ihnen zu danken, Sie mit unseren ausländischen Gästen zu feiern und Ihnen zusammen mit Ihrer charakterstarken Frau eine glückliche und erfüllte Zeit zu wünschen.«
Aus der ganzen Rede wird deutlich, daß von Weizsäcker Brandt wegen dessen schlimmer Vergangenheit nicht kritisierte, sondern geradezu überschwenglich lobte - ihn sogar als eine Art Vorbild für die deutsche Jugend hin-

stellte. War es nur das Anbiedern an den einflußreichen SPD-Mann, dessen Wort bei der bevorstehenden Wahl zum Bundespräsidenten großes Gewicht hatte - oder war es der Versuch, über den »Widerstandskämpfer Brandt« auch seine eigene Vergangenheit - bzw. die seines Vaters - »bewältigen« zu können? Ich glaube, beides trifft zu. Von Weizsäcker hat ja mehr als nur einmal den Versuch unternommen, seinen Vater als eine Widerstandskämpfer gegen Hitler und den Nationalsozialismus darzustellen. Ich halte das für eine große geschichtliche Lüge. Und wenn der Bundespräsident noch so viel Sympathie in der Öffentlichkeit haben mag: Ich werde es künftig offen bekämpfen, wenn sich von Weizsäcker auf Kosten Deutschlands wegen der gravierenden politischen Fehltritte seines Vaters im Dritten Reich »reinwaschen« möchte. Von Weizsäckers Vater war ein fanatischer und überzeugter Nationalsozialist. Alle anderen Versionen sind reine Schönfärberei. Mir liegen unendlich viele Dokumente und Bilder vor, mit denen ich das beweisen kann. Hier nur einige Beweise, die es unverständlich machen, daß von Weizsäcker - genau wie Brandt - die Niederlage Deutschlands als »Befreiung« beschrieb.
Denn diese Befreiung hätte ja auch eine Befreiung von der Mitherrschaft seines Vaters sein müssen, der im Hitlerschen Außenministerium immerhin Staatssekretär, NSDAP-Mitglied (Nummer 4 814 617) und SS-Brigadeführer (Generalmajor) im Persönlichen Stab des Reichsführers der SS Heinrich Himmler war. (SS-Mitgliedsnummer 293 291) Der angebliche »Widerstandskämpfer« und Gegner Hitlers - das sind schönfärberische Phantasien eines Sohnes, der es verdrängen möchte, daß sein Vater

- wie Millionen anderer Deutscher auch - einem falschen Messias aus voller Überzeugung nachgelaufen war. Bereits am 30. März 1933 schrieb Erich von Weizsäcker, der Vater des Bundespräsidenten, über Adolf Hitler: »Man wird ja aus Büchern doch nicht klug. Ich las jetzt das etwas veraltete Buch von Hitler »Mein Kampf«. Am meisten Eindruck machte mir - zu Beginn - die Warmherzigkeit gegenüber dem sozialen Elend. Das ist kein Reaktionär! - Unsereiner muß die neue Ära stützen. Denn was käme denn nach ihr, wenn sie versagte! Natürlich muß man ihr auch mit Erfahrung, Auslandskenntnis und allgemeiner Lebensweisheit beiseite stehen. Hierzu bin ich entschlossen und berichte nach Kräften objektiv. Möge nun eine zweite, stille, konstruktive Etappe folgen. Daß manche der Erstbeteiligten bereits ausscheiden, wundert mich nicht...«

Von Weizsäcker hatte - im Gegensatz zu den meisten Deutschen - »Mein Kampf« gelesen und wußte demnach, was Hitler wollte. Aber auf ihn machte vor allem die »Warmherzigkeit« Adolf Hitlers großen Eindruck...

Am 6. August 1933 notierte Erich von Weizsäcker in sein Tagebuch: »Auch der persönliche Kontakt war von hohem Interesse: Hitler, Göring, Goebbels, ihre Staatssekretäre usw. Hitler war sehr ernst und fest in sich gekehrt, überragt die anderen ohne Frage weit. Es ist etwas wie eine metaphysische Einstellung an ihm, die ihm den Vorsprung wahrt.«

Ein alter Freund von mir war in Hitlers Außenministerium an leitender Stelle der Presseabteilung tätig. Aus seiner damaligen Begeisterung für die NSDAP macht er auch heute noch kein Hehl und sagt: »Ich habe für mein damali-

Hitler und sein Staatssekretär von Weizsäcker (hinten links) am Grabe Bismarcks. Von Weizsäcker verehrte Hitler. Von »Widerstand« keine Rede. So wird es nur falsch dargestellt.

SS-Brigadeführer (Generalmajor) im Persönlichen Stab des Reichsführers der SS, Heinrich Himmler: Staatssekretär von Weizsäcker (rechts) empfängt in Berlin japanische Gäste. Von Weizsäcker: »Sehr angetan bin ich von meinem Besuch beim Führer.« Eine von vielen Lobpreisungen Weizsäckers auf Hitler.

ges Verhalten schwer gebüßt. Aber deswegen verleugne ich meine Vergangenheit nicht.« Dieser inzwischen alt gewordene Herr erinnert sich noch an den 50. Geburtstag des Joachim von Ribbentrop (Hitlers Außenminister, von Weizsäckers Chef). Damals wurde im Außenministerium für ein Geburtstagsgeschenk gesammelt. Staatssekretär von Weizsäcker legte großen Wert darauf, daß sich an dem Geschenk nur Mitglieder der NSDAP beteiligen sollten. Als der von mir erwähnte Mann aus der Presseabteilung Geld geben wollte und auf seine NSDAP-Mitgliedschaft verwies, lehnte von Weizsäcker es mit der Bemerkung ab »Der ist doch gar nicht überzeugt von der Partei«.

Die Begeisterung für den »Führer« hielt bei von Weizsäkker sehr lange vor. Am 10. März 1937 schreibt er: »Sehr angetan bin ich von meinem Besuch beim Führer. Es war bei dem Massenandrang natürlich kurz, ca. 20. Minuten, aber Konversation und Meinungsaustausch bester Art.«

Als Joachim von Ribbentrop in Nürnberg vor Gericht stand, machte er für seine Verteidiger folgende Aufzeichnung: »Wie ich höre, äußern sich die Herren von Weizsäkker und Dr. Erich Kordt heute so, als ob sie mir wegen der Außenpolitik des Führers offen opponiert hätten. Dazu stelle ich fest: Sowohl Herr von Weizsäcker wie Dr. Kordt haben mir bei unendlich vielen Gelegenheiten stets von neuem ihre Ergebenheit und Zufriedenheit mit den Ereignissen zum Ausdruck gebracht. Es gab kaum jemanden, der mir bei außenpolitischen Erfolgen herzlicher gratuliert hätte, als diese beiden. Weizsäcker habe ich im Laufe eines Revirements zum Vatikan geschickt, weil ich in Berlin einen Staatssekretär brauchte, der mit der Partei besser verhandeln konnte. Noch vor seinem Weggang nach Rom hat mir Herr von Weizsäcker anläßlich meines 50. Geburtstages mit den herzlichsten Worten auf meine Dankansprache erwidert. Wenn er grundsätzlich mit dem Gang der deutschen Außenpolitik nicht einverstanden war, dann hat er das jedenfalls niemals in einer Aussprache mir gegenüber zum Ausdruck gebracht. Wenn er das aber nur anderen hinter meinem Rücken sagte, so zeigt dies einen seltsamen Charakter und läßt entsprechend bewerten, was er anscheinend jetzt aus opportunistischen Gründen erklärt...«

Nun habe ich an anderer Stelle dieses Buches deutlich gemacht, daß ich das Nürnberger Tribunal für ein unrechtmäßiges Gericht halte. Trotzdem ist es an dieser Stelle interessant zu hören, wie das Gericht Erich von Weizsäcker beurteilte, bevor er am 14. April 1949 wegen »Verbrechens gegen den Frieden« (Zerschlagung der CSR) zu sieben Jahren Gefängnis verurteilt wurde. Am 12. Dezember 1949 wurde in einem Revisionsverfahren für Erich von Weizsäcker diese Strafe zwar auf fünf Jahre reduziert, der Anklagepunkt 1 »Verbrechen gegen den Frieden« aufgehoben, die Verurteilung wegen »Verbrechen gegen die Menschlichkeit« jedoch ausdrücklich bestätigt.

Von Weizsäcker hatte seine Mitschuld ja vor allem mit dem Argument geleugnet, daß er nur mitgemacht habe, um Schlimmeres zu verhüten und um als eine Art Anlaufstelle für den Widerstand fungieren zu können, die ständig voll informiert gewesen sei.

Um dem Urteil gegen Erich von Weizsäcker im »Fall 11«

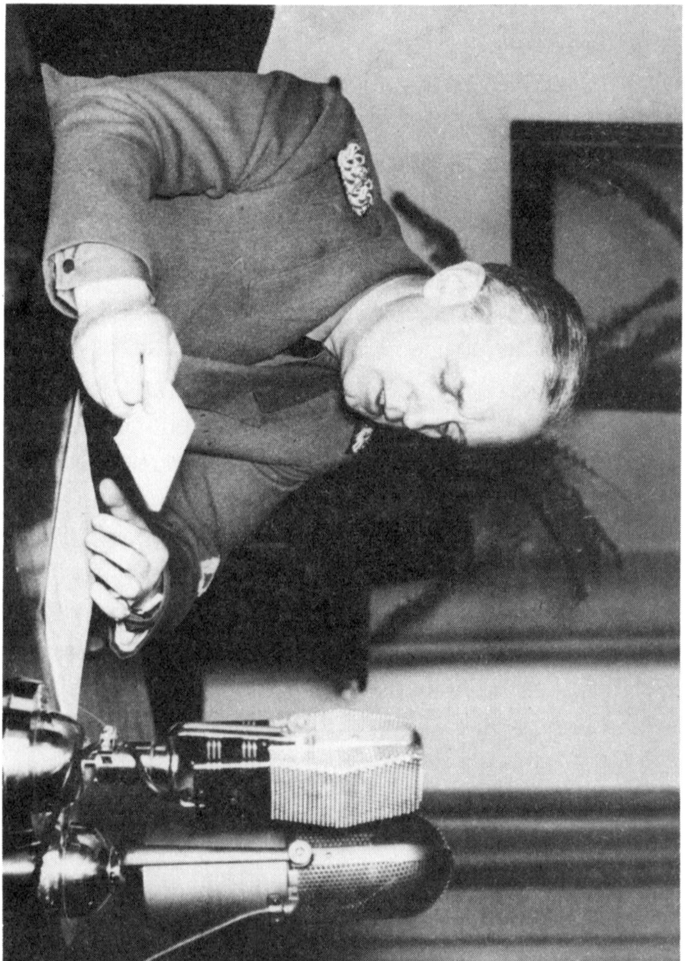

Außenminister von Ribbentrop über seinen Staatssekretär von Weizsäcker: «Hinter meinem Rücken, »seltsamer Charakter - Opportunist, Hitler treu ergeben«. Ribbentrop bekannte sich - und mußte hängen.

des Nürnberger Militärtribunals urteilten die Richter in seinem Fall u.a. so:
»Weizsäcker hat zwar zugegeben, daß ihm viele Dinge aufs Pult gelegt und von ihm abgezeichnet worden seien, gegen die er innere Bedenken und Skrupel hegte, aber er sei trotzdem im Amt geblieben, und zwar aus folgenden zwei Gründen: Erstens - um auf diese Weise wenigstens einen Kristallisationspunkt in der heimlichen Widerstandsbewegung gegen Hitler zu bilden, dadurch, daß er einen wichtigen Horchposten bekleidete, Mitglieder der Widerstandsbewegung in strategischen Posten hielt und den Widerstandsgruppen in der Wehrmacht, den verschiedenen Regierungsabteilungen und der Zivilbevölkerung Nachrichten übermittelte, und zweitens - um in der Lage zu sein, Versuche zu Friedensverhandlungen einzuleiten oder bei solchen Versuchen mitzuhelfen.
Wir glauben ihm; aber obgleich dies als mildernder Umstand in Betracht gezogen werden kann und werden wird, bringt es die Anklage wegen Kriegsverbrechen oder Verbrechen gegen die Menschlichkeit nicht zum Scheitern. Man darf die Begehung eines Mordes nicht gutheißen oder dabei mitwirken, weil man hofft, man könne auf diese Weise die Gesellschaft am Ende von dem Hauptmörder befreien. Im ersten Fall handelt es sich um ein unmittelbares gegenwärtiges Verbrechen, im zweiten Fall nur um eine künftige Hoffnung.«
Das zwiespältige, fragwürdige Verhalten des einstigen Hitler-Staatssekretärs von Weizsäcker wurde auch von dem US-Ankläger Robert M.W. Kempner registriert. Dieser Mann, der von Weizsäcker vernahm, schreibt in seinem Buch »Ankläger einer Epoche« auf Seite 320: »Auf

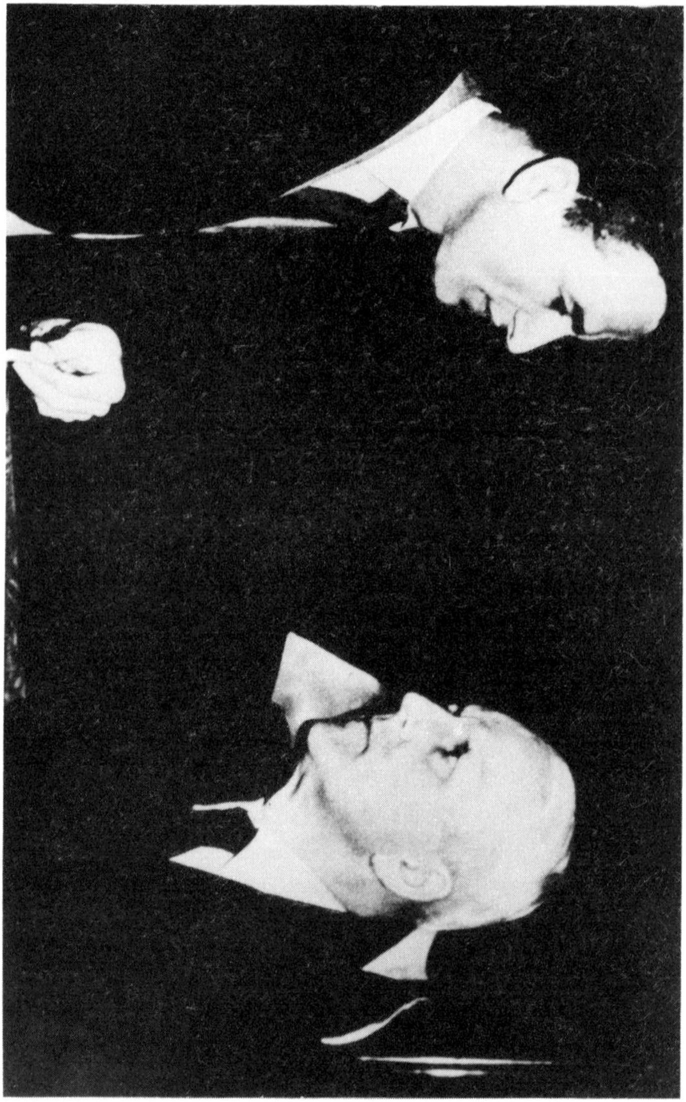

Richard von Weizsäcker, der heutige Bundespräsident, verteidigte in Nürnberg seinen Vater.

einmal tauchte die Version auf »Ich habe das gemacht, um Schlimmers zu verhüten.« (Worauf wir ihn gefragt haben, was denn das Schlimmere war, das noch verhütet werden konnte). Also zuerst: »Das war ich gar nicht; dafür war ich nicht zuständig«, danach: »es war mit innerem Widerstand«, anschließend: »eigentlich wollte ich Schlimmeres verhüten« - Versionen, die sich oft widersprachen...«
Ich wiederhole noch einmal: Mir geht es nicht darum, den Vater des Bundespräsidenten wegen seiner NS-Vergangenheit anzuklagen. Sehr wohl anklagen möchte ich aber diese doppelbödige Moral, diese mich zum Erbrechen anwidernde Scheinheiligkeit des Verurteilten und des eigenen Sohnes, der in Nürnberg seinem Vater als Hilfsverteidiger zur Verfügung stand. Es ist unredlich und höchst unanständig, wenn der Bundespräsident durch seine heutigen Reden bei vielen den Eindruck einer deutschen Kollektivschuld erweckt, aber seinen eigenen Vater zum Widerstandskämpfer hochstilisiert.
Ich hatte am Anfang dieses Buches darauf hingewiesen, wie feige und opportunistisch sich Willy Brandt verhielt, als er sich bei seinem Warschau-Besuch einen deutschen Juden aus der Delegation streichen ließ. Es drehte sich um Herrn Galinski aus Berlin. Als der jetzige Bundespräsident von der deutschen Verantwortung für all das Geschehene sprach, bekam er von Herrn Galinski einen überschäumenden Brief, eine halbe politische Liebeserklärung. Das muß Richard von Weizsäcker gut getan haben - stellte ihn aber in Gegensatz zum eigenen Vater, der für Juden nicht gerade die freundlichsten Worte übrig hatte. Denn Vater von Weizsäcker schrieb in seinen »Erin-

nerungen« (den gleichen Buchtitel hat jetzt ja auch Brandt gewählt) auf Seite 105: »Die ersten Opfer waren die Nichtarier. Einsichtige Juden gaben schon vor 1933 beunruhigt zu, daß sie bei ihren großen Chancen in der Weimarer Republik ihr Konto überzogen hatten...«
Als man den Juden ihren Besitz stahl, gab Staatssekretär von Weizsäcker im Außenministerium für die Deutschen Botschaften in London, Paris, Rom, Washington und Warschau zu Beginn der Konferenz von Evian 1938 folgende Sprachregelung heraus: »Zur Regelung der Sprache wird folgendes mitgeteilt: Der hiesige britische Botschafter hat anläßlich des Beginns der Konferenz von Evian den Herrn Reichsaußenminister darauf angesprochen, ob die Reichsregierung bereit sei, bei der Lösung der Emigrantenfrage, insbesondere bei der Förderung der Auswanderung von Juden deutscher Staatsangehörigkeit, mit den übrigen interessierten Staaten zusammenzuarbeiten. Kein Land sei bereit, die auswandernden Juden aufzunehmen, zumal wenn sie mittellos seien. Es stelle sich daher die Frage, ob die Reichsregierung bereit sei, bei der Transferierung von Kapital in jüdischen Händen mitzuwirken. Der Herr Reichsaußenminister hat dem britischen Botschafter erwidert, daß er eine Zusammenarbeit mit anderen interessierten Staaten in der deutschen Judenfrage grundsätzlich ablehnen müsse. Es handele sich um ein innerdeutsches Problem, das außer jeder Diskussion stehe. Die Frage, ob Deutschland die Transferierung von Kapital in jüdischen Händen erleichtern könne, müsse verneint werden, da ein Transfer des von Juden - nach dem Kriege - angesammelten Kapitals Deutschland nicht zugemutet werden könne. Eine Zu-

sammenarbeit mit den zur Zeit in Evian tagenden Mächten käme daher für Deutschland nicht in Frage. - gez. Weizsäcker«

Nur am Rande sei erwähnt, daß mit diesem Protokoll andere Staaten nicht gerade ermuntert wurden, verfolgte deutsche Juden bei sich aufzunehmen. Die weitergehende Frage kann jeder für sich selbst beantworten - auch unser Bundespräsident. In langen Passagen des Nürnberger Urteils gegen von Weizsäcker wurde bewiesen, daß der Vater des Bundespräsidenten wußte, was mit den Juden geschah, die nach Auschwitz gebracht und für deren »Transport« er grünes Licht an Eichmann gegeben hatte.

Dr. Fritz von Randow, ein Mann, der zu Unrecht als »Rechtsradikaler« diffamiert wird, hat in akribischer Kleinarbeit all das zusammengetragen, was zum Thema »von Weizsäcker« zu sagen ist. Er hat dazu ein Buch herausgegeben, in dem nichts zu widerlegen ist. Wer dieses Buch haben möchte (»Die Wahrheit über von Weizsäcker«), sollte sich mit mir in Verbindung setzen.

Beim 7. Weltkongreß der Germanisten Ende August 1985 hielt Bundespräsident von Weizsäcker eine Rede, bei der er in Zusammenhang mit Nationalsozialisten von »Unmenschen und Verbrechern« sprach. Meinte er damit auch seinen Vater? Jedenfalls gibt es keine Belege dafür, daß Erich von Weizsäcker seine Haltung zu den Juden änderte. Selbst 1943, als der Krieg für Deutschland klar verloren war, schrieb er in der kalten und ablehnenden Amtssprache eines judenfeindlichen deutschen Diplomaten als deutscher Botschafter beim Vatikan am 28. Oktober die Zeilen: »Der Papst hat sich, obwohl dem

Vernehmen nach von verschiedenen Seiten bestürmt, zu keiner demonstrativen Äußerung gegen den Abtransport der Juden aus Rom hinreißen lassen. Obgleich er damit rechnen muß, daß ihm diese Haltung von seiten unserer Gegner nachgetragen und von den protestantischen Kreisen in den angelsächsischen Ländern zu propagandistischen Zwecken gegen den Katholizismus ausgewertet wird, hat er auch in dieser heiklen Frage alles getan, um das Verhältnis zu der Deutschen Regierung und den in Rom befindlichen deutschen Stellen nicht zu belasten. Da hier in Rom weitere deutsche Aktionen in der Judenfrage nicht mehr durchzuführen sein dürften, kann also damit gerechnet werden, daß diese für das deutsch-vatikanische Verhältnis unangenehme Frage liquidiert ist...«

Der geschichtlichen Wahrheit wegen muß man sagen, daß der großartige und deutsch-freundliche Papst Pius alles in seiner Macht stehende getan hatte, um die Juden zu retten. Mag sein, daß Herr von Weizsäcker das nicht gewußt hat. Ich halte es für unwahrscheinlich. Wichtiger ist in diesem Zusammenhang ja aber auch wohl die Frage, wie er sich selber (noch 1943) zur sogenannten »Judenfrage« verhielt. In dem eben zitierten Schreiben spürt man jedenfalls nichts vom großen »Widerstandskämpfer«. Im übrigen sei mir hier eine Anmerkung erlaubt, die meinem Naturell entspringt und von der ich zutiefst überzeugt bin: Wenn ich an einer Sache mitarbeite, die ich angeblich für ungerecht oder gar verbrecherisch halte, dann bin ich ein Strolch, wenn ich weiter mitmache - mit dem dummen Argument, daß ich damit ja nur »Schlimmeres« verhindern will.

Vielleicht ist es ein wenig weit hergeholt und paßt - in der Stärke des Vergleichs - nicht annähernd zu Herrn von Weizsäckers Verhalten. Trotzdem möchte ich es erwähnen. Ich war dem Axel Springer Verlag über zwei Jahrzehnte aus tiefer Überzeugung fest verbunden. Dann starb der Verleger. Die neue Verlagsleitung holte linke Journalisten ins Haus, die zuvor den Verlag in übelster Form bekämpft hatten. Ich lief Sturm dagegen, nutzte als Chefreporter jede sich bietende Gelegenheit, um offen auf diese Charakterlosigkeit hinzuweisen, deren Ziel ganz klar war: Mammon auf Kosten der Gesinnung. Ich erinnere mich noch an die vielen wohlmeinenden Sprüche von »Freunden«. »Geh auf Tauchstation, halte den Mund, die machen sich allein kaputt, dann bist du wieder am Zug, Du hast doch ein Traumgehalt, gefährde das nicht« usw. Dann wurde der Versuch unternommen, mir das Schweigen mit Auslandsreisen zu versüßen: »Wo immer Sie hinfahren wollen«. Das alles machte mich noch wütender, weil es die eingesetzte Erbärmlichkeit aufzeigte, die ich damals mit dem Satz charakterisierte: »Das ist genau das Klima, in dem Diktaturen entstehen.« Ich war tieftraurig, als ich wegen des neuen Kurses den Springer-Verlag verließ. Die Politik dieses Verlages war für mich ein Stück meines Lebens. Aber wenn ich geschwiegen und hochdotiert weiter mitgemacht hätte; ich glaube, jeder Spiegel wäre gesprungen, wenn ich reingeschaut hätte. Mitmachen gegen die Überzeugung und anpassen - das sind in meinen Augen charakterliche Eigenschaften, vor denen ich mich ekel.

Als Brandt die hohen Lobreden des Bundespräsidenten zum Geburtstag hörte - da kannte er sicherlich nicht die

Einstellung Erich von Weizsäckers zu den Polen, dem Land, wo das Geburtstagskind auf den Knien herumgerutscht war. Denn über Tschechen und Polen äußerte sich der Hitler-Staatssekretär so: »In der Tat war meine Ansicht, die Tschechen hätten wir doch in der Hand. Angenehm seien sie nie, außerhalb der Reichsgrenzen die Laus im Pelz, innerhalb die Krätze unter der Haut... Frechheiten der Polen und ihr mangelhaftes Eingehen auf eine ihnen gemachte Offerte (Danzig, exterritorialer Durchgangsverkehr nach Ostpreußen, Grenzanerkennung) können wir z. Zt. nur so behandeln, daß wir Polen mürber machen.«

In einer anderen Aufzeichnung prangert Staatssekretär Erich von Weizsäcker »polnisches Säbelrasseln« an und betont Deutschlands »guten Willen«. Er sah in Polen schlicht und einfach Londons »unerzogenes Kind«, das die Engländer nicht zur Besinnung bringen könnten. Da wären noch ganz andere Seiten über die seltsame Moral des Staatssekretärs von Weizsäcker zu füllen. Aber dies ist ein Buch über Brandt. Der Name von Weizsäcker spielt dabei nur deswegen eine Rolle, weil sich der Sohn - unser Bundespräsident - zusammen mit Brandt in einen großen Topf begeben hat - und jetzt muß er es sich auch gefallen lassen, darin umgerührt zu werden. Außerdem sehe ich im Verhalten Brandts und im Verhalten von Weizsäckers große Parallelen. Vermutlich ist das auch der Grund, weswegen von Weizsäcker aus seinen Sympathien zu Brandt keinen Hehl gemacht hat. Ich glaube den folgenden Satz für die meisten Konservativen in Deutschland sagen zu dürfen: »Dieser Bundespräsident ist nicht unser Bundespräsident«.

Brandt und sein »neuer« Vater

Während ich an den letzten Seiten dieses Buches arbeite, erreicht mich in Pisa die Nachricht, daß Willy Brandt gegenüber der Zeitschrift »BUNTE« den Namen eines neuen »Vaters« preisgegeben hat. Es soll sich - so Brandt - um den ehemaligen Buchhalter John Möller aus Hamburg handeln. Die Brisanz dieser Meldung wird mir sofort klar - auch der Grund, weswegen Brandt sein Schweigen in dieser »Verschlußsache« bricht: Brandt will damit die Glaubwürdigkeit meiner Angriffe gegen ihn erschüttern. Denn Tatsache ist, daß ich vor drei Jahren nach absolut einwandfreien und langwierigen Recherchen den Beweis erbracht hatte: Der Vater Willy Brandts ist nicht - wie so häufig von SPD-Kreisen gestreut - der frühere sozialdemokratische Reichtstagsabgeordnete Julius Leber, sondern der 1930 im Alter von 50 Jahren verstorbene deutsch-nationale Amtsgerichtsrat Otto Carstens aus dem schleswig-holsteinischen Bad Schwartau. Jahrelang waren all diejenigen wütend angegriffen worden, die an diesem Tabu-Thema gerührt hatten. Jetzt ist es Brandt selber, der den »Vater« zum politischen Kampf-Thema »umfunktioniert« - in dem Fall gegen mich. Ganz klar: Es soll der Eindruck erweckt werden: »Wenn der von Siegerist angegebene »Brandt-Vater« Otto Carstens nicht stimmt - dann stimmen auch alle anderen Behauptungen von Siegerist nicht, mit denen Brandt aufs schwerste belastet wird.« Ich hatte mit dem Gegenangriff Brandts seit langem gerechnet. Die von mir gegen ihn geführte politische Aufklärungs-Kampagne hält nun schon drei Jahre an. Noch nie wurde die Glaubwürdigkeit Brandts so schwer erschüttert, noch nie wurden so viele negative Fakten über ihn in der breiten Öffentlichkeit bekannt, die Millionen von Bundesbürgern schockten und ihnen die Augen über den großen »Friedenskanzler a.D« öffneten. Der Startschuß für die Brandtsche Entlastungs-Kampagne wurde von zwei sehr unterschiedlichen Politikern gegeben: Vom früheren Mainzer Oberbürgermeister Jockel Fuchs und vom Mainzer CDU-Abgeordneten Gerster, dem innenpolitischen Sprecher der CDU (!). Fuchs und Gerster bestritten in der Öffentlichkeit, mir bzw. einem Mitarbeiter bestimmte Informationen über Brandts verscherbelte Staatsgeschenke gegeben zu haben, die ich in dem Buch »Willy Brandt ohne Maske« veröffentlicht hatte. In einer Mainzer Zeitung wurde die Schlagzeile gegen mich gebracht »...als Lügner entlarvt - Zitate sind reine Erfindungen«. Aber die von Fuchs und Gerster in dieser Zeitung gemachten Äußerungen hielt ich für so dümmlich, daß ich darauf nicht näher einging. Nur so viel: Ich habe gegen beide Politiker inzwischen ein Verfahren eingeleitet. Ihre in der Öffentlichkeit gemachten Äußerungen sind unwahr. Ich werde sie vor Gericht - bis in die Einzelheiten - beweisen. Dieses Verfahren wird für Fuchs und Gerster peinlich, für Brandt ein weiterer Schlag. Am Rande: Ich habe noch ein gewisses Verständnis dafür, daß der SPD-Politiker Fuchs vor seiner eigenen Courage Angst bekam, als er seine Äußerungen in meinem Buch las, nachdem er bei einem Mitarbeiter von mir wie bei einer Mainzer Karnevalssitzung geplappert hatte. Völlig unverständlich ist für mich allerdings die Tatsache, daß sich sogar ein CDU-Politiker in so schützender Form vor Brandt stellt, nachdem er zuvor einem meiner Mitarbeiter alle gewünschten Informationen über

Brandt gegeben hatte und sich dann noch mit meinem Mitarbeiter fotografieren ließ. Bei Fuchs' und Gersters Angaben handelte es sich um den Fall einer wertvollen Seiten-Kopie aus der Gutenberg-Bibel, die dem damaligen Bundeskanzler Brandt zum Geburtstag geschenkt worden und die von Gerster später in einem Antiquitäten-Geschäft als dort verramscht entdeckt worden war. Über den Ausgang des von mir eingeleiteten Verfahrens gegen Fuchs und Gerster werde ich später ausführlich berichten - um deutlich zu machen, wie »großartig« diese Brandtschen »Entlastungszeugen« mit der Wahrheit umgehen. Aber das nur am Rande.

Inzwischen lag mir in Pisa die neue Ausgabe der BUNTEN vor, in der Brandts neuer »Vater« präsentiert wurde. Die Ähnlichkeit eines dort abgedruckten »Vater«-Fotos mit Willy Brandt ist in der Tat verblüffend. Wer die Hintergründe nicht kennt und allzu leichtgläubig »journalistische Recherchen« übernimmt - der könnte im ersten Moment tatsächlich den Eindruck gewinnen, daß ich mit Otto Carstens auf den falschen Brandt-Vater getippt habe.

Noch am selben Tag breche ich meinen Italien-Aufenthalt in Pisa ab und fliege nach Deutschland zurück. Zunächst besorge ich mir Abzüge eines Kapitels aus dem angekündigten Brandt-Buch »Erinnerungen«, in denen der SPD-Ehrenvorsitzende selber etwas über seinen angeblichen Vater schreibt. Vorweg: Wieder einmal ist das Ergebnis meiner Recherchen für Brandt vernichtend und zeigt, wie wenig man den Angaben dieses Mannes glauben darf und wie leichtfertig er mit der Wahrheit umgeht. Brandt wäre klug beraten gewesen, wenn er ausgerechnet zu diesem Thema geschwiegen hätte. Im Klartext: Ich bestreite, daß John Möller der Vater Willy Brandts ist. Aber es kommt noch schlimmer...

Doch vorab einige Fakten, die ich festhalten und in Erinnerung rufen muß: Aus welchen Gründen auch immer: Wenn es um seinen Vater ging, hat Brandt in der Vergangenheit mehrfach unwahre Angaben gemacht, die leicht zu beweisen sind. Hier die Fakten - und nur die zählen: In seiner wenig bekannten Autobiographie »Mein Weg nach Berlin« schrieb Brandt folgende Zeilen in seltsam gedrechselter Sprache und in der dritten Person: »Die Mutter war noch sehr jung, eine tüchtige, kleine Verkäuferin im Konsumverein. Den Vater hat er nie gekannt, er wußte nicht einmal, wer er war. Und wollte es auch nie wissen. Er trug den Namen der Mutter, vom Vater wurde daheim nie gesprochen.«

Wie so oft hat sich Willy Brandt später widerlegt. In der Biographie »Willy Brandt« von Carola Stern, die 1975 im Rowohlt-Verlag erschien, wird folgendes Interview Willy Brandts zitiert, das er der italienischen Journalistin Oriana Fallaci gewährte und das in der Schweizer Zeitung »Die Weltwoche« am 3. Oktober 1973 erschien. Darin heißt es: »Den Namen seines Vaters erfuhr der Junge später, weigerte sich jedoch nach dem Zweiten Weltkrieg noch, dem Vater zu begegnen«.

In einer anderen Version behauptete Brandt dann, daß zu Hause einmal der Name seines Vaters fiel »es war ein nordisch klingender Name«. Mit nahezu wissenschaftlicher Akribie »bewiesen« mir später Lübecker Sozialdemokraten, daß es sich bei Willy Brandts Vater ausschließlich um Julius Leber handeln könne, mit dem Martha Frahm ein inniges Verhältnis gehabt habe, und »schließlich sei es ja besser gewesen, daß Julius zu Martha ging und nicht in den Puff...« - Ich bitte, mir diese Wortwahl zu verzeihen, aber um der Wahrheit willen muß ich so zitieren. Dieser Satz stammt von der inzwischen 90 Jahre alten Sozialdemokratin Martha Kock, einer früheren Freundin Martha Frahms.

Günther Kuhlmann, der Halbbruder Willy Brandts, mit dem ich lange gesprochen hatte, sagte mir klipp und klar: »Niemand von uns kennt den Namen des Vaters. Mutter hat das Geheimnis für sich behalten. Selbst in unserem Familien-Stammbuch steht nichts darüber.«

In Brandts Reifezeugnis wurde schließlich sogar der eigene Großvater als sein leiblicher Vater angegeben. Also schon bisher fünf verschiedene Vater-Versionen.

Fast ein Jahr versuchte ich herauszubekommen, wer der Vater Willy Brandts ist. Durchaus keine Schnüffelei im Privatleben dieses Mannes, wie es immer dargestellt wurde. Der angebliche Vater Julius Leber war in Lübeck nämlich zu einem handfesten Politikum geworden. Das paßte alles wunderbar in die »proletarische« Vergangenheit des ehemaligen SPD-Vorsitzenden Brandt. Der von den Nazis hingerichtete, heldenhaft gegen die Diktatur kämpfende Julius Leber, ein »Freund« Willy Brandts - die edelmütige Mutter, die das Geheimnis um die Vaterschaft mit ins Grab nimmt, die bei einer Trauerfeier für Julius Leber aus »nie vergangener Liebe« in Ohnmacht gefallen war - eine proletarische Traumvergangenheit für den Chef der Sozialdemokratischen Partei Deutschlands. Es war absolut nichts davon zu spüren, daß Brandt diese Vater-Version unangenehm war. Ganz im Gegenteil.

Die Seifenblase zerplatzte, als ich vor drei Jahren auf-

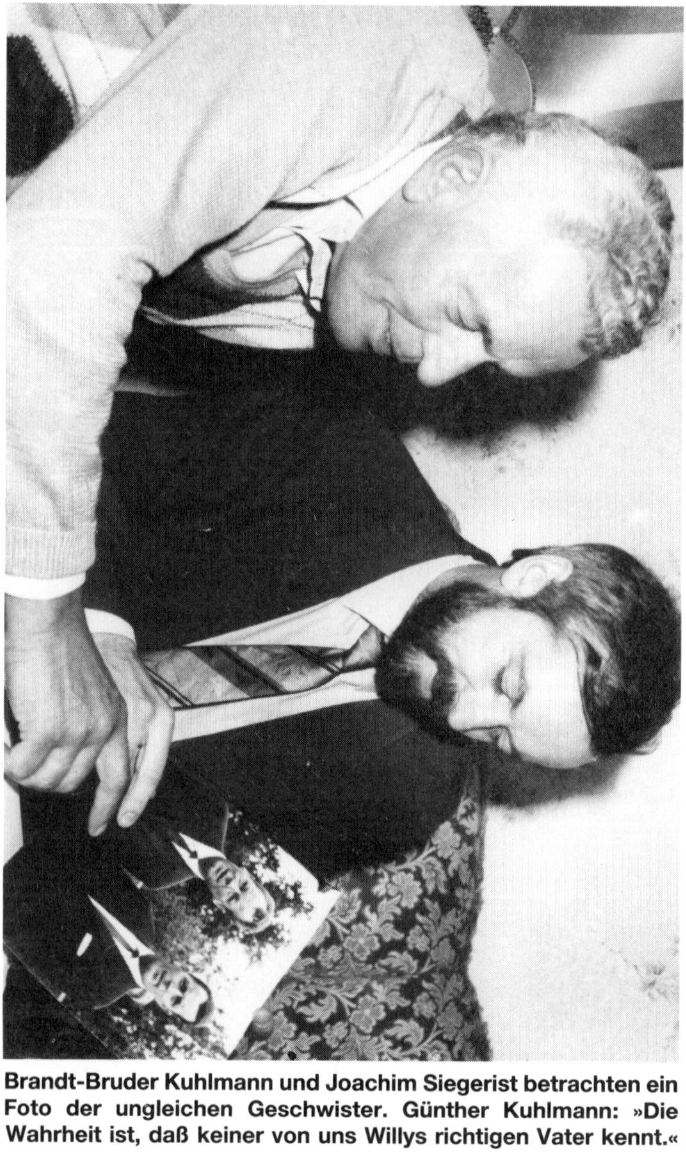

Brandt-Bruder Kuhlmann und Joachim Siegerist betrachten ein Foto der ungleichen Geschwister. Günther Kuhlmann: »Die Wahrheit ist, daß keiner von uns Willys richtigen Vater kennt.«

deckte, daß der Vater Willy Brandts Otto Carstens war, ein im Alter von 50 Jahren 1930 gestorbener Amtsgerichtsrat aus Bad Schwartau, obendrein kein Sozialdemokrat, sondern ein deutsch-nationaler Anhänger Hugenbergs, den Brandt in seinem »Verbrecher und andere Deutsche« lieber im Zuchthaus gesehen hätte, wie ich an anderer Stelle dieses Buches bereits zitiert habe. Die Witwe des Brandtschen Vaters, Magda Carstens, lebte damals noch. 100 Jahre war sie alt. Geistig in bester Verfassung. Auch ihre Tochter. Detailliert erinnerten sich die Frauen daran, wie Willy Brandt in dem Haus von Otto Carstens ein- und ausging, wie Otto Carstens die Alimente zu Martha Frahm schickte (»zwischen 30 bis 50 Mark pro Monat«) und wie der junge Frahm schließlich aus dem Haus gejagt wurde, weil der Vater die Radikalen von links und rechts zutiefst verabscheute und der Sohn wieder einmal fanatische Parolen hergeplappert hatte. Die Enthüllungen waren eine Sensation. Brandt schwieg. Bis heute. DIE ZEIT entschuldigte das so: Wenn er gegen Siegerist vorgehen würde, müßte er den Namen des Vaters nennen. »Ein verdammt hoher Preis«. Nun hat Brandt den Namen des Vaters genannt, »den verdammt hohen Preis«. Ich warte aber immer noch darauf, daß Brandt gegen mich vorgeht und den Versuch unternimmt, meine Bücher verbieten zu lassen. So viel vorab: Er kann es gar nicht, weil er nichts beweisen und nichts widerlegen kann.

Doch zurück zu Magda Carstens. Die Brisanz ihrer Angaben waren mir bewußt. Ich wollte die Fakten weiter absichern, holte genaue Erkundigungen über die Glaubwürdigkeit der 100jähren und ihrer Tochter ein. Das Ergebnis war hervorragend. Magda Carstens, eine angesehene und schwerreiche Frau mit hohem sozialem Engagement für andere Menschen, wurde von allen als absolut glaubwürdig und gradlinig bezeichnet. Was hätte sie für einen Grund haben sollen, auf den auch für sie nicht gerade schmeichelhaften Umstand hinzuweisen, daß Willy Brandt ein Fehltritt ihres Mannes auf einer Kirmes war? Die alte Frau war nur zutiefst gekränkt, daß Brandt ihren geliebten Mann als Vater »verleugnete« und nichts gegen die Version vom angeblichen Vater Julius Leber unternahm. Erst nachdem ich selber nicht mehr den geringsten Zweifel an der Glaubwürdigkeit der beiden Frauen hatte, vereinbarten wir einen Notar-Termin. Der Lübecker Notar kam in das Timmendorfer Haus der 100jährigen. Er belehrte Mutter und Tochter ausdrücklich darüber, daß eidesstattliche Versicherungen, unwahr oder auch nur unvollständig abgegeben, mit schweren juristischen Strafen belegt werden. Die beiden Frauen prüften noch einmal ihr Gewissen und ihr Erinnerungsvermögen. Und nachdem der Notar sich von der »Geschäftsfähigkeit« der beiden Frauen überzeugt hatte, gaben sie ihre eidesstattlichen Versicherungen ab. Nun bestand nicht mehr der geringste Zweifel: Der von mir genannte Otto Carstens wurde von dessen Ehefrau und der Tochter als Vater Willy Brandts »notariell beglaubigt«. Mein erstes Brandt-Buch erschien »Willy Brandt - das Ende einer Legende«.

Gegen solche Fakten konnte Brandt nichts unternehmen. Doch offenbar wartete er den Tod der 100jährigen Magda Carstens ab. Und als die Diskussion über seinen Vater immer stärker wurde, ging er in die Offensive. Zu-

Amtsgerichtsrat Otto Carstens. Bislang wurde gerichtlich nicht widerlegt, daß er der Vater ist. Vermutlich wird das auch nicht gelingen. Er steht ohne gerichtsverwertbare Beweise da.

John Möller. Brandt präsentierte diesen Mann als seinen „Vater" - allerdings mit dürftigen Beweisen. Auffallend ist nur die Ähnlichkeit. Doch schon zum Rückzugsgefecht bereit, räumte Brandt kleinlaut ein, daß er sich noch nicht einmal sicher ist, ob der Großvater Frahm sein richtiger Großvater sei.

nächst kündigte er in der BILD-Zeitung an »Ein mecklenburgischer Graf war es nicht«. Diese unsinnige Behauptung war von mir nie aufgestellt worden. Ich hatte auch zu den anderen cirka 12 Brandt-»Vätern« geschwiegen, die mir »glaubwürdig« präsentiert und mit Fotos »untermauert« worden waren, die Brandt nicht weniger ähnlich sehen, wie das Foto des in der BUNTEN abgedruckten John Möller. Ich mußte mich aber an beweisbare Fakten halten - und nur das habe ich getan. Ganz anders Willy Brandt bei seiner jetzigen Version, die er vor keinem Gericht beweisen könnte. Brandt schreibt nämlich darüber in seinen »Erinnerungen« folgendes: »Die Herkunft hingegen und die Nachrede, die sich, ein langes politisches Leben lang, daran knüpfte - darauf antwortete ich unbeholfen, weil ich nichts dafür konnte und einem doch ein Stachel eingepflanzt war. Warum habe ich es mir so lange so schwer gemacht? Und mich nicht damit zufriedengegeben, daß es beileibe mehr Lübecker Arbeiterkinder gab, die ihren Vater nicht kannten und den mütterlichen Namen trugen? Warum habe ich auch dann noch nicht zurückgeschlagen, die banale Personalie auf den Tisch zu legen, als Adenauer einen halben Wahlkampf mit meiner Herkunft bestreiten ließ und mich am Tag nach dem Mauerbau ›alias Frahm‹ titulierte? Oder als die tollsten Namen durch die Zeitungen geisterten? Von Julius Leber - ich war acht, als er nach Lübeck kam - über den Dirigenten Abendroth, einen mecklenburgischen Grafen, einen deutschnationalen Amtsgerichtsrat bis hin zu einem bulgarischen Kommunisten namens Pogoreloff. 1960 hatte mich Erich Ollenhauer, dessen Bonner Gast ich war, in ein Nebenzimmer gebeten und mir einen

›Bericht‹ aus London vorgelegt, in dem die bulgarische Vaterschaft ›enthüllt‹ ward. Eine im Ausland erschienene Deutsche Nationalbiographie hatte auch mein Buch über den Krieg in Norwegen vermerkt und als Verfasser angegeben ›Brandt W. (Wladimir, d.i. Pogoreloff)‹! Auch gutwillige Leute waren alles andere als hilfreich. Und die Hemmungen, die ich in mir trug, reichten tief, zu tief, als daß ich die Befangenheit hätte ablegen können. Über meinen Vater sprachen weder Mutter noch Großvater, bei dem ich aufwuchs: daß ich nicht fragte, verstand sich von selbst. Und da er so offenkundig nichts von mir wissen wollte, hielt ich es auch später nicht für angezeigt, die väterliche Spur zu verfolgen. Erst als ich, nach dem zweiten Krieg und nun jenseits der dreißig, meinte, für die Wiedereinbürgerung mit genauen Angaben zur Person aufwarten zu müssen, wagte ich's und fragte, dabei die briefliche Distanz wählend, meine Mutter, die prompt einen Zettel zurückschickte, darauf der väterliche Name vermerkt war: John Möller aus Hamburg.«
Um von all diesen Angaben nicht selber verwirrt zu werden, muß man hier mit den weit ausladenden Erklärungen Brandts zunächst stoppen und die Angaben vergleichen. Dabei fällt folgendes auf: 1. Hatte Brandt nicht selber gesagt, daß er den Namen des Vaters überhaupt nicht kannte und daß das Thema absolut tabu war? Jetzt plötzlich aber will Brandt seiner Mutter einen Brief geschrieben und schriftlich um den Namen des Vaters gebeten haben? Äußerer Anlaß dazu war - so Brandt selber - die Tatsache, daß er seine norwegische Staatsbürgerschaft aufgeben wollte, um wieder Deutscher zu werden. Das war etwa drei Jahre nach dem Krieg. Also muß

Brandt da doch bereits den Namen dieses »Vaters« gekannt haben - wie er jetzt selber zugibt. Eine entscheidende Frage an Brandt: Warum präsentieren Sie nicht den Zettel, auf dem Ihre Mutter den Namen des angeblichen Vaters notiert haben will?

Aber noch einmal zur Erinnerung: Brandt behauptet im eigenen Buch, daß er spätestens bei seiner Wiedereinbürgerung - also kurz nach dem Kriege - den Namen des angeblichen Vaters erfahren haben will. Die BILD am SONNTAG veröffentlichte am 1. Oktober 1989 ein Interview mit ihm. Darin heißt es, daß Brandt erst 1961 den Namen erfahren habe. Seltsam.

2. In der BUNTEN, die zwei Wochen vorher erschienen war, erinnerte sich plötzlich eine Nichte des angeblichen neuen Vaters, daß John Möller »früher Alimente« nach Lübeck geschickt haben will, an Brandts Mutter. Ich versuchte, mit dieser Nichte zu sprechen. Als ich zu ihr kam, war sie gerade für mehrere Wochen mit ihrem Mann »ganz plötzlich« in Urlaub gefahren. Seltsam. Aber noch seltsamer: Mir liegen zwei eidesstattliche Versicherungen vor - eine von Brandts Stiefmutter Magda Carstens und eine von deren Tochter. In beiden eidesstattlichen Versicherungen, die notariell beglaubigt wurden, wird klar bestätigt, daß Martha Frahm, Brandts Mutter, auch von Otto Carstens Alimente kassiert hat. Sehr seltsam. Wenn beide Angaben stimmen - die der »Nichte« und die der beiden Frauen - dann muß Martha Frahm eine Alimenten-Betrügerin gewesen sein. Denn - zu allem Unglück für Willy Brandt - Magda Carstens und die Tochter haben in ihren eidesstattlichen Versicherungen auch erklärt, daß diese Alimentenzahlungen durch aufbewahrte Unterla-

gen über den Kontenverkehr zwischen Otto Carstens und Martha Frahm bewiesen werden können.
Hier stellt sich natürlich eine ganz entscheidende Frage: Ist es nicht denkbar, daß Martha Frahm dem deutschnationalen Amtsgerichtsrat Otto Carstens aus Bad Schwartau, einem vermögenden Mann, die ganze Vatergeschichte nur »untergejubelt« hatte, um bei ihm abzukassieren? Könnte das nicht auch der Grund dafür sein, daß Martha Frahm sich beim Lübecker Standesamt geweigert hatte, den Namen vom richtigen Vater ihres Sohnes in das Geburtsregister einzutragen? Der von Brandt angegebene John Möller war ein armer Schlucker, Buchhalter in einer Kohlenhandlung. Da war nichts zu holen. Ist es verboten, einmal darüber nachzudenken, ob Martha Frahm ihren Sohn immer wieder in das Haus von Otto Carstens geschickt hat, um den Amtsgerichtsrat im Glauben zu lassen, daß der junge Herbert Frahm sein leiblicher Sohn ist, fleißig zu kassieren und vielleicht doch noch zum Traualtar und damit aus der Armut geführt zu werden? Ist es absolut abwegig, die Frage zu stellen, ob Brandt tatsächlich seinen richtigen Vater überhaupt kennt? Ohne Zweifel war Martha Frahm Männerbekanntschaften gegenüber nicht gerade sehr zugeknöpft. Ich sage das nicht mit böswilligem Hintergrund, nur als notwendige Feststellung. In geradezu schockierender Offenheit gibt Brandt in seinen »Erinnerungen« jetzt selber zu, daß er noch nicht einmal sicher ist, ob der frühere von ihm immer als »Großvater« ausgegebene Ludwig Frahm tatsächlich der Vater seiner Mutter und damit wirklich sein Großvater, der später durch tragischen Selbstmord endete, ist.

Brandt wörtlich: »1934, bei einem Treffen in Kopenhagen, machte mein Onkel Ernst, Bruder meiner Mutter, das familiäre Chaos vollkommen und gab mir zu verstehen, daß Ludwig Frahm der leibliche Vater meiner Mutter wahrscheinlich nicht sei. Im alten Mecklenburg - meine Mutter wurde 1894 geboren - wäre es nicht das erstemal gewesen, daß eine Landarbeiterin dem gutsherrlichen Recht der ersten Nacht zu gehorchen hatte; in diesem Falle wäre es die spätere Frau des Ludwig Frahm gewesen, die früh starb und die ich nicht mehr kennenlernte...«
Ich habe mich jahrelang mit der Familien-Geschichte der Brandts beschäftigt. Aber ganz offen: Bei diesen verwirrenden Angaben Willy Brandts fällt es mir enorm schwer, all das von ihm genannte noch nachzuvollziehen. Manche Sätze von ihm müssen mehrfach durchgelesen werden, bevor sie zu begreifen sind.
Aber noch einmal zum Kern: Brandt hat bislang nicht einen einzigen stichhaltigen Beweis vorgelegt, mit dem er die neue Vater-Version beweisen kann. Er hat weder den Brief der Mutter präsentiert, noch kann er Unterlagen auf den Tisch legen, aus denen die angegebenen Alimenten-Zahlungen von John Möller aus Hamburg (was noch sein Glück sein kann, um die Ehre der Mutter einigermaßen zu retten) hervorgehen - er kann auch keinen einzigen lebenden Zeugen präsentieren, dem der angebliche Vater John Möller gesagt hat, daß er der Vater Willy Brandts ist. Ich hoffe sehr, daß Brandt mich jetzt wegen meiner Angaben über den Vater Otto Carstens verklagt. Ich würde dann nämlich Gelegenheit bekommen, seine Vater-Version in Stücke zu reißen. Jedenfalls habe ich nicht die geringste Veranlassung, von meiner Vater-Version

abzurücken. Wenn Brandt mit seiner John-Möller-Version meine Glaubwürdigkeit erschüttern wollte - dann war das ein volles Eigentor. Amüsieren konnte ich mich übrigens über einen Bericht der BUNTEN vom 28.9.1989. Da betrachtet Willy Brandt - so die BUNTE - angeblich »erstmals« ein Foto seines »Vaters John Möller«, der 1958 in Hamburg starb und auch ein ganz großartiger Sozialdemokrat gewesen sei, auf den der Sohn sicherlich stolz gewesen wäre. Dann macht die BUNTE mit Willy Brandt ein Interview zu anderen Themen, und »Willy Brandt antwortet nachdenklich - unberührt von den Fotos seines Vaters auf dem Tisch«. Kein Wunder. Denn zu dieser Zeit waren Brandts »Erinnerungen« bereits gedruckt - mit einem Foto des »Vaters« auf der Seite 161. Ausgesucht von Willy Brandt persönlich. Aber in der Wochen später gedruckten BUNTEN will der so ungerührte Willy dann »Papas« Bild erstmals gesehen haben. Nichts gegen die BUNTE, die ich sehr schätze und für die beste deutsche Illustrierte halte. Aber es gibt Berichte, die sollte man von fähigeren Journalisten recherchieren lassen. Interessant ist in diesem Zusammenhang auch die Tatsache, daß das von Brandt selber in seinem Buch präsentierte »Vater-Foto« von John Möller wesentlich weniger Ähnlichkeit mit ihm hat, als das in der BUNTEN abgedruckte. Merkt hier keiner, daß es ganz kräftig »stinkt«?

Auf einen ganz wesentlichen Teil bei der Würdigung des Brandtschen Verhaltens in der Frage des Vaters möchte ich im Moment noch verzichten. Auf die Tatsache, daß ein Sohn absolut nichts unternahm, um zumindest einmal seinem Vater zu begegnen - oder wenigstens herauszubekommen, wer der Vater sein könnte... Zu dieser Frage könnte ich vermutlich mehr sagen als jeder andere. Denn mein eigener Vater war durch die Nachkriegswirren verschollen, nachdem er geflüchtet war. Es gab kein Weihnachtsfest, keinen Geburtstag, an dem ich als Kind nicht im stillen geweint und gebetet hätte: »Lieber Gott. Hoffentlich kommt er morgen zurück«. Ich hatte noch nicht einmal ein Foto meines Vaters. Kein Preis wäre mir zu hoch gewesen, um zumindest das zu besitzen. Ich war ein erwachsener Mann, als ich die Möglichkeiten und die innere Kraft hatte, systematisch nach meinem Vater zu suchen. Ich wollte ihn finden, ihm gegenüberstehen, weil ich wußte, daß ich mir die Augen ausgeweint hätte, wenn mir später als Erinnerung nur noch sein mögliches Grab (wer weiß wo) geblieben wäre. Ich war 30 Jahre, als ich meinen Vater fand, ihm in England gegenüberstand. Es war der bewegendste Augenblick meines Lebens. Für mich war das Treffen so erdrückend, daß ich nach einer Stunde die Notlüge gebrauchte: »Ich muß wieder zum Flughafen zurück, weil meine Maschine nach Deutschland bald fliegt«. Ich konnte nicht in so kurzer Zeit »Dinge verdauen«, die ich mir fast 30 Jahre ersehnt und die mein Leben wesentlich geprägt hatten. Ich mußte raus, allein sein. Die Suche nach meinem eigenen Vater, die von all meinen Freunden als »absolut aussichtslos« bezeichnet worden war - mein eigenes Denken und Fühlen in einer solchen Frage - das alles macht es mir unmöglich, das Verhalten Willy Brandts nachzuvollziehen, der seinen Vater verleugnete, verachtete - der niemals suchte, der nie vergab und nie verzieh. Wie kann ein Sohn, der so zu seinem Vater steht, ein anständiger Mensch sein und

»Moral« für ein ganzes Volk predigen? Brandt behauptet in seinen »Erinnerungen«, daß ihn das alles sehr geschmerzt habe. Ich glaube das nicht. Er müßte doch wissen, was es für Kinder bedeutet, wenn sie ohne Vater aufwachsen. Trotzdem tat er es den eigenen Kindern an. Mit drei Ehefrauen und etlichen Geliebten.
Nein, diesen Mann verstehe ich nie.